time CRIME

ANDREW TURPIN

L'ultimo nazista

romanzo

Traduzione dall'inglese
di Ginevra Danesi Visconti

FANUCCI EDITORE

Prima edizione: ottobre 2019
Titolo originale: *The Last Nazi*

Sede secondaria: via Giovanni Antonelli, 44 – 00197 Roma
tel. 06.39366384 – email: info@fanucci.it
Indirizzo internet: www.fanucci.it

Stampato in Italia – Printed in Italy

Progetto grafico: One Digital Factory Srl

ANDREW TURPIN

L'ultimo nazista

A mio fratello Adrian,
per tutto il suo aiuto in questo progetto.

Il tempo non ha in alcun modo ridimensionato la gravità dei crimini e i responsabili non dovrebbero essere premiati per essere riusciti a non farsi scoprire o a nascondere i loro delitti. Inoltre, e questa è forse la cosa più importante di tutte, deve essere fatta giustizia allo scopo di inviare un inequivocabile messaggio di dissuasione, vale a dire: se oserete commettere atrocità, non importa quanto lontano scapperete e quanto tempo ci vorrà per catturarvi, verremo a cercarvi.

ELI ROSENBAUM, direttore dell'Ufficio investigazioni speciali,
Dipartimento di Giustizia degli Stati Uniti, 1994-2010,
per il *Jewish News*

Prologo

Lunedì 18 dicembre 1944
Sudovest della Polonia occupata

Il tetto del tunnel crollò senza alcun preavviso. Decine di migliaia di tonnellate di terra e roccia caddero quasi simultaneamente, innescando un'onda d'urto che gettò tutti gli uomini a terra.

Le luci tremolanti lungo il muro del tunnel si spensero all'istante.

Poi ci fu una serie di cadute di massi più piccole, che vennero giù rumorosamente come frane minori sopra all'impenetrabile montagna di macerie che ora bloccava completamente il percorso fino all'ingresso.

Infine ci fu un silenzio assoluto.

Jacob Kudrow gemette e si afferrò il volto nell'oscurità.

Si appoggiò sui gomiti e sputò sabbia e terra.

Poi tossì e boccheggiò, provando a riempire i polmoni di aria.

Ma non fece altro che aspirare altra terra e polvere, secche particelle che gli ostruirono le narici e gli rimasero bloccate in fondo alla gola.

Poi si rese conto che non sentiva più.

No, non di nuovo, pensò.

Un'ondata di panico lo attraversò. Era la stessa sensazione che aveva avuto quando a dieci anni, sott'acqua, aveva lottato per sopravvivere nel gelido fiume Vistola a Varsavia, molto prima che i nazisti la occupassero e cambiassero la sua vita.

È finita, è finita.

Jacob strappò la sudicia camicia a righe bianche e blu per aprirla e con un angolo si coprì naso e bocca. Tossì violentemente, poi inspirò di nuovo, questa volta attraverso il cotone.

Ora, finalmente, un po' di ossigeno riuscì a passare. Di nuovo tossì, inspirò, concentrandosi unicamente sulla propria sopravvivenza.

Altra aria raggiunse i polmoni. «Respirate attraverso la camicia» urlò agli altri, incapace di udire persino le sue stesse parole.

Jacob si voltò in direzione di dove avrebbe dovuto trovarsi Daniel e allungò la mano, poi la allungò un po' di più. Trovò una scarpa, poi una gamba, che si mosse e si rimosse. La mano del gemello toccò la sua.

Grazie a dio.

Gradualmente la polvere si depositò, permettendo a Jacob di respirare più facilmente, inoltre ricominciò a sentire. Prima ci furono i colpi di tosse graffiante di chi lo circondava, annaspavano tutti alla ricerca di aria, poi qualche tonfo quando dall'alto caddero altre pietre.

Alla fine Jacob vide in fondo al tunnel deboli puntini di luce che si avvicinavano sempre più. Si udivano delle voci, più deboli all'inizio e poi sempre più forti.

Le prime parole che sentì nell'oscurità appartenevano al tenente delle SS, dal tono inconfondibile, che parlava con una delle altre guardie in tedesco. «Il Führer impazzirà quando scoprirà cosa è successo» disse.

Jacob capì immediatamente perché. Un'ora prima non avrebbe potuto. Ora invece sì.

«Porta i maledetti prigionieri in fondo alla galleria, lontano da questa roccia» gridò il tenente alle guardie. «Assicuratevi che portino anche tutte le casse. Avanti, muovetevi. Dovrebbero essercene altre dodici, quindi contatele attentamente.»

Ora le torce erano sopra a Jacob e illuminavano dall'alto i prigionieri che erano per terra. Valutò i danni. *Un miracolo.* I ventuno prigionieri, che si trovavano a meno di quaranta metri da dove era crollato il tetto, erano coperti di sporcizia, le facce nere, ma erano sopravvissuti tutti.

«Su, in piedi, prendete le casse, poi in marcia, una sola fila, seguitemi» urlò la guardia.

Jacob, con riluttanza, si alzò e cercò di sollevare la pesante cassa di legno ai suoi piedi.

«Sbrigatevi» gridò la guardia. Al secondo tentativo Jacob la issò sulla spalla e si mise in fila dietro al fratello.

«Stai bene?» sussurrò Jacob. Daniel annuì.

Si trascinarono tutti a stento fino alla fine della galleria, dove il tenente, il viso magro e l'uniforme delle SS ora coperti di sudiciume, stava in piedi e osservava, le mani sui fianchi. I prigionieri misero le casse sui pallet di legno insieme alle altre, che avevano impilato ordinatamente all'inizio della giornata.

Oltre al tenente adesso c'erano solo due guardie. Le altre dovevano essere state sepolte dalla frana oppure erano rimaste bloccate dall'altra parte, dove si trovava il treno nazista.

Jacob sentì il tenente che si lamentava con una guardia degli ingegneri della galleria. «Dannati dilettanti, sempre a cercare scorciatoie, corrono troppi rischi, vanno troppo di fretta.»

Imprecò a voce alta e zoppicò intorno alle casse impilate, contandole mentre camminava.

Quando ebbe finito colpì forte con il frustino l'ultima pila. «Duecento. Okay, portate i prigionieri laggiù e fateli uscire, muovetevi» ordinò, indicando il retro della galleria principale.

«La galleria di fuga» mormorò Jacob a sé stesso. «Ma certo.» Per lo spavento, Jacob aveva quasi dimenticato le otto settimane da incubo passate a scavare insieme a un folto gruppo di altri prigionieri qualche mese prima. Meno della metà degli uomini era riuscita a sopravvivere e a vedere il lavoro completato.

Una guardia si mise alla testa del gruppo e lo condusse all'interno di un'apertura sul retro del tunnel principale che conduceva in uno molto più piccolo, a malapena alto a sufficienza da poterci stare in piedi, con pochi sostegni per il tetto, pareti irregolari, con le radici degli alberi che sporgevano e uno stretto pavimento roccioso coperto da grandi pozzanghere.

Gli uomini si fecero lentamente strada per circa centocinquanta metri lungo il tunnel, con la sola luce delle torce delle due guardie a illuminarlo. Furono costretti a gattonare per il breve tratto finale, poiché il tetto era troppo basso per rimanere in posizione verticale, finché non emersero in una fogna di calcestruzzo asciutta.

«Grazie a Dio la fogna è inutilizzata» disse Jacob a Daniel. Continuarono a strisciare lungo un breve tratto finché finalmente non uscirono attraverso una griglia metallica coperta di neve, nell'oscurità gelata di alcuni boschi. La luce del giorno era ormai lontana.

Le guardie li guidarono con la luce delle torce su una strada stretta coperta di ghiaccio e neve e li fecero camminare lungo la valle fino alla stazione ferroviaria del villaggio di Ludwikowice Klodzkie, dove erano arrivati quella mattina presto.

Come era accaduto ogni giorno e ogni notte negli ultimi mesi, i prigionieri vennero ammassati nei vagoni bestiame ottenuti da un contadino locale, ancora ricoperti da uno strato di sterco di maiale e di mucca che arrivava fino alle caviglie. Dieci di loro furono spinti nel vagone anteriore, tutti gli altri, tra cui Jacob e Daniel, in quello posteriore.

Salì anche una guardia che iniziò a legare i prigionieri con le mani dietro la schiena a una ringhiera d'acciaio orizzontale che correva lungo l'interno del vagone.

Fu sul punto di legare Jacob quando la guardia del vagone davanti chiese altra corda. La guardia saltò fuori e al suo ritorno Jacob aveva le mani pronte sulla ringhiera.

Ma la guardia, che Jacob notò sudare copiosamente ma anche rabbrividire, il volto cinereo, andò dritta verso Daniel e lo legò, dimenticandosi di lui.

Dopo che ebbe finito di legare gli altri si sedette su uno sgabello sul retro e si appoggiò al muro, con gli occhi chiusi, una mano sulla fronte sudata. Il treno cominciò a risalire la valle verso Gluszyca, dove si trovava il campo di concentramento di Wüstegiersdorf, parte del complesso nazista di Gross-Rosen.

Dopo pochi minuti la testa gli cadde sul petto. La guardia dormiva.

Jacob mosse la mano sinistra finché non toccò quella destra del fratello che era legata. Daniel, che era seduto con gli occhi chiusi e la testa china, sobbalzò come se fosse stato toccato da un cavo elettrico scoperto ma si riprese rapidamente. Jacob teneva gli occhi fissi davanti a sé, ma nell'oscurità cominciò lentamente a disfare il nodo che legava le mani di Daniel alla sbarra di metallo, le dita che lottavano contro il freddo.

Alla fine riuscì a scioglierlo.

Notò un pezzo di legno che giaceva quasi sepolto negli escrementi sul pavimento, a metà strada tra lui e la guardia. Mentre il treno procedeva lento verso una curva Jacob si alzò in piedi, instabile sulle gambe per la stanchezza e il movimento del treno, e si diresse verso il retro del vagone. Raccolse il pezzo di legno e con tutta la forza che aveva colpì la guardia addormentata sulla tempia.

Poco prima dell'impatto la guardia aprì gli occhi, ma era troppo tardi. Crollò svenuta sul pavimento.

Jacob fece un cenno a Daniel, che aveva gli occhi spalancati per la paura, e si spostò verso la porta aperta sul retro del vagone. Mentre il treno percorreva la curva Jacob guardò negli occhi gli altri prigionieri.

Tutti loro, nessuno escluso, lo guardarono in silenzio.

Quanto avrebbe voluto liberarli... uomini con cui aveva condiviso alcune delle esperienze più orribili che un essere umano possa mai sopportare. Avevano trascorso mesi come schiavi, scavando interminabili gallerie sotterranee per il Progetto Riese di Hitler nei Monti Gufo.

L'amico di Jacob, Konstanty, lo guardò con occhi scuri e affossati. C'era Stefan, che aveva due figli; Bronislaw, prelevato dalle SS solo un giorno dopo il suo matrimonio; Berek, Janusz e gli altri.

Ma Jacob sapeva che non aveva tempo a sufficienza per sciogliere i nodi, nessun coltello per tagliare le corde.

Lo sapevano anche loro. Konstanty annuì, quasi impercettibilmente.

Jacob si voltò, prese Daniel per mano ed entrambi saltarono nell'oscurità.

Atterrarono su un cumulo di ghiaia coperta di neve, poi rotolarono e si appiattirono a terra. «Torneranno, torneranno» disse Daniel e nascose la testa nella neve.

Ma non tornarono. Il treno proseguì, superò un'altra curva e scomparve dietro la sagoma di alcuni alberi.

Jacob alzò la testa. A breve distanza c'era un fiume stretto. «Laggiù, l'acqua» disse. «Possiamo risalirlo. Camufferà il nostro odore e impedirà ai cani di ritrovarci.»

I fratelli si tolsero i pantaloni a righe e se li avvolsero attorno al collo, poi rabbrividirono per lo shock mentre risalivano il fiume ghiacciato.

Il letto del fiume era scivoloso e fangoso e i fratelli avevano coperto solo un breve tratto quando udirono chiaramente riecheggiare il suono di proiettili nella valle. I colpi si susseguirono, a pochi secondi di distanza l'uno dall'altro.

Jacob rimase immobile per un paio di secondi. Il bastardo li aveva uccisi. Ogni singolo prigioniero.

Incrociò lo sguardo di Daniel, ma nessuno dei due parlò. Sapevano entrambi da cosa erano fuggiti. Dirlo ad alta voce non avrebbe cambiato nulla.

Jacob scosse la testa e alzò gli occhi al cielo per qualche secondo, poi si rivolse a Daniel. «Andiamo, sbrighiamoci, prima che portino i cani.»

Continuarono ad avanzare faticosamente nell'acqua che arrivava alle ginocchia, le gambe ormai intirizzite, finché non incontrarono degli spessi giunchi che impedirono loro di proseguire.

«So cosa c'è in quelle casse, nel tunnel, e non è dinamite» disse Jacob, mentre aiutava il fratello a uscire dall'acqua e a posare i piedi sulla riva coperta di neve.

Daniel si girò verso di lui nell'oscurità quasi assoluta, il bianco degli occhi risaltava sul viso ancora coperto di terra.

«Lo sai?»

«Sì. Konstanty è inciampato poco prima che il tetto del tunnel crollasse. Ha fatto cadere la cassa e una tavola si è spezzata. L'ho aiutato a sistemarla prima che arrivassero le guardie, ma ho visto cosa c'era dentro.»

Parte prima

1

Martedì 8 novembre 2011
Washington D.C.

Joe Johnson passò accanto a una fila di Cadillac, Buick e Lincoln parcheggiate, perlopiù nere, che prendeva quasi tutta Benton Place Northwest, una strada alberata di uno dei sobborghi più eleganti di Washington, stretta tra una schiera di edifici sedi di ambasciate.

A metà della strada c'era una casa di mattoni a tre piani, una struttura importante con una facciata di una cinquantina di metri, tre brevi rampe di scale che portavano all'ampio portone e una veranda delimitata da colonne di pietra.

Da nuvole scure che si avvicinavano rapide da ovest cadde una leggera pioggerella e l'acqua gocciolò dall'elaborata recinzione di metallo nero davanti alla proprietà. Era da poco passata l'una, ma la luce dei lampadari nelle stanze del piano di sotto squarciava l'oscurità.

Uomini d'affari in giacca e cravatta e donne in abito da cocktail blu scuro o in completo color crema si affrettarono a entrare, accolti sulla soglia da un uomo alto.

Eccolo: Philip M. Pietersen, l'uomo che aveva invitato Johnson. Aveva il girovita un po' più largo, senza dubbio, e qualche spruzzata di grigio tra i capelli neri, ma per il resto era come quindici anni prima.

Johnson salì i gradini e lo salutò con un cenno della mano non appena lui lo vide. «Philip, ciao. Alla fine ho deciso di venire.»

Si strinsero la mano.

«Ne è passato di tempo, Joe» disse Philip. «Quindici anni, forse più, dico bene?»

«Più o meno. Bel posticino che hai qui.» Johnson si passò la mano sulla mezzaluna di capelli ingrigiti tagliati corti che gli circondava la pelata.

«Grazie. Entra pure, parleremo più tardi. C'è una persona che desidera incontrarti per parlare delle tue lezioni sui crimini di guerra» disse Philip.

Johnson annuì, entrò e si ritrovò in un vasto corridoio.

Una serie di striscioni blu appesi lungo le pareti recitavano tutti lo stesso slogan: DAVID KUDROW 2012: RISOLLEVIAMO L'AMERICA.

I funzionari del partito Repubblicano accompagnavano gli ospiti nella sala da ballo e distribuivano volantini per la raccolta di fondi. Johnson ne prese uno e si mise di lato per leggerlo.

'David Kudrow: la vostra migliore chance di avere un repubblicano alla casa bianca', annunciava a grandi lettere sopra una foto del candidato.

C'era una breve biografia e una ristampa di un editoriale del *New York Times* intitolato 'Kudrow determinato a distruggere Romney e a vincere le primarie del partito'.

Girandolo, Johnson notò in fondo alla pagina una piccola fotografia di un sorridente Philip, con la didascalia 'Un fiducioso Philip M. Pietersen, il responsabile della campagna elettorale'.

Johnson scosse la testa, appallottolò il foglio e lo gettò in un cestino lì accanto.

Accettò un bicchiere di champagne da un cameriere e si diresse verso la sala da ballo, che era stata allestita con file di sedie e un piccolo palco davanti a esse, ornato con altri striscioni di Kudrow e la bandiera a stelle e strisce.

Si diresse verso l'ultima fila, ma mentre si sedeva sentì un colpetto sulla spalla. «Joe, mi pareva fossi tu. Che ci fai qui?»

Johnson trasalì e si voltò di scatto, ritrovandosi di fronte un volto familiare. Gli ci volle qualche secondo per trovare le parole. «Fiona, ciao... mmm... non sapevo che oggi avessero invitato anche la stampa. Come stai?» Esitò, incerto se stringerle la mano, baciarla o non fare niente.

Entrambi si mossero impacciati prima che Fiona si sporgesse verso di lui, che si chinò e la baciò sulla guancia.

«Io? Oh, direi bene, più o meno» disse. «Sono ancora all'*Inside Track* a occuparmi di politica. Testa bassa, sai com'è, si tira avanti. Cerco di arrivare a fine mese, di non avere problemi finanziari con la banca, al momento senza molto successo devo ammettere» spiegò. «A volte mi manca il *Times*, ma il sito web ha un ritmo più sostenuto e pubblica più notizie, quindi mi diverto.» Appoggiò una mano sullo schienale della sedia accanto a Johnson. «Mi siedo qui accanto a te. Tu come stai?»

«Solite cose, lavoro molto, mi occupo ancora di investigazioni private. I bambini stanno bene, fa paura quanto crescono in fretta» disse Johnson.

Si guardarono per un secondo, ma lei non disse nulla e si sedettero nell'ultima fila in fondo.

Johnson la studiò. I capelli di Fiona Heppenstall erano più lunghi e la giacca un po' più elegante rispetto all'ultima volta che l'aveva vista nel 2006, quando era ancora al *New York Times*.

Johnson disse: «Sono qui solo perché ho ricevuto dal nulla un invito da Pietersen. L'ho conosciuto anni fa all'Università di Boston. Ora dirige una sua società di informatica. È un po' uno stronzo ma è chiaramente un pezzo grosso del partito. Ho pensato potesse essere interessante visto che sono a Washington per insegnare. Una raccolta fondi per il partito. Da me non vedrà un soldo, ma mi sono detto che poteva valere la pena fare un salto.»

Fiona si voltò verso di lui. «Sì, Pietersen è decisamente uno stronzo. Ha invitato anche me, penso di essere l'unica giornalista qui, il che è un po' insolito. Ma tu insegni? Da quando? Pensavo avessi appena iniziato con le investigazioni.»

«Sì, quello è il grosso del mio lavoro, ma sono anni che faccio lezioni ad hoc alla facoltà di Legge, all'Ufficio per la ricerca sui crimini di guerra. Questo pomeriggio parlerò di nazismo. Un po' me ne intendo, quindi vengo coinvolto più o meno una volta al mese.»

«Certo, il tuo dottorato. Dimenticavo.» Si distrasse mentre nella stanza si spegnevano le chiacchiere e iniziavano gli interventi.

David Kudrow salì sul palco, sembrava eccitato. Johnson osservò la sala da ballo. C'erano almeno quattrocento persone, tutte con un'aria rapita, di circostanza.

«Obama e i suoi amici del Partito Democratico hanno permesso che il debito pubblico raggiungesse livelli storici e un deficit che ormai non può che far piangere, mentre hanno dimostrato di non essere amici degli affari e di chi cerca, grazie alle proprie iniziative commerciali, di guadagnare in modo onesto» tuonò Kudrow.

Nella sala scoppiò un applauso.

Fiona sussurrò all'orecchio di Johnson: «Quest'uomo ha una vera possibilità di vincere contro Mitt e poi forse Obama. Chissà. La sua famiglia è ricca sfondata; a quanto pare ha già pronto un fondo da cento milioni di dollari. Sono di origini polacche, lo sapevi?»

Kudrow continuò: «Abbiamo visto Obama immettere un trilione di dollari in salvataggi finanziari, ingannevoli iniziative occupazionali e tentativi falliti di stimolo dell'economia, tutto inutile. Sapevate che un americano su sei vive di buoni alimentari? Abbiamo perso due milioni e mezzo di posti di lavoro.

«Abbiamo bisogno invece di condizioni adatte a supportare le imprese, creare posti di lavoro, far crescere l'economia e che ci permettano di far quadrare i conti. Dobbiamo cominciare ridimensionando enormemente la struttura del governo e tagliando le spese federali. Dobbiamo abrogare l'Obamacare, che non è altro che il governo che acquisisce il controllo del nostro sistema sanitario nazionale, dobbiamo tagliare le imposte societarie e aumentare le esportazioni. E questo non è che l'inizio.»

Kudrow passò a illustrare più nel dettaglio le sue politiche in materia di assistenza sanitaria e istruzione. Sembrava esserci un autentico entusiasmo per il messaggio che stava passando. L'uomo sul palco stava avendo un forte impatto sul pubblico, composto per la maggior parte da eleganti uomini d'affari di mezza età. Accanto a Johnson, Fiona scribacchiava sul suo taccuino.

«Ora passiamo brevemente alla politica estera» disse Kudrow. «Sono un amico di Israele... non serve sottolinearlo, lo sapete. Mio padre è sopravvissuto a un campo di concentramento della Seconda guerra mondiale. Senza il suo coraggio non sarei qui oggi. Ma chi rappresenta il pericolo più grave in quella zona per Israele? L'Iran, il più grande finanziatore del terrorismo che il mondo abbia mai visto. Gli ayatollah sono una grave minaccia per Israele, una grave minaccia per tutto il Medio Oriente e una grave minaccia per gli Stati Uniti. Ve lo dico, darò loro la caccia, li stanerò e smantellerò il loro gruppo terroristico.

«Sono l'uomo giusto per compiere tutto questo e non solo, ve lo assicuro e vi ringrazio per essere qui» disse, concludendo i suoi quindici minuti di discorso accolto da un altro fragoroso applauso.

I membri del pubblico si alzarono e si fecero strada verso le sale del ricevimento, dove li aspettava lo staff del catering, i vassoi pronti con altro champagne.

Fiona condusse Johnson in un ampio soggiorno. Mentre camminavano, lui intravide Kudrow, in fondo a un corridoio che portava fuori dalla sala da ballo, discutere con un altro uomo, contro cui gesticolava col pugno chiuso. Dopo alcuni altri scambi accesi, l'uomo diede una spinta a Kudrow sul petto, agitò la mano con fare sprezzante e si allontanò. In quel momento un signore più anziano con i capelli bianchi e occhiali dalla montatura nera lo intercettò, sussurrando ferocemente qualcosa.

«Fiona, chi sono quell'uomo che ha appena discusso con Kudrow e quello che pare lo stia rimproverando in merito?» chiese Johnson.

«Quello con cui stava litigando è suo fratello, Nathaniel. L'ho incontrato qualche volta in passato, ma non sono sicura di che ruolo abbia all'interno del partito. Il tizio con i capelli bianchi e gli occhiali è il padre, Daniel» spiegò Fiona.

Il brusio aumentò di intensità con l'inizio della reale attività pomeridiana: il networking sociale e politico. I bicchieri di champagne tintinnavano, la gente rideva e si scambiava biglietti da visita.

Fiona rimise il taccuino in borsa. «Devo parlare con quel funzionario del partito prima che se ne vada. Non provare ad andartene senza prima aver fatto due chiacchiere con me.» Gli strinse l'avambraccio e sorrise, un luccichio familiare negli occhi. «Ti trovo bene, Joe. Un po' mi sei mancato.»

Oh oh, pensò Johnson. Ma non poté negare che la cosa gli aveva fatto piacere, mentre guardava Fiona scomparire tra la folla. Effettivamente cercava di tenersi in forma, anche se uscire a correre o fare un po' di sollevamento pesi sembrava sempre più difficile ora che aveva raggiunto la soglia dei cinquanta. Se fosse riuscito a trovare il modo di resistere alla sigaretta occasionale e di ridurre il consumo di vino probabilmente si sarebbe sentito anche meglio.

Johnson si voltò e vide Philip che si avvicinava, accompagnato da chi ora sapeva essere Nathaniel Kudrow, una figura alta, con i capelli scuri e leggermente curva, in completo nero e cravatta e con in mano un bicchiere di champagne.

«Joe, permettimi di presentarti Nathaniel, il fratello di David» disse Philip. «È stato a un paio di conferenze sui crimini di guerra presso la facoltà di Legge della American University, che è dove terrai la tua lezione più tardi, giusto? Gli piacerebbe parlartene. In effetti è stato lui a suggerirmi di inserirti tra gli invitati.»

Johnson strinse la mano di Nathaniel, sollevato nel vedere Philip allontanarsi in direzione del bar.

«Piacere di conoscerla» disse Nathaniel.

«Piacere mio. Grazie per aver suggerito a Philip di invitarmi. Anche se sono curioso di sapere perché l'ha fatto.»

«Be', ho sentito molto parlare di lei» disse Nathaniel. «Da quanto ho capito lei non tiene unicamente lezioni sui crimini di guerra, ma è stato un cacciatore di nazisti. La sua reputazione la precede. La gente ancora parla di quel senatore della California che qualche anno fa è stato costretto ad abbandonare la corsa alla presidenza dopo le sue indagini.»

Johnson sorseggiò il suo drink.

«Sì, era uno dei miei lavori. Mi può definire cacciatore di nazisti, in effetti. Ho lavorato a lungo per l'OSI, l'Ufficio investigazioni speciali, se è questo che intende. Parliamo di qualche anno fa ormai, ora gestisco la mia attività di investigazioni private e insegno part time.»

«Sediamoci da qualche parte» disse Nathaniel. «Sono rimasto in piedi per tutta la durata degli interventi; non c'era più posto.» Condusse Johnson a un antico divano marrone, dove si accomodarono.

«Allora, perché è interessato ai crimini di guerra?» chiese Johnson.

«La ragione principale è che mio padre e mio zio sono polacchi; entrambi sono stati prigionieri nei campi di concentramento» rispose Nathaniel. «È parte del motivo per cui ho partecipato alle conferenze.»

Johnson si tirò su. «Polacchi? Di dove, e in che campo erano?»

«Di Varsavia. Il campo era uno di quelli di Gross-Rosen. So che è stato un periodo difficile. Hanno scavato chilometri di tunnel nelle montagne polacche per Hitler, in modo che potesse costruire missili e armi in sicurezza sottoterra, fuori dalla portata dei bombardieri alleati. Un luogo sicuro in cui i nazisti potevano riporre i tesori saccheggiati, l'oro, le opere d'arte e, per Hitler, da usare come rifugio di emergenza in caso la guerra avesse preso una brutta piega. Faccia lei.» Si fermò e sorseggiò il suo drink. «Non ne parlano molto.»

Johnson fu sorpreso ma, per abitudine, non lo diede a vedere. «Gross-Rosen? Ne so qualcosa di quella rete di campi. Raccapriccianti. Incredibile che siano sopravvissuti, questo è certo. La maggior parte degli ebrei non ce l'ha fatta.»

«Come fa a saperlo?»

Johnson esitò. Avrebbe potuto parlargli di sua madre più tardi.

«Sono solo molto interessato a quello che hanno fatto i nazisti. Ho scritto la tesi di dottorato su quel periodo, anni fa. Quindi suo padre e suo zio chiaramente sono dei sopravvissuti. Devono essere anziani ormai.»

«Sì, hanno quasi novant'anni. Sono gemelli. Dopo la guerra finirono a Londra e mio zio Jacob ci restò. Gli ho fatto visita non molto tempo fa. Adesso ha un nipote, Oliver, che è all'università. Ma mio padre, Daniel, si è trasferito qui a Los Angeles negli anni Cinquanta. Se l'è cavata bene e l'azienda di gioielli della nostra famiglia prospera. È felice di vedere che David ha così tanto successo. A differenza mia.»

«In che senso?»

«Be', la carriera di David va a gonfie vele. Al contrario della mia. Io sono la pecora nera» disse storcendo la bocca. «Lo sto solo aiutando tra un lavoro e l'altro. Ne perdi uno e ci vuole un po' per trovarne un altro. È così dal fallimento di Lehman Brothers, che risale a quanto, tre anni fa? Ero un trader e l'intero settore è andato in malora.» Si scolò il bicchiere.

Johnson annuì, comprensivo. «Sono sicuro che salterà fuori qualcosa. Nel 1990 sono stato licenziato e pensai fosse la fine. Ma il lavoro successivo, all'OSI, mi è piaciuto di più, sotto certi aspetti.»

«Per chi aveva lavorato in precedenza?» chiese Nathaniel.

«Per la CIA, in realtà avevo quasi trent'anni» disse Johnson. Nathaniel lo guardò di sbieco. «Per la CIA?»

«Sì, ho lavorato in Pakistan e in Afghanistan» rispose Johnson. Non voleva parlarne. Era arrivato il momento di cambiare discorso. Ripensò a quello che Fiona aveva detto sulla ricchezza della famiglia Kudrow. «Le volevo chiedere, è dura là fuori, ma voi come li raccogliete i finanziamenti politici vista la situazione economica attuale? Si può ricorrere ai fondi familiari?»

Nathaniel fece spallucce. «Gli affari di David vanno bene, ma in generale, sì, ha ragione, i finanziamenti provengono da mio padre e mio zio. Ma sono sicuro che molte di queste persone» disse, indicando i presenti nella stanza «sono felici di mettere mano al portafogli.»

Prese un altro drink. «E poi David, ovviamente, ha il fondo fiduciario polacco.» Fece una risata forzata.

Johnson strinse le labbra. «Prego? Un fondo fiduciario polacco?»

Lo sguardo di Nathaniel vagò per la stanza e lui arricciò il naso. «Non un fondo fiduciario vero e proprio» disse, abbassando la voce. «Anche se la gallina polacca continua a deporre le uova d'oro, per così dire.» Disegnò per aria davanti a lui con l'indice quella che sembrava essere una svastica.

Johnson decise rapidamente che Nathaniel non stava scherzando. «Mi scusi, sta forse cercando di dirmi qualcosa?» chiese.

Nathaniel sorseggiò il suo drink. Johnson vide Fiona che li guardava dall'altra parte della stanza.

«Un'altra volta, se le va» disse Nathaniel. «Non qui.»

Johnson si toccò la cicatrice sulla parte superiore dell'orecchio destro. Vedeva che l'altro la osservava.

«Sì, mi piacerebbe» rispose Johnson.

Guardò Fiona attraversare la stanza e dirigersi verso di loro e si alzò lentamente in piedi al suo arrivo.

«Salve, signori, scusate l'interruzione.» Strinse la mano a Nathaniel, che si alzò in piedi a sua volta per salutarla. «Sono Fiona Heppenstall. Ci siamo già incontrati. È un piacere rivederla.»

Johnson controllò l'orologio. «Mi dispiace davvero, ma devo andare o farò tardi per la lezione. Vi lascio fare due chiacchiere.»

Fece un cenno con la testa a Fiona, che era leggermente accigliata, e promise di chiamarla, quindi si scambiò il biglietto da visita con Nathaniel. «Le manderò un'email» gli disse Johnson. «Così ci mettiamo d'accordo.»

Nathaniel annuì. «Va bene. È stato un piacere conoscerla.»

Interessante, pensò Johnson uscendo. Quindi il padre e lo zio di un leader repubblicano erano nello stesso campo di concentramento di mia madre.

Ma Nathaniel sembrava avere altro da dire. Johnson decise che lo avrebbe contattato il giorno seguente.

Dopo l'uscita di scena di Johnson, Fiona per un attimo si sentì delusa. Aveva atteso con impazienza di fare quattro chiacchiere con lui, e magari di andare a bere qualcosa insieme.

«Penso sia meglio che vada anch'io, Nathaniel. Mi ha fatto piacere rivederla.»

«Oh, non ha tempo per un altro bicchiere, una cosa veloce? Pensavo potesse essere una buona idea parlare un po', sa, con la campagna in arrivo.»

Lei si tirò indietro i lunghi capelli castano scuro. Poteva essere un utile contatto da coltivare per il futuro, visto il ritmo con cui avanzava il fratello.

«Okay» disse Fiona «posso restare un po'. È stato un anno abbastanza importante finora per suo fratello.»

«Sì, è così. David imposta il ritmo, e io, noi, ne seguiamo la scia. Mi sono preso il tempo di leggermi alcuni dei suoi ultimi pezzi d'inchiesta. Non sono niente male. Cos'altro ci aspetta?»

«Sto pensando di scrivere qualcosa sui nuovi volti del partito Repubblicano e le difficoltà che loro e le loro famiglie hanno dovuto affrontare per arrivare al successo» disse Fiona, toccando per un istante il braccio di Nathaniel.

Si sedettero sul divano. «Il punto è:» disse Fiona «come possono i candidati come David competere con personaggi del calibro di Mitt Romney, e poi, in caso quell'ostacolo venisse superato, Obama?»

Era da qualche tempo che Fiona era interessata a David Kudrow, non da ultimo a causa dei fondi che aveva accumulato.

Di recente il suo sito web *Inside Track* aveva pubblicato un lungo articolo dal titolo 'Aziende investono milioni in campagne segrete'. Altri organi di stampa si erano affrettati a imitarlo con dei pezzi sui PAC, i comitati di azione politica, apparentemente indipendenti, che sostenevano i candidati.

Qualche giorno prima il *New York Times* aveva titolato a caratteri cubitali: 'Denaro segreto alimenta un fiume di spot elettorali' e l'*Huffington Post*: 'Super PAC e denaro segreto: la campagna ombra non regolamentata'.

Proprio quella mattina, mentre andava alla raccolta fondi, aveva ricevuto un sms dal suo direttore, Des Cole: 'Fiona, abbiamo bisogno di informazioni accurate sui finanziamenti, sui super PAC, da dove proviene il denaro. Trova quello che puoi.'

Fiona ebbe la sensazione di dover provare a pressare Nathaniel finché poteva. Di solito riscontrava una certa diffidenza da parte dei parenti dei politici di alto profilo nei confronti dei giornalisti. Si sporse verso di lui.

«Vorrei concentrarmi su come i miliardari possono praticamente comprare le elezioni, al contrario delle famiglie meno abbienti» disse Fiona. «Ovviamente è tutto relativo, e la sua famiglia è molto ricca, ma non ricca quanto, diciamo, quella di Mitt.»

«Ha ragione» disse Nathaniel «e questo solleva parecchie domande. Correttezza, onestà. La politica dovrebbe essere solo per i ricchi? A volte penso che stiamo giocando con il fuoco. E se così stanno le cose, chi rappresenta la classe povera? Dalla crisi finanziaria il numero dei meno abbienti è in aumento. Si nascondono e spesso sono arrabbiati. La loro voce viene ascoltata a Washington? Non credo proprio.»

Fiona si appoggiò allo schienale della sedia. «Non è la solita risposta preconfezionata che propina il Partito Repubblicano. È confortante. E suo fratello che posizione ha al riguardo? E come viene finanziato?»

«Buona domanda» disse Nathaniel. «Possiamo contare su alcune fonti di denaro, tra mio padre e suo fratello gemello a Londra. Possono fare donazioni sia a David che ad alcuni dei PAC che pensiamo valga la pena sostenere.»

Forse è ora di flirtare un po', pensò Fiona. Di solito le lingue si scioglievano, specialmente con gli uomini di mezza età.

Allungò le gambe, le ginocchia ad angolo retto, e il vestito nero le salì un po' sulle cosce, proprio mentre Nathaniel si voltava verso di lei, che si assicurò che le sue ginocchia toccassero quelle di lui.

Era incredibile ciò che la vicinanza poteva fare a una fonte, in particolare quando indossava un vestito da cocktail come quello che aveva in quel momento. Il che, ovviamente, era l'esatto motivo per cui lo aveva scelto.

Lui disse: «Sa che se un PAC contribuisce direttamente alla campagna di un candidato, allora le persone non possono donare più di cinquemila dollari.»

«Guardi, scrivo di queste cose praticamente tutti i giorni» disse Fiona.

«Certo, scusi. Ma il punto è che se il PAC fa una campagna indipendente, allora non c'è un limite. E questo dà a mio padre e mio zio un ampio margine.» Fece una pausa e disse lentamente: «Certo, è così a patto che non si coordinino direttamente con quello che fa David.» Poi fissò Fiona intensamente.

Sbaglio o ha inarcato leggermente le sopracciglia? si chiese lei. Sentiva Nathaniel leggere la sua espressione.

Lui fece spallucce «Personalmente non sempre sono d'accordo su tutto. È un campo minato. Forse potremmo parlarne un'altra volta, ma non qui.»

Lei annuì e decise di cambiare strategia. «Ero a conoscenza dell'origine polacca della sua famiglia, ma non sapevo che avesse uno zio a Londra.» Appena tre settimane prima aveva intervistato David Kudrow, che non aveva nemmeno accennato al fatto che il padre avesse un fratello gemello.

Fiona si chinò verso Nathaniel e si assicurò che le loro ginocchia si sfiorassero leggermente ancora una volta.

«Sì, lavorano a stretto contatto anche adesso, nonostante la distanza. Sono gemelli, dopotutto» disse lui.

La guardò. «A proposito, tanto per essere chiari, stiamo parlando in via confidenziale, giusto? Non voglio essere citato riguardo a niente di tutto ciò.»

«Assolutamente, ha la mia parola.»

Nathaniel annuì. «Siete stati lei e Johnson a stroncare la carriera di quel senatore della California diversi anni fa? Quello in corsa per la candidatura repubblicana. Come si chiamava, William Marsh? Il simpatizzante nazista.»

Fiona gli lanciò uno sguardo penetrante. «Sì, esatto, nel 2003. Era un senatore degli Stati Uniti. Abbiamo collaborato a quella storia. Ha un'ottima memoria.»

In effetti era una delle notizie a cui doveva la sua reputazione. Marsh, dell'ala destra del partito, era stato costretto a dimettersi dal Congresso e ad abbandonare la corsa per la nomina contro il presidente in carica George W. Bush. Fiona pubblicò un articolo in prima pagina sul *Times* rivelando che per più di due decenni aveva protetto un ex nazista, capoguardia nel campo di Auschwitz, Heinz Waldmeister, e che l'aveva impiegato nella sua azienda, attiva nel settore del legname, fuori San Francisco.

Aveva lavorato insieme a Johnson all'indagine dopo che entrambi erano stati informati della stessa fonte, un più giovane e ambizioso funzionario del partito che mirava a soppiantare Marsh, anche se alla fine non vi era riuscito. Johnson si era quindi adoperato per far espellere Waldmeister, ottantacinquenne, e farlo processare e condannare da un tribunale di Monaco per una serie di brutali omicidi ad Auschwitz.

Nathaniel annuì di nuovo. «Lo ricordo bene. Uno scoop degno di nota per il *Times*.» Si piegò in avanti e guardò Fiona intensamente. «È utile avere delle buoni fonti, non è così? Dovremmo parlare ancora.»

Quindi si alzò. «Ora è meglio che vada, ma mi farebbe piacere rivederla, questo è certo. Vive a Washington?»

«Sì» disse Fiona. «Sarei felice di riprendere questo discorso al più presto. Vorrei approfondire la questione di cui mi ha parlato, se possibile. Ecco i miei recapiti.» Infilò una mano nella borsetta di pelle marrone e gli diede il suo biglietto da visita.

Fiona strinse la mano di Nathaniel e lo guardò attraversare il pavimento di quercia bianca verso l'atrio. Il suo istinto da reporter le suggerì che aveva qualcos'altro da dire ma che si stava trattenendo.

2

Martedì 8 novembre 2011
Washington D.C.

Fiona sbottò.

«Non se ne parla, Des. Non ho intenzione di scrivere quel maledetto di pezzo. Non mi sono fermata un attimo da quando sono tornata dalla raccolta fondi. Non ho cenato, non ho mangiato niente. Se quest'azienda non può assumere abbastanza personale da coprire il carico di lavoro, non è un mio problema. Sono una giornalista d'inchiesta, non una cronista qualunque.»

Con entrambe le mani sui fianchi e il viso che iniziava a diventare cremisi come il suo cardigan, quasi sputava addosso a Des Cole, il suo capo, che si trovava dalla parte opposta della scrivania.

Des, un uomo inglese dai capelli grigi, direttore responsabile della sezione notizie di *Inside Track*, si limitò a fissarla.

«Tolta la raccolta fondi, sono qui dalle dieci di stamattina e adesso che ore sono, le nove e mezza? E mi stai chiedendo di scrivere un altro pezzo» disse Fiona. E con ciò spense il portatile, lo chiuse con forza, afferrò il cappotto e percorse la redazione fino all'ascensore.

«Dai Fiona, torna un istante. Ho solo bisogno di parlarti...»

Ma a Des non fu data la possibilità di finire la frase.

Fiona tamburellò con le dita sulla parete laterale dell'ascensore che dal quinto piano si dirigeva verso il basso, poi varcò rapidamente la porta girevole dell'ingresso principale dell'edificio.

Borbottando sottovoce una raffica di imprecazioni, svoltò a sinistra e proseguì lungo la 15th Street Northwest diretta al suo appartamento, a quindici minuti a piedi su quella strada.

Ormai era quasi deserta, poiché la maggior parte degli impiegati erano belli comodi nelle loro case e appartamenti.

Gettando uno sguardo alla sua destra, in direzione dell'ufficio, intravide una figura che si nascondeva dietro a un largo pilastro fuori dall'ingresso di un parcheggio sotterraneo, circa un isolato dietro di lei. Si fermò, controllò di nuovo, ma poi si allontanò.

In quel momento, decise. Non aveva voglia di cucinare e non voleva passare la serata da sola nel suo appartamento. Invece avrebbe lasciato la borsa a casa e sarebbe andata all'enoteca dietro l'angolo, si sarebbe goduta un bicchiere o due in tranquillità e avrebbe scelto qualcosa dal menu.

Fiona attraversò L Street Northwest camminando speditamente verso nord. Ora che era più calma si rese conto che aveva esagerato con Des. Si ripromise di mandargli un messaggio più tardi e scusarsi.

Mentre aspettava il verde all'incrocio con Massachusetts Avenue, guardò dietro di sé e di nuovo le sembrò di vedere l'ombra di una persona in movimento dietro un albero. Provò la stessa sensazione di quando a volte qualcuno la osservava in un bar o in un ristorante, come spesso facevano gli uomini. Ma voltandosi ancora una volta, non vide nessuno.

Pochi minuti dopo era a casa e frugava nella borsetta in cerca della chiave che apriva l'ingresso principale del grande condominio di nove piani, sfarzosamente battezzato Appartamenti Miramar.

Viveva nell'appartamento al quarto piano con due camere da letto, affacciato su Rhode Island Avenue, l'Holiday Inn all'angolo e il Doubletree Hilton, da quando si era lasciata con il fidanzato due anni prima e avevano venduto casa loro, rimettendoci molti soldi.

Uno dei motivi per cui aveva scelto gli Appartamenti Miramar era stata la breve passeggiata per andare al lavoro, piuttosto che dover sopportare la faticosa vita del pendolare come facevano alcuni suoi colleghi.

Fiona aprì la porta, gettò la borsa nel corridoio e riuscì subito, dirigendosi verso il B Too, il suo ristorante preferito, che era dietro l'angolo, sulla 14th Street Northwest. Un bar belga accogliente e moderno, con arredi in legno e una lunga lista di vini oltre alle birre; era costoso ma ne valeva la pena. Fiona era diventata quasi una habitué, specialmente nelle sere come quella, quando lavorava fino a tardi.

Quando entrò un cameriere la salutò con un sorriso. «Buonasera, Fiona. Vuoi il tuo solito tavolo?»

«Sì. Grazie, Alex. Mi porteresti una bottiglia di quel *Tempranillo* spagnolo? Ho proprio bisogno di bere qualcosa.»

Un'ora, un filetto di cervo e mezza bottiglia di vino dopo, Fiona si sentiva molto più in pace con sé stessa. Diede un'occhiata fuori dalla finestra ai passanti e al traffico, ancora intenso.

Poi qualcuno le diede un colpetto sulla spalla.

«Ciao, Fiona, spero non le dispiaccia, l'ho vista qui seduta e...»

Lei si girò di scatto, sorpresa. «Nathaniel! Da dove spunta fuori? A quest'ora? Vive in zona?»

Fiona si stava godendo il suo momento di solitudine e inizialmente si sentì piuttosto infastidita. *Era lui che mi seguiva per strada?*

«No, no, mi scusi. Forse non avrei dovuto... è solo che alloggio all'Hotel Greenacres in fondo alla strada e passando mi sono accorto che era seduta qui. In realtà avevo intenzione di contattarla oggi, perché domani pomeriggio torno a Los Angeles, ma non ho avuto tempo. Guardi, la lascio in pace. Mi rendo conto che è qui per rilassarsi.»

Lei si calmò. «Quindi è appena entrato. Non è venuto per cenare dunque?» Lui fece segno di no con la testa, si sistemò il cappotto e fece come per andarsene.

Fiona esitò. «Okay, visto che c'è, le andrebbe un bicchiere?» Indicò la bottiglia.

«È sicura?» chiese Nathaniel. «Forse preferisce stare da sola?» Ma lei stava già facendo segno al cameriere di portare un altro bicchiere.

«Allora okay, grazie» disse Nathaniel. «Sa, ho pensato che potesse interessarle fare due chiacchiere riguardo a quello di cui stavamo parlando alla raccolta fondi. Forse qui è più semplice.»

Il cameriere arrivò con un altro bicchiere, aspettò che Nathaniel si sedesse e poi gli versò del vino.

Fiona sorseggiò il suo e si guardò intorno. C'erano molti altri avventori: un latino-americano di mezza età che era appena entrato, seduto da solo a due tavoli di distanza e intento a studiare il menu, una coppia inglese che parlava concitatamente, un'anziana signora, quattro uomini d'affari. Nessuno che sembrava essere un giornalista rivale, notò sollevata.

Si sistemò i capelli dietro le spalle.

Poi le venne in mente una cosa, allungò la mano nella borsa e tirò fuori il telefono. Toccò lo schermo un paio di volte, come per controllare i messaggi e lo mise sul tavolo. Era sempre utile registrare simili conversazioni, lo sapeva per esperienza.

3

Mercoledì 9 novembre 2011
Washington D.C.

Nathaniel Kudrow si svegliò nella sua stanza d'albergo. Aveva un terribile mal di testa e la bocca secca. Gemette e si poggiò la mano sulla tempia, poi si tirò su nel letto.

Cos'ho fatto ieri sera?

Lanciò un'occhiata al bagliore rosso dell'orologio digitale sul comodino, che gli comunicò che erano le sei e un quarto. Cercò a tentoni la bottiglia d'acqua e la confezione di aspirine che aveva messo vicino all'orologio.

I suoi ricordi di gran parte della sera precedente erano un po' confusi. Dopo aver seguito Fiona Heppenstall al B Too, se n'era andato verso mezzanotte e un quarto ed era tornato all'Hotel Greenacres.

Ma invece di salire in camera, era andato al bar.

Si era seduto su uno sgabello e aveva ordinato una birra locale. Come si chiamava? Ah sì, certo, The Corruption. Ricordò di aver guardato l'etichetta della bottiglia e di aver ridacchiato fra sé. Dopo averla bevuta, ne aveva ordinata un'altra.

Poco dopo, si era messo a parlare con una donna che aspettava un'amica. Una volta arrivata, i tre avevano finito per condividere due bottiglie di shiraz seguite da un paio di whisky doppi. A quel punto, Nathaniel era ormai ubriaco fradicio.

Entrambe le donne, due bionde magre e di bell'aspetto, erano ricercatrici politiche che lavoravano per alcuni senatori repubblicani, quindi si era parlato principalmente di politica.

Ottimista, aveva proposto di andare in camera sua per un ultimo bicchiere, ma le due donne si erano guardate, avevano ridacchiato, avevano poi biascicato che dovevano andare a dormire e se ne erano andate.

Nathaniel gemette di nuovo. Era tutto molto imbarazzante.

Indossava ancora gli stessi vestiti della sera prima e nello stomaco iniziava ad aumentare la sensazione di nausea.

Ho fatto la cosa giusta?

«Fanculo» disse ad alta voce nell'oscurità, spezzata solo da un misterioso bagliore arancione che filtrava nella camera da letto da un leggero spazio tra le tende. «Non possono più continuare così. È ora che qualcuno metta fine a tutto questo.»

Nathaniel prese due aspirine dalla confezione e le mandò giù con un po' d'acqua.

Quindi prese il telefono e digitò un breve messaggio. 'Fatto. Prego procedere con primo bonifico.'

Selezionò un numero dalla lista dei contatti e premette il pulsante di invio.

Si sentì il suono di una sirena, mentre una macchina della polizia sfrecciava lungo la strada davanti all'albergo; le luci rosse e blu si insinuarono attraverso la finestra del bagno.

Ora Nathaniel stava davvero male. Sentiva la bile salirgli in gola e iniziò a sudare freddo, una sensazione di appiccicaticcio e di umido gli si diffuse sulla fronte.

Basandosi su una lunga esperienza nel trattare gli effetti collaterali di un'eccessiva indulgenza, sapeva che non sarebbe stato in grado di cavarsela. Meglio vomitare e farla finita. Scivolò fuori dal piumone e barcollò verso il bagno, lottando per tenersi in equilibrio. Lì, si mise in ginocchio davanti al water bianco e cominciò a vomitare.

Ebbe tre o quattro conati prima che il cocktail di vino, whisky e cibo della sera precedente finalmente riapparisse, facendolo sentire debole e patetico. Esausto, Nathaniel si mise carponi, commiserandosi.

Fu allora che sentì un rumore alle sue spalle. Si voltò e vide una sagoma nera e incappucciata in piedi sulla porta del bagno.

In preda alla confusione generata dall'alcol, Nathaniel sentì torcersi le budella. Il cuoio capelluto si tese come la pelle di un tamburo. «Ehi, chi è? Chi sei?» disse, il tono della voce che si alzò bruscamente.

L'ombra scura avanzò verso di lui, un braccio sollevato di fronte a sé.

Nathaniel non riusciva a capire chi si nascondesse sotto al cappuccio calato sul volto dell'intruso. Ma era impossibile non vedere il bagliore argentato del lungo coltello dalla lama larga che teneva in mano.

«Hai detto bene, qualcuno deve mettere fine a tutto questo» disse una voce maschile vagamente familiare. «Ti avevo detto di tenere la bocca chiusa. Ma come tuo fratello, il politico, non puoi fare a meno di parlare, vero, amico mio?»

Nathaniel urlò istintivamente, ormai farfugliava in preda al terrore. «No, no, non l'ho detto a nessuno, non ho mai detto... per favore, non... no, no...»

Furono le sue ultime parole.

L'uomo, che ora Nathaniel riconobbe, si precipitò verso di lui e lo spinse con forza a terra. Picchiò il mento contro le piastrelle bianche del pavimento, sbattendo con forza i denti. Poi sentì un violento colpo in mezzo alla schiena.

All'inizio pensò che l'uomo gli avesse dato un pugno, stendendolo. Il suo primo istinto fu di trascinarsi cercando in qualche modo di rimettersi in ginocchio. Ma nel farlo guardò in basso. Sul lato sinistro del petto vide sporgere l'affilata punta d'argento del coltello dell'uomo. Fu allora che il mondo di Nathaniel Kudrow divenne nero.

Portland, Maine

Quel novembre insolitamente caldo aveva permesso a molti alberi di Portland di conservare parte del loro splendore rosso, giallo e dorato, un ultimo atto di resistenza prima che l'assalto dei venti forti e delle gelate notturne desse loro il colpo di grazia.

Ma la mente di Johnson non era focalizzata sui colori autunnali all'esterno.

La sua lezione all'American University era andata bene, ma non era riuscito a tornare a casa prima di mezzanotte perché il volo serale per Portland, a circa ottocento chilometri a nordest della capitale, aveva ritardato più di un'ora. Poi si era alzato alle sei e mezza per preparare la colazione ai figli prima che uscissero per andare a scuola.

Ora era seduto nel suo ufficio a casa, col telefono attaccato all'orecchio. «No, signora Richardson, mi ha chiamato quattro volte nell'ultima ora al riguardo e non è di grande aiuto. Come le ho detto prima, se vogliamo avere qualche possibilità di trovare suo marito e la ragazza, dobbiamo pensare a dove è più probabile che la porti.»

«Sì, lo so.» La signora Richardson, moglie di un vicepreside di liceo, era una donna nervosa dalla voce acuta. Aveva chiamato Johnson un paio di giorni prima, dopo che il marito quarantottenne non era tornato a casa dopo il lavoro.

Era scomparsa anche una delle sue ex allieve, una bella ragazza bionda a cui di recente aveva dato lezioni private di spagnolo per rendere più appetibili le sue domande di ammissione all'università.

«Il fatto è che la ragazza ha diciotto anni, quindi è difficile coinvolgere la polizia» disse Johnson. «Ho fatto fare dei controlli sulle carte di credito e i bancomat di suo marito, ma non sono stati usati. Starà usando contanti. Il suo telefono sembra essere spento, quindi non possiamo rintracciarlo... non con facilità, in ogni caso. Ma mi ha detto che è un tipo abitudinario, ama la routine; quindi potrebbe fare una cosa per me? Butti giù un elenco dei luoghi in cui siete stati in vacanza con tutta la famiglia negli ultimi anni: informazioni sugli hotel, tutto, e me lo invii per email. Si concentri, direi, sugli ultimi dieci anni.»

«D'accordo.»

«Bene. Ci sentiamo più tardi, signora Richardson. La ringrazio.»

Johnson attaccò e rimase dietro la scrivania, le mani intrecciate dietro la testa, la penna tra i denti.

Per occuparsi dei Richardson, Johnson aveva temporaneamente abbandonato un altro caso che riguardava un giocatore di baseball professionista svanito nel nulla con un grosso debito.

Johnson sospirò. Capiva la donna, ma era sempre la stessa solfa: una telefonata dopo l'altra, setacciare motori di ricerca, social network, archivi censuari, biblioteche, account aziendali e tra certificati di nascita, matrimonio e morte.

Sembrava proprio robetta di provincia.

Guardò l'orologio. Non aveva nemmeno avuto il tempo per una seconda tazza di caffè o di ascoltare le notizie. Adesso doveva mettersi in macchina e andare a South Portland per un appuntamento con un altro cliente.

Mentre Johnson si infilava la giacca il cane di famiglia, Cocoa, un labrador color cioccolato di tre anni che era sdraiato sul pavimento, saltò su e cominciò a scodinzolare. «Mi spiace, bello» disse Johnson, accarezzandogli la testa. «Oggi la tua passeggiata dovrà aspettare. A dopo.»

Salì sulla sua Ford Explorer blu e fece la solita strada, passando per il ponte Casco Bay. La distesa blu di Casco Bay era alla sua sinistra e, alla sua destra, il fiume Fore e i serbatoi bianchi del terminal petrolifero di Turners Island brillavano illuminati dal basso sole invernale.

Il telefono squillò e Johnson diede un'occhiata allo schermo. Era Fiona.

Esitò a rispondere. Si sentiva ancora a disagio per la breve relazione che avevano avuto nel 2006, dopo la morte della moglie, nei mesi che avevano preceduto il suo trasferimento da Washington a Portland. Era successo troppo presto, per le ragioni sbagliate, e nel chiudere aveva ferito Fiona.

Sentiva che era una cattiva idea riaccendere quella fiamma o sembrare involontariamente aperto a riallacciare i rapporti in quel senso, ma non era sicuro di cosa pensasse Fiona, soprattutto dato che alla raccolta fondi gli aveva detto che le era mancato.

D'altro canto, Fiona non aveva nemmeno detto che era quello che voleva.

Johnson lasciò squillare il telefono per diversi secondi, ma alla fine premette il tasto verde. «Ciao Fiona, sto guidando. Come st...»

«Joe, hai sentito?»

«Cosa?»

«Di Nathaniel Kudrow?»

«No, cos'è successo?»

«È stato trovato morto stamattina presto, pugnalato nella sua stanza d'albergo, non lontano dal mio appartamento.»

Johnson imprecò. «Merda. No. Stai scherzando, vero?»

Sterzò un po' e quasi colpì di striscio un furgone che lo stava superando.

«Sfortunatamente no. È su tutti i giornali, alla radio, in televisione. Stiamo preparando un lungo articolo al riguardo. Ho appena finito di scrivere un pezzo per il nostro sito web; è per questo che non ti ho chiamato prima. È roba seria.»

Johnson espirò. «Incredibile. Sai cos'è successo?»

«Una cameriera lo ha trovato nel bagno, in camera. Una grossa ferita da taglio al petto, il coltello è penetrato posteriormente per poi uscire dalla parte anteriore. Si era sentito male in bagno e pare sia stato attaccato subito dopo. La polizia ha già un'ipotesi secondo cui chiunque sia stato è riuscito ad aprire la serratura della porta della stanza con qualche strumento elettronico. Nessuno ha sentito o visto nulla nell'hotel. Niente grida, nulla.»

Johnson storse la bocca. Il suo primo pensiero fu che doveva essere in qualche modo collegato a ciò che Nathaniel aveva cercato di comunicargli piuttosto goffamente il giorno prima. «Qualche teoria su chi sia stato?»

«Non ne hanno idea.»

«Hanno trovato il coltello?»

«No. Non ce n'era traccia. Pare che la scientifica ci stia lavorando, ma i primi indizi non sono promettenti.»

«Mio Dio.» Johnson esitò. «È stato un po' strano l'incontro di ieri con lui alla raccolta fondi. Lo avrei contattato oggi.»

«Lo so, un tipo strano. Ci ho fatto due chiacchiere dopo che te ne sei andato. E poi, non ci crederai, ma dopo il lavoro ieri sera mi ha seguita, almeno credo, in un ristorante. È entrato e si è seduto. Abbiamo parlato molto. Era evidente che voleva togliersi un peso dallo stomaco.»

Johnson cambiò corsia per superare un camion. «Ti ha seguito in un ristorante?»

«Sì, vicino al mio appartamento» disse Fiona. «Non era per niente allineato col partito, si è sforzato di dipingersi come una specie di pecora nera della famiglia. Al ristorante se n'è uscito subito con alcuni commenti sulla possibile provenienza illegale dei finanziamenti della campagna di David. Mi ha detto che era stato a Londra dallo zio e che aveva scoperto alcune cose. Poi ha praticamente affermato che c'è un qualche tipo di collegamento tra il denaro e i nazisti. Alla fine non ha più voluto dire nulla e se n'è andato.»

«Davvero?» chiese Johnson. «Un collegamento con i nazisti?»

«Sì, è quello che ha detto» rispose Fiona. «Anche io avevo intenzione di chiamarlo per provare a parlarci un altro poco, ottenere qualche altro dettaglio, ma poi è arrivata la notizia dell'omicidio. Mi ero detta, forse è solo un tipo un po' strambo, ma ora mi chiedo se non ci fosse dell'altro.»

Johnson guardò nello specchietto retrovisore. «Anche la nostra conversazione è stata strana. Ha parlato un po' di quanto sia difficile raccogliere i fondi per la campagna con questo casino della crisi economica. Poi ha fatto una battuta sul fratello, che beneficerebbe di un fondo fiduciario polacco, e su una gallina polacca dalle uova d'oro e ha disegnato una specie di svastica nell'aria. Davvero bizzarro. Per un istante ho pensato che fosse una battuta, poi mi sono detto che non era così. Cosa ti ha detto?»

Johnson arrivò alla fine del ponte e svoltò a destra su Cottage Road.

«Ricordo che alla raccolta fondi stava litigando con il fratello. A un certo punto sembrava stessero per prendersi a pugni» aggiunse Johnson.

«Sì, ho visto.»

«Giusto. Quindi abbiamo una lite familiare. Poi Nathaniel ti dice quelle cose, con me butta là qualche allusione. Poi, poche ore dopo, viene trovato pugnalato a morte. Un po' più di una semplice coincidenza, non credi?» chiese Johnson.

«Non lo so. Ma chi potrebbe fare una cosa del genere? Sicuramente nessun familiare. Non ce li vedo. La polizia sembra escludere la rapina. Il computer e il telefono erano ancora nella stanza; il portafogli era ancora pieno di soldi» rispose Fiona.

«Mmm. L'impressione è che abbia cercato di buttare merda sul fratello, il padre e lo zio, questo è certo. E in effetti sembrava un tipo strambo, come hai detto tu» continuò Johnson. «Ma un'altra cosa interessante è che il padre e lo zio erano entrambi nello stesso campo di concentramento di mia madre in Polonia, o almeno così mi ha detto.»

Johnson fece una pausa. «Devo andare, Fiona, ho un appuntamento con un cliente tra un paio di minuti. Andrai alla polizia, per riferire della tua chiacchierata con Nathaniel?»

«Non lo so» disse Fiona. «Non so cosa fare. Potrei, ma di sicuro mi piacerebbe approfondire questa storia da sola. Potrei indagare, a dire il vero. Ci penserò. Senti, ho una registrazione della conversazione con Nathaniel al ristorante, te la spedisco così l'ascolti. Teniamoci in contatto al riguardo. Ti farò sapere se ci sono altri sviluppi. Ah, e tu fammi sapere quando sarai di nuovo a Washington a insegnare. Magari ci facciamo due chiacchiere.»

Johnson entrò nel parcheggio vicino agli uffici del suo cliente, ancora cercando di digerire i nuovi sviluppi. «Va bene. Devo scappare, Fiona. Ci sentiamo presto.»

4

Giovedì 10 novembre 2011
Washington D.C.

Alle undici meno un quarto la redazione di *Inside Track* era indaffarata. I giornalisti erano impegnati al telefono, le sale riunioni andavano riempiendosi e il brusio aumentava di intensità. Fiona si avvicinò a Des, che sedeva ingobbito davanti allo schermo del computer circondato da pile di libri, vecchi comunicati stampa e tre tazze di caffè sporche.

Prima che lei potesse aprire bocca, disse: «Non posso parlare. Ho una conferenza stampa tra dieci minuti. L'hanno anticipata a questa mattina. Dimmi rapidamente, cos'hai per oggi?»

«Niente per oggi, ma c'è una storia che voglio seguire. David Kudrow...»

«Hai novità sulla morte del fratello? Alla cronaca nera ci stanno lavorando tutti. Parlane con loro.»

«Be', non sulla sua morte, ma su qualcosa che mi ha detto Nathaniel alla raccolta fondi repubblicana, il giorno prima che venisse pugnalato. Ricordi, te ne avevo parlato brevemente.»

«Sì, sì, vai al sodo.»

«Okay, mi ha parlato in via confidenziale dandomi un chiaro segnale che qualcosa non quadra nella modalità con cui la sua famiglia finanzia la campagna di David. Forse c'è un collegamento con la sua morte. Il problema è che ci vorrà un po' di tempo per investigare e mettere in piedi la storia. Potrebbe rendersi necessaria una visita nel Regno Unito, dove vive lo zio. Ma penso che ne possa venir fuori un gran bell'articolo. Sarebbe possibile avere un po' di tempo libero dall'agenda per tastare il terreno?»

Des la fissò. «Mi stai prendendo in giro? Bella idea, ma torniamo con i piedi per terra, non se ne parla proprio, Fiona, mi dispiace. Sai quanto abbiamo da fare. Le primarie sono praticamente dietro l'angolo e ci sono un sacco di altri argomenti di cui occuparsi.»

Tamburellò con le dita sulla scrivania. «Probabilmente servirà che nel corso della prossima settimana, o giù di lì, tu faccia tre importanti pezzi di analisi politica, oltre alle cose di routine. Se pensi che la tua idea sia una buona trovata passala a uno dei nostri freelance, qualcuno che ha più tempo. Sono rimasti abbastanza soldi per questo genere di cose. Ora devo rimettermi al lavoro. Chiudiamola qui. D'accordo?»

«Sapevo che lo avresti detto» Fiona sospirò. «Okay, ci penserò. Però non mi piace l'idea di cedere un articolo importante a un freelance.»

Fiona tornò con passo tranquillo alla sua scrivania, che si trovava dall'altro lato della redazione, oltre la fotocopiatrice e il distributore di acqua, le pile di carta accanto al distruggidocumenti e il cestino traboccante di carta e di bicchieri di plastica usa e getta.

Si sedette alla scrivania di fronte a Penny Swanson, la sua assistente, che aveva lasciato il *New York Times* insieme a lei.

«Com'è andata, Fiona?»

«Niente, non ha abboccato. Lo immaginavo, visto tutto quello che sta succedendo. Dice di rivolgermi a un libero professionista, ma questo pezzo vorrei farlo io.»

Fiona strinse le labbra. «Stavo pensando, e probabilmente ti farai una risata, che potrei provare a convincere Joe Johnson a occuparsene.»

«Joe, eh? Non dirmi che si è rifatto vivo.»

«Be', no, in realtà non si è rifatto vivo. Per puro caso c'era anche lui alla raccolta fondi del Partito Repubblicano di inizio settimana, dove ho scoperto di questa storia. Anche lui ha delle informazioni. Gli ho parlato al telefono stamattina. Il fatto è che potrebbe essere proprio il suo campo, se si considera il collegamento al nazismo... sempre che sia vero, ovviamente. È un investigatore; rintraccia le persone. È la cosa che gli riesce meglio, scoprire cose. Non si fa nemmeno problemi a sporcarsi le mani: ex CIA, poi l'OSI e via dicendo.»

Fiona incrociò le braccia. «Ho visto come lavora. Sembra avere un talento che altri non hanno per scovare informazioni e ritrovare persone. Ricordi quando eravamo al *Times*, come ha scoperto quelle cose incredibili su quel nazista americano, quel senatore, William

Marsh? E io, così, ho ottenuto tre prime pagine. Sai come ha fatto? È riuscito a individuare con esattezza chi aveva le informazioni giuste, ha escogitato il modo di entrare nell'ufficio di quella persona e ha forzato lo schedario. Ha fotografato tutto. Rischioso, ma ne è valsa la pena. Non credo abbia mai spiegato al suo capo come ci è riuscito. E così il tizio delle SS è stato condannato all'ergastolo dalla Corte penale internazionale. Quindi mi dico, lui può fare il lavoro pesante, il lavoro sporco. Io poi posso scrivere il pezzo e prendermene il merito.»

Penny ridacchiò. «Sì, me lo ricordo. Non cambierai mai, Fiona. È un azzardo, ma se funziona esce fuori un gran bel pezzo.»

«Sì, scommetto che collaborerà. Ho la sensazione che non abbia molto da fare a Portland.»

Portland, Maine

Johnson sentì i polpacci che si irrigidivano mentre finiva la corsa di tre miglia e mezzo intorno a Back Cove, un'insenatura quasi quadrata vicino a Casco Bay, a nord del centro di Portland.

Quando il sole splendeva era una corsa piacevole, non altrettanto in una giornata piovigginosa come quella. Ma grazie all'esercizio fisico si sentiva meglio, si era schiarito le idee.

Come sempre quando correva, era riuscito a riflettere un po'. Oggi gli ronzavano in testa le bizzarre circostanze relative a Nathaniel Kudrow.

Ma oltre a ciò, scoprì che quello era uno di quei giorni in cui sentiva la mancanza della moglie, Kathy. Erano passati sei anni da quando si era finalmente arresa al cancro che le aveva devastato il corpo.

Nell'ottobre 2006, un anno dopo la sua morte, aveva lasciato il suo incarico di storico investigativo all'OSI e si era trasferito con la famiglia da Washington a Portland, la sua città natale, così che la sorella Amy Wilde e suo marito Don potessero aiutarlo con i bambini; loro non ne avevano. Si erano rivelati una salvezza visto che al contempo aveva avviato la propria attività di investigazione privata che a volte lo portava lontano da casa.

Ma se vivere a Portland gli aveva consentito una maggiore flessibilità per prendersi cura dei suoi figli, era stato costretto a scendere a patti con le conseguenze negative del trasferimento sulla sua carriera. La verità era che il lavoro di investigatore freelance nel Maine non gli generava la stessa euforia del suo vecchio incarico di cacciatore di nazisti con l'OSI, o del periodo alla CIA.

Amy, che aveva due anni meno di lui, spesso gli chiedeva cosa c'era che non andava nell'avere un normale lavoro di città. *Forse aveva ragione. Cosa c'è che non va nella normalità, esattamente?*

Faticava a rispondere a quella domanda. Che problemi ha la gente, compreso lui, così spesso spinta da qualcosa, da un bisogno di definirsi?

Il dannato ego, ecco qual era il problema.

Si fermò nel punto in cui il sentiero intorno a Back Cove superava l'inizio della strada dove abitava, Parsons Road, e percorse a piedi la distanza rimanente fino a casa; in stile Cape Cod, era a due piani con le persiane verdi e un garage doppio. Tirò fuori la chiave e aprì la porta principale.

Prese il telefono e lo controllò, sollevato che non ci fossero state altre chiamate dalla moglie del vicepreside. C'era però un sms di un vecchio amico.

> Ehi Doc, come va? Merc. prossimo sono a Portland, ho un interrogatorio. Riusciamo a vederci? Non posso restare a dormire, riparto per Washington con il volo delle 16:00. Magari una birra? Porto le sigarette. Te ne concedi ancora una ogni tanto?!! Vic

Come molti altri amici, Vic Walter chiamava Johnson con il soprannome 'Doc', per via del suo dottorato in Storia alla Freie Universität di Berlino. Era uno dei migliori amici di Johnson da quando avevano lavorato insieme in Pakistan e Afghanistan per la CIA, alla fine degli anni Ottanta.

Vic lavorava ancora all'Agenzia, nella sede dell'organizzazione a Langley, appena fuori Washington, dopo aver fatto carriera e aver ottenuto il ruolo di funzionario direttivo nella direzione delle Operazioni. Un ingranaggio più grande rispetto al passato all'interno della macchina amministrativa, diceva spesso di sé stesso scherzando.

Johnson gli rispose, proponendogli di incontrarsi nel suo bar preferito di Portland, Crema Coffee, su Commercial Street.

Poi si ricordò di non aver controllato la cassetta della posta, quindi uscì di nuovo.

C'era una lettera di Phillips & Co., uno dei principali studi legali di Portland. Strano, non ci aveva più avuto niente a che fare da quando sua madre era morta dieci anni prima. Chissà di che si tratta, si chiese.

Johnson prese una birra dal frigo, poi andò in salotto e si sedette su una poltrona che dava sul giardino. Aprì la busta.

Dentro c'erano due fogli di carta. Il primo era una lettera dattiloscritta di John Phillips, socio principale dello studio.

Parecchi mesi prima di morire, nel 2001, sua madre, Helena Johnson, ci ha dato precise disposizioni: avremmo dovuto farle avere la lettera che trova allegata nel decimo anniversario della sua morte, quando, come penso lei sappia, le sarà trasferita la consistente somma di 10.000 $ dal suo fondo fiduciario. Come ben sa, la ricorrenza cade il 10 novembre 2011. Pertanto, nel rispetto delle disposizioni di cui sopra, gliela inoltro. Se ha domande non esiti a contattarmi.

Johnson spiegò il secondo foglio. Era molto strano. Erano passati dieci anni da quando sua madre era morta, eppure riusciva quasi ad avvertire il suo odore e a sentirne la voce.

Si rese conto che era la sua ultima lettera e che, presumibilmente, l'aveva scritta quando aveva capito che la fine era vicina.

Come la maggior parte dei suoi appunti, l'aveva scritta con la sua macchina da scrivere preferita, una vecchia e malconcia Remington.

Caro Joe,
Dunque, un decennio dopo la mia morte, eccomi di nuovo qui.
Come mi auguro ti avrà comunicato l'avvocato gli ultimi diecimila dollari che ti ho lasciato nel testamento verranno ora trasferiti dal mio fondo fiduciario espressamente a beneficio dei miei nipoti. Mi piacerebbe che venissero usati per uno scopo educativo. Scusami, senza dubbio penserai che una lettera dall'oltretomba sia un po' strana, e hai ragione. Ma ho pensato che sarebbe stato bello lasciare un biglietto insieme ai soldi.
Ho pensato anche di approfittarne per ricordarti con dolcezza, in caso fosse necessario, di continuare a fare quello che ero solita chiederti tanti anni fa. Ricordi la storia che ho lasciato insieme al testamento? In caso contrario, rileggila per favore.
Forse ormai gli assassini che erano a capo di Gross-Rosen sono stati processati o sono morti. Ma se così non fosse, per favore, continua tu stesso a chiedere giustizia o insisti affinché lo facciano altri.
Io sono riuscita a perdonare quegli uomini, come sai. Se non lo avessi fatto, non sarei potuta andare avanti. Eppure, per le migliaia di persone che hanno assassinato, e per poco non fui una di loro, deve es-

sere fatta giustizia: in tribunale, non con le pallottole. Penso tu sappia esattamente cosa intendo.

Non arrenderti, ragazzo mio. Queste persone possono scappare quanto vogliono, ma non possono nascondersi per sempre. La tua abilità sta nel trovarli. Ricorda che la sofferenza produce perseveranza; la perseveranza ci rende forti nella prova e questa forza ci apre alla speranza.

Con tutto il mio amore,
Mamma

Era il modo di pensare tipico di sua madre: razionale e ragionevole, il tutto concentrato in pochi paragrafi che in qualche modo racchiudevano il suo carattere.

'Non arrenderti, ragazzo mio.' Quante volte glielo aveva sentito dire da ragazzino?

La figlia di Johnson, Carrie, entrò, gettò lo zaino sul pavimento e si sedette sul divano di fronte a lui, con ancora indosso la giacca blu e i pantaloni beige dell'uniforme scolastica, i lunghi capelli castani intrecciati. Cocoa la seguì e le saltò accanto sul divano, drizzò le orecchie e le leccò il mento, come sempre.

Carrie fissava il padre, una quindicenne che sembrava una diciannovenne, come lui spesso diceva ai suoi amici. «Papà, stai bene? Ti vedo turbato.» Sembrava preoccupata.

Johnson distolse lo sguardo, cercando di scrollarsi di dosso l'emozione che lo aveva sopraffatto. Era stata quella frase. 'Deve essere fatta giustizia: in tribunale, non con le pallottole.'

Certo che sapeva che cosa intendeva. Ma perché aveva sentito il bisogno di scriverlo? Si sentì come se una vecchia ferita fosse stata improvvisamente riaperta.

Johnson guardò sua figlia. «Sto bene» disse. «Allora, com'è andata a scuola? Successo qualcosa di bello? Qualcosa di brutto?»

Carrie rise. Era uno scambio abituale tra loro. «No, direi di no, solo un po' di problemi con il professore di matematica, di nuovo. Ha sempre qualcosa da ridire. Non so perché, i miei voti non sono male.»

Johnson posò la lettera. «Be', io continuerei a concentrarmi sullo studio come hai fatto finora. Se lo farai, non credo che continuerà a discutere con te.»

Carrie scosse la testa e storse la bocca. «Okay, okay. Tu che dici, è successo qualcosa di interessante?» chiese.

«Be', ho appena ricevuto questa lettera da uno studio legale. Mi hanno mandato un biglietto che tua nonna mi ha lasciato prima di morire. Un po' strano... ha detto di darmelo a dieci anni dalla sua morte, ossia oggi.»

Sua figlia si sporse verso di lui. «Una lettera? Che dice?»

«Riguarda principalmente un trasferimento di denaro dal suo fondo fiduciario, somma di cui beneficerete tu e Peter quando sarete più grandi.»

Carrie annuì. «È buffo, ho pensato alla nonna l'altro giorno, quando a scuola abbiamo parlato dei nostri primi ricordi. Avrò avuto cinque anni quando è morta, ma un po' la ricordo. Piccoli particolari. Poi ho pensato di nuovo a lei, perché stiamo studiando la Shoah. So che è una sopravvissuta, anche se non ne parli molto. Mi piacerebbe leggere il suo libro di memorie a cui avevi accennato tempo fa. Ce l'hai da qualche parte?»

«Sì, ce l'ho» disse Johnson. «Il problema è che è davvero molto sconvolgente. Nel campo di concentramento è stata trattata malissimo e lei racconta le cose esattamente come stanno. È stato terribile. Penso sia meglio aspettare un anno o due prima di leggerlo, quando sarai un po' più grande.»

Johnson fece una pausa. Era sempre difficile trovare il giusto equilibrio tra informare i figli su temi importanti come i diritti umani ed evitare loro i particolari più cruenti.

Guardò sua figlia. «Capisci cosa intendo?»

«Più o meno» rispose Carrie. «Ma stiamo comunque studiando il modo in cui i nazisti trattavano gli ebrei. Le camere a gas, le torture e così via. Mi sono fatta un'idea di cos'è successo. È tutto nei libri di storia.»

Johnson annuì. «Lo so. Ma è diverso. Leggere una cosa simile ti colpisce davvero, specialmente quando riguarda qualcuno della famiglia. Non è come leggere un libro di Storia su qualcuno che non hai mai conosciuto.»

Carrie maturava ogni giorno di più, era evidente. A un certo punto, probabilmente molto presto, sarebbe stata pronta ad ascoltare tutta la storia della nonna e lui le avrebbe dato il manoscritto. Ma non era ancora il momento. E Peter avrebbe sicuramente dovuto aspettare diversi anni. Era un racconto troppo crudo, troppo straziante, troppo intimo.

La madre di Johnson, Helena Meller, era cresciuta in una famiglia ebrea nel sud della Polonia prima di essere imprigionata dai nazisti. In qualche modo, era riuscita a sopravvivere per due anni in diversi campi di concentramento.

A salvarle la vita fu il trasferimento nel dicembre del 1944 da un campo del complesso di Gross-Rosen a quello di Brünnlitz, che decenni dopo venne mostrato nel film *Schindler's List*. Brünnlitz forniva manodopera a una fabbrica di munizioni di Oskar Schindler, un accordo che implicava che alcuni dei detenuti, sebbene non tutti, evitassero il trasferimento verso i campi di sterminio.

Helena era stata finalmente liberata con l'arrivo dell'Armata Rossa nell'aprile del 1945, poco dopo il suo ventesimo compleanno. Sebbene originariamente fosse ebrea, in seguito divenne cristiana, si trasferì a Portland e sposò il padre di Johnson, Bernard, che era mancato nel 1992 per un cancro.

Quando nel 2001 Helena morì, insieme al suo testamento lasciò un manoscritto contenente un lungo resoconto della sua vita nei campi di concentramento. Lo aveva battuto faticosamente con la sua macchina da scrivere nel corso degli anni Settanta e Ottanta, su carta da quaderno a righe che ormai ingialliva ai bordi.

La prima volta che l'aveva letto Johnson era rimasto sconvolto. Fino a quel momento era stato all'oscuro della sua esistenza e, sebbene la madre parlasse un po' dei campi e occasionalmente raccontasse del trattamento che i nazisti riservavano agli ebrei a quei tempi, non lo aveva mai fatto in modo così crudo. Si era detto che forse, non riuscendo a sopportare di parlare ai suoi figli dei particolari peggiori, li aveva scritti. Sarà stato dal 2002 che non rileggeva il manoscritto.

Carrie si appoggiò allo schienale del divano. «So che non vuoi parlarmi dei dettagli, ma la prigionia nel campo deve aver avuto un qualche effetto su di lei, giusto? Dopo che si è salvata, voglio dire.»

«Sì» disse Johnson. «Parlava spesso di quanto fosse difficile da sopportare, e a volte quando ne parlava piangeva, il che probabilmente è il motivo per cui non ci ha mai detto troppo. Era una sopravvissuta, Carrie, una donna straordinariamente forte, come lo sarai anche tu un giorno, ne sono sicuro.»

Carrie si animò al complimento. «Grazie papà.»

Era vero, sua madre era stata straordinariamente forte. «Diceva di aver fatto sue alcune massime che le avevano permesso di superare il periodo nei campi» disse Johnson. «La più importante è della Bibbia: 'La sofferenza produce perseveranza; la perseveranza ci rende forti nella prova e questa forza ci apre alla speranza.' Dalla Lettera di Paolo ai romani. Se lo ripeteva sempre. Facile capire il perché, dopo quello che ha passato.»

Carrie sorrise. «Era una gran donna, questo è certo. Senti, ma quindi? Come è andato il viaggio, papà? Avevi un'altra lezione, giusto? Di che ti sei occupato questa volta?»

«Della controversia sorta perché, dopo la Seconda guerra mondiale, la CIA impiegò diversi ex nazisti come spie» rispose Johnson. «Parecchi erano ben informati sulla Russia, che all'epoca era il nuovo nemico. Come ricompensa a molti è stato concesso l'ingresso negli Stati Uniti. A migliaia di loro è stato dato un rifugio sicuro, senza fare domande... assassini di massa, torturatori, sadici e via dicendo. Il mio discorso riguardava in parte l'istituzione dell'OSI, nel 1979, all'interno del dipartimento di Giustizia a Washington per rintracciare quei nazisti che erano sparsi per tutto il paese.»

«Figo. Che lavoro cazzuto che avevi, papà.»

«Carrie, modera il linguaggio.»

Carrie alzò gli occhi al cielo. «Giusto, scusa. È meglio che vada a fare i compiti.»

«Okay, se vai di sopra chiedi a tuo fratello se ha bisogno di aiuto con i suoi, di compiti.»

Carrie uscì, il suono delle scarpe echeggiò lungo il corridoio. Qualche secondo dopo la sentì urlare su per le scale. «Peter, Peeeter... Papà vuole sapere se hai bisogno di aiuto con i compiti.»

Johnson accese il televisore e per un po' guardò il telegiornale. La penultima notizia riguardava l'omicidio di Nathaniel Kudrow.

La polizia di Washington con le sue indagini non cavava un ragno dal buco, quindi aveva lanciato un appello chiedendo a chiunque avesse visto qualcosa di sospetto nell'hotel dove Kudrow alloggiava di mettersi in contatto con le autorità, spiegò il cronista. Mandarono un brevissimo spezzone di un'intervista al fratello David, che ribadiva la richiesta della polizia.

Il giornalista disse che secondo la polizia negli ultimi mesi Nathaniel aveva viaggiato molto e che insieme all'FBI stava prendendo in considerazione l'ipotesi di un collegamento tra questi viaggi e l'omicidio.

Una volta finito il notiziario, Johnson spense il televisore e si appoggiò allo schienale della poltrona. Batté piano il capo un paio di volte contro il poggiatesta. Meglio tirar fuori il manoscritto di sua madre dalla cassaforte e rileggerlo il giorno dopo.

Una lettera dall'oltretomba... Un po' strano. Ma d'altra parte, sua madre era stata una donna eccentrica. Guardò la lettera. 'Continua tu stesso a chiedere giustizia.' Johnson sbuffò. *Vorrei tanto...*

5

Giovedì 10 novembre 2011
Buenos Aires

Per quanto provasse a mantenere la calma, Ignacio Guzmann sentiva la pressione del sangue aumentare.

Si sedette al posto di guida della vecchia Mercedes nera di suo padre José, fuori dalla casa del vecchio, nel sobborgo di Recoleta, a Buenos Aires.

Guzmann padre acquistava solo automobili di fabbricazione tedesca e si era sempre rifiutato di viaggiare nella Renault Megane bianca del figlio, vecchia di quindici anni. Quindi Ignacio aveva guidato fino a Recoleta, parcheggiato la sua auto e poi aveva cambiato veicolo.

Una figura spigolosa e leggermente curva uscì dalla porta d'ingresso nera della casa, all'angolo tra via Ombú e via Martín Coronado. La proprietà di due piani in origine era stata bianca, ma la vernice si stava staccando e in diversi punti era macchiata di verde e nero. Tre delle persiane nere pendevano dai cardini, inclinate, e anche sulle porte, sulle recinzioni e sui cancelli di metallo la vernice era a chiazze.

Cozzava con le altre case della via, ben più eleganti.

Dai, vecchio bastardo, sbrigati. Ignacio si sentiva stanco a causa del lungo volo di ritorno a Buenos Aires del giorno precedente.

Un gruppo di bambini lo superò, correvano veloci da uno dei tanti alberi che fiancheggiavano la strada al successivo, fingendo di combattere e insultandosi l'un l'altro.

Ignacio guardò il padre che, rigido, zoppicava uscendo dal cancello e come sempre avanzava trascinando un po' la gamba destra, nella mano destra il bastone da passeggio con l'impugnatura d'argento e nella sinistra una consumata ventiquattrore di pelle nera.

Sembrava più giovane di lui, pensò Ignacio. Il viso sottile e leggermente rugoso di José, la figura snella e la riga netta tra i capelli bianchi tagliati con cura lo facevano quasi passare per un ottantenne. Ma in realtà, secondo il suo passaporto argentino, aveva novantuno anni.

Nonostante la sua età, José manteneva ancora un rigido controllo sull'azienda di famiglia SolGold, attività di produzione e commercio al dettaglio di oro e gioielli. Aveva punti vendita in tutta l'Argentina e importava oro e altre materie prime e prodotti da vari paesi.

Il vecchio si muoveva lentamente verso la macchina. «Non puoi uscire e tenermi aperta la portiera?» disse in spagnolo. «Questa artrite mi sta uccidendo.»

Ignacio scese e obbedì.

José si accomodò sul sedile posteriore. «Dunque sei tornato.»

«Sì, *padre,* sono tornato.»

«Dove sei stato?»

«Oh, via per qualche giorno. Mi sono preso una pausa. Avevo delle questioni da sistemare.»

«Via dove?»

Ignacio ignorò la domanda. A volte suo padre sembrava un cane che non intende mollare la presa. Rientrò in macchina e partì; attraversò Recoleta, una delle periferie più ricche della città e parte del *Barrio Norte,* o 'quartiere nord'.

«Dove andiamo? Café Nostalgia, come al solito?» chiese Ignacio.

Vide suo padre annuire nello specchietto retrovisore. «Sì, Nostalgia.» Normalmente Juan, il domestico di José, lo accompagnava al caffè che dava su un importante incrocio alberato nel quartiere Palermo. Una volta lì, mandava Juan all'edicola a comprare il giornale, di solito il *Clarín,* il quotidiano argentino più venduto, poi si sedeva per un'oretta a leggere le ultime notizie.

Era passato almeno un anno dall'ultima volta che Ignacio era uscito con il padre, dunque si era fatto l'idea che avesse urgente bisogno di parlare con lui.

Ignacio parcheggiò fuori dal bar. «*Hola, Señor* Guzmann.» Il cameriere fece un cenno col capo a José, che zoppicando si dirigeva verso il suo tavolo quadrato di legno accanto alla finestra. «Il solito doppio espresso, signore?»

«Sì, e faccia in fretta. Mi porti anche due fette di torta al cioccolato.»

Ignacio ordinò un cappuccino. Decise di fare uno sforzo.

«Da quant'è ormai che vieni qui, *padre*?»

Prima che il padre potesse rispondere, un grasso gatto nero saltò sulla sedia accanto a lui. José prese il bastone rivolgendolo verso il gatto e sibilò ad alta voce: «Esci, avanti, muoviti, maledetto animale.»

Ignacio notò la barista che armeggiava dietro la grande macchina da espresso argentata dietro al bancone. Continuava a muovere la testa di lato per evitare che i capelli biondi le andassero negli occhi.

Suo padre notò che la guardava. «Se non avessi rovinato tutto con tua moglie, non avresti bisogno di mettere gli occhi addosso a donne come lei. Alla fine poi chi è stata a dare il colpo di grazia al tuo matrimonio, la spogliarellista del jazz bar?»

Ignacio ignorò la frecciatina ben mirata, ma il padre non aveva alcuna intenzione di smettere. «Immagino che ora non vedrai molto i tuoi figli, dopo quello che è successo.»

Era vero. Non vedeva i suoi due figli adolescenti da più di nove mesi. Se ne era assicurata l'ex moglie, che si era tenuta quella che era stata casa loro a Palermo.

«Difficile, visto che non me lo permette» disse Ignacio. «Vorrei passare alle vie legali, ma è troppo costoso.»

La cameriera arrivò con i caffè e il cibo per il padre.

«Allora, *padre*, chiaramente hai bisogno di parlarmi di qualcosa» disse Ignacio. «Qual è il problema?»

José si cambiò gli occhiali con un paio da lettura dalla montatura dorata e prese alcuni documenti dalla ventiquattrore.

«Probabilmente non ne sei al corrente, almeno credo, ma gli affari stanno andando male, e anche velocemente» disse il vecchio. «Un'altra cosa che probabilmente non sai, dato che eri via, è che la settimana scorsa ho dovuto licenziare Pancho, quindi ho pensato di farti vedere un paio di cose.»

Ignacio si raddrizzò sulla sedia. «Hai licenziato Pancho? Cos'è successo? Pensavo fosse uno dei migliori.»

Pancho non era tra i dipendenti ufficiali di SolGold, ma ne aveva amministrato le finanze e la contabilità per quasi trent'anni.

«Lo era, sì. Quando nel 2001 il paese era nella merda e tu eri nell'esercito ci ha risolto un sacco di problemi, ci ha rimesso in carreggiata. Ma ultimamente non è stato così.»

L'Argentina aveva dichiarato il default sul debito e nel 2006 aveva tagliato i fondi per le forze armate, così Ignacio, come molti altri colleghi dell'esercito, era rimasto senza lavoro.

In seguito la sua unica opzione era stata l'attività di famiglia.

Cosa gli aveva detto il padre? 'Dunque il cane ritorna con la coda fra le gambe, più vecchio e probabilmente non più saggio.' Ignacio improvvisamente si allarmò. «Allora, *padre*, non starai mica cercando di dirmi che vuoi mandarmi via?»

«No. Ma dobbiamo fare qualcosa. L'azienda sta subendo enormi perdite.»

Ignacio si appoggiò allo schienale. Lo sapeva benissimo, date le notti passate in gran segreto a studiarne la contabilità sul computer del padre, non che avesse intenzione di dirglielo.

«Siamo in perdita? Pensavo che fossimo in salute» disse Ignacio.

«No, non lo siamo» disse il vecchio. «Sto definendo un piano. La produzione può andare avanti, iniziamo con lo sbarazzarci di alcuni dei negozi. Su venti, ritengo che sei siano una perdita di tempo, quindi devono chiudere.»

José aveva perlopiù tenuto Ignacio lontano dai bilanci, dai conti di profitti e perdite e dai negozi e dalle attività di produzione di gioielli della SolGold. Aveva invece dato al figlio un lavoro come responsabile delle vendite, col compito di relazionarsi con i gioiellieri indipendenti per il mercato turistico.

Come parte del suo incarico, sei mesi prima Ignacio aveva fatto un viaggio di lavoro nell'estremo nord dell'Argentina per incontrare alcuni potenziali clienti. Aveva anche fatto una sosta non programmata di un paio di giorni al sito di produzione di gioielli della SolGold a Puerto Iguazú, al confine con il Paraguay, dove persino lui, un temprato ex membro dell'esercito, era rimasto profondamente scioccato da ciò che aveva visto. Aveva intenzione di parlarne con il padre ma al momento giusto, non ora.

Ignacio, pur non avendo una formazione in campo aziendale, aveva imparato velocemente il nuovo lavoro. Gli studi di ragioneria e l'esperienza acquisita nell'esercito nel gestire risorse ingenti avevano aiutato.

A Ignacio inizialmente era sembrato strano che il padre non riuscisse a trarre maggiore profitto dalla vendita di collane d'oro, anelli e altri gioielli di fascia media. Si era in pieno boom economico e il PIL dell'Argentina aumentava di oltre il nove percento l'anno. Così si era dato da fare per scoprire perché c'erano problemi, totalmente a sua insaputa.

José prese un documento e indicò una cifra. «Guarda, nel 2001 il prezzo dell'oro era di 270 dollari l'oncia. Ora sta a oltre 1.700 dollari. Allontana i clienti e, peggio ancora, elimina i margini di profitto. Non creiamo liquidità a sufficienza e le spese generali per questi negozi sono alte.»

Sospirò. «Ho passato cinquantacinque anni a costruire quest'attività. Non ho intenzione di vederla finire nel cesso.» Diventò rosso e sbatté forte il bastone contro la gamba del tavolo.

Ignacio trasalì involontariamente quando il padre agitò il bastone. Quella scena riportò a galla brutti ricordi, anche quarant'anni dopo.

Il vecchio bevve un altro sorso di caffè. «Venti, trent'anni fa ci avrei pensato io a risolvere i problemi. Ora non posso.»

Ignacio, guardando il padre, incrociò le braccia e si appoggiò allo schienale. Era già a buon punto nella definizione di un piano per risolvere i problemi dell'attività e la sua personale situazione finanziaria. Era ora fondamentale metterlo rapidamente in pratica, ne era consapevole. E non era un piano che intendeva condividere col padre.

«Sì, be', da giovane hai risolto un bel po' di cose, non è così? Prima di venire in Argentina.» Ignacio fissò il padre negli occhi.

I suoi sospetti di vecchia data sul padre erano stati confermati due anni prima quando aveva scoperto, in una cartella nascosta nella sua soffitta, alcuni documenti privati dal contenuto sbalorditivo.

Ma il vecchio aveva sempre evitato qualsiasi discussione sulle sue origini. Nel corso dell'infanzia, ogni volta che Ignacio aveva fatto domande al riguardo, il padre aveva cambiato argomento e così alla fine si era arreso.

Questa volta gli occhi di José scintillarono appena prima che la loro facciata azzurra si ricomponesse. «Di cosa stai parlando? Chiediamo il conto.» José fece segno a uno dei camerieri.

Portland, Maine

Johnson aveva pensato di immergersi nelle memorie della madre nel pomeriggio di giovedì, ma era stato distratto da una serie di telefonate ed email relative alla ricerca del preside e della ragazza diciottenne.

Fu dunque solo verso sera che riuscì a sedersi nel suo ufficio, dove prese il sottile fascicolo, intitolato 'Gross-Rosen: testimonianza di una sopravvissuta'.

Sfogliò le pagine iniziali, che descrivevano l'ambiente in cui la madre era cresciuta a Varsavia e il terrore che aveva provato dopo che era stata catturata assieme alla sua famiglia dalle SS che li avevano trovati, nascosti in una soffitta, durante la perquisizione di casa loro.

C'era una parte dedicata all'orribile viaggio di tre giorni fino al campo di concentramento, senza cibo, stipata in un vagone con molti altri ebrei, parecchi dei quali morirono. Poi a pagina trentadue trovò il passaggio che si ricordava dall'ultima lettura.

Vita quotidiana nel campo

Ogni giorno nel campo è un ciclo di paura. Più di ogni altra cosa, avevo paura di morire, naturalmente, ma a parte questo avevo paura di avere fame e di non avere forze, e dunque paura di non riuscire a fare il lavoro che le guardie ci ordinavano di fare e paura delle percosse che ne sarebbero seguite.

Paura degli altri prigionieri e di ciò che avrebbero potuto fare, perché alcuni avevano perso la ragione e la bontà. Una volta lì dentro, sembrava impossibile riuscire a sopravvivere. Non riesco ancora a credere che ce l'ho fatta.

Nel corso di quei mesi del 1944, a Wüstegiersdorf, un sottocampo di Gross-Rosen, la battaglia quotidiana per il cibo fu una prova assoluta di forza, astuzia, ingegno e disperazione.

Al mattino ricevevamo una sola fetta di pane a testa, quindi bisognava decidere se mangiarlo immediatamente, evitando così che venisse rubato, o tenerne metà da mangiare più tardi nel corso della giornata insieme alla zuppa annacquata che ci servivano.

I prigionieri aggressivi, o quelli ormai impazziti, non si facevano scrupoli a rubare il cibo agli altri, a volte minacciandoli. Un giorno una donna, Elizabeth, si prese il pane che mi ero messa da parte. Mi arrivò alle spalle puntandomi un pezzo di legno duro e appuntito alla gola: cosa avrei potuto fare?

Alcuni prigionieri erano completamente andati, sia fisicamente che mentalmente, dei morti viventi.

Pur essendo magri fino all'osso si muovevano, ma non controllavano più i loro muscoli, compreso quello dell'intestino e defecavano o orinavano sul posto. Per questo le guardie li frustavano o colpivano con i manganelli.

Sprofondavano nel loro stesso oblio, non pensavano più, afferravano e mangiavano qualsiasi cosa, erba, terra o pezzetti di legno. Avevo tanta paura di loro e di diventare come loro. Erano scheletri in movi-

mento, senza un filo di carne, davvero, i bulbi oculari erano sprofondati nelle orbite e le ossa sporgevano come le costate della carne che ero solita vedere nelle macellerie.
Facevamo di tutto per procurarci del cibo in più. I ratti erano una valida opzione, perché a volte ce n'erano molti, poi le guardie si accorsero di ciò che facevamo e li avvelenarono. Ne presi un paio riuscendo a colpirli con un pezzo di legno, mi sembrò un miracolo. Cucinarli fu una sfida, ma ce la facemmo.
Ero stata messa in un gruppo di lavoro che caricava sacchi di cemento sui camion delle ferrovie per dodici ore al giorno, ma per raggiungere il luogo di carico dovevamo camminare per dieci chilometri, costeggiando i campi lungo la strada. A volte riuscivo a correre in un campo e ad afferrare patate e barbabietole senza che nessuna guardia se ne accorgesse. Dovevo mangiarle immediatamente, crude, in modo che non mi vedessero.
Anche i sacchi di cemento avevano la loro utilità, come isolante per i nostri corpi congelati. Li indossavo come una giacca, facendo dei buchi per la testa e le braccia. Era un vantaggio temporaneo, finché non mi avessero trasferito a fare un altro lavoro. Fu quello che mi permise di dormire nelle gelide cuccette di legno all'interno delle capanne dove vivevamo.
C'erano tre cuccette una sopra l'altra e spesso erano ricoperte di pulci, che saltavano su tutti i prigionieri, già pieni di pidocchi e coi corpi costantemente ricoperti di piaghe infette.

Johnson si costrinse a distogliere lo sguardo dalla pagina e lo diresse fuori dalla finestra. Si rese conto che stringeva il dossier con una tale forza che le nocche erano diventate bianche. Era il genere di racconto che aveva sentito spesso dai testimoni che aveva intervistato quando era sulle tracce dei tanti sadici criminali di guerra nazisti.

Anzi, era proprio ciò che lo aveva spronato a fare in modo che finissero in tribunale a rispondere delle loro azioni.

Ma leggere il racconto di sua madre era tutt'altra cosa. Guardò il soffitto per qualche istante per ricomporsi, poi proseguì.

La crudeltà dei comandanti del campo delle SS era indescrivibile, insondabile. Non riuscivo a capire come in una persona potessero esistere un odio freddo e una ferocia così profondi. Con un orribile sorriso a fior di labbra approfittavano di qualsiasi scusa di qualsiasi ragione creata dal nulla, di ogni minimo errore inventato, per picchiarci. Infliggere dolore, agonia, umiliazione e infine la morte, era la loro ragione di vita quotidiana.
Per loro era l'unico modo di essere. Seguire gli ordini e provocare dolore.

Avevano scelta? Certo che sì. E scelsero sempre la via delle tenebre.
L'appello giornaliero era un rituale di agonia per tutti noi, di attesa pregna di terrore. Ed era il momento in cui gli ufficiali delle SS dominavano la scena e potevano terrorizzarci tutti in un colpo solo.
I comandanti del campo, il capitano Albert Lutkemeyer e il suo vice, il tenente Erich Brenner, erano i capobanda. Un duo di assoluto sadismo.
Un giorno, alla fine di maggio di quell'anno, durante l'appello le guardie camminavano su e giù davanti alle interminabili file di prigionieri in cortile; lentamente, guardandosi attorno, come leoni dagli occhi freddi e privi di emozione che si muovono furtivi, a caccia di una vittima. Cercavo sempre di evitare il contatto visivo, rimanevo sempre immobile. Ma quel giorno Brenner si fermò di fronte a me, a circa mezzo metro di distanza.
Drizzò le spalle e mise le mani dietro la schiena, tenendo in mano il frustino di pelle nera con cui ci fustigava, e allargò le gambe. Mi disse le seguenti parole: «Tu... non mi guardi mai negli occhi, non è vero?» Poi le ripeté, gridando a squarciagola, urlando. Disse che era irrispettoso evitare il contatto visivo e che mi avrebbe insegnato le buone maniere.
Poi si rivolse a uno dei kapò ebrei, gli ebrei che si erano proposti volontari o a cui era stato ordinato di svolgere determinate mansioni per aiutare le guardie, e gli disse di andare a prendere il nerbo di bue.
Tremavo dalla paura perché avevo già visto il primo tenente frustare i prigionieri mentre venivano tenuti immobili sul banco di fustigazione.
Ora era il mio turno. Le guardie chiamavano questa tortura il *fünfundzwanzig*, che in tedesco vuol dire 'venticinque', perché era quello il numero di frustate sui glutei che si ricevevano. Non ho mai provato un dolore simile e, persino oggi, non riesco a esprimere a parole ciò che provai.
Ora come allora, non so spiegarmi come feci a non svenire, ma penso che fu quello a tenermi in vita, perché sono certa che se avessi perso conoscenza mentre il primo tenente mi stava picchiando, mi avrebbero sparato. Che è quello che è successo agli altri.
In seguito le guardie furono incaricate di lasciarmi in piedi nella piazza dell'appello (dove veniva fatto l'appello giornaliero dei prigionieri) per un intero giorno sotto al sole, senza cibo o acqua, nessuno doveva parlarmi e io non dovevo né sedermi né sdraiarmi.
E fu così che andò. Era estate, e per tutta la giornata il sole splendette in un cielo privo di nuvole. Dovevo essere stata molto vicina alla morte. Il sangue delle frustate mi scorreva su gambe, testa, mani e piedi orribilmente bruciati dal sole; ero in totale agonia.
Verso la fine persi conoscenza per un bel po'. Probabilmente svenni, non so per quanto tempo.
Successivamente sviluppai un'infezione per le ferite causate dalle frustate, e ancora oggi ne porto le cicatrici. Il dottore del campo venne a darmi un'occhiata. Non poté, o non volle, fare nulla.

Ma mentre ero fuori nella piazza dell'appello, avevo pregato l'Onnipotente, e lui mi aveva risposto dicendomi che sarei sopravvissuta. E così feci, in qualche modo. Mi aveva anche detto che ero amata e che dovevo perdonare quei comandanti delle SS per quello che avevano fatto, altrimenti sarei impazzita.
Ed era vero. Mi resi improvvisamente conto che non mi era possibile scegliere le circostanze in cui mi trovavo, ma potevo scegliere come reagire dentro di me.
È così che sono sopravvissuta alle frustate e che sono sopravvissuta a Wüstegiersdorf.
Ma quelli che hanno perpetrato questi crimini, seppur perdonati, devono risponderne di fronte alla giustizia.

Johnson sfogliò il resto del documento. C'erano molte altre pagine in cui veniva descritta nel dettaglio la vita nel campo e infine il senso di profondo sollievo che la madre aveva provato quando, inaspettatamente, fu trasferita in un altro campo prima della fine del suo calvario nel 1945, quando arrivarono i russi.

Inoltre vi era spiegato che, al momento della liberazione, aveva due costole disallineate, conseguenza dell'essere stata scaraventata a terra e presa a calci dalle guardie e causa del dolore cronico che provava.

Helena, alta un metro e settantasei, pesava appena 36 chili quando fu finalmente liberata, contro i 56 chili di prima dell'inizio del calvario che aveva vissuto.

Sua madre. Che donna eccezionale e forte era stata. Johnson riusciva ancora a sentirne chiaramente la voce nella testa.

Si girò verso il computer. C'erano due nuove email nella casella di posta: una della moglie del vicepreside della scuola, che ignorò, e una della Fondazione Simon Wiesenthal, istituita dal famoso cacciatore di nazisti. Lo informava della pubblicazione del Rapporto annuale sullo stato delle indagini e delle azioni giudiziarie a livello mondiale contro i criminali di guerra nazisti, l'aggiornamento più recente di un documento pubblicato per la prima volta nel 2001.

Il rapporto includeva un elenco degli ex nazisti più ricercati. Negli ultimi anni il loro numero si era ridotto drasticamente, perlopiù a causa della loro morte per vecchiaia, oltre alle occasionali condanne da celebrare.

Johnson lo esaminò, tamburellando con le dita sulla scrivania.

Sì, i nomi erano ancora lì. Quei bastardi di Wüstegiersdorf non erano mai stati presi.

6

Venerdì 11 novembre 2011
Portland, Maine

Johnson era intento a scrivere al computer un aggiornamento sul caso del vicepreside scomparso quando, poco dopo che i figli erano usciti per andare a scuola, nell'angolo in alto a destra dello schermo comparve un avviso che lo informò dell'arrivo di una nuova email.

Strinse le labbra e la aprì.

Ciao Joe,
faccio seguito alla nostra conversazione telefonica, spero che il tuo appuntamento sia andato bene :)
Riguardo a questa storia di Nathaniel Kudrow. Il mio istinto mi dice che dietro c'è qualcosa di grosso. Non solo riguardo alla sua morte, e su questo stanno lavorando i ragazzi della cronaca nera, ma su come potrebbe essere collegata a ciò che ha detto sul finanziamento della campagna.
Si inserirebbe nella scaletta relativa alle elezioni 2012. I nostri redattori sono davvero molto ansiosi di seguire questa pista.
A parte le informazioni di Nathaniel, secondo le mie fonti Kudrow ha un fondo per la campagna molto importante, ma nessuno riesce a capire da dove venga.
Ho parlato con un po' di persone e sono tutte convinte che qualcosa non torni. Uno mi ha detto che Daniel, il padre di Kudrow, e Jacob, suo zio che sta a Londra, sono in pratica solo piccoli imprenditori, eppure sembrano avere soldi a sufficienza per finanziargli la campagna. Quindi come fanno? Da dove viene il denaro?
Data la componente nazista, ti interesserebbe lavorarci per noi? Possiamo pagarti grazie alle risorse destinate ai freelance. Le nostre ta-

riffe sono abbastanza generose, è inoltre previsto un buon rimborso spese.
Potresti iniziare dai conti della società, se riesci a metterci le mani. È un'impresa privata di gioielleria, Gruppo Kudrow. Hanno una catena di negozi, Kudrow & Co. e una fabbrica da qualche parte. Fiona

Johnson si appoggiò allo schienale della sedia girevole e fece un giro completo; la lavagna bianca, la cartina degli Stati Uniti e del mondo, la stampante e lo scanner gli turbinarono intorno finché non si fermò nuovamente di fronte al computer.

Cosa fare? Non era sicuro di voler accettare un incarico che avrebbe comportato un lavoro a stretto contatto con Fiona. Però erano passati anni. Erano in grado di mantenere un rapporto professionale, no? Esaminò la lavagna, dove aveva scritto con un pennarello rosso l'elenco di quello a cui stava lavorando attualmente, oltre a un paio di casi potenziali.

Suo figlio Peter, tipico ragazzo dalla mentalità tecnologica, spesso lo prendeva in giro per la lavagna, definendola 'molto retrò'. Ci aveva scarabocchiato sopra, in alto, '*iBoard* di papà'.

«Non vedo come tu possa essere un patito della Apple e avere una lavagna sul muro» aveva detto a colazione proprio quella mattina. «Sei un dinosauro, papà!»

Johnson spesso si divertiva a scrivere sulla lavagna titoli allitterati in stile tabloid per i casi a cui stava lavorando, provando a renderli più interessanti. L'ultimo era: 'Insegnante invischiato in incontro illecito con adolescente'.

Ma a voler essere sinceri, non importava quanto li abbellisse, i quattro casi della lista non erano altro che robetta di provincia.

E invece questo di Fiona? Soldi nazisti? Sembrava improbabile. Sapeva esattamente che tasti toccare. Avrebbe significato passare del tempo nel Regno Unito lontano dai ragazzi e non c'era molto su cui lavorare. Nathaniel potrebbe anche essere stato manipolato.

D'altro canto...

Cos'è che diceva sempre il suo vecchio capo all'OSI, Mickey Ralph? 'Mai morire col dubbio, amico mio.'

Aveva adottato quella filosofia nel corso di tutta la sua carriera all'OSI e anche dopo; aveva fatto moltissimi buchi nell'acqua durante le indagini, ma a volte aveva trovato una perla inaspettata, lo sporadico processo di alto profilo. Le lettere di ringraziamento ricevute dalle vittime dei criminali nazisti e dalle loro famiglie erano tutte conservate in una scatola nel suo studio, a testimoniare che ne era valsa la pena.

Johnson fece scorrere gli sms finché non trovò quello di Vic sul loro incontro, previsto per il mercoledì seguente. Gli inviò un breve messaggio, chiedendogli se avesse tempo per fare due chiacchiere.

Un paio di minuti dopo squillò il telefono. Era Vic che chiamava dal suo numero privato, ma tramite il sistema di crittografia di livello militare che i due usavano sempre quando si chiamavano. Era una vecchia abitudine.

«Vic, come stai amico mio?»

«Bene, qui è sempre tutto uguale. A te come vanno le cose?»

«Benino. Non mi dispiacerebbe un po' più di pepe nel lavoro, ma in generale è tutto okay. Grazie per aver chiamato. Sono contento di rivederti mercoledì.»

«Anche io, ne è passato di tempo.»

«Ascolta, in realtà mi servirebbe un favore.»

Gli spiegò ciò di cui aveva bisogno, precisando che era una richiesta urgente.«Vorrei sapere il più possibile sulle società dei Kudrow negli Stati Uniti, nel Regno Unito, in Argentina. Mi servirebbe fatturato e redditività degli ultimi anni, e i margini. Se possibile, mi piacerebbe averli per le diverse divisioni delle aziende, così come della società madre. Avrò bisogno di informazioni relative alla solidità patrimoniale, ai livelli di indebitamento e di tutto ciò che puoi trovare sui fornitori e sul pacchetto clienti. Vorrei anche sapere chi nella famiglia Kudrow compare come direttore di queste società. E presta particolare attenzione a tutto ciò che sembra fuori dall'ordinario» disse.

«Tutto qui?» chiese Vic.

Johnson ignorò il tono lievemente sarcastico dell'amico. «Sei sempre stato un drago con la contabilità aziendale, quindi ho pensato che potessi essere la persona giusta. Investigare sulle aziende private può rivelarsi particolarmente difficile.»

«È vero, voglio dire, ovviamente non depositano il bilancio, ma c'è sempre un modo, rapporti di credito e così via. Dovrei riuscire a ottenere qualcosa per quando ci vedremo la prossima settimana. Coinvolgerò anche Neal. È seduto qui accanto a me.»

Neal Scales era un altro degli ex colleghi della CIA, che aveva lavorato con lui in Pakistan e che lavorava ancora insieme a Vic.

Ci fu un breve silenzio prima che Vic aggiungesse: «A titolo informativo, Joe, ultimamente bisogna fare attenzione con questo tipo di richieste di informazioni personali. Non siamo autorizzati, come sai.»

«Sì, lo apprezzo, Vic. Qualunque cosa tu riesca a fare sarà molto utile; ci vediamo presto. Grazie ancora, amico mio.»

Johnson concluse la telefonata e si sedette, assorto nei suoi pensieri.

Lui, Vic e Neal evocavano sempre il periodo in Pakistan, e di tanto in tanto quello in Afghanistan, come agenti della divisione per il Medio Oriente. Ma era spesso humour nero: tutti e tre sapevano che per Johnson era stato un periodo difficile.

Erano di stanza nella capitale pakistana, Islamabad; la stazione della CIA si trovava al terzo piano dell'ambasciata, all'interno di un complesso cinto da un muro. Di tanto in tanto era necessario svolgere operazioni segrete al confine con l'Afghanistan, e a volte oltre, che all'epoca era occupato dalle forze sovietiche.

Johnson, che come la madre era un prolifico poliglotta, aveva rapidamente imparato il pashtu, ed era dunque la scelta più logica per operazioni di questo tipo. Nel corso dei quattro anni passati a Berlino all'inizio degli anni Ottanta per la tesi di dottorato sugli aspetti economici del Terzo Reich, aveva imparato il russo e il tedesco, che parlava correntemente. Lingue che si andavano ad aggiungere allo spagnolo, che aveva studiato a scuola e alla Boston University, in aggiunta ai corsi del suo indirizzo di laurea in Storia e ad altre lingue che aveva appreso successivamente nel corso della vita. Tra queste il serbocroato che aveva imparato in occasione di un'indagine dell'OSI nel 1999 e, a Washington, l'arabo con l'aiuto di un amico che in precedenza aveva lavorato per Al Mukhabarat Al A'amah, l'agenzia di intelligence saudita.

Una mattina dell'aprile 1988, pochi mesi prima che l'ambasciata americana a Kabul venisse chiusa, Johnson e Vic erano partiti per una di queste operazioni alla volta della polverosa città orientale di Jalalabad, un percorso lungo e pericoloso di settanta chilometri dal confine con il Pakistan. Ritornavano da un incontro nel lato orientale della città con un comandante ribelle mujaheddin afghano di alto grado che Johnson aveva reclutato sei mesi prima: un agente prezioso all'interno del regime, che forniva un flusso di informazioni che soddisfaceva enormemente il vicedirettore della CIA. L'obiettivo era quello di cercare di farsi un'idea più precisa, tramite l'agente, di ciò che stava accadendo al consistente numero di armi che gli americani fornivano ai ribelli, nell'ambito di un progetto chiamato

Operazione Ciclone, per aiutarli nelle loro battaglie contro le forze sovietiche.

Dopo l'incontro, mentre tornavano all'auto, Johnson aveva gettato un occhio dietro di loro e aveva fatto appena in tempo a vedere il suo agente che veniva portato fuori dalla casa in cui avevano parlato, apparentemente sicura, e spinto a forza in un'auto che aspettava in strada. L'agente era stato chiaramente compromesso, e i suoi rapitori, emerse in seguito, erano del KGB, che all'epoca era ovunque in Afghanistan.

Poi, un attimo dopo, Johnson aveva individuato un cecchino sul tetto e si era tirato dietro Vic con violenza, rifugiandosi nel vano di una porta, proprio mentre una raffica di proiettili crivellava il muro accanto a loro.

C'era andato vicino. Uno dei proiettili aveva colpito la parte superiore dell'orecchio destro di Johnson, lasciandogli una tacca, una cicatrice che si sarebbe portato dietro per tutta la vita: un piccolo foro a forma di U con il bordo leggermente irregolare, come se un animaletto gliene avesse morso un pezzo.

I due uomini della CIA si erano nascosti in un edificio abbandonato, dove erano stati inseguiti dal cecchino. In un momento di stallo carico di tensione Johnson, con il sangue che ancora scorreva dalla ferita all'orecchio, lo aveva ucciso con la sua Beretta 9mm da una distanza di circa venti metri, prima che i due fuggissero in un vicolo. Alla fine erano riusciti a tornare all'auto e a tornare in Pakistan.

Nei giorni seguenti si era scatenato l'inferno.

A Langley avevano dato di matto per la perdita di uno dei loro migliori agenti. «Una prestazione mediocre. Dobbiamo proteggere le nostre fonti, non darle in pasto ai russi» era stata la conclusione del telegramma criptato uscito dall'ufficio del direttore.

L'Inter-Services Intelligence pakistana rese la vita difficile alla CIA, pretendendo di sapere perché stesse reclutando e gestendo dei propri agenti in Afghanistan piuttosto che lavorare attraverso di loro, come era stato concordato.

L'incaricato di affari degli Stati Uniti, a capo dell'ambasciata di Kabul dopo l'assassinio del precedente ambasciatore nel 1979 andò su tutte le furie perché un afghano, benché pro-sovietico, era stato ucciso in patria a colpi d'arma da fuoco da un americano, ed era a lui che toccava chiarire quel pasticcio diplomatico.

La reputazione di Johnson, fino a quel momento in crescita, era stata distrutta. Si era sentito malissimo per la perdita del suo agente, a cui era stato riservato un destino sconosciuto e probabilmente raccapricciante a opera di qualche violento carnefice del KGB.

Ma ciò che preoccupava profondamente lui e Vic era che tutto era accaduto nonostante un'organizzazione impeccabile e la totale certezza di essere puliti, assolutamente non sotto sorveglianza, al momento dell'incontro con l'agente, che si era detto altrettanto sicuro. Avevano il forte sospetto di essere stati gravemente compromessi da una talpa all'interno dell'ambasciata americana a Islamabad, che aveva fatto trapelare dei dettagli dell'incontro al KGB.

È interessante notare come per alcuni teorici della cospirazione nella base di Islamabad, l'incidente era avvenuto dopo una serie di scontri di personalità tra Johnson e il suo capo della divisione per il Medio Oriente della CIA, Robert Watson, che a quel tempo era a capo della base di Islamabad, ruolo con cui Watson si era fatto un nome.

Tuttavia, l'identità della talpa non era mai stata scoperta.

Nel corso dell'indagine interna che ne era seguita – qualcuno la definì un insabbiamento – Vic aveva difeso con forza Johnson. Invano: Watson lo aveva convocato informandolo che gli era stato vietato qualsiasi ulteriore lavoro oltre frontiera: relegato in ambasciata con effetto immediato. Johnson era diventato il capro espiatorio.

«Non ho intenzione di difenderti in questa storia» aveva detto Watson a un traumatizzato Johnson, con l'orecchio ancora bendato. «Abbiamo bisogno di persone che siano disciplinate, che usino una tecnica di prim'ordine nella gestione delle fonti e che non rischino di silurare le nostre operazioni lavorando da stronzi come hai fatto tu.»

Stranamente, non sembrava che Watson nel prendere la decisione avesse tenuto conto del fatto che l'organizzazione fosse stata praticamente impeccabile, che Johnson avesse salvato la vita a un altro dei suoi migliori agenti, e che avesse acquisito altre fonti di prim'ordine tra i mujaheddin in Afghanistan, e che li avesse gestiti in modo efficace e sicuro.

Invece, Watson aveva messo Johnson a lavorare sulla ricerca di fonti che potessero fornire informazioni sul crescente, e segretissimo, programma di armamento nucleare del Pakistan. Johnson aveva ottenuto le informazioni necessarie ancora una volta, e Watson se ne era preso il merito a Langley, migliorando ancora la sua reputazione, già in rapida ascesa.

Ma nel corso del 1990, Johnson aveva commesso un errore. Era rimasto invischiato in una breve relazione con Jayne Robinson, un'agente dei servizi segreti britannici con base a Islamabad. Sfortunatamente, qualcuno aveva riferito dell'avventura a Watson, per cui quella era stata l'ultima goccia... o forse l'ultima opportunità, aveva pensato qualcuno. Lo avevano sentito aggirarsi infuriato per la base, borbottando qualcosa su cosa sarebbe successo se fosse stata una trappola russa e come avrebbe mai potuto fidarsi nuovamente di Johnson.

Erano seguiti un altro rimprovero verbale e un avvertimento scritto. Quando Watson prendeva una decisione, era solo questione di tempo. A settembre di quell'anno, Johnson era stato richiamato da Islamabad a Langley.

A due giorni di distanza, dopo aver appena festeggiato il suo trentaduesimo compleanno e solo sei anni dopo essere entrato nella CIA, era finita. Johnson era uscito dal quartier generale per l'ultima volta, portando via le sue cose in una busta di plastica nera.

Johnson si riscosse dai suoi pensieri... per certi versi, dai tempi del Pakistan sembrava passata una vita, per altri appena un giorno. Non aveva mai saputo cosa fosse successo al suo agente, con cui aveva costruito un buon rapporto. Sembrava improbabile che fosse sopravvissuto, ma chi poteva saperlo? Forse un giorno sarebbe tornato là e avrebbe cercato di scoprirlo, rifletté.

Fissò l'email di Fiona sullo schermo del computer ed esitò, combattuto.

Alla fine, decise di lasciare la questione in sospeso e chiuse l'email. Ma conoscendo Fiona Heppenstall, dubitava fortemente che si sarebbe arresa.

7

Domenica 13 novembre 2011
Buenos Aires

L'uomo seduto sul pavimento di cemento spoglio puntò la sua Beretta Bobcat dritta verso il petto di Ignacio Guzmann. «*Boom*» disse, premendo il grilletto.

Ci fu un forte *clic* mentre il martello colpiva la camera vuota. Uno dei due uomini sul divano verde logoro ridacchiò per un po'.

Ignacio, sistemato sulla poltrona verde coordinata, coperta di macchie d'olio e grasso, non rise. «*Idiota*. Spero che tu abbia un tappo a scatto, altrimenti danneggi il percussore. Sono costosi» disse in spagnolo.

«Sì, sì, certo» rispose il suo amico Diego Ruiz, mentre puntava la pistola contro l'uomo sul divano che aveva ridacchiato, Alejandro Garcia, e ripeté la procedura. «*Boom*.»

Questa volta, gli altri rimasero in silenzio. Diego iniziò a smontare l'arma.

Ignacio lo osservò per qualche secondo, poi balzò in piedi e lo afferrò per la gola, spingendolo all'indietro finché non cadde e la testa colpì il pavimento di cemento con un tonfo. «In casa mia non lo fai. Mai, hai capito, stronzo?»

«Okay, capo, okay, scusa. Stavo solo scherzando.» Ora no che non sorrideva.

Gli uomini erano in una stanza al piano superiore di una piccola casa a due piani, una rozza baracca fatta di blocchi di cemento, dipinta grossolanamente di rosso-arancio e ricoperta da una lamiera arrugginita di ferro ondulato.

La proprietà, vicino all'incrocio tra Carlos H. Perette e Prefectura Naval Argentina, si trovava ai margini della tristemente nota bidonville Barrio 31, a pochi passi dai cantieri e dalle loro gigantesche navi portacontainer.

Erano a solo tre o quattro chilometri dalla casa di José a Recoleta, ma Ignacio aveva sempre la sensazione di viaggiare dal primo al terzo mondo ogni volta che rincasava.

La porta principale al piano di sotto era protetta da un'inferriata chiusa con un lucchetto. C'erano altre grate su tutte le finestre, una delle quali era stata fracassata, e una ragnatela di tubature bianche si riversava fuori dalla facciata del piano di sopra e poi giù fino alla strada.

La casa accanto, stretta fra la sua e quella vicina, era composta da due container, precariamente appollaiati uno sull'altro, con una scalinata esterna fatta con delle assi che li collegavano fra loro.

Ignacio andò alla finestra e sbirciò fuori. Una vecchia Ford abbandonata stava arrugginendo nella strada piena di buche. Due polli stridettero inseguiti da un paio di ragazzini che sbucarono da un vicolo e un vecchio sdentato appollaiato su uno sgabellino di legno offriva marijuana ai passanti. L'autista di un taxi giallo e nero si fermò a comprarne un po', suonando il clacson ripetutamente.

Ignacio si voltò e poggiò la tazza di caffè su un tavolo rettangolare ricavato da un pezzo di truciolato.

Alejandro e l'altro uomo sul divano, Luis Castano, stavano entrambi fumando una sigaretta. Diego smise brevemente di pulire la Beretta per accendersi una canna. Si sfregò la nuca nel punto dove aveva sbattuto sul pavimento.

Ignacio aveva pensato attentamente a cosa dire ai suoi vecchi amici dell'esercito. Decise di limitarsi all'essenziale. Non avevano bisogno di sapere ogni dettaglio su come aveva ottenuto le informazioni o sui problemi che aveva già dovuto risolvere. Ma per convincerli avrebbe dovuto fare loro un quadro della situazione.

«Guardate qui» disse Ignacio. Stese sul tavolo una mappa di Londra, illuminata da una sola lampadina che penzolava da una corda sfilacciata appesa al soffitto, attorno alla quale turbinava una fitta nebbia di tabacco e fumo di cannabis.

«Ho passato gli ultimi mesi a cercare di scoprire perché gli affari di mio padre vanno così di merda. Il problema principale è che paga troppo l'oro.»

Incrociò lo sguardo di Diego, l'uomo che era stato il suo più grande alleato nell'esercito ed era rimasto il suo amico più fidato ora che erano tornati alla vita borghese. Anche lui si era occupato dei bilanci dell'esercito ed era l'unico tra loro a possedere un cervello imprenditoriale.

«Paga il sei percento in più rispetto ai prezzi di mercato. E indovinate quale dovrebbe essere il suo margine di profitto, se si trattasse di un'attività gestita correttamente? Il sei percento circa. Ecco perché è in perdita. Lui paga e basta. Se continua così, andrà in rovina» disse Ignacio. Si passò l'indice da un lato all'altro della gola per sottolineare il concetto, poi incrociò le braccia. «Il nostro compito è scoprire da dove viene l'oro, come viene estratto e trasportato, e da chi esattamente. E dobbiamo farlo velocemente. Devo mettere fine a questo spreco di soldi e se riusciamo a fottere il fornitore, allora tanto meglio. Se è illegale, forse possiamo prendercene una fetta. Ricattarli o qualcosa del genere.»

Spiegò che l'oro destinato agli affari di suo padre veniva inviato a un fornitore in Argentina chiamato Oro Centro, da una società di ricambi per auto a Londra. Indicò un punto sulla mappa per mostrarne la posizione esatta.

«Inoltre, ho scoperto che i pagamenti da SolGold a Oro Centro vengono effettuati su un conto bancario guatemalteco numerato. Mi puzza di denaro sporco.»

Diego fece un tiro dalla canna e inclinò la testa. «Una società di ricambi per auto?»

Ignacio annuì. «Ho visto le fatture.» Si fermò un attimo a riflettere. «Forse mentre siamo a Londra possiamo fregare gli inglesi come compensazione per quello che ci hanno fatto nelle Falkland. Goose Green e Port Stanley.» Gli altri tre uomini, tutti veterani della guerra del 1982 contro gli inglesi, lo fissarono in silenzio. Avevano tutti perso degli amici in quel conflitto.

Ignacio disse: «Diego, tu e Alejandro dovete andare subito a Londra. Fate una ricognizione. Prendete il prossimo volo disponibile, se riuscite. Dovete trovare qualcuno da persuadere, con qualsiasi mezzo, a darci le informazioni di cui abbiamo bisogno sulla provenienza dell'oro.»

Diego si alzò. «Prima penso che faresti meglio a darci un'idea di cosa ci guadagniamo. E di chi paga.»

«Sì, deve essere una buona tariffa giornaliera» disse Alejandro, appoggiandosi allo schienale del divano. «Sembra pericoloso.»

Ignacio mise il pugno destro nel palmo sinistro. «Avrete tutti una quota se ci muoviamo bene. Ho intenzione di rimettere in carreggiata l'attività e sarete i primi ad avere un lavoro. Se riusciamo a fregare dell'oro al fornitore, divideremo anche quello.

«Luis, scusa, tu rimarrai qui a gestire il tutto. Serve avere qualcuno sul posto. Io poi raggiungerò voi due a Londra, non appena avrò risolto alcune cose. Non dovrei metterci più di due giorni.»

Diego fece di nuovo finta di sparare con la sua Beretta, questa volta senza premere il grilletto. «Avrò bisogno di un anticipo, in dollari americani, e in contanti, okay?»

Gli altri due uomini annuirono.

Ignacio esitò. «Okay, okay, me ne occupo io. Comprerò i biglietti e vi farò avere i soldi, poi potrete andare.»

Diego disse: «Hai detto che avremo un lavoro. E per quanto riguarda il tuo vecchio, José, se riuscissimo nell'impresa? È lui il capo.»

Ignacio si sporse in avanti. «Quest'attività non vale assolutamente niente così come la gestisce lui. Se riusciamo a rimetterla in piedi, del vecchio me ne occuperò io.» Si picchiettò la tempia con un dito.

Tornò con la mente alla sua infanzia, come spesso accadeva quando parlava del padre. Le botte, le ore trascorse in un armadio buio a piangere finché non si addormentava: erano quei ricordi a formare nella sua testa le immagini più cupe e vivide.

«Vivo in questo cesso di posto da due anni, da quando mi sono lasciato con mia moglie» disse Ignacio. «Sono passato dall'avere due bambini, una bella casa, quattro camere da letto e un'auto decente, a questo, una tana puzzolente accanto a una fogna. Non vedo i miei figli da mesi. Per voi è lo stesso. Dobbiamo tutti uscire da questo schifoso letamaio. Sono disperato, ragazzi. Da quant'è che abbiamo lasciato l'esercito, sei anni? E quanto abbiamo guadagnato da allora?»

Con l'indice e il pollice formò un cerchio e lo sollevò. «Tanto così. Non abbiamo niente da perdere e molto da guadagnare, a patto che ci muoviamo velocemente.»

8

Mercoledì 16 novembre 2011
Portland, Maine

Il vento fischiava attraverso il finestrino appena abbassato della macchina e faceva sventolare le bandiere a stelle e strisce davanti al faro di Portland Head, come a omaggiare l'antico monumento. Dietro di esso, nuvole scure andavano addensandosi da nord e le acque di Casco Bay si agitavano frenetiche dando vita a onde spumose.

«Perché cavolo mi hai portato qui, Doc? È solo un faro, no? E si gela.» Vic Walter pareva un po' perplesso mentre fissava l'alta struttura bianca che sovrastava il cottage dal tetto rosso del vecchio custode, che si trovava proprio di fronte al faro.

«È uno dei principali monumenti di Portland, ha più di duecento anni.»

Johnson era passato a prendere Vic all'hotel Hilton, per poi guidare per una quindicina di minuti, percorrendo il ponte di Casco Bay fino al vecchio faro.

«A volte vengo qui a camminare e pensare. Inoltre ha il vantaggio che nessuno può sentirci» disse Johnson.

Si sedettero su una panchina alla sinistra del faro lungo un sentiero che sovrastava la baia, dove i traghetti erano occupati a trasportare i passeggeri verso le isole vicine: Cushing's Island, Peaks Island, Little Diamond Island.

Da ragazzino Johnson aveva trascorso ore seduto su quei traghetti insieme ai suoi amici, durante le vacanze scolastiche, alla volta di remote terre immaginarie dove avrebbe compiuto gesta audaci.

Ancora gli stessi sogni. Nulla è cambiato, pensò. «Com'è andato l'interrogatorio stamattina?» chiese Johnson.

«Bene. Di routine in realtà, solo raccolta informazioni» rispose Vic. «Non ho intenzione di rimanere seduto qui a lungo, quindi vado dritto al punto.» Si passò una mano tra i capelli castano chiaro, che erano grigi intorno alle tempie e andavano diradandosi. «Ho avuto un po' di fortuna.»

Tirò fuori dalla tasca un piccolo taccuino, si aggiustò gli occhiali con la montatura di metallo, poi si voltò verso Johnson. «Questa conversazione non è mai avvenuta. Non ci siamo incontrati, tu non mi hai chiesto nulla e io non ti ho detto niente. Ci siamo capiti?»

Johnson annuì. «Dai, Vic, va bene. Sputa il rospo però.»

Vic aprì il taccuino. «Bene. Allora, partiamo dall'aspetto finanziario: è interessante. L'attività dei Kudrow negli Stati Uniti sembra del tutto in regola. Hanno una catena di gioiellerie con quindici punti vendita, principalmente nelle città della West Coast, e poi un paio di stabilimenti. Tuttavia, sembrano anche avere una sorta di società affiliata gestita da una sola persona a Buenos Aires. Non figura in alcun modo nel rapporto di credito, ma l'abbiamo scoperta grazie ai movimenti bancari. Si appoggia a strutture bancarie in Guatemala, inoltre ci sono trasferimenti periodici di denaro verso Los Angeles.»

«Aspetta un attimo.» Johnson infilò la mano nella tasca della giacca, tirò fuori il quaderno e il portamina e iniziò a prendere appunti, tenendo la pagina con la mano libera per impedirle di svolazzare. «Okay, vai avanti.»

«L'affiliata di Buenos Aires, chiamata Oro Centro, ha un fatturato dall'andamento incostante ma un'alta redditività quando vende. Forse perché i costi di acquisto o delle materie prime sono bassi, chissà. Non so, è un po' strano. Ha solo un paio di clienti, il principale è un'azienda di produzione e vendita di oro di Buenos Aires, SolGold, gestita da un tizio di nome José Guzmann.»

«Guzmann, hai detto?» Il nome gli sembrò vagamente familiare.

«Sì.» Vic girò la pagina del taccuino. «E questo è quanto, in buona sostanza. Anche se, nel complesso, i margini di profitto sono molto alti, attorno al venticinque percento, incrementati dall'attività argentina. Dunque l'anno scorso nel suo insieme l'attività ha realizzato un profitto di circa 8 milioni di dollari, che di per sé è una cifra già piuttosto alta. Ma in alcuni anni è stato molto più elevato. Ad esempio, nel 2005 è stato di 45 milioni di dollari. Cifre impressionanti. In altri invece una miseria al confronto, poche centinaia di migliaia di dollari e un paio di volte ha registrato delle perdite.» Si grattò la testa.

«La cosa strana è la discontinuità negli anni. Non so a cosa sia dovuta. L'attività negli Stati Uniti opera su margini del cinque percento circa, il che risulta abbastanza normale. Per quanto riguarda l'attività nel Regno Unito... be', ecco la stranezza. Non c'è niente a nome di Kudrow, eppure hai detto che il fratello di David Kudrow ha una sua attività lì, o sbaglio?»

«Sì, Nathaniel era stato da poco a Londra a trovare suo zio, Jacob» rispose Johnson. «Mi ha detto che aveva scoperto alcune cose mentre era lì, sottintendendo che qualcosa non quadrava. Che l'attività esista è certo. E se si prende in considerazione l'allusione al fondo fiduciario polacco e un possibile nesso tra denaro e nazismo, potrebbe rendersi necessario un viaggio nel Regno Unito, come punto di partenza, se le cose stanno così. E sottolineo *se*.»

«Okay, lascia che me ne occupi io» rispose Vic. «Vedrò di scoprire qualcosa in più sul Regno Unito. Non ho ancora avuto tempo di scavare più a fondo.»

Vic tirò fuori un pacchetto di Marlboro dalla tasca. «Vuoi una sigaretta, in onore dei vecchi tempi?» Avevano passato il periodo in Pakistan e Afghanistan a fumare come ciminiere.

«Se all'epoca non siamo impazziti è merito delle sigarette. Ne accendi una e dimentichi la merda e le pallottole» disse Vic.

Johnson esitò. «Non dovrei proprio, sto cercando di tenermi in forma. Ma chi se ne frega.» Prese una delle due sigarette rimaste nel pacchetto e l'accendino che Vic gli porgeva. «La speranza di riuscire ad accenderla con questo vento è pari a zero.»

Provò cinque volte, le mani a coppa per schermarsi dal vento, prima di farcela. «Sono fuori allenamento. Forse dovrei fumare di più.»

Vic ridacchiò. «Sì, be', mi sembri molto impegnato.»

«Sì, in effetti ho un sacco da fare. Per non parlare del fatto che è ricomparsa Fiona Heppenstall. Ti ricordi di lei? La giornalista politica? Te ne parlai qualche anno fa.»

Vic lo guardò di traverso. «Ah sì. Come dimenticarla. Che succede?»

«Vuole convincermi ad approfondire questa storia dei Kudrow» rispose Johnson. «Abbiamo raccolto le prime informazioni durante una raccolta fondi repubblicana a Washington, la scorsa settimana.

In pratica vuole che investighi. Non sono molto convinto, anche se quello che mi hai detto è interessante.»

Vic annuì. Fumarono in silenzio per qualche minuto.

«Allora, come stanno i ragazzi a Langley?» chiese Johnson. «C'è ancora il vecchio Watto? Non che me ne freghi qualcosa di lui.»

«Watson? Non lo sopporto. È sempre lì. Avrà sessantacinque anni ormai e continua a rompere le scatole a tutti e fuma persino più di me. Ho sentito dire che sua moglie lo ha lasciato dieci anni fa e che sua figlia si è trasferita in Australia: lavoro e soldi sono tutto ciò che ha. Qualcuno mi ha detto che si è comprato una casa enorme qualche anno fa, troppo grande per viverci solo.»

Johnson guardò Vic con la coda dell'occhio. «Ancora oggi non riesco ancora a capire perché ce l'avesse con me in Afghanistan.» Fece un profondo tiro di sigaretta, poi aggiunse: «Continuo a pensare a quello che è successo a Jalalabad. Pensi che possa essere stato lui la talpa a Islamabad, che possa aver provato a farci fuori?»

Vic alzò le spalle e chinò la testa per proteggere la sigaretta dal vento. «Ne dubito, Doc. Watson è un veterano della CIA, non una talpa, io la penso così. È un osso duro, ingiusto e presuntuoso, e lavorare con lui è una gran rottura di palle, ma non penso ci sia altro. Probabilmente non sapremo mai chi fosse stata la talpa. Tu però hai fatto un casino, con quella storia con la ragazza inglese, Jayne. Gli hai dato la scusa che stava aspettando. Ad ogni modo, dopo vent'anni non dovresti più rimuginarci sopra. Hai un altro lavoro, un'altra vita. Pensavo non ti fossi mai guardato indietro.»

«Sì, lo so, hai ragione» disse Johnson. «Mi deve aver ferito nell'orgoglio, ai tempi.»

La cosa più dolorosa era stata l'ipocrisia delle critiche di Watson. Johnson sapeva che aveva condotto alcune operazioni che, per vari motivi, avevano provocato la morte di civili afghani innocenti, senza contare quella di uomini armati. E nessuno avrebbe mai convinto Johnson che l'attacco con i droni che Watson aveva condotto in Pakistan era stato così preciso come sostenuto nelle dichiarazioni dell'ufficio pubbliche relazioni.

«Watto ha sempre fatto quello che voleva» disse Vic. «È come se gestisse una CIA dentro alla CIA, il suo impero. E nessuno fa niente al riguardo. Non sono nella posizione per dirlo, ma è strano. L'ufficio del direttore sembra tollerarlo. Mi piacerebbe sapere perché.»

Prima che Johnson potesse rispondere Vic gettò il mozzicone di sigaretta sul pavimento e lo spense con il tacco. «Okay Doc, dobbiamo sbrigarci. Il mio volo parte tra poco più di due ore e devo andare all'aeroporto. Stasera devo essere a casa di mio fratello insieme a mia moglie per una festa. Non sarebbe felice se dovessi tardare. E con il giorno del Ringraziamento la prossima settimana, abbiamo un sacco di cose da fare.»

Johnson disse: «So di cosa parli. Grazie davvero, Vic. Sei stato di grande aiuto.»

Mentre accompagnava Vic all'aeroporto, Johnson ripercorse parti della loro conversazione. Col pensiero continuava a tornare alla società di Buenos Aires con cui i Kudrow facevano affari.

Il nome Guzmann mi dice qualcosa, decisamente.

9

Giovedì 17 novembre 2011
Portland, Main

Carrie e Peter chiacchieravano a tutto spiano del Ringraziamento. Come sempre, erano entrambi entusiasti in vista dell'ormai tradizionale visita della famiglia a casa della zia Amy per pranzo, anche se mancava ancora una settimana.

Sebbene Johnson li stesse ascoltando, la sua mente era concentrata su tutt'altro.

Uscì dalla cucina e tornò in ufficio, borbottando tra sé. Guzmann, Guzmann, chi diavolo era? Sapeva che non era sicuramente uno dei nazisti della vecchia lista di ricercati, ma allo stesso tempo era convinto che ci fosse qualche collegamento indiretto.

Poco dopo le tre del pomeriggio andò in garage, dove su quattro lunghi scaffali di legno teneva i suoi vecchi fascicoli dell'OSI, impilati in scatole di cartone numerate e datate. Aveva ciclicamente avuto la tentazione di buttarli via, ma era sempre riuscito a resistere all'impulso.

Per ciascuna delle indagini svolte aveva iniziato un quaderno nuovo e, spesso, aveva raccolto copie di eventuali documenti aggiuntivi in sottili cartelle di cartone, oltre a quelle conservate negli uffici dell'OSI. Erano stati raccolti da archivi di varie parti dell'Europa occidentale, centrale e orientale e, con la caduta del comunismo e dopo la fine della Guerra fredda, di Paesi dell'ex Unione Sovietica, dove prima erano secretati.

C'erano copie di documenti del Partito nazista custoditi nel *Bundesarchiv*, l'Archivio federale tedesco di Berlino, dove ancora lavorava Clara Lehman, l'ex ragazza tedesca di Johnson, ai tempi della sua vita da studente in città. Oltre a questi c'erano documenti dell'esercito tedesco della *Deutsche Dienststelle*, l'Ufficio informazioni tedesco, anch'esso con sede a Berlino. C'erano copie di documenti microfilmati provenienti dagli Archivi nazionali degli Stati Uniti, appena fuori Washington; una selezione dell'enorme mole di trascrizioni dei processi e degli interrogatori risalenti all'epoca sovietica, custodite nel museo della Shoah degli Stati Uniti a Washington e molto altro ancora. Avevano tutti un qualche tipo di rilevanza per le indagini che aveva svolto nel corso degli anni.

Forse la risposta era da qualche parte in quei documenti, pensò. Ma ce n'erano a centinaia impilati sugli scaffali. *Da dove iniziare?*

Tirò giù uno scatolone di cartone a caso, con la scritta 1993, lo portò nel suo ufficio e iniziò a passarne in rassegna il contenuto.

Seguire le tracce scovate grazie a testimonianze, documenti e dichiarazioni archiviate, risalire ai testimoni per procurarsi interviste e testimonianze per corroborarle; era quello il lavoro che aveva amato e che quella raccolta, nel suo complesso, rappresentava. Era come comporre un puzzle, spesso con molti pezzi mancanti.

Nel farlo si era sentito al contempo uno storico, un investigatore e, anche se non lo ammetteva apertamente, una spia. Non c'era dubbio che le capacità di sorveglianza e di costruzione delle relazioni che aveva sviluppato alla CIA, utilizzate per localizzare sospetti, testimoni e persone informate sui fatti e persuaderli a fidarsi di lui, erano un grande fattore del suo successo.

A volte si era sentito dire dal suo capo all'OSI, uno degli avvocati che avviavano le azioni penali, che era fortunato. Ma lui riteneva che la sua fortuna fosse data da semplice perseveranza e, spesso, da quella che chiamava 'innovazione non ortodossa.'

Johnson continuò a cercare tra i malconci taccuini neri Moleskine ed esaminò le fotocopie di appunti delle SS, di loro ordini di trasferimento, di elenchi e di rapporti sugli incidenti dei campi di concentramento, di certificati di nascita, di estratti conto bancari, di lettere private e dichiarazioni, tutti microfilmati.

La scatola era piena di ricordi. Ma mezz'ora dopo la rimise a posto. Non c'era niente di attinente a Guzmann. Poi prese un'altra scatola, questa volta relativa al 1999. Stessa operazione. Ma di nuovo, non trovò nulla.

Tornò in cucina e si preparò un caffè.

Era sicuro che in una delle scatole ci fosse un riferimento a

Guzmann, ma proprio non riusciva a ricordare dove e non era un nome che aveva indicizzato.

Passò le ore successive a esaminarli uno a uno, dando una scorsa ai quaderni e controllando rapidamente i documenti che li accompagnavano, con solo quarantacinque minuti di pausa alle sette, per preparare la cena per sé e per i ragazzi e poi una di quindici minuti per una sigaretta veloce dopo che alle dieci Carrie e Peter erano andati a letto.

Aveva esaminato quasi due terzi dei documenti quando la trovò, poco dopo l'una: una vecchia cartella rossa di cartone dagli angoli piegati, datata settembre 1996, con scarabocchiato sul davanti in blu il nome 'Jan Van Stalheim'.

Van Stalheim era stato un capitano delle SS, noto per molteplici orribili omicidi di ebrei innocenti nel campo di concentramento di Dachau nel 1943 e nel 1944. L'OSI sospettava che vivesse sotto falso nome, tra tutti i luoghi possibili, a Denver ed era quindi in cima alla loro lista dei ricercati.

Ma quando gli investigatori erano arrivati a Denver, lui era scomparso. La pista successiva era stata tortuosa, ma alla fine aveva condotto Johnson a Buenos Aires, da dove però Van Stalheim era a quel punto già fuggito.

E da lì se ne persero le tracce. Non emersero nuovi indizi e non fu mai trovato.

Le note che al tempo aveva scritto a mano con inchiostro nero erano ancora lì, nella cartella. Sentì una scarica di adrenalina mentre leggeva.

> Si ritiene che Van Stalheim viva a Buenos Aires. Secondo una fonte locale, un giornalista, Van Stalheim sarebbe stato visto, sei mesi fa, visitare diverse volte a un commerciante d'oro, José Guzmann, che dirige la SolGold. Raccomando all'OSI di allocare risorse – o il sottoscritto o qualcun altro – per una visita sotto copertura da Guzmann così da raccogliere informazioni.

Aveva cerchiato il commento con inchiostro rosso e lo aveva sottolineato. «Non l'abbiamo mai fatto, peccato» disse Johnson tra sé.

Poi rise. Avrebbe dovuto ricordarlo. 20 settembre 1996. Il suo compleanno. Quel giorno compiva trentotto anni, ed era tornato a casa da Buenos Aires perché Kathy, incinta di Carrie, aveva superato il termine e gli aveva telefonato dicendo che pensava fossero iniziate le contrazioni. Era stato un falso allarme, Carrie era nata il 23.

Un post-it giallo attaccato sul davanti della cartella, scritto da Johnson in rosso, affermava che nessuno dell'OSI aveva poi fatto visita a Guzmann.

Johnson si era preso un paio di settimane di riposo dopo la nascita di Carrie e poi, una volta rientrato al lavoro, era stato mandato in Florida per dare una mano in un altro caso. Poi il suo capo aveva ricevuto una telefonata da qualcuno della CIA, che avvertiva che stavano dando la caccia a Van Stalheim e che l'OSI doveva tirarsi indietro.

Ripensandoci, a Johnson tornò in mente di essersi sentito frustrato e di aver desiderato che l'OSI avesse una raggio di azione più ampio, in modo da poter indagare sugli ex nazisti fuori dagli Stati Uniti. Si ricordò di come il suo istinto da investigatore fosse stato stimolato dalle possibilità che si sarebbero potute presentare.

Continuò a leggere il documento, verificando la presenza di altri dettagli rilevanti, ma poi rinunciò.

Alla fine, la caffeina che gli aveva permesso di resistere fino alle prime ore del mattino smise di fare effetto; il garage era freddo e aveva bisogno del suo letto.

«Van Stalheim, uno squalo che è riuscito a scappare» si disse Johnson.

Ebbe una rivelazione improvvisa. Prima non era sicuro di voler accettare il caso Kudrow. Ma ora? La scelta era una sola.

Accese il computer e iniziò a scrivere un'email a Fiona. Non ci volle molto.

> Fiona, ho pensato al lavoro su Kudrow. Okay, accetto, purché possa farlo a modo mio, secondo il mio orario e senza alcuna interferenza da parte tua. La mia tariffa per questo lavoro è di 1.100 dollari al giorno, visti i rischi e la complessità. Joe

Premette il pulsante di invio e poi scrisse un altrettanto breve messaggio a Vic per comunicargli le sue intenzioni.

Johnson salì le scale e sprofondò nel letto. Mentre scivolava nel sonno sentì una scarica dentro di sé. Di che cosa? Sì, di adrenalina, ma c'era dell'altro. Ottimismo? Attesa?

Di sicuro, gli risollevò l'umore.

Più ci pensava, più era convinto. Gli sembrò di essere tornato in attività professionalmente. A chiamarlo era un viaggio nel suo futuro; o era il suo passato?

10

Venerdì 18 novembre 2011
Quartier generale della CIA, Langley, Virginia.

Alle nove e venti erano già tre ore che Vic e Neal rivedevano e modificavano un rapporto compilato da alcuni dei loro ufficiali più giovani sulla cooperazione inaspettatamente stretta tra i talebani e Al Qaida, che cercavano di infliggere il massimo danno alle forze americane che si stavano ritirando dall'Afghanistan.

Vic si alzò in piedi. «Bene, Neal, facciamo una pausa?»

I due raggiunsero lo Starbucks della CIA, appena fuori dalla mensa principale, conosciuta da molti dello staff come lo Starbucks Segreto. A differenza degli altri punti vendita di Starbucks, ai baristi non era permesso chiedere i nomi dei clienti e scriverli sulle tazze di caffè; i vertici a Langley lo consideravano un rischio troppo elevato per la sicurezza. Sugli scontrini veniva identificato solo come Negozio n.1.

«Guarda che fila! Dieci minuti solo per prendere una cosa da bere e un cornetto. Ridicolo» disse Neal.

Finalmente furono serviti e andarono a un tavolo libero nell'angolo più lontano della sala.

Neal, anche lui funzionario direttivo anche se un gradino sotto Vic, bevve un sorso del suo latte macchiato e posò la tazza sul tavolo. «Allora, com'è andata la gitarella a Portland?»

«Gitarella? Lascia perdere. Portland è Portland. Ho sbrigato l'interrogatorio il più velocemente possibile, poi ho raggiunto Joe per un paio d'ore. Non avevo molto tempo, in realtà; ero in ritardo per il volo. A proposito, grazie dell'aiuto per le ricerche che gli servivano.»

«Figurati. Sono state utili?» chiese Neal.

«Penso di sì. Mi è sembrato soddisfatto. Le informazioni sulla situazione finanziaria dell'azienda dei Kudrow erano proprio quello che voleva e gli ho parlato della volatilità degli utili di cui ti sei accorto» rispose Vic.

Girò il caffè. «Una cosa interessante riguarda il nome di quel gioielliere che abbiamo scoperto a Buenos Aires, José Guzmann. A Joe il nome dice qualcosa, pare abbia a che fare con una delle sue battute di caccia al nazista dei tempi dell'OSI, quindi, oltre all'indagine su David Kudrow penso che controllerà anche gli affari di Guzmann. Mi ha mandato un'email questa mattina dicendo che ha accettato l'incarico.»

Vic prese il caffè dal tavolo e fece un cenno a una donna di mezza età, dalla figura slanciata e i rossi capelli lunghi, che gli stava passando accanto con un latte macchiato in una mano e un muffin nell'altra. «Ciao, Helen» disse, sorridendo.

Lei ricambiò il sorriso, ammiccò e proseguì.

«Come fa Watto ad avere una segretaria così?» chiese Neal.

«Non la merita.»

«Lo so. Dovresti farla trasferire da noi. Ho visto le occhiate che ti lancia. Stai attento. Comunque, cosa stavo per dire?» continuò Neal, riportando lo sguardo su Vic. «Ah, sì, Guzmann, il cliente dell'attività dei Kudrow, ricordo. Sì, spero che Joe ottenga qualche risultato. Dev'essersi senz'altro sentito tagliato fuori da quando ha lasciato Washington.»

Vic annuì. «Questo è il problema con Joe. A Portland si sente isolato. Ed è probabilmente il motivo per cui è interessato a questa faccenda dei Kudrow. L'ha scoperta quando è andato a una raccolta fondi repubblicana a Washington, con quella giornalista politica con cui ha avuto una storiella qualche anno fa, dopo che sua moglie è morta, ricordi? Fiona Heppenstall... non puoi non ricordartela.»

Neal si appoggiò allo schienale, sorridendo. «Sì, ricordo.»

«Fiona gli ha chiesto di aiutarla con la storia dei Kudrow» spiegò Vic. «Gli ha offerto pane per i suoi denti. Ha ritrovato il suo entusiasmo. Potrebbe significare un viaggio nel Regno Unito; uno dei Kudrow ha un'azienda lì.»

Finì il caffè. «In realtà, penso che dopo tutto questo tempo continui a mancargli la CIA. Puoi allontanare un uomo da Langley, ma allontanare Langley da un uomo è un'altra storia. Ecco perché l'OSI faceva per lui, penso che alcune delle nostre tecniche gli fossero molto utili.»

Neal si alzò. «Sì. Hai ragione. Mi chiedo come me la caverei al di fuori dell'Agenzia. Non bene, credo. Senti, sarà meglio rientrare e concentrarci sul rapporto. Il tempo stringe.»

Entrambi avevano trascorso tutta la loro carriera nella direzione delle Operazioni, il servizio clandestino. Insieme avevano accumulato una notevole mole di conoscenze sull'Afghanistan, sul Pakistan e sulle varie fazioni che operavano nel Vicino Oriente e nel Medio Oriente.

Mentre si allontanavano, Neal lanciò brevemente un'occhiata a un uomo alto e dai capelli grigi che sembrava avere una sessantina di anni, seduto da solo al tavolo proprio dietro al loro. L'uomo posò il caffè e il giornale in cui era sembrato assorto.

Più tardi quella mattina, mentre guidava da Langley verso Capitol Hill per una riunione, lo stesso uomo alto dai capelli grigi accostò e compose un numero di Miami da un telefono cellulare prepagato usa e getta.

«Simon, qui GREYHOUND da Washington. Ho delle informazioni.»

«Okay, grazie. Chi riguardano?» chiese l'uomo che si faceva chiamare Simon.

«Uno della lista di persone protette a Buenos Aires, VANDAL» disse l'uomo dai capelli grigi. «A quanto pare qualcuno dell'elenco dei sorvegliati ha un rinnovato interesse per VANDAL. Un uomo di nome Joe Johnson, vive a Portland, nel Maine. Ha lavorato per l'Agenzia negli anni Ottanta, divisione per il Medio Oriente; è stato licenziato ed è diventato un investigatore dell'OSI, motivo per cui è tra i sorvegliati. È nella lista dai primi anni Novanta. Dobbiamo informare VANDAL. È una situazione potenzialmente pericolosa per lui.»

«Bene, capito, Joe Johnson. Altro su di lui?»

«Non è più attivo da un po'» disse GREYHOUND. «Ha lasciato l'OSI cinque anni fa, ma ovviamente ha ancora contatti da noi. Pare voglia indagare su VANDAL, da quello che ho sentito oggi.»

«E come hai raccolto queste informazioni, esattamente?» chiese Simon.

«In modo strano. Non attraverso i normali canali. Una conversazione tra un paio di agenti, ex colleghi di Johnson di un bel po' di anni fa. È stato difficile farsi un'idea corretta dei fatti; si è trattato di un breve scambio, poi hanno anche parlato di un'indagine su David Kudrow, il repubblicano in corsa per la nomina a candidato. Hanno anche detto che Johnson sta programmando un viaggio a Londra.»

«Interessante. Altro da aggiungere?»

«Direi che è tutto» rispose GREYHOUND. «Mi è sembrato giusto riferirlo. Forse si può aggiungere al dossier di Johnson.» Riattaccò, poi attese un attimo e compose il numero di un altro telefono usa e getta.

Quando sentì rispondere, si identificò.

«Qui GREYHOUND.»

Ci fu un breve silenzio all'altro capo del filo.

«Che cos'hai per me?» chiese Robert Watson, capo della divisione per il Medio Oriente nella direzione delle Operazioni della CIA.

«Riguarda uno dei tuoi ex agenti, Joe Johnson. Te lo ricordi?»

Un altro silenzio, seguito da un lieve sbuffo. «Sì, che combina?» chiese Watson.

«Ho appena dovuto contattare Miami al riguardo. È di nuovo attivo, a caccia di una delle nostre vecchie risorse a Buenos Aires, VANDAL.»

Watson, il cui obiettivo principale era ora la Siria, dopo un breve periodo nella divisione delle Attività speciali, dove aveva lavorato al programma di attacco di droni in Pakistan, imprecò silenziosamente. «Okay, grazie per avermelo fatto sapere. C'è altro?»

«No, è tutto.»

«Okay, questo complicherà le cose. Parlerò con Miami e Tel Aviv. Non ti preoccupare, me ne occuperò io» disse. Poi riattaccò.

Buenos Aires

«Non male per un novantunenne, anche se penso che la pressione vada tenuta sotto controllo. È piuttosto alta e alla sua età bisogna stare attenti» disse il dottor Hernanz in spagnolo. «Ma mi preoccupa di più il suo umore.»

José Guzmann fece spallucce. Erano anni che diceva al suo medico che si sentiva depresso, apatico e irritabile. Aveva provato vari tipi di antidepressivi, ma nessuno aveva avuto alcun effetto duraturo. Anzi, alcuni lo avevano fatto sentire peggio.

Il dottor Hernanz incrociò le braccia e si appoggiò alla scrivania.

«Sa, penso che valga la pena provare a vedere uno psicologo, in vista di qualche terapia cognitiva. Con alcuni miei altri pazienti ha funzionato abbastanza bene, in particolare quando lo psicologo guarda al passato della persona.»

A quelle parole le sopracciglia di José scattarono verso l'alto. «Non penso proprio. Non alla mia età.»

Il dottor Hernanz alzò la mano. «Aspetti un attimo. Stavo per dire che lo psicologo porta il paziente a parlare un po' dei suoi schemi mentali, del perché si sono verificati, delle influenze chiave nel corso degli anni, in particolare in gioventù, per vedere se c'è una qualche causa di fondo, per poi, si spera, aiutarlo con alcune tecniche che dovrebbero portarlo verso uno schema mentale diverso. A mio parere potrebbe trarne beneficio persino alla sua età.»

Quasi impercettibilmente, José scosse la testa. «Dubito che sarebbe di qualche utilità parlare del mio passato.»

«Okay, *Señor* Guzmann, a mio parere dovrebbe pensarci meglio. Se cambia idea me lo faccia sapere.»

José si alzò e zoppicò verso la porta.

«Come va il ginocchio?» gli chiese Hernanz.

«Sempre uguale. Tiro avanti» disse José senza voltarsi. Uscì dallo studio del dottore, proprio a due passi da casa sua nel quartiere Recoleta, sbattendo le palpebre a causa del sole abbagliante, la cui luce si rifletteva sul marciapiede.

Si diresse lentamente verso via Ombú fermandosi più volte a riposare. Era un pomeriggio caldo. Una volta a casa andò in salotto e si sedette sulla poltrona di pelle nera, la sua preferita, davanti al televisore. Fissò lo schermo vuoto.

Verso le cinque e mezzo del pomeriggio gli squillò il cellulare. Un numero sconosciuto. José scosse la testa con impazienza e toccò goffamente lo schermo con l'indice.

«Pronto? Qui Guzmann.»

«*Señor* Guzmann. Salve, sono Simon da Miami. Ho una domanda per lei. Il suo cane ha gradito la passeggiata stamattina?»

José rimase immobile e non disse nulla per svariati secondi. Erano almeno dieci anni, forse dodici, che non riceveva una chiamata da Miami. Non erano mai buone notizie. Dovette fermarsi a pensare quale fosse la risposta corretta alla domanda; era passato troppo tempo.

Qual era la risposta? Si guardò disperatamente intorno in salotto. *Dai, pensa, pensa...*

Alla fine se la ricordò. «Salve, Simon. Sì, il mio cane ha fatto una bella passeggiata, grazie. Ora dorme in cucina davanti al fuoco.» José non aveva mai avuto un cane e nella sua cucina non c'era nessun camino.

«Buono a sapersi, *Señor* Guzmann. Ha ancora il telefono criptato? Ho provato a chiamare ma è spento. Non voglio correre rischi.»

In effetti Guzmann ne aveva uno nel cassetto del comodino, ma non lo usava da molto tempo. «Mi dia cinque minuti, poi chiami. Potrei aver bisogno di metterlo in carica.» Controllò accuratamente il numero poi riattaccò, sentendosi leggermente disorientato. *Di cosa diamine si tratta*?

Poco dopo, Guzmann aveva trovato il telefono ed era seduto sul letto. Lo collegò al caricabatterie perché la batteria era effettivamente scarica. Quando squillò, digitò maldestramente un codice e rispose.

«*Señor* Guzmann, sono sempre Simon. Ho alcune informazioni per lei; è pronto?»

«Sì, sì, dica pure, sono pronto» rispose José, che ora aveva riacquistato il controllo.

«Okay, abbiamo ricevuto una soffiata da Washington. Riguarda un vecchio investigatore dell'OSI, un uomo di nome Joe Johnson, è anche un ex agente della CIA. Ora ha una propria attività; fa l'investigatore. Principalmente casi locali a Portland, nel Maine. Immagino conosca la città.»

«Sì, sì, so dov'è Portland. Arrivi al punto.»

«Va bene. Sembra che Johnson stia conducendo una sorta di inchiesta e, secondo le nostre fonti, qualcuno gli ha fatto il suo nome. L'indagine riguarda l'azienda della famiglia Kudrow, con sede a Los Angeles. È la famiglia di David Kudrow; sta cercando di ottenere la nomination repubblicana per le elezioni presidenziali negli Stati Uniti che si terranno il prossimo anno. A Johnson è stato detto che Kudrow ha un collegamento con lei. Pensavamo che dovesse saperlo nel caso in cui le domande di Johnson lo conducano su strade che non vorremmo battesse. Capisce?»

José stringeva il cellulare così forte che cominciò a tremargli la mano. «Capisco perfettamente.»

«Bene. L'altra informazione è che Johnson sta lavorando con una giornalista politica, Fiona Heppenstall, che scrive per un sito web di notizie e cronaca negli Stati Uniti, *Inside Track*.»

L'uomo che si faceva chiamare Simon fece una pausa. «Qualche domanda?»

José si grattò la testa. «Voglio sapere una cosa. In questa fase vanno intraprese azioni di qualche tipo? Mi sembra che forse dovremmo.»

«No, non ora. Non pensiamo sia necessario. Ma stiamo monitorando le cose e le faremo sapere se la situazione cambia. Le manderò una email con una fotografia di Johnson, è vecchia di qualche anno, ma dovrebbe riuscire a riconoscerlo se dovesse incontrarlo. Potrebbe esserle utile. Le manderò anche una fotografia della giornalista. Le consiglio di tenere il telefono criptato carico e acceso in caso avessi bisogno di contattarla. Altre domande?»

«No, non ne ho.» José allontanò lentamente il telefono dall'orecchio e toccò di nuovo lo schermo.

Rimase immobile per un po', poi disse a voce alta a sé stesso: «Nessuna azione, è questa la loro opinione. Be', se loro non faranno nulla, lo farò io.» Prese l'altro cellulare e dai preferiti fece partire una chiamata a suo figlio, Ignacio.

11

Venerdì 18 novembre 2011
Washington D.C.

Il giornalista uscì dopo Des Cole alla fine della riunione editoriale pomeridiana di *Inside Track* e rimase immobile per un momento mentre guardava Des tornare alla sua scrivania.

Quello che gli aveva appena sentito dire, praticamente buttato là proprio alla fine dell'incontro, continuava a ronzargli in testa.

Zac Butler era il responsabile degli speciali e del tempo libero di *Inside Track*. Era anche pesantemente coinvolto nella raccolta fondi per il Partito Repubblicano nella capitale.

Più Zac ci pensava, più gli fu chiaro che non aveva scelta.

Girò l'angolo ed entrò in una piccola sala riunioni dove avrebbe potuto fare una telefonata in privato dal cellulare. Compose un numero.

«Pronto, Philip Pietersen.»

«Philip. Sono Zac. Ascolta, c'è una cosa che devi sapere. Riguarda David.»

«Che succede?»

Butler guardò attraverso la finestra di vetro della sala riunioni e abbassò la voce. «Ho appena scoperto che uno dei nostri giornalisti investigativi, Fiona Heppenstall, sta approfondendo la questione dei finanziamenti della campagna e della loro provenienza. Pensa ci sia qualcosa di illegale.»

«Stai scherzando? Come se non avessimo abbastanza problemi, con quello che è successo a Nathaniel.»

«Purtroppo no. Ha avuto una soffiata. Nello specifico, intende scavare un po' sul padre e lo zio di David, sai, in merito al commercio di oro e gioielli. Ho appena sentito il suo capo parlarne. Voglio dire, non è ancora successo nulla ma l'ha accennato proprio alla fine della riunione, mentre si discuteva di possibili pezzi da assegnare in vista delle primarie.»

«Merda, merda, merda. Non ci mancava che questa, ora. La campagna va che è una meraviglia.»

«C'è dell'altro. Lavora con un investigatore, si chiama Joe Johnson, a quanto pare lavorava all'Ufficio investigazioni speciali, un cacciatore di nazisti molto in gamba. Ho pensato dovessi saperlo.»

«Joe Johnson? Che figlio di puttana. Sia lui che Fiona sono stati a una delle nostre raccolte fondi a casa mia pochi giorni fa. Cosa diamine sta succedendo?»

«Buona domanda. Davvero una buona domanda.»

Portland, Maine

«Salve, signora Richardson, buone notizie. Ho scoperto dov'è suo marito» disse Johnson, che teneva il telefono tra l'orecchio sinistro e la spalla mentre faceva una ricerca su internet su Jacob Kudrow. «È con la ragazza all'Eastern Slope Inn di North Conway. È sicuramente lui.»

Ci fu un piccolo scoppio di rabbia all'altro capo del telefono, mentre la moglie del vicepreside scomparso imprecava violentemente. «Che bastardo. Come diamine l'ha trovato?»

Johnson rispose: «Ho semplicemente controllato una a una le località di vacanza che mi ha mandato. Ho telefonato all'Eastern Slope proprio ora, mi sono spacciato per il fratello e ho scoperto che lui e... ehm, sua figlia, pare abbia descritto così la ragazza allo staff dell'hotel, si trovano in una delle case indipendenti sul retro dell'hotel.»

Dopo che la signora Richardson ebbe comunicato che sarebbe andata immediatamente in macchina in New Hampshire per affrontare il marito, invece di coinvolgere la polizia, Johnson mise giù il telefono.

Andò alla lavagna e, con il pennarello rosso, depennò 'Insegnante invischiato in incontro illecito con adolescente'.

Sotto scrisse: 'Johnson lancia la caccia...'

Si interruppe a metà frase e si sedette, fissando la lavagna. Dopo alcuni minuti, si alzò e tornò al tabellone. Scrisse altre tre parole per completare la frase: 'all'assassino nazista'.

Non era allitterante, ma non era necessario. Si trattava di una cosa seria.

Johnson si sedette di nuovo. Da dove era meglio iniziare? Jacob Kudrow potrebbe essere un buon punto di partenza, viste le parole di Nathaniel, ma dove trovarlo? *Fermi tutti. Il funerale di Nathaniel!*

Di sicuro lo zio avrebbe partecipato per stare vicino al gemello, oltre che per rendere omaggio al nipote.

Quando finalmente trovò le informazioni sul funerale online in un necrologio – era stato aperto al pubblico, probabilmente per via della campagna di David – imprecò. Era in ritardo di un giorno.

Sospirò. *Si torna alla lavagna. Su cosa mi concentro per prima? Londra o Buenos Aires?*

La pista di Londra era più concreta, date le parole di Nathaniel sul viaggio che aveva fatto in visita a Jacob. E in ogni caso, *Inside Track* lo avrebbe pagato per la storia di Kudrow, almeno inizialmente. Quello doveva essere il punto di partenza.

Johnson scrisse poi un'email a Ben Veletta, ex collega dell'Ufficio investigazioni speciali, che nel 2010 era stato costituito in una nuova unità, l'HRSP, sezione Diritti umani e processi speciali, pur rimanendo all'interno del dipartimento di Giustizia. Chiese a Ben, che era vicedirettore storico della sezione, di controllare i fascicoli personali del partito Nazista, disponibili presso gli Archivi nazionali a Washington, per vedere cosa avrebbe potuto ottenere su Van Stalheim e José Guzmann. Se c'era qualcuno in grado di trovare ciò di cui aveva bisogno, era Ben.

Poi, si concentrò su Jacob Kudrow. Di solito procurarsi online l'indirizzo e i recapiti di qualcuno non rappresentava alcun problema, anche se residente in un altro paese.

Ma quella mattina, tra una telefonata e l'altra ai vari alberghi per scovare il vicepreside scomparso, aveva già passato più di due ore alla ricerca di una qualche traccia di Jacob. Non c'era nulla sul registro elettorale britannico e anche l'elenco telefonico online non aveva dato risultati. Stessa cosa con i registri degli atti di matrimonio, nascita e morte: niente.

Era molto strano che nei registri britannici non comparisse nulla su Jacob, mentre i documenti del censimento federale degli Stati Uniti fornivano informazioni precise, anno dopo anno, sul fratello gemello di Jacob, Daniel Kudrow, che viveva ad Anaheim fuori Los

Angeles, su David Kudrow, anche lui ad Anaheim, e su Nathaniel Kudrow, a Redondo Beach.

Il vecchio si è trasferito altrove? È fuggito? Ha cambiato nome? E se sì, perché?

Johnson decise che sarebbe stato più facile completare le ricerche una volta arrivato a Londra, dove sapeva che c'era qualcuno che avrebbe potuto aiutarlo: Jayne Robinson, che lavorava ancora al SIS, i Servizi segreti di intelligence britannici, e che come lui ben sapeva in passato era stata in missione per un lungo periodo alla base di Buenos Aires. Avrebbe potuto dargli dei consigli anche in merito al versante argentino dell'operazione.

In effetti, l'ultima volta che l'aveva vista era stato a cena nella capitale argentina nel 1996, non molto tempo dopo l'inizio della sua missione di quattro anni a Buenos Aires, mentre lui era all'inseguimento di Van Stalheim.

Johnson cominciò a scrivere un'email a Jayne, spiegandole a grandi linee ciò di cui aveva bisogno. Ripensava ancora con un po' di nostalgia alla piacevole storia avuta con lei nel 1990, nonostante fosse stata uno dei motivi per cui aveva perso il lavoro all'epoca.

12

Sabato, 19 novembre 2011
Londra

Gestori di fondi speculativi vestiti di scuro con in mano caffè da asporto si facevano strada tra le pozzanghere all'angolo di Berkeley Square, e le luci arancioni lampeggianti dei *Belisha beacon* che sorvegliavano le strisce pedonali sembravano schizzi di colore su una fotografia monocromatica.

Era una giornata cupissima nel distretto di Mayfair a Londra.

A poca distanza da lì, Jacob Kudrow uscì dalla porta nera della sua villetta a tre piani a Hay's Mews, vestito con un soprabito di lana nero e un cappello di pelliccia che ricordava un colbacco a coprire i suoi capelli bianchi come la neve, indossava occhiali dalla montatura dorata.

Si voltò. Era rientrato a Londra da due giorni, dopo il funerale del nipote Nathaniel. Non più di qualche grado sopra lo zero e pioveva. Grazie a dio Daniel era riuscito a partire con lui. Avevano bisogno l'uno dell'altro in momenti come questo.

Jacob si avvicinò con cautela al marciapiede. L'acqua piovana gocciolava dalle fioriere appese sopra le porte del garage alla sua sinistra.

Pochi secondi dopo, il suo gemello identico apparve sulla soglia, le guance rosate erano attraversate da minuscole e delicate vene rosse. L'unica differenza evidente tra i gemelli era che David portava occhiali dalla montatura nera.

I due uomini, ormai ottantasettenni, si incamminarono lentamente, le spalle curve a proteggersi dalla pioggerella, superarono il pub Running Footman e svoltarono l'angolo per andare al Lansdowne Club, un club e hotel privato riservato ai soci.

«Buongiorno, signor Kew. Che bello rivederla. Il manager mi ha detto della triste notizia riguardo alla sua famiglia, mi dispiace. Mi ricordo di suo nipote dall'ultima volta che è venuto non molto tempo fa. Abbiamo pensato molto a lei» disse il portiere a Jacob, che fletteva il ginocchio con una smorfia.

Jacob annuì. «Grazie. È stato un momento difficile.»

Si fecero strada nella sala anni Trenta del club, un salotto in stile Art Deco.

«Jacob, perché mai ti sei inventato questa storia di Jack Kew? Non riesco ad abituarmici. Non ci sono mai riuscito.»

Jacob si fermò e sospirò. «Te l'ho spiegato decine di volte, aveva senso mettere più distanza possibile tra noi, e le cose non sono cambiate. Ottenere un passaporto britannico, un nome britannico, ha reso più facile andare e tornare... meno domande alla dogana.»

«Sediamoci lì» disse Jacob, indicando un paio di poltrone rosse antiquate ma dall'aspetto comodo, vicino alla finestra. Si lisciò i capelli, si sedette, poi fece cenno a un cameriere e ordinò due cappuccini.

Anche Daniel si sedette. «Sono passati sei anni dall'ultima volta che sono stato qui. Sembra sia migliorato da allora. Quindi ci hai portato Nathaniel quando è venuto qualche mese fa?»

«Sì. Non lo dimenticherò, ora. È stata l'ultima volta che l'ho visto, in occasione di quel viaggio.»

«Penso gli sia piaciuto venire qui, lontano dai riflettori» disse Daniel. «Ha visto decollare la carriera di David e, non so, penso si sentisse un po' demoralizzato.» Daniel avvicinò la sedia al tavolo e abbassò la voce. «Dobbiamo parlare. È successa un'altra cosa. Mi è arrivata un'email ieri sera da David; mi ha detto che il manager della sua campagna ha ricevuto una chiamata da uno dei suoi amici del Partito Repubblicano, un redattore di un sito di notizie di Washington. A quanto pare un giornalista politico dello stesso sito, una donna, si sta interessando alle nostro finanze. Non solo di David ma di tutti noi.»

«Non posso crederci» disse Jacob. «Pensavo che ci avrebbero lasciati soli nel nostro dolore, almeno per un po'.»

Daniel sorseggiò il cappuccino. «E invece. Il problema è che al momento per i media il finanziamento delle campagne è un po' una patata bollente. Iniziano a mostrare interesse per la provenienza dei soldi. Apparentemente la donna ha un investigatore che l'aiuta. Si dice pensino ci sia sotto qualcosa di illegale.»

Jacob tamburellò con le dita sul tavolo. «Il partito non può fare qualcosa per evitarlo? Devono pur essere in grado di esercitare un po' di pressione, parlare con il direttore. Basterebbe questo, specialmente ora che David è arrivato a questo punto. Sta andando bene. Ottiene buoni riscontri dalla stampa britannica, persino dall'*Economist*.»

Prese la tazza di cappuccino, ma poi il cellulare che aveva in tasca squillò facendolo saltare e si rovesciò il liquido caldo sulla gamba. Imprecò, poi tirò fuori il telefono e rispose.

«Pronto, Leopold?» disse Jacob.

A chiamarlo era Leopold Skorupski, proprietario di Classic Car Parts, che si trovava proprio accanto all'attività di Jacob nell'East London.

«Jacob, ho provato a chiamarti a casa. Non mi è venuto in mente che potessi essere uscito. Volevo solo farti sapere che ho brutte notizie. Uno dei nostri, Keith Bartelski, lo conosci, è scomparso. È coinvolta la polizia.»

Jacob si sedette e ascoltò in silenzio per diversi minuti, mentre Leopold descriveva cosa era successo. Keith Bartelski era uno degli storici dipendenti di Leopold. Era stato rapito, ma in qualche modo era riuscito a inviare un messaggio per avvisare Leopold, che aveva contattato la polizia.

Jacob si passò più volte le dita tra i capelli bianchi, avanti e indietro, velocemente, e chiuse gli occhi, il telefono sull'orecchio sinistro. «Diamine, non posso crederci» disse.

Sprofondò ulteriormente nella sedia.

«Secondo il messaggio di Keith sembra sia una banda di argentini» disse Leopold.

«Argentini? La polizia pensa che sia ancora vivo, o...»

«Non lo sanno» disse Leopold. «Scusa Jacob, devo andare. C'è qui un ispettore che mi sta aspettando. Ci sentiamo dopo.»

«Okay, chiamami pure se ci sono novità. A più tardi.» Riattaccò e guardò Daniel. «Devi aver intuito di che si tratta.»

«Uno degli uomini di Leopold è scomparso?» chiese Daniel.

Jacob annuì. In quel momento, il suo telefono suonò. Toccò il dispositivo con l'indice e lesse il messaggio sullo schermo. Quindi scosse la testa e lo mostrò al fratello. «Ecco, dai un'occhiata. Leopold mi ha inoltrato il messaggio che ha ricevuto da Keith. Sembra che l'abbia spedito da un altro telefono, non dal suo.»

Leopold è urgente, rapito da qualche banda, penso argentini. Molto minacciosi ma non so cosa vogliono. Non me l'hanno detto. Non so dove sono, un appartamento da qualche parte. Scrivo da un telefono che hanno lasciato in bagno. Non rispondere. Bart

Daniel si fermò prima di parlare. «Argentini? Merda. Pensi che...?»

Jacob scrollò le spalle. «Non lo so davvero. Non può essere una semplice coincidenza, vero?»

Fece cenno al cameriere, poi sollevò due dita indicando la tazza di caffè. Il cameriere annuì.

«So solo una cosa» disse Jacob «non voglio che la polizia ficchi il naso in officina, e naturalmente nemmeno Leopold. Dice che gli altri ragazzi sono tutti molto preoccupati. Pensano che il prossimo possa essere uno di loro.»

«Mmm, immagino» disse Daniel. Finì il caffè. «L'officina è pulita al momento? Sai cosa intendo. In caso contrario fai in modo che lo sia.»

«Non la definirei pulita. Ci sono ancora dei frammenti. Lo faremo.»

Il cameriere arrivò con gli altri due caffè e un piatto di biscotti. «Ecco, signor Kew. Omaggio della casa.»

«Grazie mille» disse Jacob.

Daniel prese un biscotto. «C'è un'altra cosa di cui ti avrei parlato. Qualcosa che mi ha accennato Nathaniel pochi giorni prima di morire. Ha detto di aver scoperto, mentre era qui a Londra, che stai scrivendo delle memorie. Sono rimasto un po' sorpreso.»

Jacob sgranò gli occhi. «Cosa ti ha detto? Come cavolo faceva a saperlo? Non gliene ho mai parlato. Deve aver frugato tra i documenti e visto il taccuino. La cosa è preoccupante. Lo tengo al sicuro insieme a tutte le vecchie fatture e altre cose che risalgono ad anni fa. È in cassaforte. È vero che sto scrivendo, ma non so se porterà a qualcosa. Mi sono detto che l'intera faccenda potrebbe essere una bella storia una volta che non ci saremo più. Fa tutto parte di un piano a cui sto lavorando. Te ne parlerò prima o poi. Vorrei chiudere il tutto in modo pulito: la storia di quello che ci è successo.»

Daniel inarcò le sopracciglia. «Mi stai dicendo che stai mettendo tutto nero su bianco? Sei impazzito?»

Parte seconda

13

Lunedì 21 novembre 2011
Quartier generale della CIA, *Langley, Virginia*

Si sentì un forte segnale acustico provenire dall'enorme monitor montato sulla parete della sala riunioni. CHIAMATA DA MOSHE PERETZ, TEL AVIV avvisava il messaggio sullo schermo.

Robert Watson si passò le dita tra i capelli bianchi e controllò il taccuino sulla scrivania di fronte a lui. Johnson/VANDAL, aveva scritto in cima alla pagina. «Bene, procediamo» disse ad alta voce. Raddrizzò la sua ossuta figura, tirò su le spalle e picchiettò con le dita sul tavolo.

Un nuovo sistema di videoconferenza di massima sicurezza era stato installato la settimana precedente nella sala riunioni di Watson, e lui non aveva ancora trovato il tempo di leggere per intero il modulo online di formazione di trenta minuti su come utilizzarlo. Premette il pulsante verde per accettare la chiamata, come gli aveva spiegato Helen, la sua segretaria.

Il volto di un uomo tarchiato con la barba grigia ben curata apparve nella parte principale dello schermo, mentre una finestra più piccola che mostrava Watson spuntò nell'angolo in basso a destra.

«Ah, Robert, *shalom*» disse Peretz. «Ne è passato di tempo. Mi fa piacere sentirti.»

«Sì, un po'» rispose Watson. «*Shalom* anche a te.»

«Ho visto la tua email» disse Peretz. «Quindi, riguardo al nostro uomo VANDAL. Pensi che questo Joe Johnson possa compromettere lo status quo?»

Prima che Watson potesse rispondere, il sistema audio emise tre *bip* e si ammutolì. Vedeva sullo schermo Peretz che parlava ma non poteva sentirlo.

Irritato, Watson prese il telecomando e cercò di ripristinare l'audio, ma senza successo.

Gettò il telecomando sul tavolo e sospirò. «Inutile... Moshe, non so se riesci a sentirmi ma io qui non ho audio. Abbiamo un nuovo sistema e devo ancora abituarmici. Dammi un istante, chiedo a qualcuno di sistemarlo.» Poi zoppicò fino alla porta e urlò. «Helen, l'audio è andato. Può vedere che problema c'è? Mi scusi, devo assolutamente leggere il modulo di formazione.»

La sua segretaria si voltò, un mezzo sorriso sul volto, e si diresse verso la sala riunioni. «L'ha bloccato? Con il nuovo sistema va fatto, serve a confermare che riconosce l'interlocutore e che la chiamata è sicura. Altrimenti dà per scontato che sia un chiamante non identificato e dopo pochi secondi spegne il microfono.»

Watson scosse la testa. «Va bene, grazie. Una volta era tutto più semplice. Cosa c'è di sbagliato in una telefonata?» disse Watson. «Perdiamo fin troppo tempo a trafficare con la tecnologia.»

Non aggiunse che, in ogni caso, quella con Moshe Peretz era una conversazione alla quale avrebbe rinunciato volentieri.

Helen regolò rapidamente le impostazioni audio con il telecomando, che poi diede a Watson. «Ecco, capo. Sì, dovrebbe leggere il modulo. È abbastanza semplice, a quel punto non avrà più bisogno di me. Ecco fatto» Tirò indietro i lunghi capelli rossi e si diresse verso la porta.

«Risolto il problema?» chiese Peretz.

«Sì, scusami» disse Watson.

«Okay, Joe Johnson e VANDAL. Quindi pensi che Johnson potrebbe essere una minaccia e...»

Watson lo interruppe. «Fermati, Moshe. Aspetta.»

Guardò Helen finché la porta non si chiuse dietro di lei. Ora il suo livello di irritazione era aumentato ulteriormente, in parte a causa dell'intoppo tecnologico, ma anche perché l'israeliano non si stava attenendo al protocollo.

«Ora puoi continuare. La stanza è pulita» disse Watson.

«Scusa. Johnson è una minaccia per VANDAL?» chiese l'israeliano.

«Sì, se farà qualche progresso» rispose Watson. «È ancora presto. Sappiamo solo che ha appena iniziato un percorso che potrebbe non portarlo da nessuna parte.»

Peretz si fermò per qualche istante. «Per noi sarebbe molto imbarazzante se Johnson dovesse arrivare a VANDAL e venissero fuori tutti i dettagli. Personalmente, per entrambi intendo, oltre che a livello di organizzazione.»

Watson sapeva esattamente cosa intendeva. Non c'era bisogno di parlarne.

«Non dobbiamo essere precipitosi» disse Watson. «Se ci saranno sviluppi possiamo risolverla da qui, non preoccuparti, ma ho l'ordine di tenerti aggiornato. Intendo monitorare la situazione. Se l'indagine di Johnson dovesse finire in un nulla di fatto, cosa che a mio parere può tranquillamente accadere, potremmo dimenticarcene. Ho un agente a Buenos Aires, Agustin Torres, che ragguaglierò e se necessario coinvolgerò, anche se lo ritengo improbabile. Agustin sarebbe in grado di occuparsi di VANDAL e di occuparsi anche di Johnson, in un'accezione diversa del termine.»

Watson osservò attentamente la reazione di Peretz sullo schermo, ma la sua espressione rimase imperscrutabile.

«Quindi, la vera domanda è: quanto ancora vale VANDAL per il Mossad?» chiese Peretz.

«Non lo so. Non penso possa valere ancora molto.»

«Sì, la penso anche io così. Il punto è, ti rendi conto di quanto questa situazione sia stata un'enorme eccezione alla regola? Normalmente il Mossad vi avrebbe messo fine molto, molto tempo fa. Per noi, è stata puramente una questione di soldi, come sappiamo entrambi molto bene. Se non c'è alcun vantaggio, i capi qui potrebbero volerlo scaricare. Non aspettarti alcun sentimentalismo da parte loro nei confronti di VANDAL» disse Peretz.

Watson sentì una stretta al petto. Era questa la differenza tra Langley e Tel Aviv.

«Puoi riferirgli che ho dovuto affrontare personalmente non poche difficoltà per assicurarmi che la situazione non creasse alcun tipo di problema» disse Watson. «Per gli Stati Uniti è dagli anni Sessanta che VANDAL non è di utilità alcuna; i benefici sono andati tutti a vostro favore. Ma, forse stupidamente, qui ai piani alti dell'Agenzia si sentono in obbligo col vecchio bastardo. Ha fatto molto per aiutarci all'epoca, con tutto quel materiale sull'intelligence russa. Quindi dovremmo essere liberi di occuparcene noi. Devi tenere fede all'impegno. Codice d'onore tra ladri.»

Peretz accennò un sorriso. L'israeliano aveva indubbiamente colto l'ironia di Watson. Non c'era bisogno di fare alcun accenno diretto ai vantaggi che avevano entrambi ottenuto nel corso degli anni grazie al mantenimento di quello che Peretz definiva lo status quo.

Ma per Watson non si trattava solo di soldi ed era sicuro che Peretz lo sapesse.

«Va bene, calmati. Se tu rispetti me, io rispetto te» disse Peretz. «Voglio solo avvertirti di come potrebbe svilupparsi la faccenda. Sai qual è la posizione degli alti dirigenti qui nei confronti delle risorse che non hanno più niente da dare. È un approccio mercenario, a differenza del vostro. Okay, ci aggiorniamo presto. Teniamoci in contatto.»

«D'accordo. Buona giornata» rispose Watson nel chiudere la chiamata. Alzò le braccia e si accasciò sulla sedia.

«Dannati ebrei» disse ad alta voce. Rimase seduto lì per circa dieci minuti, riflettendo sulle opzioni che aveva a disposizione mentre tamburellava con le dita sul tavolo.

Sarà meglio telefonare a Miami, pensò.

Portland, Maine

Era sempre difficile spiegare a Peter e Carrie perché partiva, anche adesso che erano più grandi. Johnson aveva scoperto che scatenava in automatico sguardi fin troppo perplessi ed espressioni drammatiche e rassegnate.

Gliene aveva già parlato, ma ora, a un'ora dall'arrivo del taxi, si preparava a una replica durante la colazione. Pensò per un attimo di lasciar perdere, di mandare un'email a Fiona per dirle che non se ne faceva niente.

Non appena ebbe menzionato il viaggio, Peter lo fissò per diversi secondi. «Ti rendi conto che ti perderai la mia partita di basket giovedì?»

Johnson farfugliò delle scuse. Peter era diventato il playmaker titolare della squadra della scuola sei mesi prima, dopo un notevole miglioramento nel palleggio e nei passaggi.

Peter ignorò il tentativo del padre di razionalizzare la sua assenza. «A che ora arriva zia Amy?»

«Poco dopo che me ne sarò andato» disse Johnson. «So che non è il massimo, ma con il tipo di lavoro che faccio, come sapete, di tanto in tanto succederà. Guardate, preferirei rimanere qui con voi, ma devo guadagnare un po' di soldi... e devo anche fare cose che mi piacciono. È importante, come imparerete quando sarete più grandi.»

«Non ti preoccupare, staremo bene» disse Peter, anche se la sua espressione corrucciata suggeriva il contrario.

Poi Carrie iniziò a fare domande a raffica, come sempre. Chi, cosa, come, dove, perché? Un giorno diventerà una giornalista o un avvocato, pensò Johnson.

Iniziò con la spiegazione che aveva provato e riprovato, ma poi cambiò approccio.

«Carrie, sono in missione. È importante per me» disse Johnson, intuendo correttamente che avrebbe capito quel tipo di linguaggio.

«Okay, capisco» disse lei, tornando ai suoi cereali.

Il telefono di Johnson emise un *bip*. Il taxi era fuori. Prese le valigie e abbracciò i figli. «Amy dovrebbe arrivare tra una ventina di minuti» disse. «Mi raccomando trattatela bene, okay?»

Nel taxi controllò le email dal telefono. Ce n'era una di Fiona.

> Ciao Joe, mi dispiace, mi sono appena ricordata di non averti mandato questo. Vedi allegato. Ho registrato la breve conversazione con Nathaniel al bar a Washington. Ti mando il file vocale mp3. Ascoltalo. Potrebbe essere utile. E sì, la tua tariffa giornaliera è stata approvata dal capo. Grazie, F

E meno male che la tariffa era stata approvata, pensò Johnson, dato che era già in viaggio. Provò a scaricare l'allegato, ma la connessione dati 3G era troppo lenta e non caricava.

Johnson scrollò le spalle e tirò fuori dal piccolo zaino nero, che conteneva il computer portatile criptato e altri oggetti essenziali per il volo, un taccuino nero rilegato a spirale e una penna nera.

La cosa positiva era che Jayne, che gli aveva detto che non vedeva l'ora di rivederlo dopo tanto tempo, aveva confermato la propria disponibilità ad aiutarlo. E infatti, proprio quella mattina, Johnson aveva inviato un piccolo pacco a Londra tramite corriere sicuro.

Si era portato un romanzo da leggere in volo: un thriller di spionaggio di Daniel Silva, *Il caso Rembrandt*, che erano due mesi che provava a iniziare. E perché non un film? Prese il suo iPad e iniziò a passare in rassegna quelli che aveva.

Optò per *La Talpa*. 'Ai tempi foschi della Guerra Fredda, il veterano dei servizi segreti George Smiley in semi pensione viene costretto a scovare un agente sovietico che si nasconde tra le fila dell'MI6.' Sì, era quello, una sintesi perfetta. Aveva amato i romanzi di spionaggio di John le Carré quando li aveva letti anni prima.

Rimise l'iPad nella borsa mentre il tassista si fermava davanti al terminal delle partenze.

Ci siamo. Di nuovo in azione. Di ritorno dall'esilio, come direbbe Smiley.

14

Lunedì 21 novembre 2011
Buenos Aires

«Scusa, piccola, non posso portarti in aereo» disse piano Ignacio «per quanto mi piacerebbe. Penso che il servizio di sicurezza non sarebbe d'accordo.»

«Che dici?» gridò la donna dalla camera da letto, dove l'aveva lasciata sdraiata nuda sul futon a fumare una canna. «Torna qui. Sono così eccitata. Con chi parli?»

«Nessuno, Lucia, parlo con me stesso.»

Appoggiò con cura la Glock 9mm semiautomatica sul ripiano di compensato in salotto, accanto a una fotografia dei figli e una di sua madre.

Ignacio, che indossava l'unica camicia elegante che possedeva, tornò in camera da letto e prese la canna dalla ragazza, che provava a fare stretching mentre la fumava.

Fece un tiro e poi la spense, lasciandola in un posacenere su una cassetta di plastica che fungeva da comodino. Lucia fece un gridolino stridulo mentre lui rotolava su di lei e le afferrava i polsi, tenendola inchiodata al futon.

«Scusa, mi piacerebbe, ma è meglio che vada. La cena con il maiale, scusa, con mio padre, è tra mezz'ora. Sarà la prima volta. Non credere che mi abbia mai offerto una cena prima» disse Ignacio. Si alzò. «A più tardi.»

Venticinque minuti dopo, Ignacio arrivò all'Hotel Panamericano, in Avenida 9 de Julio. Era uno degli edifici simbolo della città. Ignacio ricordava le enormi gru che dominavano l'orizzonte mentre era in costruzione nei primi anni Ottanta, quando negli ultimi anni della sua adolescenza usciva a bere nei bar e nei locali lì vicino.

Ignacio si sedette su un divano nella hall e guardò attraverso la finestra, bagnata all'esterno dalla pioggia di un temporale estivo.

Sarebbe stato il secondo incontro non di lavoro con suo padre in due settimane. Cosa voleva il vecchio bastardo? Era evidente che aveva in mente qualcosa. Be', non era l'unico. Si sarebbe scusato? Improbabile. Ignacio rise tra sé.

I sentimenti nei confronti del padre erano prevalentemente molto negativi, ma da qualche parte, dentro di lui... Be', quell'uomo era comunque suo padre. Indipendentemente da quanto Ignacio cercasse di cancellare il profondo desiderio di riconciliarsi con lui, a volte esso ribolliva incontrollabile fino a tornare in superficie, come gas intrappolati nelle calde acque termali, lasciandolo un po' confuso.

Stare seduto e parlare con suo padre implicava una certa difficoltà emotiva. Ma mangiare? Era decisamente meno complicato.

Ignacio chiese un menu e quando suo padre arrivò aveva già deciso. Se il padre aveva intenzione di pagare, avrebbe sfruttato appieno l'occasione.

Quando il vecchio si presentò qualche minuto dopo, il suo leggero cappotto estivo era cosparso di gocce di pioggia. Zoppicò sul pavimento di marmo bianco e nero della hall e fece un cenno a Ignacio. «Sei venuto. È già un inizio.»

Nel ristorante dell'hotel, il Tomo, sobriamente illuminato e dalle lussuose tende e pareti imbottite, una cameriera li accompagnò a un tranquillo tavolo per due in un angolo.

José ordinò una bottiglia di Bodega Catena Zapata del 2005, un malbec, e poi iniziò a parlare, quasi senza fermarsi, dei problemi in ciascuno dei negozi sparsi per la città: pessima contabilità di magazzino, taccheggio, responsabili alcolizzati, il nuovo sistema informatico.

Fece dunque progressi fastidiosamente lenti nel mangiare e, quando Ignacio finì i medaglioni di agnello della Patagonia, lui non era che a metà della trota alla crema di limone.

Ignacio posò coltello e forchetta, incrociò le braccia e guardò suo padre. Si portava lentamente la forchetta alla bocca, addentava il boccone e masticava. Poi parlava per un paio di minuti prima di ripetere nuovamente il procedimento. Ignacio strinse forte le labbra.

Il ristorante andava riempiendosi. Due donne di mezza età, una in abito nero e l'altra vestita di rosso, entrambe con indosso collane d'oro, sedettero al tavolo più vicino a loro. Un paio di coppie più giovani, tutte griff e humour sofisticato, si fecero strada sorseggiando champagne francese fino a un altro tavolo.

Alla fine, Ignacio disse: «Allora, *padre*, perché siamo qui? Di cosa vuoi parlare? Delle solite cose?» Prese un pezzo di pane e cominciò a masticarlo.

Il vecchio posò la forchetta. «Pensi di rimanere, di continuare a lavorare nell'azienda intendo?»

Ignacio fece spallucce. «Qualcosa devo fare, anche se non sono qui per i soldi, non esattamente.»

«Guarda, voglio essere onesto con te. Ho un problema» disse José.

Ignacio inghiottì il pane e si appoggiò allo schienale, fissando il padre.

Il vecchio fermò un cameriere di passaggio e ordinò un'altra bottiglia di malbec. Poi lo scrutò da sopra gli occhiali. «Il fatto è che potrebbe mettere a rischio l'azienda. Stamattina mi è stato riferito che qualcuno sta indagando su uno dei nostri fornitori di oro, Oro Centro. Ci vende l'oro per le fabbriche ed è così da molto tempo. E Oro Centro lo ottiene da una specie di consociata a Londra.»

Si tolse gli occhiali. «Quello che non voglio è che proprio questo investigatore ficchi troppo il naso nella società di fornitura, in ciò che ci vendono e nella nostra attività.»

Ignacio pensò rapidamente. Doveva continuare a fingere di non sapere nulla sui meccanismi interni dell'azienda del padre? Non poteva ammettere di aver controllato di nascosto i rapporti contabili, quindi non aveva molte opzioni.

«D'accordo, ma devi darmi delle spiegazioni. In che modo ci riguarda? E chi c'è dietro l'azienda di Londra?» chiese Ignacio.

Il vecchio Guzmann tamburellò con le dita sul tavolo e strinse le labbra, esitando. «È perché non voglio che questo investigatore, che si chiama Joe Johnson, scopra il mio coinvolgimento. Potrebbe rovinarci. Riguarda cose del passato. Fosse stato quindici o venti anni fa me la sarei sbrigata da solo, capisci che intendo? Ora ovviamente non posso farlo.»

Ignacio ebbe difficoltà a contenersi. «Cose del passato?» Il padre ovviamente non si riferiva agli armadietti bui e alle botte.

José ignorò la domanda e abbassò lo sguardo. «Non so esattamente chi c'è dietro al fornitore di oro. Negli anni ho cercato più volte di scoprirlo, ma non ci sono mai riuscito. Ma, in qualche modo, loro sono a conoscenza di alcune cose. Se dovessero dirle a questo Johnson e lui le rendesse pubbliche io sarei finito, distruggerebbe la mia reputazione. I nostri clienti svanirebbero e per l'azienda sarebbe la fine. È contro i tuoi interessi, no?»

Quindi, era *davvero* solo per i soldi. Non aveva intenzione di scusarsi.

«Non sempre sono sicuro che i nostri interessi coincidano» disse Ignacio, cercando di non far trasparire la rabbia nel tono della voce. Si adagiò sulla sedia. «Allora dimmi, cosa vorresti che faccia?»

«Voglio che ti occupi dell'investigatore prima che ci combini qualche danno.»

Ignacio inarcò le sopracciglia. «Vuoi... cosa?!»

Il padre si chinò verso di lui. «Fallo fuori» sibilò. «Sono stato abbastanza chiaro? Qualcuno deve farlo.»

Ignacio vide la donna dai capelli scuri con il vestito nero che li guardava con la coda dell'occhio.

José abbassò la voce fino a sussurrare. «Johnson lavorava per la CIA e ha anche dato la caccia a degli ex nazisti negli Stati Uniti. Ho una foto che i miei contatti mi hanno inviato per email. A quanto pare vive nel Maine, ma presto andrà a Londra per le indagini. Mi è stato detto che si concentrerà sul nostro fornitore di oro. Devi andare lì. Ti darò le informazioni che ti servono sulla società di fornitura di Londra. Johnson lavora insieme a una giornalista politica negli Stati Uniti, Fiona Heppenstall. Anche di lei ho una foto, che ti manderò.»

Ignacio sorseggiò il vino. Non aveva intenzione di dire a suo padre che aveva già programmato il viaggio a Londra e che due dei suoi erano già lì. E di sicuro non gli avrebbe parlato delle altre misure di contenimento dei danni che aveva già adottato.

«Non lo so» disse Ignacio. «Non pensi che fare fuori qualcuno, come dici tu, specialmente a Londra, possa comportare qualche rischio? Così, per dire...»

La faccia del padre stava diventando rossa. «Dipende se pensi che per te sia più pericoloso vedere quest'azienda finire nel cesso.»

Un cameriere arrivò con i dessert.

«Mmm, ma l'azienda sta perdendo soldi. L'hai detto tu stesso. Starò via per i prossimi giorni, mi prendo una pausa. Ci penserò. Ho alcuni contatti a Londra che potrebbero aiutare. Ci parlerò e ti farò sapere.»

Ignacio e suo padre continuarono a mangiare in silenzio. Sembrava ci fosse poco altro di cui parlare. L'immagine di Lucia sul futon balenò nella sua mente.

Quindi cosa avrebbe dovuto fare? Porre fine ai folli accordi conclusi dal padre per l'acquisto di oro? Sì. Scoprire da dove proveniva l'oro? Sì. Era legale? Avrebbe potuto approfittarne in caso contrario? Domande, domande.

Ignacio sapeva che il vecchio aveva ragione su alcune cose, anche se lo odiava.

Se questo Joe Johnson minacciava di distruggere la reputazione del padre nel breve periodo, questo avrebbe potuto far affondare definitivamente l'attività, già pesantemente allo sbando. Non era quello che Ignacio voleva al momento.

Mentre si alzavano per uscire dal ristorante ebbe un'idea e si voltò verso il padre. «Prima di andare, un'altra domanda. Questi fornitori di oro, cosa sai di loro? Comprano l'oro che ci vendono da una fonte privata? O sul mercato? Da dove arriva?»

José distolse lo sguardo prima di rispondere. «Non ne sono sicuro. Forse lo puoi scoprire tu.»

Ignacio si guardò i piedi e sospirò. Ottenere una risposta diretta dal padre era chiedere troppo, da sempre.

La cameriera gli portò i cappotti. Ignacio pensò per un attimo di aiutare il vecchio a indossare il suo ma poi lasciò che se la cavasse da solo.

Qualcuno deve farlo... Sì, sempre qualcun altro.

Ignacio fu di ritorno al Barrio 31 prima del previsto. Ma scoprì di non poter entrare subito nella sua baracca perché la polizia stava sedando una rissa tra bande proprio lì davanti, quindi aspettò a una certa distanza finché non sgomberarono la strada.

Una volta entrato si sedette sulla sedia di legno in camera da letto e riaccese quel che rimaneva della canna che Lucia aveva fumato a inizio giornata. Era andata a lavorare in un bar vicino.

Il viaggio a Londra aveva assunto una portata diversa. Che fare?

Controllò l'orologio. Erano le undici meno un quarto. Compose un numero sul telefono. Squillò per circa venti secondi prima che Diego Ruiz rispondesse.

«Ciao, Diego, ti chiamo per avvertirti, *amigo,* prenderò un volo domani sera. Arriverò giovedì.»

C'era silenzio all'altro capo del filo.

«Qui è notte fonda» disse alla fine Diego. «Stavo dormendo. Vabbè, lascia perdere. Stiamo facendo progressi. Abbiamo coinvolto un tizio che lavora per la società di ricambi per auto.»

Ignacio tirò dalla canna e ruotò il collo da una parte all'altra. «Vai avanti.»

«Lo abbiamo avvicinato in un bar dopo il lavoro. Gli abbiamo offerto qualche birra, fatto ubriacare e offerto un passaggio a casa. È qui da tre giorni.»

«Tre giorni? Stai scherzando?» Ignacio si portò una mano alla fronte. «Te l'ho detto, non c'è fretta. La polizia starà indagando.»

«Ma no, è tutto okay. Non ci troveranno mai qui e lui non sa dove si trova.»

Ignacio scosse la testa. Fece un altro lungo tiro di canna. «Quindi cosa vi ha detto, esattamente?»

«Non molto per ora, ma ci stiamo lavorando. Speriamo entro domani.»

«Okay, ma vacci piano. È Londra, ricordatelo, non Lima. Qualche novità sulle armi?»

«No, non ancora. Te lo dirò non appena ne avremo.» Si sentì un forte *bip* sulla linea, seguito da un momento di silenzio e un paio di altri *bip*.

«Diego, sei ancora lì?» disse Ignacio. «Pronto? Pronto? C'è una cosa davvero cruciale di cui devo...» Ma all'altro capo Diego non c'era più.

15

Martedì 22 novembre 2011
Londra

Johnson camminava avanti e indietro nella sua stanza al Tower Hotel di Londra e nel farlo scalciava il tappeto. Jacob Kudrow sembrava essere scomparso dalla faccia della terra.

Dopo aver cercato molto, era riuscito a scovare alcune tracce dell'uomo, ma solo fino a un certo punto. Aveva trovato chiari riferimenti su diversi database relativi a un Jacob Kudrow nel Regno Unito, dal 1948 al 1971, per tre diversi indirizzi.

In effetti, per quegli anni era presente nei censimenti o nei registri elettorali. Era lui di sicuro, perché di Jacob Kudrow ce n'era uno solo e risultava un Daniel Kudrow allo stesso indirizzo a Whitechapel, nell'East London, nel 1948 e nel 1952, forse l'anno in cui Daniel si era trasferito negli Stati Uniti.

L'ultimo indirizzo, dal 1966 in poi, era a Hay's Mews, Mayfair.

«Mmm, Mayfair. Le cose dovevano essergli andate bene fino al 1966 per esserselo potuto permettere» si disse. Prese nota dell'indirizzo.

Ma dopo il 1971? Niente.

Doveva essersi trasferito. Ma dove?

Certificati di matrimonio? Niente.

E se Jacob avesse cambiato nome? E in quel caso, perché farlo dopo così tanto tempo, nel 1971?

Johnson andò al tavolo e chiuse lo schermo del portatile. Quindi chiamò il servizio in camera e ordinò un caffè doppio. Si sentiva un po' intontito per la mancanza di sonno sul volo notturno e aveva bisogno di qualcosa di più forte di quanto potesse offrirgli la macchina da caffè a capsule che c'era sul tavolo.

La camera 532 del Tower Hotel era una stanza a quattro stelle tipicamente elegante ma blanda, in un blando hotel a quattro stelle. L'hotel per un uomo d'affari. Ordinata, simmetrica, moderna. Johnson sospirò. Almeno era vicino all'appartamento di Jayne.

Ma se non aveva un posto a cinque stelle in cui alloggiare, lo era almeno la vista dal quinto piano sul Tamigi e sul Tower Bridge.

Quando era atterrato all'aeroporto di Heathrow, quella mattina, era stato accolto da un sole brillante in un cielo punteggiato da poche, soffici nuvole bianche.

Ora un denso banco di nuvole grigio scuro proveniente da est stava rapidamente coprendo la capitale. Il vento aumentava di velocità di minuto in minuto e alcuni fiocchi di neve cominciavano a sibilare fuori dalla finestra dell'hotel.

Bussarono alla porta. Il servizio in camera non aveva perso tempo nel portare il caffè.

Si sistemò al tavolo vicino alla finestra e lo bevve, poi rimase seduto a pensare e ogni tanto scribacchiava sul taccuino.

Prese la copia gratuita del *Daily Telegraph* che era stata lasciata sul tavolo. I titoli principali riguardavano l'imminente visita del presidente Obama nel Regno Unito per un incontro con il primo ministro David Cameron, la regina e una serie di altre figure chiave. Sarà un bel carrozzone, pensò.

Poi si infilò il cappotto e prese dalla tasca alcune banconote da dieci e venti sterline e le ficcò nel portafogli, togliendo i dollari. Si mise in tasca il cellulare principale e quello di riserva. Il secondo era da usare, se necessario, con carte sim ricaricabili, per motivi di sicurezza.

Ci ripensò e prese dalla valigia anche una sciarpa e un cappello di lana grigio scuro.

A quel punto, la combinazione di caffeina e una rinnovata determinazione lo avevano rinvigorito un po'. Si diresse verso la porta.

Buenos Aires

Ignacio si trovava a casa dei vicini nel Barrio 31, intento a negoziare un accordo di protezione per la sua proprietà per il periodo in cui sarebbe stato a Londra, quando squillò il telefono.

«Ehi, *jefe*, sono Diego. Qualche buona notizia. Un mio vecchio amico dell'esercito argentino, che vive a sud di Londra, ha trovato la merce. Ci ha portato tre Browning HP. Un bel pezzo di equipaggiamento. Fanno al caso nostro.»

«Okay, almeno qualcosa va nel verso giusto... più di qui. Sto cercando di arrivare a un qualche accordo per impedire che casa mia venga colpita da bombe incendiarie mentre sono via. Non sta andando molto bene. Inoltre abbiamo un altro problema. Stavo per dirtelo ieri sera, ma poi è caduta la cazzo di linea. Il fatto è che non siamo gli unici a caccia... due persone, in realtà.»

Ignacio raccontò a Diego della conversazione avuta col padre e della potenziale minaccia che Joe Johnson rappresentava per i loro piani.

«Questo tizio, Johnson, è già a Londra. Sta al Tower Hotel, vicino al Tower Bridge. Ho preso il numero dal suo sito web, ho telefonato e ho fatto finta di essere un possibile cliente. Sua figlia mi ha detto dov'era. Facile, molto facile. Lavora insieme a questa giornalista, una certa Fiona Heppenstall. Non so se anche lei è nel Regno Unito oppure no. Ma ti manderò via email delle loro foto. Dobbiamo concentrarci principalmente su Johnson.»

Ignacio prese fiato. «Dobbiamo dare a questo Johnson un primo segnale, un avvertimento, e se non dovesse funzionare alzeremo la posta. Ecco cosa voglio che tu faccia.»

Trascorse diversi minuti a snocciolare una serie di istruzioni prima di riattaccare.

16

Martedì 22 novembre 2011
Londra

Nel tempo che Johnson impiegò a fare una passeggiata di una decina di minuti fino alla stazione della metropolitana di Tower Hill, seguita da un breve viaggio in metropolitana fino a Blackfriars, la neve insolitamente precoce era diventata più pesante. Quando uscì di nuovo all'aria aperta, il vento ne sferzava raffiche contro le sue caviglie.

Attraversò la strada, poi proseguì su Tudor Street e oltrepassò un antico arco, arrivando nel quartiere legale Inn of Court, caratterizzato da una commistione di edifici in mattoni e pietra, cortili, archi e giardini.

Non mancava molto. Sapeva che la strada per arrivare a destinazione era un po' tortuosa, ma questa particolare zona di Londra gli piaceva.

Johnson superò Temple Church alla sua destra e alla fine emerse allo Strand, un'arteria trafficata piena di autobus, taxi e automobili, che correva parallela al Tamigi. Le spalle e il cappello di Johnson andavano ricoprendosi di uno strato di neve.

La sua destinazione si trovava proprio di fronte a lui, superate le strisce pedonali: gli alti edifici e archi in pietra in stile gotico delle Royal Courts of Justice.

Johnson attraversò l'antico atrio dalle malandate porte a battenti in legno e si accodò a una breve fila in attesa di far passare cappotto, giacca e zaino attraverso la macchina di sicurezza.

Si sentiva piccolo all'interno della cavernosa Great Hall, che costituiva la principale area comune delle corti con il pavimento in pietra decorata e le alte finestre a volta.

Era pieno di persone che si riparavano dal maltempo, che tremavano come lui mentre si toglievano la neve da borse e cappotti.

Dopo aver chiesto al banco informazioni, Johnson si diresse verso un groviglio di vecchie scale di pietra e iniziò a salire per poi attraversare corridoi bui che odoravano di liquido detergente e lucidante per pavimenti, fino ad arrivare alla stanza E15.

Una signora dai capelli rossi con gli occhiali dalla montatura nera era seduta dietro a un divisorio di plexiglas. Dietro di lei c'erano scaffali impolverati e diverse scrivanie stracolme di documenti, libri e computer.

Johnson si avvicinò alla donna e si fermò davanti a lei. Non aveva intenzione di salutarlo, era chiaro.

Tossì. «Mi scusi, sto cercando l'atto del cambio di nome di una persona effettuato con atto unilaterale, dovrebbe risalire agli anni Settanta.»

La donna finalmente lo guardò da sopra gli occhiali. «Mi dispiace, ma non la posso aiutare. Qui conserviamo solo gli atti degli ultimi cinque anni e non può accedervi; sono confidenziali. Il riepilogo di ogni cambio di nome è pubblicato nella *London Gazette*, può vederli lì. Noi non li abbiamo.»

Tornò allo schermo del computer in modo così brusco che Johnson, sconcertato, si voltò e si diresse verso la porta.

Nel farlo, sentì di nuovo la voce della donna dietro di lui. «Se è un vecchio atto, degli anni Settanta, deve recarsi agli Archivi nazionali a Kew, giù a Richmond. Prenda la District Line per Kew Gardens. La aiuteranno nella ricerca. Hanno le informazioni che vengono pubblicate nella *London Gazette*. Ma potrebbe essere uno spreco di tempo.»

«Perché?»

«Be', solo il cinque percento circa di coloro che cambiano nome registrano le loro informazioni. Non è obbligatorio farlo. Buona fortuna.» Si voltò di nuovo.

Johnson tornò nella Sala Grande. Si sentiva di nuovo molto stanco.

Si rese conto che non aveva avvertito la sorella e i figli che era arrivato a Londra sano e salvo. Si sedette su una delle panchine di pietra dall'imbottitura rossa che fiancheggiavano entrambi i lati dell'imponente sala e tirò fuori il cellulare.

Rispose sua figlia.

«Ciao, Carrie, sono papà. Sono arrivato a Londra, quindi ho pensato di chiamare per dirvelo. Come mai non sei ancora uscita per andare a scuola?»

«Stamattina non mi sentivo bene, quindi zia Amy mi ha detto di restare a casa. Non ti preoccupare.»

«D'accordo. Mi raccomando: brodo a pranzo se non ti senti bene, okay? Per sicurezza» disse Johnson. «Sì, ho già detto a zia Amy che è quello che vorrei. Quindi tranquillo papà. Ah, volevo dirti che ha chiamato qualcuno per te ieri sera, dopo che te ne eri andato. Ha detto che potrebbe avere del lavoro da darti. Gli ho spiegato che sei andato a Londra, quindi potresti non essere facile da contattare, ma ha detto che andava anche lui lì e mi ha chiesto in quale hotel stavi. Gliel'ho detto e gli ho anche dato e il tuo indirizzo e numero di telefono. Ho fatto bene? Sembrava straniero, aveva un accento spagnolo.»

Johnson scattò in piedi. «Spagnolo? Sei sicura? Ha lasciato il nome?»

«Sì, decisamente spagnolo, lo stesso accento del mio professore. Non mi ha dato il nome. Gliel'ho chiesto, ma non me l'ha voluto dire. Ha solo detto che ti avrebbe contattato.»

«Puoi controllare il numero da cui ha chiamato? Dovresti poterlo trovare sul telefono.»

Ci fu una pausa mentre sua figlia controllava. «Sì, è internazionale: 54 11 5843 1119.» Johnson lo appuntò.

Il +54 era il prefisso internazionale dell'Argentina, Johnson lo sapeva. Quindi chi poteva aver chiamato?

«Papà, papà? Mi stai ascoltando? Pianeta Terra chiama... Ti sto parlando...»

Johnson poteva sentire Cocoa abbaiare in sottofondo, ma era troppo preoccupato per chiedere se il povero cane faceva abbastanza esercizio ora che il padrone non c'era.

«Scusami tesoro. Ascolta, devo andare. Ricorda quello che ti ho detto in passato. Se qualcuno chiama e chiede di me è meglio segnarsi il numero e dire che richiamerò. Poi mi mandi il numero. Non dire dove sono, okay?»

«Okay, papà. Scusa, lo sapevo; me lo sono dimenticato.»

«Va tutto bene. E di' a Amy e Peter che ho chiamato; guarisci presto. Richiamerò domani. Ciao, Carrie. Ti voglio bene.»

«Ti voglio bene, papà.»

Riattaccò.

In quel momento si ricordò che quel giorno sua moglie, Kathy, avrebbe compiuto cinquantatré anni, se fosse stata ancora viva. Si sedette e fissò le alte finestre a volta polverose.

Si erano conosciuti alla Boston University, dove Kathy si era laureata in Letteratura inglese, e dove Johnson, due mesi più vecchio di lei, si era laureato in Storia. Ma si erano messi insieme solo verso i trent'anni, quando entrambi si erano ritrovati a Washington per lavoro; Johnson all'OSI e Kathy come redattrice di un'importante rivista.

In poco tempo si convinse che era la sua anima gemella e si sposarono il 16 luglio 1994. Quindi perderla nell'ottobre del 2005, all'età di quarantasei anni, quando Carrie e Peter avevano solo, rispettivamente, nove e sette anni, lo aveva devastato.

Johnson si alzò. Non doveva soffermarcisi perché sapeva che se l'avesse fatto il complesso cocktail di sostanze chimiche che governavano il suo umore e il suo stato d'animo gli avrebbero rapidamente fatto vedere tutto nero, rendendo difficile, a volte impossibile, concentrarsi su ciò che doveva fare, come era capitato nei due anni successivi alla morte di Kathy.

Doveva attivarsi e concentrarsi su qualcosa di diverso, qualcosa di positivo.

Uscendo dall'Archivio nazionale a Kew Johnson scosse la testa. Dopo ore di ricerche su numerosi libri rilegati contenenti una miriade di atti diversi, che coprivano il periodo dal 1971 al 1980, non aveva trovato nulla.

Entrò in un piccolo negozio lì vicino per comprare una tavoletta di cioccolato e tre carte sim usa e getta per il cellulare di riserva. Le porse all'uomo dietro il bancone; poi, come ogni tanto accadeva quando si sentiva stressato, ebbe un impulso improvviso.

«Altro?» chiese il negoziante.

«Mmm, sì, un pacchetto di Marlboro rosse da venti per favore, e un accendino.»

Johnson aveva considerato gli Archivi nazionali come l'ultima spiaggia. Aprì il pacchetto di sigarette, ne accese una e girovagò per la strada. Sentiva un gran bisogno di fumare.

Che fare ora? Iniziava a sentirsi più un genealogista che un investigatore di crimini di guerra.

Nel vagone della metropolitana che lo riportava a Tower Hill pensò alle conversazioni con Nathaniel Kudrow e Fiona. C'era qualcos'altro che avevano detto che avrebbe potuto essere d'aiuto?

Ricordava benissimo di non aver ancora scaricato il file mp3 della conversazione con Nathaniel nel bar di Washington che Fiona gli aveva mandato. Poteva contenere del materiale utile.

Alla fermata successiva, South Kensington, Johnson saltò giù dalla metropolitana e trovò un bar fuori dall'entrata della stazione.

Dopo aver ordinato un latte macchiato e un pasticcino, infilò la prima delle carte sim usa e getta nel cellulare di riserva.

Poi collegò il telefono principale al Wi-Fi del negozio, inserì gli auricolari e scaricò il file dall'email di Fiona. Iniziò ad ascoltare.

«Sempre in via confidenziale giusto?»
«Sì, assolutamente.»

Johnson riconobbe immediatamente le voci di Nathaniel e Fiona. Nathaniel continuò.

«Okay, bene. Ci sono alcune cose a cui prima non ho accennato. Riguarda la fonte di gran parte dei finanziamenti per la campagna di David. Credo che provengano da fonti tutt'altro che limpide e la cosa potrebbe persino essere illegale. Probabilmente lei mi dirà che il mio coinvolgimento è superficiale, ed è vero. Ma di recente sono stato a Londra a trovare mio zio e ho scoperto alcune cose di cui probabilmente non sarei dovuto venire a conoscenza.»
«Mi scusi se risulto un po' cinica, Nathaniel, ma perché me lo sta dicendo? È la sua famiglia, no?»
«Giusto. Ma loro non la vedono così. Non sono uno di loro, quelli di grande successo, quelli che contano. Vengo emarginato, non avvantaggiato. David è diverso, lui riceve un trattamento di favore. Una vita facile. Ci lavori su. Segua la pista dei soldi – da dove vengono e dove vanno – e scoprirà la verità.»
«Mi scusi, ma parla per enigmi. La pista dei soldi... cosa intende?»
«Intendo la connessione nazista.»
«Su mi dica, di cosa si tratta? Penso sia ora di essere più diretti... Sono soldi nazisti, quindi?»
«Soldi nazisti? Si potrebbe dire così, in effetti. È una giornalista in gamba. Come le ho detto, capirà tutto. Devo andare. Ho già parlato troppo.»

Ci fu silenzio per alcuni secondi, poi Nathaniel continuò.

«A proposito, troverà tutto nel libro. Jacob sta scrivendo le sue memorie... nel suo libricino rosso. Vuole che venga pubblicato quando sarà morto e sepolto,

anche se sospetto che ci vorrà ancora un po'. Lo vada a trovare a Londra. Glielo dirà. Lo troverà nel suo vecchio laboratorio fatiscente o in sinagoga. Devo andare ora, ci sentiamo presto.»

Si sentì un fruscio, e la registrazione finì.

Johnson prese il taccuino e la penna dallo zaino, spinse il cursore indietro fino all'inizio della registrazione e la riascoltò più volte, e nel farlo scriveva nel taccuino.

Sospirò. *Un vecchio laboratorio fatiscente o una sinagoga.* Sì, ma dove? Quanti vecchi laboratori e sinagoghe c'erano a Londra?

17

Mercoledì 23 novembre 2011
Londra

Jayne Robinson appoggiò i gomiti sul tavolo e il mento sui palmi delle mani.

Sul suo viso c'era qualche ruga in più, ma lo sguardo era quello combattivo di sempre, pensò Johnson. Nemmeno la voce bassa e roca che in passato lo faceva andare fuori di testa era cambiata.

Dopo diversi scambi di messaggi, si erano accordati per incontrarsi a colazione nel locale preferito di Jayne: il Dickens Inn, a St Katharine Docks, vicino all'hotel di Johnson e a soli dieci minuti a piedi dall'appartamento di lei, a Whitechapel. Aveva detto di essere così impegnata con il lavoro che quello era il suo unico momento libero.

Il Dickens Inn era costruito intorno a una struttura in legno secolare, con balconi che si affacciavano sul porto turistico e la sua schiera di yacht.

A un tavolo di legno in un angolo discreto del bar Johnson spiegò, tra un boccone di uova strapazzate e l'altro, perché era venuto a Londra.

Jayne annuì. «Ti è sempre piaciuto riparare alle ingiustizie, vero? Suppongo sia un bene. Ti serve un motivo per andare avanti.»

«È diverso» disse Johnson. «Potrebbe essere una cosa grossa. A differenza dei miei soliti incarichi.»

«È proprio quello che mi manca al momento» disse lei. «Questa connessione nazista sembra interessante, se le cose stanno così. Un gran bel se, va detto.»

Poi pensò per un momento. «Quindi il tizio che è stato pugnalato, Nathaniel, pensi fosse un tipo a posto? O voleva fregarti?»

«Non lo so. Penso fosse un tipo a posto» disse Johnson. «Lo devo verificare. Ed è una coincidenza che sia stato ucciso dopo aver parlato con me e Fiona? Mi pare improbabile. Se i Kudrow sono implicati in un giro di denaro sporco allora è una storia grossa. Ma a convincermi è il coinvolgimento di questo Guzmann, della gioielleria di Buenos Aires. Anni fa, mentre davo la caccia a uno delle SS, mi ero appuntato di andare a indagare lì, ma non l'ho mai fatto. Ora mi chiedo se possa ancora portarmi da qualche parte. Il problema ora è che il gemello che vive qui a Londra, Jacob Kudrow, sembra essere svanito nel nulla. Prima di poter fare qualsiasi cosa devo trovare lui. Mi sono detto che forse tu puoi aiutarmi. Magari anche in Argentina, se necessario, visto che la conosci bene.»

Jayne aveva un'espressione dubbiosa mentre spalmava il miele sul pane tostato.

«Forse.» Diede un morso al pane. «Mi piacerebbe tornare in Argentina. Ma è un po' complicato per noi essere coinvolti in un'inchiesta non ufficiale come attività secondaria. Può essere motivo di licenziamento al SIS. Dovresti saperlo.»

Si scostò dalla fronte i capelli corti e scuri. «Dovrò passare attraverso i canali formali e parlare con il mio capo. Potrebbe essere comprensivo. Per molto tempo ha dato la caccia ai criminali di guerra nei Balcani dopo la guerra di qualche anno fa. Lo abbiamo fatto entrambi, dopo la conclusione del nostra missione di contrasto all'IRA a Belfast. Il SIS ci ha mandati nella ex Iugoslavia, principalmente in Croazia e Bosnia, e abbiamo lavorato insieme nei primi anni Duemila finché non sono saltate le nostre coperture. All'epoca per noi fu un incarico importante.»

«Quindi pensi che potrebbe darti un po' di tempo?» chiese Johnson.

«Può darsi. Se si tratta semplicemente di qualche ebreo polacco coinvolto in qualcosa di illegale, be', non riguarda il SIS, riguarda la polizia. Se è un crimine serio, potrebbe riguardare l'MI5. Ma se è un progetto nazista... mmm... potrebbe abboccare, a patto che non richieda troppo tempo.»

«Va bene, grazie. Però non fare nulla che può metterti nei guai. Ad ogni modo, come ti vanno le cose? Come va la vita?» chiese Johnson.

Jayne sospirò. «Sono stata un po' giù negli ultimi mesi. Non dirlo a nessuno, ma sto seriamente pensando di ritirarmi. Mi divertivo molto sul campo quando ero più giovane. Luoghi come Buenos Aires, Belfast, la vecchia Jugoslavia e così via. Ma ora ho quasi cinquant'anni, sono di nuovo nel Regno Unito, nella dirigenza, e mi sento come un ingranaggio nella grande macchina di Vauxhall Cross.»

Si riferiva al quartier generale dell'MI6 a Vauxhall Cross, sulla riva sud del Tamigi, a tre quarti di miglio via fiume dal Palazzo di Westminster.

«La metà del tempo ci dedichiamo a voi americani invece di difendere i nostri interessi» disse Jayne. «Te lo dico, i pezzi grossi sono terrorizzati dai dirigenti di Langley. Non ho legami, niente figli. Potrei semplicemente andarmene e fare qualcosa di completamente diverso.»

«Sono sempre stato convinto che ci avresti lavorato a vita» disse Johnson sorpreso. Jayne, che era cresciuta a Nottingham, si era unita ai servizi segreti dopo essersi laureata alla Cambridge University, dove aveva studiato Relazioni internazionali, e da quel momento in poi aveva ricoperto diversi incarichi, sia nel Regno Unito che all'estero.

«Le cose cambiano. È tutto diverso. I tagli alle spese si stanno facendo sentire» disse Jayne. «Ma non siamo qui per parlare di questo. Tornando al tuo problema, a mio parere non ti rimane che tentare un approccio vecchio stile. Inizia a scarpinare. I Kudrow erano originariamente ebrei polacchi, giusto? Perché non provi con le sinagoghe. C'era una grande comunità ebraica polacca nell'East End di Londra, in questa zona in cui ci troviamo, Whitechapel e anche nella zona circostante. Molti di loro sono ancora lì. Qualcuno potrebbe aver sentito parlare di lui. È una comunità molto unita.

Johnson si tirò su. Jayne riusciva sempre a trovare una prospettiva nuova. «Hai ragione. Ci proverò.» Prese nota di ciò che aveva detto sul taccuino, poi fece cenno al cameriere e ordinò altri due cappuccini.

Jayne infilò la mano nella borsa e, come un prestigiatore con un cappello a cilindro, estrasse una piccola confezione che posò sul tavolo accanto al bicchiere di succo d'arancia di Johnson.

«Ecco qua» disse lei. «Il tuo nuovo alter ego, suppongo.»

Johnson lo prese. Era il pacco che le aveva spedito tramite corriere qualche giorno prima. «Grazie» disse. «Non è nuovo, è vecchio e affidabile. Ne avrò bisogno più avanti in mattinata.»

Sorseggiò il succo. «Allora, spari ancora? Eri brava» chiese.

«Be', nemmeno tu te la cavavi male, anche se mi pare che non ti sarebbe convenuto scommettere contro di me. Sì, lo faccio ancora ogni tanto. Di solito al poligono di tiro con un amico, ma solo con pistole ad aria compressa.» Fece spallucce. «È solo una scusa per berci una cosa dopo. Ci lamentiamo del lavoro, sconfiggiamo i mali del mondo.»

«Sì, ma non ti dimenticare come si fa. Potrei aver bisogno di te. A proposito, hai una pistola a casa?»

«No, non ce l'ho» disse Jayne. «E non posso averne una, quindi non chiedermelo. Non ne uso una in un contesto lavorativo dai tempi di Sarajevo. E tu?»

Johnson prese fiato. «Mi conosci, sono sempre stato più il tipo che raccoglie informazioni che un...»

«Uomo d'azione?»

«Anche se a volte a mali estremi, estremi rimedi» disse Johnson. «Difficile separare le due cose in questo lavoro.»

«Mi sembra di ricordare che avevi giurato che non avresti mai più usato una pistola in preda alla rabbia dopo quell'incidente a Jalalabad.»

Johnson inarcò un sopracciglio. Nessuno gli avrebbe permesso di dimenticare. Prima sua madre, ora Jayne.

«Grazie di avermelo ricordato» disse. «Non ho... non c'è stato alcun aumento del numero dei morti da allora, anche se a volte c'è mancato poco. Cerco di tenermi in allenamento, però. Ho un paio di amici che sparano, quindi usciamo e mettiamo qualche bersaglio sugli alberi. Ho un revolver Smith & Wesson a casa.»

Jayne indicò l'orecchio destro di Johnson. «Non te lo sei più fatto mettere a posto. Pensavo che lo avresti fatto.»

«Sì, dovevo ma l'idea di ammettere che avevo subìto un intervento di chirurgia plastica non mi piaceva. È parte di me ora, un argomento di conversazione.» Sorrise. «Ad ogni modo, basta parlare di questo. Ci sono alcune altre cose di cui vorrei discutere con te.»

Johnson controllò che il software di crittografia del telefono di Jayne fosse compatibile con il suo. Lo era. Non voleva correre rischi inutili.

«E se avessi bisogno di altre cosette? Cimici, attrezzatura di sorveglianza?» chiese.

«Potrei riuscire a fare qualcosa. Sotto al letto a casa ho una scatola di giocattoli.» Alzò le sopracciglia e quasi sorrise.

«Non avevo dubbi» mormorò Johnson.

***

«Se ha bisogno di una macchina scattante, abbiamo quella che fa al caso suo, signore. Questa ha un biturbo, quindi passa da zero a cento in meno di sei secondi, senza alcun problema. È fortunato. Ne abbiamo solo una e in genere è sempre fuori. A prenderla sono spesso americani come lei, di solito si occupano di finanza: banchieri, broker. Lei però non sembra uno di loro. Quindi, signor... mi scusi, ho dimenticato il suo nome. Wilkinson?

«Sì, esatto, Philip Wilkinson. E ha ragione nel dire che non mi occupo di finanza» rispose Johnson.

Non sapeva quale macchina scegliere. L'uomo della compagnia di noleggio vicino a Aldgate gli aveva proposto una BMW o un'Audi.

Alla fine optò per la BMW, un 335i nero, modello a sei cilindri da tre litri con vetri oscurati.

Johnson pescò nella tasca della sua giacca di lino blu e tirò fuori il contenuto del pacchetto che Jayne gli aveva restituito prima. Spedirli a lei tramite corriere gli aveva permesso di evitare di averli con sé durante i controlli doganali.

Uno stratagemma per cui c'era una valida ragione. Johnson non ne parlava mai, nemmeno con i suoi amici più cari, ma subito dopo aver lasciato l'OSI aveva silenziosamente acquisito due nuovi alter ego – identità completamente false, compresi passaporti statunitensi, carte di credito, bancomat, patenti di guida e certificati di nascita – attraverso un contatto che era un ex agente di polizia. Gli era sembrato di essere di nuovo nella CIA.

Una delle identità false era Philip Wilkinson, l'altra Don Thiele. Entrambe avevano la fotografia di Johnson ed erano collegate agli indirizzi di due diverse case disabitate da qualche parte nel mezzo del New Hampshire rurale.

Johnson non aveva fatto troppe domande sulla loro provenienza. Finché le carte di credito fossero state coperte e i conti bancari fossero rimasti in attivo non avrebbe avuto problemi.

Normalmente utilizzava Wilkinson quando serviva e teneva l'altra di riserva. Dopo diversi anni, era ormai piuttosto a suo agio nello scivolare nella sua identità alternativa: un uomo single, senza nessuno a carico, che faceva il rappresentante commerciale per un'azienda americana di pompe industriali.

Ora, aveva la sensazione che per questo lavoro fosse saggio passare a Philip Wilkinson per il noleggio dell'auto.

Johnson pagò la macchina con la carta di credito di Wilkinson e intascò la ricevuta e la documentazione. Sarebbe stata un'altra voce nella nota spese di *Inside Track*.

Uscì dall'ufficio dell'autonoleggio e salì in macchina, soddisfatto della sua scelta. La BMW era effettivamente scattante e avrebbe fatto il suo dovere. Dopo averlo guidato fino all'albergo, la lasciò nel parcheggio e prese l'ascensore per andare in camera.

L'unica preoccupazione di Johnson era che la macchina desse un po' troppo nell'occhio.

18

Mercoledì 23 novembre 2011
Londra

Quando tornò al Tower Hotel quella sera Johnson trovò sul pavimento, proprio all'ingresso della sua stanza, una busta bianca con sopra il suo nome, che qualcuno aveva spinto sotto la porta.

La aprì con un dito. Dentro c'era un foglio di carta con un messaggio scritto a mano con un pennarello blu:

Signor Johnson
Nei suoi interessi, interrompa l'operazione su cui sta lavorando.
C'è implicazione che non può capisce.
E ci saranno conseguenze che decisamente non le piaceranno.
È stato avvisato.

Johnson lo rilesse, grattandosi la vecchia cicatrice sull'orecchio destro. La grafia era grossa e marcata, probabilmente di un uomo, ed era opera di una persona poco istruita o che non aveva usato la propria lingua madre. O forse la grammatica era volutamente pessima?

Nel corso della sua carriera aveva ricevuto lettere ed email di quel tipo diverse volte. Andava quasi messo in conto. Johnson ricordò la conversazione con Carrie.

'Andava anche lui lì e mi ha chiesto in quale hotel stavi...'

Si erano mossi più rapidamente di quanto pensasse. Forse anche per lui era arrivato il momento di spostarsi, allora.

Johnson scese al ristorante dell'hotel, mangiò una pizza e bevve tre birre. Ne aveva bisogno.

Mentre mangiava, squillò il telefono. Era una chiamata crittografata di Vic. Johnson inserì il codice richiesto.

«Vic, sono a Londra, vicino al Tower Bridge, a mangiare una pizza. Cosa hai trovato?»

«Tower Bridge, eh? Bello. Stai meglio di me, sono ancora in ufficio. Ascolta, ho scoperto qualcosa dalla mia rete di contatti, tra cui c'è Helen, la segretaria di Watto. Forse te la ricordi: lunghi capelli rossi, bella per la sua età. È qui da venticinque anni. È bene mantenerci buoni rapporti visto che conosce tutti. Si ricorda di te... pensa che tu sia stato trattato ingiustamente.»

«Sì, me la ricordo. Una signora gentile.»

«Sì,» disse Vic «ci ho parlato ieri sera. È professionale, discreta con tutti, ma ha una coscienza, e a volte mi racconta qualcosa, soprattutto se pensa che qualcuno sia stato trattato ingiustamente.

Si è lasciata sfuggire che Watto l'ha chiamata per risolvere un problema con il nuovo sistema di videoconferenza durante una chiamata. Stava parlando con una certa agenzia di intelligence a Tel Aviv.»

«Di cosa?» chiese Johnson.

«Be', è questo il punto. Ha sentito solo un breve pezzo della conversazione e riguarda te. Il tizio del Mossad, un capo regionale chiamato Moshe Peretz, ha fatto il tuo nome. Stava chiedendo a Watto se pensava che potessi essere una minaccia per VANDAL. È un criptonimo, ovviamente. Mi ci è voluto un po' per scoprire a chi si riferiva, ma alla fine ci sono arrivato.»

Johnson indovinò cosa stava per dire Vic. «VANDAL è Guzmann, giusto?»

«Esatto» rispose Vic. «Ma come diavolo facevano a sapere che stai cercando Guzmann, non ne ho idea. Questa è Langley.»

Johnson espirò forte. «È incredibile. Tel Aviv? Ne è sicura?»

«Sì, è sicura, Helen è brava. Non si è sbagliata.»

La mente di Johnson era già in ebollizione. «Sì, ma aspetta, rifletto ad alta voce. Se il Mossad è preoccupato che qualcuno possa rappresentare una minaccia per Guzmann, molto probabilmente c'è una sola ragione.»

«Proprio così. Gli fornisce qualcosa di prezioso, molto probabilmente informazioni, accesso, contatti, non lo so. Potrebbe essere qualunque cosa.»

«E cosa c'entra Guzmann con Watto? Questo alza la posta in gioco» chiese Johnson.

«Ancora non lo so. Lo scoprirò. Senti, ora devo andare. Sono di fretta. Ti ho detto tutto quello che so per il momento. Buona fortuna, Doc. Ricordati solo che i tentacoli di Watto si estendono a dismisura, dentro e fuori l'Agenzia. Fai attenzione. Sai cosa intendo.»

Johnson scrollò le spalle. «Sì, lo so.» «Va bene. Ci sentiamo presto.»

«Sì, grazie per aver chiamato, lo apprezzo.» Johnson riattaccò.

Una volta tornato in camera fece una chiamata criptata a Jayne.

«Jayne, sono successe un po' di cose.» Le raccontò della lettera minatoria e della telefonata con Vic.

«C'è sotto qualcosa di grosso» disse Johnson. «Che Langley e il Mossad abbiano un criptonimo per Guzmann significa che per un certo periodo di tempo gli è stato utile. Forse era un agente?»

Dall'altro capo del filo c'era silenzio, Jayne digeriva l'informazione. Poteva quasi sentirla pensare e scuotere la testa, probabilmente insultandolo tra sé e sé.

«È decisamente possibile» disse Jayne. «So che l'agenzia e il Mossad erano molto attivi a Buenos Aires mentre io ero lì, e sono certa che lo siano ancora. Okay, allora,vista la lettera, potrebbe essere saggio stare nella mia camera degli ospiti, se vuoi. Vieni e ne parliamo.»

Mentre Johnson finiva di fare la valigia, si chiese se l'andare a stare da Jayne non fosse una decisione dettata da una paranoia ingiustificata o semplicemente di buon senso.

O forse, pensò, in realtà non era molto saggio da parte sua stare dall'ex ragazza in un piccolo appartamento, nonostante la camera in più.

In ogni caso, non sarebbe rimasto un istante di più al Tower Hotel. Scese nell'atrio e pagò il conto.

Johnson non aveva bisogno di sentirsi dire che se Langley e Tel Aviv avevano entrambi un interesse per Guzmann c'era quasi certamente qualcosa sotto che valeva la pena approfondire. Ma il discorso era valido in entrambi i sensi; era abbastanza probabile che lo avrebbero tenuto sotto stretto controllo. Non avrebbero permesso che una potenziale indagine su una risorsa chiave rimanesse incontrastata.

E se alla CIA a essere coinvolto era Watson, la cosa non era solo irritante, ma decisamente preoccupante.

Eppure la domanda rimaneva: perché Guzmann era una risorsa chiave? Il rimpianto di Johnson per non aver seguito la pista su quell'uomo nel 1996 divenne più profonda.

Tenuto conto di tutto ciò e della lettera di avvertimento decise di intensificare la propria routine di controspionaggio, che negli ultimi anni aveva adottato a un livello molto elementare.

Esaminò attentamente l'area per assicurarsi di non essere sorvegliato o seguito, quindi uscì nel parcheggio e mise le valigie accanto alla BMW.

Poi fece un giro del parcheggio, dando un'occhiata a tutte le macchine, cercò sotto la sua auto alla fine controllò i passaruota, tanto per stare tranquillo.

Una volta soddisfatto, per quanto fosse possibile, mise le borse nel retro della macchina, salì e partì.

La figura vestita di scuro stravaccata sul sedile posteriore della Ford Focus argento nascosta nell'ombra sul retro del parcheggio del Tower Hotel era quasi invisibile dietro i finestrini oscurati dell'auto.

Alejandro Garcia bevve un sorso di quel che rimaneva del caffè ormai freddo che aveva comprato un paio d'ore prima e sbadigliò. Era quasi sul punto di arrendersi e tornare alla base per dormire un po'.

Ma poi, alle undici meno un quarto circa, vide una figura emergere dall'ingresso posteriore. Afferrò il binocolo militare e si concentrò. Era Joe Johnson, chiaramente riconoscibile dalla fotografia, con uno zaino nero e una piccola valigia.

Alejandro lo osservò; indossava una giacca nera, jeans e scarpe stringate di pelle nera ed esaminava il parcheggio.

Poi tornò alla BMW, si inginocchiò, guardò sotto la macchina e controllò i passaruota. Alejandro sorrise. Infine Johnson mise i bagagli in macchina, salì e uscì superando la sbarra del parcheggio.

Alejandro passò rapidamente sul sedile anteriore, accese il motore e lo seguì a distanza. Fece appena in tempo a vedere Johnson abbandonare la strada principale per poi entrare nel parcheggio pubblico Minories, aperto ventiquattr'ore su ventiquattro, all'angolo fra Shorter e Mansell Street.

Alejandro lo seguì nel parcheggio e fece scivolare l'auto in un posto al secondo livello, un livello più alto di quello in cui Johnson aveva parcheggiato la BMW. Poi camminò silenziosamente verso la scala pedonale in cemento e attese finché non sentì i passi di Johnson di sotto.

Una volta che il rumore dei passi si affievolì, Alejandro scese le scale. Alla fine emerse dall'edificio al piano terra e si nascose subito in una nicchia buia. Guardò a destra, poi a sinistra.

L'unica persona in vista era un uomo che dal parcheggio si allontanava lungo la strada, con indosso un berretto da baseball giallo pallido, una felpa bianca e jeans, con un piccolo zaino sulla schiena.

Imprecando, Alejandro si guardò intorno. Non c'era nessun altro in vista. Guardò di nuovo l'uomo con il cappellino da baseball, poi si rese conto. I vestiti erano cambiati, ma le scarpe di pelle nera e lo zaino no.

Okay, Johnson è un professionista, ma forse non abbastanza, pensò Alejandro. Non era niente che non avesse già visto. Aveva acquisito molta esperienza grazie al suo incarico nel servizio di intelligence dell'esercito argentino.

Johnson risalì la strada verso Portsoken Street. Alejandro lo seguì a distanza, sfruttando l'oscurità creata da un edificio sporgente. Poi Johnson girò a sinistra e poi ancora a sinistra. Quindi si fermò, prese il cellulare e parve fare una breve telefonata.

Alejandro rimase immobile nascosto in una rientranza del muro di un edificio. Poi Johnson terminò la chiamata e svoltò ancora a sinistra; sembrava tornare in direzione del parcheggio da dove era partito.

Ma quando Alejandro svoltò l'angolo in direzione del garage, Johnson era sparito. Imprecando, accelerò il passo, controllando un paio di stretti vicoli sia a destra che a sinistra lungo la strada. Ma dell'americano nessuna traccia.

Dopo aver perlustrato l'area per altri dieci minuti, Alejandro batté il piede per terra e decise di lasciar perdere.

Almeno sapeva dov'era la macchina di Johnson. Tornò al parcheggio e fece alcune foto della BMW nera col suo telefono, poi compose un numero.

«*Hola,* sono Alejandro. So che macchina ha, ho fatto alcune foto. Si è spostato dall'albergo, ma il bastardo è riuscito a seminarmi. Potrebbe essersi accorto che lo pedinavo, non ne sono sicuro. Sto rientrando adesso.»

«Dovresti seguire un corso di aggiornamento» disse Diego. «Riporta qui il tuo culo il più velocemente possibile.»

Alejandro scosse la testa, salì in macchina e partì.

Si sedettero al piccolo tavolo da pranzo circolare di Jayne e studiarono insieme il biglietto scritto a mano. Dopo la stanza d'albergo vuota, un giorno passato in gran parte da solo e poi il biglietto, a Johnson fece piacere essere in compagnia.

«A prima vista sembra infantile, ma ha un che di ufficiale» disse Jayne. «La parola operazione e il modo in cui parla di implicazioni e conseguenze. Potrei sbagliarmi, ma è questa la prima impressione che mi ha dato. È il tipo di terminologia che potrebbe usare un poliziotto oppure un soldato.»

«Può darsi» disse Johnson. «Tra l'altro penso sia stato scritto da uno straniero più che da qualcuno di poco istruito, perché non userebbe termini di quel tipo in nessuna lingua.»

«Direi che hai bisogno di un whisky» disse Jayne.

«Sì, magari» disse Johnson. «A parte il biglietto, qualcuno mi ha pedinato quando sono uscito dal garage per venire qui poco fa. L'ho notato e seminato passando per un vicolo. Ma la cosa mi preoccupa.»

Jayne serrò le labbra. «Mi fa piacere sapere che non hai dimenticato come si lavora» disse alzandosi per andare a prendere il whisky.

Johnson osservò l'appartamento di Jayne; era più piccolo di quanto si fosse aspettato. Un appartamento pulito e moderno in un isolato che aveva forse dieci anni, sicuramente non più di quindici.

La stanza degli ospiti aveva un letto matrimoniale con un copriletto giallo sole, ma nessun altro mobile oltre all'armadio a muro e al comodino.

Dal soggiorno si accedeva a un piccolo balcone che affacciava sul Tower Bridge e c'era una cucina stretta e lunga e un piccola sala da pranzo. Il soggiorno era arredato con un divano di pelle nera e due poltrone abbinate.

Era un appartamento per una persona, con spazio per degli ospiti occasionali. Una proprietà minimalista e che richiede poca manutenzione. Johnson si fece due conti: considerati i prezzi delle case a Londra, avrebbe probabilmente potuto venderla, comprarsi la sua spaziosa casa di Portland e avere ancora dei soldi d'avanzo.

La libreria era piena di ricordi delle varie sedi di Jayne: libri di viaggio, biografie politiche, storie militari e romanzi di tutto il mondo, alcuni scritti in lingue straniere. Johnson sapeva che, come lui, Jayne era una poliglotta nata, parlava perfettamente francese, spagnolo e russo, e tedesco e serbo-croato in maniera eccellente.

Jayne tornò con un bicchiere di whisky e posò la bottiglia sul tavolo accanto a Johnson.

«Hai fatto setacciare l'appartamento di recente?» chiese Johnson. Gli era venuto in mente che i capi di Jayne avrebbero potuto controllarle casa. Non voleva che le sue discussioni fossero ritrasmesse a Vauxhall Cross, a Langley, a Tel Aviv o in qualunque altro posto, se era per questo.

«L'ho fatto fare privatamente due volte quest'anno. Non hanno trovato nulla» disse Jayne. «Allora, che mi dici di questa connessione con il Mossad?»

Era chiaro che non era preoccupata.

«Non lo so» disse Johnson. «Qualcosa non torna...»

Jayne lo interruppe. «No, non torna. La penso anche io così. Un po' lo conosco il Mossad e, visti i precedenti, di sicuro avrebbero fatto fuori Guzmann anni fa, decenni fa, se avesse fatto qualcosa che a Israele non fosse piaciuto. Oppure se avesse smesso di tornare loro utile. Fine della storia.»

Johnson prese il telefono e controllò le email. Finalmente era arrivata la risposta del suo ex collega dell'OSI all'HRSP Ben Veletta. Subito la aprì.

> Nessuna buona notizia Joe, sfortunatamente. Non c'è traccia di José Guzmann nei documenti delle SS, niente. Mi dispiace. Il fascicolo di Van Stalheim è lì, ma non lo abbiamo mai rintracciato ed è svanito dopo quell'inchiesta su cui hai lavorato nel '96. Probabilmente è morto. Rimaniamo in contatto. Sono felice di poterti aiutare ogni tanto su queste cose. Ben.

Johnson chiuse l'email, poi si accasciò sulla sedia e sospirò. Si rendeva conto che la questione avrebbe richiesto un po' di perseveranza.

19

Giovedì 24 novembre 2011
Londra

«Meglio fare attenzione in questa zona. Tieni il portafogli nascosto e il telefono in tasca. Devi stare attento, amico. Ci sono cresciuto a Peckham. La odiavo» disse il tassista a Ignacio.

Lui avrebbe riso se non fosse stato così stanco dopo il viaggio di trenta ore con scalo a Houston e Chicago. Meno male che l'autista non viveva nell'inferno del crimine che era il Barrio 31, dove doveva pagare i vicini perché badassero a casa sua mentre era via per lavoro, pensò.

Pagò l'autista per la corsa dall'aeroporto di Heathrow e risalì un breve vialetto di ghiaia fino alla porta della casa, che probabilmente era stata un pub in una vita precedente, a giudicare dal design e dagli arredi esterni.

Ignacio stava per bussare quando sentì provenire dall'interno un urlo simile a un muggito, che fu immediatamente soffocato. Il grido di dolore di un uomo.

Per un attimo la prospettiva di sedersi con il suo gruppo di amici dei tempi dell'esercito, dalla testa calda e fomentati dalla cannabis, a elaborare un piano attuabile per risolvere i problemi dell'azienda di famiglia non gli sembrò particolarmente attraente.

È qui da tre giorni, stiamo provando a farci dare informazioni.

Espirò forte, poi bussò.

Un minuto dopo la porta d'ingresso si aprì leggermente e una faccia sfregiata, incorniciata da capelli neri e unti scrutò all'esterno. «*Hola,* Ignacio... finalmente. Entra. Siamo occupati» disse Diego

Ruiz in spagnolo. Gli fece strada attraverso il soggiorno dal pavimento in legno, soffitti alti e pareti di mattoni ormai nude.

«Che posto è? Sembra un vecchio bar» chiese Ignacio.

«Sì, era un pub chiamato White Ram, ce l'ha detto il ragazzo che l'affitta. Non male, vero?»

Diego proseguì fino alla cucina, al cui centro era posizionato un lungo tavolo di legno.

Su di esso Ignacio vide un uomo grasso e dai capelli grigi legato con una fascia nera che passava sotto il tavolo e lo teneva saldamente al suo posto, premendo sul petto e sul ventre in carne. Era nudo a parte un paio di boxer blu scuro. In bocca aveva una palla di plastica rossa brillante, fissata con del nastro adesivo.

Il piede sinistro sporgeva ad angolo retto. L'alluce e il dito accanto erano privi di unghie, al loro posto solo carne viva lacerata. Dalle ferite il sangue gocciolava lentamente sul pavimento. Sul tavolo, accanto al suo piede, c'erano delle pinze ricoperte di sangue.

In fondo al tavolo Alejandro era in piedi e brandiva un altro paio di pinze. Sulle due unghie mancanti, che giacevano su un foglio di giornale sul pavimento, c'erano dei piccoli pezzi di carne rossa ancora attaccati.

L'uomo sul tavolo aveva gli occhi chiusi, ma respirava ancora.

«Alla fine ha iniziato a parlare un po'» disse Diego.

Alejandro si chinò e mise una ciotola sul pavimento per raccogliere il sangue che colava.

Ignacio era in piedi con entrambe le mani sui fianchi e osservava la scena in silenzio. Quindi piantò lo sguardo su Diego. Ricordava perfettamente di aver detto di tenere l'uomo bendato. Adesso li aveva visti tutti.

Ignacio fece un sospiro profondo e strinse i pugni. «Okay. Come si chiama? E cosa siete riusciti a fargli dire?»

«Si chiama Keith Bartelski» rispose Diego. «Prima l'oro. Viene dalla Polonia. Ci ha detto solo questo. A recuperarlo è il vecchio che gestisce l'attività, Jacob Kudrow, anche se si fa chiamare con un altro nome, Jack Kew. Lavora con un altro vecchio che gestisce la società di ricambi per auto della porta accanto, Leopold Skorupski.»

«Sì, ma la Polonia è enorme» disse Ignacio. «Dove esattamente? È questo che voglio sapere.»

«Non ci vuole dire dove esattamente, sostiene di non saperlo. Penso sia una cazzata. Ha anche accennato a una mappa in uno schedario in ufficio. Un'altra cosa, ha detto che il nipote del vecchio sa dov'è l'oro. Ma non vuole dirmi come lo trasportano qui o come lo portano in Argentina.»

«Un nipote? Il nome?» chiese Ignacio.

«Si chiama Oliver Kew e frequenta la Bristol University. Non ha detto altro.»

«Interessante. Ha detto perché lo fanno? E come sono riusciti a costringere mio padre a comprare a un prezzo del genere?»

«No, niente. Ma rimangono altre otto dita dei piedi. E altre dieci delle mani.»

Keith alzò la testa e gemette. Aprì gli occhi di scatto e fissò Ignacio e Diego. Emise un forte gemito attraverso la palla di plastica, poi il retro della testa si schiantò contro il tavolo con un forte tonfo.

Ignacio andò alla finestra. Le gocce di pioggia scorrevano sul vetro. Fuori, la strada era un fiume di metallo grigio, le sagome delle automobili e dei camion duplicate dal riflesso sotto di loro. L'unica nota di colore proveniva dal passaggio degli autobus rossi di Londra. Una palude di nuvole nere sfrecciava da nord a sud, perdendo di definizione mentre la pioggia scendeva.

Si rivolse a Keith. «Mmm, due unghie. È possibile, no, c'è una remota possibilità che in realtà non sappia proprio un accidente.»

Diego fece spallucce. «È possibile.»

Ignacio esitò. «Va bene, vai avanti un altro po'. Vedi se riusciamo a ottenere di più. Ma bendalo e tienilo bendato. Non uccidere l'idiota. Non ancora. Dobbiamo anche risolvere la questione di Johnson. Che cosa hai scoperto su di lui? Dove alloggia? Ha una macchina?»

«Sì, ha una BMW nera. L'ha lasciata in un parcheggio pubblico vicino a Tower Bridge. Abbiamo cercato di seguirlo, ma ci ha seminati, quindi non siamo sicuri di dove si trovi. Passiamo tutto il tempo che riusciamo a cercare, ma non possiamo stare dietro a ogni cosa.»

Ignacio incrociò le braccia. «Va bene. Riguardo alla sua macchina?»

Diego fissò il suo vecchio collega dell'esercito. Il guizzo di un sorriso gli attraversò la faccia. «Intendi...?»

Ignacio annuì.

20

Giovedì 24 novembre 2011
Londra

«Sto cercando una sinagoga con una nutrita comunità polacca» disse Johnson all'amministratore della Sinagoga centrale di Londra. «Ho un'anziana zia che si è recentemente trasferita in città e vorrebbe trovarne una dove sentirsi a casa.»

L'uomo si tirò la barba e guardò Johnson da sopra gli occhiali senza montatura. «Ce n'è ancora qualcuna, anche se gran parte degli ebrei polacchi se ne sono andati» rispose. «Molti vivevano nell'East End, ma quasi tutte le sinagoghe sono chiuse da tempo.»

Tuttavia diede a Johnson alcuni nomi che lui annotò.

Solo dopo averne visitate un paio si rese conto che era il giorno del Ringraziamento. Quale modo migliore di passarlo se non trascinandosi per le sinagoghe di Londra alla ricerca, apparentemente infruttuosa, di Jacob Kudrow. Finora nessuno aveva sentito parlare di lui.

Nella lista di Johnson la successiva era la sinagoga di Bevis Marks, che si trovava accanto al bizzarro edificio chiamato Gherkin a St Mary Axe. L'amministratore della Sinagoga centrale di Londra gli aveva spiegato che veniva tradizionalmente considerata più ebrea iberica che polacca, ma che di certo valeva la pena provare.

Bevis Marks, un edificio in mattoni con una targa che lo datava al 1701, era schiacciato da antiestetici blocchi di cemento e vetro, sedi di uffici che lo circondavano su tutti i lati.

Il vecchio e il nuovo. Johnson si ricordò perché amava Londra.

All'interno, due signore di mezza età dell'ufficio amministrativo si scambiarono sguardi assenti in risposta alla richiesta di informazioni su Jacob Kudrow di Johnson.

Altrimenti, conoscevano qualcuno nel commercio di gioielli che frequentava la sinagoga? Di nuovo sguardi assenti. Be', c'era un vecchio dell'East End di nome Al che conosceva tutti e che spesso era lì in giro, ma non in quel momento. Forse avrebbe dovuto provare la sinagoga di Hackney e East London, gli consigliò una delle signore. C'erano molti abili artigiani in quella zona.

Johnson uscì e guardò all'insù. Cominciava a fare buio. Sapeva che, volendo essere realistici, le possibilità di rintracciare Jacob Kudrow scarpinando da una sinagoga all'altra si aggiravano da qualche parte tra lo zero e lo spazio cosmico, come diceva Vic.

Si sedette su una delle estremità di una lunga panca di legno, nel cortile appena fuori la sinagoga.

Le parole ago e pagliaio ballavano nella sua mente, trasformandosi in immagini su cui più lui rimuginava più diventavano vivide e animate, come una specie di cartone animato Disney.

L'ago e il pagliaio.

Johnson scosse la testa. Poi si ricordò del pacchetto di Marlboro in borsa, ne accese una e fece una profonda tirata. La sensazione di stordimento fu piacevole.

Un vecchio con un berretto e uno sbiadito completo a tre pezzi attraversò il cancello e si sedette all'altro capo della panchina.

Johnson finì la sigaretta e la spense a terra. Poi tirò fuori dalla tasca la tavoletta di cioccolata che aveva comprato a Kew Gardens. Mentre apriva l'involucro, l'uomo lo osservò attentamente.

«Frequenta questo *shul*? L' ho vista uscire.» Parlò con voce gracchiante e stridula.

Johnson guardò l'uomo. «Prego?»

«Questa sinagoga... la frequenta?»

«No, la sto solo visitando.»

Il vecchio borbottò. «Americano?»

«Sì, di Portland, nel Maine. Sulla East Coast.»

Johnson gli tese la mano. «Mi chiamo Joe Johnson.» Il vecchio la afferrò con una mano fredda che, notò Johnson, era chiazzata di vene scure e macchie viola.

«Al Nicholson. Piacere di conoscerla. Io vengo qui da quarant'anni. Una volta era un grande *shul*. Sono rimaste poche persone, rispetto allora. I giovani non vogliono più imparare.»

Johnson gli offrì un pezzo di cioccolato. Il vecchio accettò. «Grazie. Quindi cosa la porta qui?» chiese con voce stridula.

«Sto cercando una persona, ma senza fortuna.»

Al borbottò. Un minuto dopo disse: «Chi sta cercando?»

«Un uomo anziano, probabilmente più di lei: un orefice che si chiama Jacob Kudrow, gestisce un'attività di compravendita di oro. È ebreo, di origine polacche.»

«No, non ho mai sentito nessuno con quel nome. Conosco alcuni orefici, però. Ho lavorato per uno di loro molto tempo fa, per qualche anno prima di andare in pensione, non lontano da qui. L'azienda esiste ancora.»

Iniziò a tossire, un colpo di tosse secca sibilante che, una volta iniziata, fece fatica a fermare.

Alla fine si calmò e si soffiò rumorosamente il naso. Rimasero in silenzio per qualche minuto, mangiando la cioccolata.

Johnson disse: «Allora, chi è l'uomo per cui ha lavorato? Forse conosce la persona che sto cercando.»

Al ricominciò a tossire, scusandosi tra un colpo di tosse gracchiante e il successivo. «Parliamo della fine degli anni Ottanta, il capo era un certo Jack Kew.»

Johnson rifletté. «Quindi non sa se è ancora vivo? Non era polacco, per caso?»

«Non ne sono sicuro, ma non era inglese. No di certo. Si sentiva dall'accento. Era un ambiente divertente, vecchio stile. Esisteva già da anni. E c'è ancora. C'è un'altra attività lì accanto, una società di ricambi per auto. Jack era amico del proprietario, un tipo chiamato Leopold. Non ricordo il cognome.»

Vale la pena dare un'occhiata, pensò Johnson. Magari per una volta ho avuto fortuna.

«Dove si trova questo posto?» chiese.

Era un vecchio magazzino fatiscente su Plumbers Row, una strada nei pressi di Whitechapel Road, gli disse Al. «È ad appena un chilometro e mezzo circa da qui. Vicino a dove si trovava la vecchia grande sinagoga. Quella che è stata distrutta durante il blitz.»

Descrisse dettagliatamente il magazzino. «Non può sbagliarsi; è l'unico edificio su quella strada fatto in quel modo.»

Johnson tirò fuori il taccuino e annotò l'indirizzo e il numero di telefono di Al.

«Può chiamarmi se ha ancora bisogno di aiuto» disse a Johnson.

«Solo una cosa, però, non so se Jack è ancora vivo. Aveva problemi al cuore. Entrava e usciva dall'ospedale, se ricordo bene. E stiamo parlando del 1989, mi pare.»

Des Moines, Iowa

David Kudrow era già nel pieno del suo intervento quando Fiona arrivò trafelata, con i capelli arruffati dal vento.

«Mi scuso ma l'aereo ha fatto ritardo» disse mentre mostrava la tessera stampa al responsabile delle pubbliche relazioni che si occupava dei media al dibattito tra i candidati repubblicani alla presidenza. Controllò il suo nome da una lista online, le consegnò l'accredito stampa e la fece passare al piano in cui si teneva il dibattito, dove lei si sedette insieme agli altri giornalisti.

«L'economia degli Stati Uniti sta facendo molta fatica a riprendersi in questo momento. Nessuno qui a Des Moines ha bisogno di sentirselo dire. E credo che le cose non possano che peggiorare. Obama è alla presidenza da tre anni e ha fatto molte promesse che non è riuscito a rispettare» disse Kudrow al pubblico riunito all'auditorium Sheslow della Drake University.

Altri cinque candidati alla nomina repubblicana condividevano il palco con Kudrow, inclusi Mitt Romney e Newt Gingrich. Era un dibattito chiave nella corsa alla nomination.

Nel proseguire, Kudrow alzò la voce. «Allo stato attuale, la disoccupazione nel paese supera il nove percento. Vale a dire quasi il doppio rispetto a pochi anni fa. È una vergogna. Questa presidenza non va... da nessuna parte, aggiungerei.»

Ci fu un forte applauso da parte del pubblico, ottocento persone stipate in file di sedili dall'imbottitura rossi, nella platea di fronte a lui e nella balconata sopra di essa. Le telecamere fecero una panoramica della stanza e si concentrarono su una serie di persone che si erano alzate in piedi per applaudire.

Fiona ispezionò la stanza. Alcuni giornalisti digitavano furiosamente sui loro portatili e tablet. Altri scribacchiavano nei quaderni.

Kudrow puntò l'indice verso la telecamera più vicina. «Obama non è amico degli affari... ma io sì. Abrogherei il suo disastroso Dodd-Frank Act. Ha paralizzato le banche più piccole in tutto il paese schiacciandole con la burocrazia.

«Nel tentativo di impedire alle grandi banche di comportarsi male, ha scoraggiato tutte le altre dall'accordare prestiti ai piccoli imprenditori che hanno difficoltà a far decollare le loro nuove attività... come succede a molti proprio qui nell'Iowa. A causa sua, sono meno propensi a concedere prestiti a proprietari di case che cercano disperatamente di trasferirsi dove potrebbero effettivamente trovare un lavoro.

«Cosa che ha un effetto paralizzante sul mercato immobiliare e sulla ricchezza e il potere di acquisto di decine di milioni di persone che non hanno colpe.

«Il Dodd-Frank Act deve sparire, Obama se ne deve andare, e io sono l'uomo giusto per sostituirlo.»

Kudrow fu preso di mira da alcuni degli altri candidati repubblicani, in particolare da Romney e Rick Perry, ma molte delle critiche che gli vennero rivolte in merito alla sua contabilità aziendale furono accolte dai fischi del pubblico.

Al termine del dibattito, diversi candidati, tra cui Kudrow, si resero disponibili per le successive sessioni di domande e risposte con i giornalisti nelle cosiddette *spin room* situate dietro il palco dell'auditorium.

Alcuni giornalisti corsero subito da Romney, ma Fiona si unì al gruppo di circa quindici persone che si radunarono attorno a Kudrow.

Si sentì irrigidire mentre il giornalista di un sito politico rivale faceva la prima domanda.

«Signor Kudrow, può parlarci dei suoi piani di finanziamento e in particolare di come la sua famiglia e le loro attività intendono sostenere la sua campagna in caso ottenga la nomina? Ci risulta che abbia già un importante fondo per la campagna, ma la sua azienda di famiglia non è così grande, dunque come ha fatto?»

Kudrow ignorò le domande e parlò di un ampio supporto da molte fonti diverse, comprese altre aziende di tutto il paese. Fiona non voleva alimentare quel particolare filone di indagine, quindi, non appena Kudrow ebbe finito di parlare, fece subito una domanda sulla sua politica economica, costringendo gli altri cronisti a cambiare approccio.

A porre l'ultima domanda fu un giornalista televisivo. «Signor Kudrow, c'è qualche progresso di cui può parlarci nelle indagini della polizia sulla morte di suo fratello?»

«No, la polizia sta continuando a lavorare sodo, stiamo tutti lavorando duramente per cercare di arrivare fino in fondo... ma non ci sono stati progressi finora» rispose Kudrow. «Se ce ne saranno, sarà il primo a saperlo. Come può immaginare, è stato un momento incredibilmente difficile per tutta la famiglia.»

La sessione finì, e Fiona voltandosi quasi si scontrò con Philip Pietersen.

«Ciao Philip, sta andando tutto secondo i piani?»

Philip la guardò accigliato. «Non proprio. Che cos'è questa storia che stai indagando sul finanziamento della campagna di David?»

Fiona fece un passo indietro. Come diavolo faceva a saperlo?

«Non parlo di storie su cui sto lavorando. Dovresti saperlo» rispose lei. «Se coinvolgerà te o il tuo candidato te lo farò sapere a tempo debito e ti chiederò un commento.»

«Be', non c'è niente di subdolo, questo posso assicurartelo» disse Philip. «Dovresti lasciar perdere, davvero. Mi concentrerei su chi davvero manipola il sistema, non su persone come David. Ho saputo che ti stai facendo aiutare da Joe Johnson.»

«Non so chi te l'abbia detto, ma non intendo discutere con te di quello su cui stiamo o non stiamo indagando e chi potrebbe aiutarci o meno, okay?»

Philip agitò il dito. «Sei completamente fuori strada, Fiona.»

Lei scrollò le spalle. «Certo, certo. Ripeto, ti farò sapere se avrò bisogno di parlarti. Al momento non è così.»

Fiona lo guardò di traverso. «Ci sono stati degli sviluppi sulla morte di Nathaniel Kudrow? E hanno interrogato David... ufficialmente intendo? Non andavano d'accordo, vero, David e Nathaniel?»

Philip la guardò intensamente per qualche secondo. «No, nessuno sviluppo per quanto ne so, ma è meglio che ne parli con la polizia o con l'FBI.» Si voltò e si allontanò.

Fiona controllò l'orologio. Mancava solo un'ora alla consegna. Trovò rapidamente un angolo tranquillo nel retro dell'auditorium e telefonò al suo direttore.

«Des, ciao, sono Fiona. Il dibattito è finito, quindi manderò il pezzo il più rapidamente possibile. È stata una serata positiva per Kudrow, ha conquistato tutti, specialmente sull'economia. Ho la sensazione che con qualche altra performance di questo tipo, eliminerà Mitt, sicuro. Invece sono preoccupata per quell'altra storia di cui ti ho parlato recentemente, i finanziamenti di Kudrow. Ho appena parlato con il responsabile della campagna, Pietersen. Sa che stiamo indagando e che Joe Johnson ci sta aiutando. È stato piuttosto aggressivo al riguardo... mi ha detto di lasciar perdere. Come diavolo può aver saputo di cosa ci stiamo occupando?»

«Non ne ho idea» rispose Des Cole. «In ogni caso non può farci nulla. Andrei semplicemente avanti. Spero tu non gli abbia fatto capire che ha ragione.»

«Certo che no. In nessun modo. Come dici tu, non importa. Penso che questa storia sarà bella grossa... potrebbe essere davvero clamorosa. Se riuscissimo a pubblicarla prima delle primarie bloccherebbe la campagna in piena corsa. E se esiste un collegamento con l'omicidio di Nathaniel, sarà ancora più grossa.»

«Sono d'accordo» disse Des. «Tu vai avanti. Stai facendo un ottimo lavoro.»

«Un'altra cosa» disse Fiona. «Ho chiesto a Pietersen se David fosse stato interrogato dalla polizia o dall'FBI riguardo all'omicidio del fratello e lui mi ha guardata, mi ha detto di parlare con la polizia e se n'è andato.»

«Okay, chiedo al cronista di nera se c'è qualche aggiornamento in merito.»

Fiona spostò il telefono sull'altro orecchio. «Grazie. Dobbiamo andare avanti, perché sembra che un altro paio di giornalisti stiano iniziando a interessarsi alla storia dei finanziamenti. Ci sono state domande di almeno altri due cronisti nella *spin room*. Questa storia ci mette in una posizione di vantaggio e non voglio che nessun altro ne venga a conoscenza. Joe ora è a Londra e ci sta lavorando, ma vorrei occuparmene anche io.»

Esitò. «Stavo pensando. Obama tra pochi giorni andrà in visita nel Regno Unito. Vorrei unirmi al viaggio, così allo stesso tempo posso fare il punto sugli sviluppi insieme a Johnson.»

Aspettò, immaginando Des seduto alla scrivania a Washington, circondato da tazze di caffè vuote e dai resti di pranzo e cena della giornata.

«Ci penserò su» disse Des dopo poco. «Non posso prendere una decisione ora, ho troppe cose su cui concentrarmi. Devo andare. Ci sentiamo più tardi.»

Almeno non lo ha escluso, pensò Fiona, mentre rimetteva il telefono in borsa. C'è ancora speranza. Sorrise. *Forse a Joe potrebbe far piacere un po' di aiuto in più.*

21

Venerdì 25 novembre 2011
Londra

Jayne non era proprio come la ricordava Johnson. Era una che scherzava sempre, la prima a prendersi gioco dei suoi superiori.

«Sei cambiata» disse. «Ricordo che in Pakistan avevi una routine tutta tua. Ogni volta che parlavi al telefono con uno dei tuoi capi a Londra sbattevi il ricevitore e ti lamentavi dei funzionari pubblici e della loro mentalità impiegatizia o qualcosa del genere. Poi c'è stata quella parodia che hai fatto allo spettacolo di Natale, con la bombetta e la cravatta. Fu divertente. Che sarà stato? Il 1989, mi pare.»

Johnson sorseggiò il caffè. «Ora mi fai il predicozzo a colazione sul non infrangere la legge o invadere la privacy di qualcuno. Sei diventata una di loro.»

Jayne si mise le mani sui fianchi. «Molto divertente. Forse è per questo che sento di dovermi ritirare. Siamo tutti cambiati. Di sicuro anche tu. Sto solo cercando di tenerti fuori dai guai. Ecco qui. Non te li ho dati io. Puoi collegarli al tuo telefono.»

Gli lanciò dall'altra parte del tavolo da pranzo una scatola contenente due dispositivi di intercettazione. Lui la prese senza difficoltà con la mano destra.

«Grazie.»

«Per cosa intendi usarli?» chiese Jayne.

«Ancora non ne sono sicuro. Ma voglio trovare il laboratorio di Kudrow. Quindi vedremo.»

«Quindi intendi entrarci illegalmente e piazzarcene uno, non è così?» interpretò lei, indicando la scatola con un cenno del capo.

Johnson scrollò le spalle. «Il fine giustifica i mezzi.»

«Ho parlato con il mio capo» disse Jayne. «Era riluttante ma alla fine ha deciso che posso aiutarti un po'. Lui stesso in passato è andato a caccia di criminali di guerra in Bosnia e in Croazia, quindi capisce cosa stai facendo. L'unica condizione è che se c'è qualche attività criminale in corso dobbiamo comunicarlo direttamente alla polizia o all'MI5, okay?»

Johnson annuì.

«Bene. Sono riuscita a raccogliere alcune informazioni per te» disse Jayne. Si sedette. «Primo, il traffico internet. La notte scorsa ho fatto fare una ricerca a uno dei tecnici del GCHQ, il quartier generale del governo per le comunicazioni. Ci sono stati parecchi risultati relativi al tuo sito web e diverse ricerche sul tuo nome, alcuni da un indirizzo IP di Buenos Aires. Ho ancora dei buoni contatti alla stazione SIS di Buenos Aires. Stanno cercando di scoprire di chi è il computer a cui è collegato. Secondo, hai citato il commerciante d'oro José Guzmann. Ho fatto fare un controllo anche su di lui. Non sono riuscita a trovare nulla oltre alle informazioni che hai già. Ma esiste anche un certo Ignacio Guzmann, che è il figlio. Senti qui: il figlio è arrivato a Londra ieri con un volo che ha fatto scalo a Houston e Chicago. L'ho scoperto facendo un controllo su dogana e prenotazione dei voli. Non abbiamo idea di dove sia ora, ma stiamo cercando di scoprirlo.»

«Suo figlio?» chiese Johnson, alzandosi. «Sai perché è a Londra?»

«No, non ancora. Cercherò di aiutarti come posso, ma come sai l'anno prossimo ospitiamo le Olimpiadi qui a Londra e al lavoro sono molto impegnata con un rapporto sulla sicurezza in merito, sono davvero oberata in questo periodo» disse Jayne. «Ho una foto del figlio però. L'abbiamo ottenuta dalla registrazione del passaporto.»

Tirò fuori il telefono e mostrò a Johnson la fotografia di un uomo di mezza età dall'aria in forma, molto abbronzato, con i capelli castano chiaro, quasi biondi, che andavano diradandosi.

«È lui. Te la mando.» Jayne picchiettò sul telefono per qualche secondo e poi si alzò. «Direi che mi sto occupando di tutta la parte noiosa del lavoro. Una volta conclusa questa storia sarai in debito con me. Vado a farmi la doccia, altrimenti farò tardi al lavoro.»

«Okay, ringrazia i tuoi contatti al GCHQ e a Buenos Aires. Lo apprezzo molto e sono già in debito con te» rispose Johnson.

Come i suoi ex colleghi, tra cui Vic e Jayne, Johnson si era sempre meravigliato della capacità del quartier generale del governo per le comunicazioni, e del suo equivalente statunitense, la National Security Agency, di raccogliere rapidamente dati dalle ombre digitali delle persone. La tecnologia aveva cambiato le carte in tavola nel campo dello spionaggio a tal punto da averlo rivoluzionato.

Quando Jayne posò la tazza di caffè sul tavolo Johnson notò la sottile maglia del pigiama di cotone blu che la avvolgeva e i pantaloncini abbinati corti sulle cosce.

Aveva tuttora un bel fisico e ancora si muoveva in quel modo lento e agile che la caratterizzava. La cosa non lo sorprendeva: era sempre andata regolarmente in palestra e, a giudicare dal contenuto del frigorifero, mangiava in modo sano. Eppure non disdegnava un drink ogni tanto.

Ma era di sicuro ancor più risoluta.

Per un attimo si chiese se avrebbe dovuto accennare dolcemente alla loro relazione nel 1989 in Pakistan, ma decise di non farlo, almeno per il momento. Lei non ne aveva parlato e avrebbe potuto metterla in imbarazzo. Era passato tanto tempo.

Invece, le raccontò delle sue visite all'Archivio nazionale e dell'incontro con il vecchio che gli aveva fornito la pista dell'oreficeria nei pressi di Whitechapel Road.

«Possiamo controllare chi è il proprietario?» chiese.

«Okay, dammi l'indirizzo e mi procurerò le liste.» Entrò in camera da letto. Un minuto dopo Johnson sentì scorrere l'acqua.

Prese il caffè e si sedette su una delle poltrone di pelle nera. Si appoggiò allo schienale e chiuse gli occhi.

Prima, una vaga pista dall'eccentrico Nathaniel Kudrow, che ora è morto. Poi un collegamento tra i Kudrow e un mercante d'oro a Buenos Aires, legato al suo lontano passato all'OSI. Successivamente, un biglietto di minacce. E ora, per quella che appare essere una coincidenza, il figlio del commerciante d'oro di Buenos Aires si trova a Londra. E il vecchio Jacob Kudrow viveva sotto falso nome, probabilmente a partire dagli anni Settanta. E adesso?

In effetti, e adesso?

Vallo a cercare... sarà nel suo vecchio laboratorio fatiscente o in sinagoga.

Johnson aprì gli occhi e finì il caffè.

Meglio provare al laboratorio, dunque.

Quando Jayne se ne andò, Johnson si fece la doccia e si vestì.

Ebbe un'idea e digitò rapidamente un sms a Jayne.

'Non intendevo iniziare una discussione. Ti comprerò una bombetta. Grazie dell'aiuto. Se il laboratorio oggi si rivelerà un buco nell'acqua sarò di nuovo al punto di partenza. Augurami buona fortuna. Bacio'

Johnson mise nello zaino la scatola che Jayne gli aveva dato, insieme al taccuino e a una piccola macchina fotografica, e indossò la sua calda giacca nera e il cappello di lana.

Decise che se aveva intenzione di prendere le dovute precauzioni di controsorveglianza, sarebbe stato sensato trovare una via alternativa all'ingresso principale per uscire dal condominio, così camminò fino alla fine del corridoio e individuò la porta che conduceva alle scale antincendio sul retro dell'edificio.

Dopo essere sceso nel seminterrato attraversò un deposito di biciclette per poi superare un grande impianto di condizionamento, fino ad arrivare a un'uscita d'emergenza.

Johnson spalancò delicatamente la porta in acciaio ed emerse in un vicolo stretto vicino a un piccolo parco sul lato dell'edificio. Poi scavalcò un muro del parco e si mescolò con una folla di impiegati e mamme che spingevano i passeggini. Da lì camminò lungo Portsoken Street, allontanandosi dall'ingresso principale del condominio.

Anche se non pioveva, la coltre di nuvole grigie era ancora lì e durante la notte il vento era aumentato d'intensità, con raffiche abbastanza forti da fargli perdere l'equilibrio a intervalli regolari.

Poi controllò se qualcuno lo stesse seguendo. Non c'era traccia di alcun pedinamento. Girò a destra e poi si trattò solo di una breve passeggiata sotto un vecchio ponte ferroviario di ferro fino al parcheggio Minories, vicino alla stazione di Tower Gateway.

Una volta nel parcheggio entrò rapidamente in un'area più buia dietro alla biglietteria automatica al piano terra. Da lì, ebbe una chiara visione del percorso che portava al garage e di quello per tornare al ponte ferroviario. Aspettò e controllò nuovamente se qualcuno lo stesse seguendo.

Quando si ritenne soddisfatto pagò il parcheggio e salì la scala di cemento fino al primo piano per recuperare l'auto. Anche questa volta prima di andarsene controllò sotto la macchina e i passaruota.

Il parcheggio distava appena un chilometro e mezzo dall'indirizzo che gli aveva dato il vecchio fuori dalla sinagoga di Bevis Marks. Da Whitechapel Road svoltò a destra ed eccolo lì, su Plumbers Row. Non avrebbe potuto sbagliare edificio, vista la descrizione che gli aveva fornito il vecchio.

Johnson parcheggiò dall'altra parte della strada, dietro il camion di una ditta di costruzioni. Poi appoggiò il telefono all'orecchio, come se stesse facendo una chiamata, e osservò bene.

L'edificio, che aveva una targa in pietra incassata nel muro con sopra scolpito l'anno 1892, era largo almeno quaranta metri e alto tre piani, con mattoni che in alcuni punti erano sporchi e macchiati di nero: l'impronta della polvere, della sporcizia e dell'inquinamento di Londra.

Era in netto contrasto con l'elegante minimarket che si trovava sullo stesso lato di Johnson e con i nuovi appartamenti in mattoni rossi adiacenti.

Il laboratorio aveva al centro un grande passaggio ad arco con cancelli neri, che costituiva l'ingresso principale per i veicoli. Un cancello pedonale più piccolo era inserito nella metà sinistra del cancello principale.

La maggior parte delle finestre dell'edificio erano murate e le altre erano protette da inferriate arrugginite.

Sul lato destro del passaggio ad arco c'era un cartello che diceva CLASSIC CAR PARTS – PEZZI DI RICAMBIO PER AUTO D'EPOCA. A sinistra c'era un altro cartello con scritto OREFICERIA KEW U.K.

Un gran numero di erbacce e un paio di piccoli alberelli spuntavano dalla grondaia in cima all'edificio. Una lunga macchia verde scuro partiva da un tubo che perdeva, e andava espandendosi lungo il muro di mattoni.

Johnson lo osservò attentamente. Dunque era questo l'edificio. *Fatiscente... proprio così*. Non si intendeva di proprietà, ma pensò che uno sviluppatore avrebbe guadagnato milioni di dollari con quel posto.

Prese dalla borsa il pacchetto di Marlboro e ne accese una, abbassando di qualche centimetro il finestrino dell'auto, poi controllò l'orologio. Erano appena le nove e venti.

Un po' alla volta arrivarono gli operai, chi a piedi e chi in bicicletta; la maggior parte indossava tute, giacche in pile macchiate, stivali pesanti e cappelli di lana.

Johnson accese un'altra sigaretta e continuò a osservare.

Verso le nove e tre quarti, una BMW Serie 5 verde scuro, un vecchio modello, si fermò davanti ai cancelli. Ne uscì l'autista, che aprì entrambe le porte posteriori. Un uomo anziano dai capelli bianchi scese cautamente sul marciapiede.

Daniel Kudrow. Johnson si tirò su di scatto. Riconobbe immediatamente l'uomo anziano che aveva discusso con il figlio David durante la raccolta fondi repubblicana a Washington. Capelli bianchi. Occhiali neri. Era lui, senza dubbio.

Qualche secondo dopo, un altro uomo, che sembrava praticamente identico a parte gli occhiali dalla montatura d'oro, uscì dall'altro lato della macchina.

Quello deve essere Jacob.

Entrambi indossavano cappotti grigio scuro e pantaloni neri ed erano molto simili per altezza e corporatura. Johnson afferrò la sua macchina fotografica e scattò rapidamente una foto dei due attraverso il finestrino dell'auto.

Daniel diede una pacca sulla schiena al gemello, disse qualcosa, e poi entrambi si fermarono a guardare la cima dell'edificio. Daniel la indicò con un gesto, poi si voltarono entrambi e sparirono attraverso il cancello pedonale. La BMW verde partì.

Quindi l'attività, l'Oreficeria Kew U.K., era gestita da Jacob Kudrow sotto il falso nome di Jack Kew.

Finalmente. Johnson espirò, sentendosi improvvisamente sollevato. Dopo giorni in cui sembrava sbattere la testa contro un muro senza ottenere nulla, questa era una vera svolta. Aveva trovato il laboratorio e persino i fratelli Kudrow.

E ora? Si accasciò sul sedile della macchina e si mise a pensare.

Non poteva semplicemente presentarsi lì dentro. *O invece sì?*

Il telefono trillò di nuovo; gli era arrivata una breve email da Fiona.

> Spero che tu stia facendo progressi. Il tempo stringe. Ci sono aggiornamenti? Qui la situazione si sta scaldando. David Kudrow ha preso d'assalto le primarie del partito, sta andando molto meglio di Romney. Questo renderà la storia ancora più clamorosa.
> Non ci sono progressi della polizia o dell'FBI sull'indagine di Nathaniel. Strano. Non so ancora quale sia il parere della polizia/dell'FBI su un possibile coinvolgimento di David.
> Dove alloggi a Londra? Conosco la zona est, ho vissuto lì per sei mesi alla fine degli anni Novanta. F

Johnson scrisse rapidamente una risposta.

> Sono ospite di una vecchia conoscenza, vicino a Aldgate. Fatto un piccolo passo avanti. Il vecchio Jacob Kudrow sembra vivere sotto falso nome, Jack Kew.

Ho appena trovato il laboratorio di Jacob. Ora sto decidendo cosa fare.

L'ultima cosa che voleva era che Fiona sapesse che era ospite di un'altra donna, figuriamoci una vecchia fidanzata. Nessuna ex apprezza dettagli di quel tipo. Infatti, non appena l'ebbe spedito, si pentì addirittura di averle detto che non alloggiava in albergo.

Johnson mise in moto l'auto. In quel momento la BMW verde riapparve dietro l'angolo e si fermò davanti al laboratorio. Questa volta, scese un altro uomo. Era più alto dei gemelli, forse con qualche chilo in più, ed era calvo, con ciuffi di capelli grigi sparsi qua e là, e indossava una tuta da lavoro, non un completo. Ma probabilmente era vecchio quasi quanto i gemelli Kudrow.

L'uomo si chinò e parlò all'autista della BMW attraverso il finestrino aperto, dando a Johnson il tempo di scattargli una foto del volto quando si tirò su. Poi anche lui scomparve attraverso l'ingresso pedonale. Le grandi porte si aprirono per far entrare la BMW, che scomparve alla vista quando si richiusero.

Un altro uomo anziano. Era forse il Leopold Skorupski di cui gli aveva parlato il vecchio, si domandò Johnson.

Lasciò la frizione e tornò indietro facendo la stessa strada di quella mattina.

Mentre si dirigeva verso il parcheggio Minories, passò davanti a una Ford Focus grigia parcheggiata nel primo posto utile dopo l'ingresso.

Diego, al posto di guida della Ford Focus, si tirò su bruscamente quando vide la BMW nera di Johnson oltrepassarli. Diede un colpetto al suo complice, Alejandro Garcia, e glielo indicò.

«Eccolo. Quella è la sua BMW. Lo seguo su per la rampa. È tutto pronto?»

Diego accese il motore, uscì e seguì la macchina di Johnson fino al secondo piano.

Lì, Johnson trovò un posto libero e fece manovra per entrarvi in retromarcia.

Diego lo superò e parcheggiò svelto a trenta metri di distanza.

Nel frattempo Alejandro estrasse una piccola scatola nera da una borsa, sollevò un'antenna e premette un interruttore sul lato. Un display LCD si accese nella parte anteriore dell'unità.

Osservarono Johnson mentre prendeva lo zaino dal sedile del passeggero, scendeva e chiudeva la porta, mettendosi la borsa sulle spalle.

Al contempo Alejandro sollevò la scatola nera e puntò l'antenna verso la BMW di Johnson. Premette un pulsante sul davanti, che emise piano due *bip*.

Johnson si allontanò dalla macchina, puntò il portachiavi e schiacciò il pulsante di chiusura. Le due spie luminose della BMW lampeggiarono.

Nella Focus una luce verde si illuminò brevemente sul davanti della scatola nera di Alejandro che emise un altro *bip*.

Mentre Johnson si dirigeva verso la tromba delle scale, Alejandro sorrise al compagno.

«Fatto?» chiese Diego.

«Sì. Ora possiamo metterci al lavoro.»

Keith Bartelski era seduto accasciato e semi cosciente sulla sedia di legno in mezzo alla cucina, le braccia legate all'indietro allo schienale della sedia.

Da un angolo della bocca, a lato della pallina rossa che serviva ad attutire le sue urla, colava della saliva. Nel frattempo da uno strofinaccio, che era stato assicurato con del nastro adesivo al piede sinistro a mo' di benda improvvisata, gocciolava sangue.

Ignacio girò intorno a Keith.

L'area sotto le costole dell'uomo, attorno ai reni, ricordò a Ignacio la superficie della cheesecake ai mirtilli che faceva la mamma quando era bambino.

La porta si aprì ed entrarono Diego e Alejandro. «La serratura della macchina di Johnson è sistemata» disse Diego. «Non appena abbiamo la bomba, possiamo piazzarla.»

«Okay, bene» disse Ignacio. «Il fattorino dovrebbe arrivare da un momento all'altro.»

Sospirò. «Stavo osservando Bartelski. Fallo respirare un attimo, non penso proprio che sappia da dove viene l'oro. O quello o ha le palle quadrate... e gli inglesi non le hanno. L'abbiamo dimostrato.»

Diego annuì. «Sono d'accordo, *jefe*. Ci ha detto della Polonia quasi subito, ma da allora, *nada*. Se ci ha detto quello, se l'avesse saputo ci avrebbe anche detto esattamente da dove, in Polonia. Secondo me.»

Ignacio incrociò le braccia, annuendo. «Non penso ci possa ancora essere di aiuto. E voi idioti avete fatto un casino non avendolo bendato.» I due uomini sembrarono un po' imbarazzati.

«Passiamo all'opzione successiva. Questo stronzo potrebbe non avere le informazioni di cui abbiamo bisogno, ma sappiamo chi le ha» disse Ignacio.

Poi suonò il campanello.

Ignacio andò a rispondere. Mise la catena di sicurezza prima di sbirciare fuori. «Ah, *buenos dias*, Felipe.» Guardò Diego e Alejandro che erano alle sue spalle, poi tolse la catena e aprì la porta.

Un uomo magro dalla pelle scura con lunghi capelli neri entrò, portando con cautela una scatola di cartone quadrata di dimensioni simili a quelle usate per le consegne di pizza ma più profonda. Sopra c'era un'altra scatola più piccola. Le posò sul ripiano della cucina e si tolse la giacca di pelle marrone.

«Lui è Felipe» disse Ignacio. «Ho lavorato con lui nell'esercito dieci anni fa. Si è stabilito da queste parti ora, gestisce la propria attività di fornitura. Meglio non chiedergli per chi.»

Felipe fece un cenno col capo agli altri uomini. «Vedo che vi siete tenuti occupati.» Lanciò una rapida occhiata a Keith, che gemette rumorosamente.

«Ho intenzione di spiegarlo una volta sola, perché devo andarmene, quindi ascoltate attentamente» disse Felipe, parlando velocemente in spagnolo.

«Probabilmente avete sentito parlare di questo dispositivo se siete stati nell'esercito. È una mina esplosiva anticarro FMK-3. Di fattura argentina.»

Prese la scatola di cartone più grande e aprì cautamente il coperchio, rendendo visibile il dispositivo all'interno. Realizzato in fibra di vetro verde, era largo circa venticinque centimetri e profondo circa sette. Costruita in una nicchia al centro c'era una piccola unità di plastica rotonda con una stella a otto punte modellata sul lato superiore.

Ai lati c'erano due piccole aperture circolari, in una era inserito un tappo giallo e l'altra aveva una copertura metallica a cupola.

Felipe indicò il dispositivo. «Se ne avete viste in passato, probabilmente è successo nelle Falkland; suppongo abbiate combattuto tutti in quell'inferno.»

«Le abbiamo già viste, ma è meglio se ci ricordi come si usano» rispose Diego.

«Okay» disse Felipe. «Questa al suo interno ha più di sei chili di esplosivo C-4... è principalmente RDX, e può far saltare in aria una macchina con molta facilità. Quando volete usarla, dovete togliere il tappo giallo di trasporto laterale e inserire questo detonatore. È stata adattata per essere innescata a distanza invece che con la pressione di un carro armato o di un veicolo corazzato, che è il suo meccanismo di detonazione originale.» Estrasse dalla scatola un tappo di plastica verde con una striscia gialla.

«Poi ha una potente piastra magnetica attaccata sul fondo, quindi potete fissarla a qualsiasi superficie metallica in una macchina» disse Felipe. «Ho anche un innesco da darvi, un telecomando azionabile manualmente.» Felipe prese una scatola nera con al centro un pulsante rosso rettangolare e un'antenna. «È un telecomando semplice. Funziona tramite un collegamento radio fino a un raggio di circa cinquecento metri. Si collega a un piccolo ricevitore vicino alla bomba, questa piccola scatola nera.» Felipe sollevò una seconda scatola nera più piccola, delle dimensioni di un pacchetto di sigarette.

«È collegato al circuito di accensione elettrico, quindi quando premete il pulsante sul grilletto, completerà il circuito e farà esplodere la bomba. È alimentato da questa batteria da nove volt.»

Poi mostrò come collegare il ricevitore, il detonatore e la mina.

«Il posto migliore per nasconderlo è nel vano motore, proprio di fronte al volante» disse Felipe. «Se non riuscite ad accedere a una superficie di metallo, incastratela e fissatela in modo che non possa spostarsi. È improbabile che lì venga vista, mentre se la si mette sotto la macchina, chissà... qualcuno potrebbe vederla se fa un controllo, o potrebbe addirittura cadere. Mettetela dove vi ho detto. Nessun problema. *Boom*.»

Con un gesto teatrale gettò entrambe le mani verso l'alto mimando l'esplosione, il volto impassibile.

22

Venerdì 25 novembre 2011
Londra

Johnson si avvicinò all'area accoglienza, con lo zaino a tracolla, ma trovò l'area deserta. Premette un piccolo campanello sulla finestra di sicurezza, poi mise un gomito sul bancone e attese.

La sala d'attesa della Classic Car Parts era piccola e aveva seriamente bisogno di una ristrutturazione, pensò tra sé.

Il pavimento era in cotto color rosso scuro e le pareti di mattoni, a giudicare dalla sporcizia che si era accumulata nello stucco, erano state imbiancate di calce molti anni prima. C'erano sei sedie molto semplici col telaio in metallo. Illuminavano la stanza quattro lampade a parete con lampadine al tungsteno ricoperte di polvere.

Dietro al banco accoglienza e la finestra di sicurezza c'era un lungo bancone illuminato da un tubo fluorescente. Sulla destra c'era una porta che dava sull'area del personale, contrassegnata dalla scritta ACCESSO RISERVATO.

Al centro della stanza su un vecchio tavolino da caffè malconcio con un piano di vetro scheggiato, c'era una piccola pila di riviste: *Practical Classics, Classic Cars, Classic and Sports Cars* e la copia del giorno prima del *Jewish Chronicle*.

Non si era ancora presentato nessuno.

Johnson suonò di nuovo il campanello e si sedette. Aveva deciso di muoversi solo un'ora prima, dopo aver ricevuto un messaggio da Jayne. Secondo le sue informazioni, il laboratorio era stato originariamente acquistato a nome di Jacob Kudrow nel 1952, ma agli atti risultava un cambiamento di nome in Jack Kew nel 1972.

Gli aveva anche confermato che Jacob viveva ancora nella casa di Hay's Mews, l'indirizzo in cui era risultato essere residente nei registri elettorali trovati in precedenza da Johnson. Secondo i documenti Jack Kew vi risiedeva dal 1972. Ora era tutto chiaro.

Johnson aspettò ancora. Aveva già provato all'area accoglienza della Gioielleria Kew U.K. accanto, ma la porta era chiusa a chiave e alla finestra era appeso un cartello con scritto CHIUSO.

Dopo un altro paio di minuti sentì il suono di passi che si avvicinavano provenire da dietro la porta semiaperta che dava dietro al banco accoglienza.

Dalla porta apparve un avambraccio muscoloso, con il tatuaggio di un serpente nero, seguito dalla testa di un uomo. Poi, visto Johnson, l'uomo si avvicinò al vetro dello schermo di sicurezza. «Cosa vuole?»

Johnson si alzò e si avvicinò al bancone. «Salve, ho un vecchio Maggiolino del 1961 che sto cercando di restaurare e ho bisogno di un nuovo piantone dello sterzo, tanto per iniziare. Pensa di potermi aiutare?»

L'uomo gli rivolse uno sguardo perplesso e torse le labbra. «Può darsi. Potremmo averne uno, ma devo andare a cercarlo.»

«Va bene. Grazie. Non ha molto lavoro questo pomeriggio.» disse Johnson.

«No, non c'è nessuno.» Guardò Johnson con aria interrogativa. «Non vengono molti americani qui da noi. Come si chiama?»

«Philip Wilkinson. E lei è?» Johnson gli porse la mano.

«Jonah Hennessy.» Stritolò la mano di Johnson con la sua stretta da orso. Poi scomparve oltre la porta.

Johnson prese una copia di *Classic Cars* e si sedette di nuovo.

Lo sentì camminare su una scala cigolante, poi ci furono un paio di tonfi e uno schianto. Infine, in lontananza, sentì Jonah imprecare.

Un paio di minuti dopo, riapparve. «Non riesco a trovarlo al momento. So che ne abbiamo uno. Il fatto è che ho un problema. Ora ho un appuntamento urgente dal dentista all'ambulatorio dall'altra parte della strada, mi ci vorrà circa mezz'ora. Non posso non andare. Mi è saltata un'otturazione, è un vero problema. Un'agonia. Può aspettare qui, o preferisce tornare? Non c'è nessun altro.»

«Va bene, aspetto qui e intanto leggo le riviste. Nessun problema.»

«Okay, mi scusi, a fra poco.» Jonah uscì di nuovo dalla porta di servizio. Johnson sentì sbattere in lontananza la porta esterna che si chiudeva.

Aspettò un paio di minuti poi si alzò in piedi, cercando di decidere cosa fare. Si diresse verso la porta comunicante, il cartello con su scritto ACCESSO RISERVATO incombeva su di lui. A volte nella vita la fortuna bussa alla porta, pensò Johnson. O era una specie di trappola? Lo sapevano? Non potevano di certo saperlo.

Spinse la porta, aspettandosi di trovarla chiusa a chiave. Si spalancò, i cardini cigolarono. Attraversò l'area accoglienza e spinse l'altra porta, anch'essa aperta.

Poi Johnson si ritrovò in un corridoio buio. Jonah doveva aver spento le luci. Cosa fare? Aveva una piccola torcia attaccata al portachiavi, ma se fosse tornato qualcuno chissà cosa avrebbe pensato vedendolo con in mano quella o la torcia del telefono. Anche se in realtà poteva sempre dire che non riusciva a trovare l'interruttore della luce, che era la verità. Accese la torcia.

Ora poteva vedere che alla fine del corridoio, di fronte a lui, c'era una porta scorrevole di legno bianco, chiusa. Sulla sinistra c'era un'altra porta bianca anch'essa chiusa, e sulla destra vicino alla porta scorrevole si trovava l'ingresso di un bagno. Puzzava.

Accanto al bagno, sempre sulla destra, si trovava una scala di legno. Quasi senza pensarci, Johnson si diresse verso di essa, le scarpe con la suola di gomma scricchiolarono sul pavimento piastrellato.

Fece un primo passo su per i gradini macchiati di scuro, poi un altro. Sul terzo gradino, l'asse sotto il suo piede scricchiolò improvvisamente, Johnson sobbalzò e il cuore accelerò.

Si fermò, in ascolto. Ma non udì niente.

Con cautela salì una prima rampa, svoltò l'angolo, poi su per un'altra rampa fino al primo piano. Davanti a lui c'era una porta di vetro e legno, la vernice verde era scheggiata e consumata fino al punto da mostrare la mano di base grigia e in alcuni punti addirittura il legno nudo.

Johnson tenne la torcia tra i denti mentre cercava in tasca un paio di sottili guanti di lattice, che indossò.

Il vetro era coperto di polvere e segni, ma grazie alla fioca luce proveniente da una finestra all'interno, poté vedere che si trattava di un magazzino, con scaffalature fino al soffitto piene di attrezzature.

Si sentì provenire dall'esterno una sirena della polizia, che avvicinandosi diventava sempre più forte e penetrante. Johnson si irrigidì; si morse il labbro. La macchina della polizia superò l'edificio e il rumore calò.

Cosa fare? Se fosse arrivato qualcuno in quel momento, le possibilità di Johnson di uscire pulito da quella situazione erano quasi pari a zero. Non aveva alcun motivo di trovarsi al piano di sopra.

Johnson decise di cercare l'ufficio. Spalancò la porta del magazzino e si spostò lungo il corridoio centrale fino all'altra estremità, poi attraversò una porta e si ritrovò in un altro corridoio buio.

Cosa fare ora, accendere la luce? Avrebbe potuto essere visibile dall'esterno. Ma non c'erano finestre, quindi poca luce poteva andare bene. Avrebbe continuato a usare la torcia, anche se questa volta spostò in parte il pollice su di essa, in modo che emettesse un ridotto fascio di luce. Gli sarebbe bastato e sarebbe stato meno rischioso.

Sul corridoio davano tre porte, di fronte a lui in fondo l'ultima, su cui era affisso un cartello bianco con scritto in nero: RISERVATO A STAFF GIOIELLERIA KEW E AUTORIZZATI.

Deve essere una porta comunicante con l'attività di Kudrow, pensò Johnson. Ricordava che il vecchio della sinagoga gli aveva detto che Jacob Kudrow e il proprietario della società di ricambi per auto lavoravano a stretto contatto.

Johnson si spostò lungo il corridoio. I suoi occhi si stavano abituando all'oscurità ora. Diede una gomitata alla porta comunicante con il gomito. Si mosse sotto il peso del suo braccio. Che fare, rischiare? E se ci fosse stato un allarme anti-intrusione?

Ma era l'ufficio di Jacob che doveva vedere, dopotutto.

Johnson entrò, chiudendosi lentamente e silenziosamente la porta alle spalle. Si ritrovò su un pavimento rivestito di moquette al posto delle tavole nude della società di ricambi per auto.

Non scattò nessun allarme.

Gli unici suoni udibili erano il leggero tocco delle scarpe di Johnson sul tappeto e il suo respiro.

Continuando a orientarsi grazie alla poca luce della torcia, cercò di guardarsi attorno. Si trovava a un piano superiore, con scale che salivano e scendevano. C'erano diverse porte davanti a lui sul pianerottolo, tutto bianco. Di fronte, in fondo al pianerottolo, c'era una porta molto più larga, realizzata con pannelli in legno non verniciati e con una maniglia di ottone.

In cima alle scale Johnson notò, attaccata alla parete, una centralina bianca del sistema di allarme con una tastiera e un piccolo schermo LCD.

Corrugò la fronte. Era chiaramente un antifurto elettronico che richiedeva un codice per essere attivato e disattivato. Una piccola luce a LED verde lampeggiava ogni pochi secondi accanto a una scritta che diceva NON ATTIVO. Tirò fuori il telefono e scattò una foto dell'unità.

Quindi usò la torcia per esaminare attentamente la tastiera da vicino. Dopo alcuni secondi vide cosa stava cercando e digitò un appunto sul suo telefono.

Mentre Johnson avanzava furtivo, poté vedere una vecchia lastra di ottone sulla porta. PRIVATO – UFFICIO DELL'AMMINISTRATORE DELEGATO.

Deve essere questo.

All'improvviso, il silenzio fu spezzato dal telefono di Johnson, che emise uno squillo acuto nella tasca. Quasi lo fece sobbalzare.

Imprecò sottovoce mentre si affrettava a tirarlo fuori, con il pollice che si incastrava nella cintura. Quando riuscì a tirarlo fuori, il telefono cadde, colpendo il pavimento con un tonfo, e continuò a squillare rumorosamente.

Johnson si spostò per prendere il telefono con la mano destra, ma lasciò cadere il portachiavi e la torcia, che illuminò l'intero pianerottolo.

Johnson afferrò il telefono e alla fine riuscì a premere il pulsante rosso per rifiutare la chiamata in arrivo, che era di Fiona, *proprio lei fra tutti.*

Poi cadde in ginocchio e afferrò la torcia e il portachiavi, che si trovavano proprio sul bordo del pianerottolo, sotto le ringhiere, a mezzo centimetro dal vuoto che le avrebbe fatte volare fino al piano terra. Adesso il cuore gli batteva davvero all'impazzata.

Johnson si bloccò dov'era, in ginocchio, il sudore che gli colava sulla fronte. Si maledisse per non aver messo il telefono su silenzioso, un errore da principiante.

Rimase immobile per diversi minuti, finché il suo battito cardiaco non rallentò un poco. Si asciugò la fronte con il dorso della mano. Silenzio.

Cosa fare? Andare avanti o battere in ritirata? Johnson spense il telefono, poi si alzò. Si diresse verso la porta di legno dell'ufficio di Jacob Kudrow, ruotò delicatamente la maniglia e spinse.

Lo scricchiolio che produsse sembrò rimbombare nel pianerottolo buio.

L'ufficio era leggermente illuminato da quel che rimaneva della luce del tardo pomeriggio che entrava da una finestra, dove le spesse tende marroni erano state lasciate aperte.

Il primo pensiero di Johnson fu che era come tornare indietro nel tempo.

Un'enorme e antica scrivania in quercia, con un inserto di pelle rossa nel mezzo, si ergeva di fronte a un caminetto di mattoni decorato, pronto con legna e carbone e circondato da un grande focolare.

L'unica evidente concessione alla modernità erano un computer e una tastiera sulla scrivania. Dietro c'era una grande sedia di quercia con un sedile imbottito in pelle.

Sulla scrivania c'era anche una grande statuetta di metallo due piastre rettangolari piatte in acciaio, con dei fori ovali e delle tacche su ogni lato. Le due piastre erano appoggiate l'una all'altra a formare una piramide, e altri pezzi triangolari di metallo riempivano gli spazi sui lati.

Le pareti erano per metà rivestite di legno, fino all'altezza della testa. Un lampadario composto da diverse piccole lampadine a candela pendeva dal soffitto assicurato a una catena.

Johnson notò nell'angolo più lontano due schedari di metallo. Prima chiuse le due pesanti tende, poi si diresse verso gli schedari.

Avrebbe dovuto rischiare accendendo di nuovo la torcia? La accese e aprì il primo cassetto dello schedario.

Conteneva circa venti diversi divisori, ciascuno contrassegnato con il nome di un'azienda. Devono essere i clienti, suppose Johnson. Sembravano tutti gioiellerie e rivenditori con sede nel Regno Unito. Chiuse il cassetto.

I cassetti centrale e inferiore erano chiusi a chiave, così come tutti i cassetti del secondo schedario. Dov'era la chiave? Johnson si avvicinò alla scrivania di legno e aprì i tre cassetti uno dopo l'altro. Erano tutti pieni di ciarpame assortito: matite, gomme per cancellare, graffette, una foratrice e persino una lente da orefice, ma nessuna chiave.

Poi notò un sottile pannello di legno scorrevole nella parte inferiore della scrivania, di quelli in cui si tengono graffette e punti metallici in un vassoio diviso in scomparti. Quando lo premette si aprì e all'interno c'era un set di sei piccole chiavi.

Johnson controllò l'orologio. Erano trascorsi più di quindici minuti da quando Jonah era andato dal dentista, sebbene sembrasse passata un'ora.

Usando le chiavi, aprì gli altri cinque cassetti chiusi. Due erano vuoti e il terzo conteneva bollette dell'elettricità, del gas e altre utenze. Il quarto conteneva una serie simile di divisori, ognuno dei quali riportava nomi di persone, presumibilmente dipendenti, e i loro contratti di lavoro. *Ah, sì, ecco quello di Jonah.*

Ne mancava uno.

Anche il sesto cassetto era vuoto, a parte un divisore che penzolava dal binario, etichettato EXPORT. Johnson lo fissò, poi lo tirò fuori.

La cartella conteneva diverse copie di fatture inviate dalla Classic Car Parts a una società chiamata Oro Centro. Non c'era nessun indirizzo. La maggior parte erano ingiallite e sbiadite, le prime erano scritte a mano, quelle più recenti stampate, ed erano tutte su carta di dimensioni diverse. Johnson si rese rapidamente conto che alcune erano per importi molto elevati, in dollari americani. Erano tutte contrassegnate come pagate. Le date partivano dal 1959 e a intervalli regolari si succedevano fino alla più recente, che risaliva al 2004.

Vic Walter gli aveva detto che l'attività di Kudrow negli Stati Uniti aveva una sussidiaria a Buenos Aires chiamata Oro Centro, di cui Guzmann era cliente. Johnson se l'era appuntato in spagnolo sul suo taccuino: 'Oro'.

Johnson inarcò le sopracciglia mentre leggeva le fatture. La prima che esaminò, dell'agosto del 1970, era di poco superiore ai tre milioni di dollari. La successiva, datata luglio 1973, era di 4.354.931 dollari. Johnson scosse la testa.

Tutte le fatture avevano le stesse due parole nella colonna dei dettagli della vendita: 'Servizi vari'.

E che servizi, pensò Johnson.

Prese il telefono e fotografò alcune delle fatture più cospicue, poi le rimise rapidamente in ordine, chiuse l'armadietto e ripose le chiavi nella scrivania.

Estrasse dal suo zaino uno dei piccoli congegni ad attivazione vocale che Jayne gli aveva dato. Premette un piccolo pulsante sulla base del dispositivo, che era simile per dimensioni a un accendino di plastica, staccò la pellicola protettiva dall'adesivo bianco e lo fissò saldamente alla parte inferiore della scrivania, dietro a un rinforzo di legno.

E ora? Una gioielleria deve avere una cassaforte da qualche parte e probabilmente anche grande. Johnson ci avrebbe scommesso i risparmi di una vita. *Ma dove?* I suoi occhi ispezionarono l'area.

Alla destra del camino c'erano due armadi bianchi a muro. Johnson aprì il primo e trovò una selezione di bottiglie whisky, un vassoio d'argento e alcuni bicchieri di cristallo.

Nel secondo c'era una vecchia cassaforte in acciaio, con la superficie leggermente arrugginita, una placca in ottone della Whitfield's Safe & Door Company avvitata sul davanti sopra un quadrante numerato e un maniglione in ottone. Johnson lo tirò, ma era chiuso a chiave.

Vecchia ma solida. Un vero pezzo da museo. Non sarebbe mai riuscito a scassinarla rapidamente, pensò. Ma di sicuro sembrava venisse usata di frequente. La maniglia d'ottone era lucida e priva di polvere, come il quadrante.

Johnson prese il telefono e scattò un paio di fotografie della cassaforte. Consultò di nuovo l'orologio. Erano passati venti minuti. L'improvvisa consapevolezza che il tempo stava per scadere, e in fretta, fece ripartire l'adrenalina.

Chiuse la porta nascondendo la cassaforte, si avvicinò alle tende e le riaprì, poi rifece il percorso al contrario; uscì dall'ufficio, attraversò il pianerottolo, la porta comunicante e passò nuovamente per il magazzino.

Muovendosi velocemente, si diresse giù per le scale. Aveva intenzione di svoltare a sinistra per tornare nell'area accoglienza quando gli venne in mente un'altra cosa. Avrebbe dovuto controllare le altre due porte. Avrebbero potuto fornirgli una via di accesso alternativa. Forse sarebbe anche riuscito ad aggirare gli allarmi.

Girò a destra, attraversò la porta scorrevole di legno bianca accanto al gabinetto.

Johnson si trovò in un'officina con degli attrezzi appesi alle pareti, oltre a cric, ruote di scorta, parti di automobili di vario tipo, trapani e altre attrezzature. Il posto era sudicio e puzzava di olio motore.

Parcheggiate proprio di fronte a una grande serranda in acciaio, che presumibilmente conduceva nel cortile, c'erano due vecchie Volkswagen, un Maggiolino e un furgoncino T2.

Johnson accese di nuovo la torcia. In un angolo c'era una piccola stanza fatta di blocchi di cemento grigio, sulla porta c'era un cartello con scritto LOCALE CALDAIA – VIETATO ENTRARE. Facendo scivolare il pollice sulla torcia, si diresse velocemente verso la porta e scivolò all'interno. Il tempo ora era agli sgoccioli.

Johnson scrutò nell'oscurità. In un angolo c'era una grande caldaia metallica dall'aspetto antico con un piccolo sportello per il combustibile incernierato sulla parte anteriore. Johnson la toccò con un dito; era fredda e spenta, anche se accanto c'era un grosso mucchio di carbone pronto all'uso, in un recinto fatto anch'esso di blocchi di cemento.

Carbone. Johnson quasi ridacchiò tra sé. Non vedeva una caldaia alimentata a carbone da quando era bambino, all'epoca i genitori ne avevano una a casa, a Portland. Suo padre portava grossi pezzi sporchi con una pala da un capanno. Era del tutto inefficiente.

La caldaia sembrava simile al vecchio modello a carbone di suo padre, tranne per il fatto che era molto più grande.

Si appoggiò al mucchio di carbone. Dietro c'era uno sportello di compensato di legno, largo circa un metro, incernierato sul lato destro, e con tre chiavistelli sulla sinistra che lo tenevano chiuso. Presumibilmente, quando il mucchio di carbone doveva essere rabboccato, ne veniva spalato altro dall'esterno attraverso la porta.

Johnson rimase in piedi, con le mani sui fianchi, poi prese una decisione.

Si chinò sul carbone finché non riuscì a raggiungere i chiavistelli che tenevano la porta e li aprì tutti e tre. La porta rimase al suo posto. Afferrò una maniglia di ottone avvitata alla porta e spinse leggermente. Si mosse e Johnson sentì un soffio di aria gelida che entrava dall'esterno. *Sarebbe bastato.*

Richiuse la porta del deposito di carbone, lasciando i chiavistelli sbloccati, rimise la tavola contro il muro e uscì dal locale caldaia ritrovandosi nell'officina. Poi riattraversò la porta scorrevole bianca nel corridoio, chiudendola silenziosamente dietro di sé.

Sul muro del corridoio Johnson vide un'altra centralina di controllo dell'antifurto, identica a quella che aveva visto al piano di sopra, vicino all'ufficio di Jacob Kudrow. Vi si avvicinò ed esaminò da vicino la tastiera, come aveva fatto con l'altra, finché non vide ciò di cui aveva bisogno e prese un altro appunto sul telefono.

All'improvviso Johnson si bloccò.

Il suono ritmato degli stivali dalla suola dura che echeggiava sulle piastrelle proveniva da dietro l'altra porta bianca alla sua destra. Pensando rapidamente, si infilò nel bagno e accese la luce, poi chiuse silenziosamente la porta dietro di sé.

Poteva sentire qualcuno entrare nel corridoio.

Johnson si tolse i guanti di lattice e se li ficcò in tasca, poi tirò lo sciacquone, si lavò le mani nel lavandino e riaprì la porta.

Nel corridoio si ritrovò Jonah di fronte, la sua corpulenta figura incombeva su di lui, le mani sui fianchi.

«Scusi, avevo bisogno del bagno. Spero che non le dispiaccia.» disse Johnson.

Jonah rimase momentaneamente in silenzio. Guardò Johnson, le sopracciglia alzate, la fronte corrugata.

«Lo sa che questa è l'area del personale. È privata. Non ha visto il cartello?»

«Sì, l'ho visto. Ma ero disperato. Di nuovo, mi scuso. Non avevo capito che sarebbe mancato tutto questo tempo. Il fatto è che» disse Johnson guardando l'orologio «ho una riunione fra poco vicino a St Katharine Docks, quindi non ho tempo per risolvere la cosa oggi. Va bene se torno domani pomeriggio? Ho davvero bisogno di quel pezzo.»

Jonah non solo sembrava diffidente, ma anche piuttosto minaccioso. O Johnson lo stava solo immaginando?

«D'accordo» disse, guardando Johnson dritto negli occhi e incrociando le braccia. «Va bene... signor Wilkinson.»

23

Venerdì 25 novembre 2011
Londra

Johnson diede una banconota da cinque sterline al tizio del chiosco fuori dalla stazione della metropolitana di Aldgate, prese la sua tavoletta di cioccolato e attese il resto. Poi prese un giornale della sera dall'uomo che li distribuiva vicino all'ingresso della stazione.

Il titolo in prima pagina diceva 'Obama definisce 'essenziale' la relazione USA-UK'.

Continuò a leggere.

> Il presidente degli Stati Uniti Barack Obama è arrivato all'aeroporto londinese di Stansted ieri sera, dove è stato accolto dal principe Carlo e dalla duchessa di Cornovaglia.
> Il presidente, in viaggio con la moglie Michelle, terrà una prima riunione con il premier David Cameron al 10 di Downing Street questa sera.
> Questa è la terza visita di Stato nel Regno Unito di un presidente degli Stati Uniti negli ultimi cento anni.
> Obama, con al seguito un folto gruppo di giornalisti americani...

L'articolo continuava sulla prima pagina e alle pagine tre, quattro e cinque, corredato da una serie di grandi fotografie del presidente degli Stati Uniti con il principe Carlo.

Johnson aprì la tavoletta di cioccolato e ne spezzò un paio di quadrati, poi si sedette su una panchina. Dopo aver finito il cioccolato si accese una sigaretta.

Ora si sentiva esausto ed estremamente affamato. La cioccolata era l'unica cosa che aveva mangiato da colazione.

Poi qualcuno gli diede un colpetto deciso sulla spalla. Si girò di scatto.

«Dannazione, Fiona... mi hai spaventato. Continui a farlo. Quindi, da dove spunti fuori? Che ci fai qui?»

«Be', grazie del benvenuto. Ho pensato di controllare come stai. Sono qui per seguire la visita di Obama. È stata una decisione dell'ultimo minuto del mio direttore, quindi sono arrivato solo stamattina. Ho provato a telefonarti prima, ma hai rifiutato la chiamata.»

Johnson roteò gli occhi. Non serviva ricordargli della chiamata che gli aveva fatto venire un attacco di panico sul pianerottolo buio pesto del magazzino.

«Come facevi a sapere dov'ero?» Poi si ricordò dello scambio di email.

Fiona scivolò sulla panchina accanto a lui. «Avevi detto che alloggiavi vicino ad Aldgate, così ho pensato di venire a cercarti. Sapevo che avresti attraversato la stazione a un certo punto, quindi ho deciso di venire qua. Stavo per richiamarti quando ti ho visto accendere la sigaretta. Mi sono seduta lì per un po'.» Indicò un'altra panchina lì vicino.

Johnson era piuttosto irritato ma, suo malgrado, non poté fare a meno di sorridere. Fiona era così ostinata da risultare quasi divertente.

La osservò. Il vento le aveva aggrovigliato i lunghi capelli scuri, che le si riversavano sul viso come un velo di pizzo e aveva quell'accenno di sorrisetto compiaciuto che la caratterizzava. Notò i suoi occhi marrone scuro, che a lui erano sempre sembrati... be', sicuri di sé.

«Scusa, Joe, è il mio articolo. Quindi ho pensato di venire a vedere come te la stai cavando avendone l'opportunità. Ora dimmi, hai fatto qualche progresso?»

Johnson esitò. *Doveva dirle dei fatti del pomeriggio? Di certo erano progressi. Ed era lei a pagargli lo stipendio, o comunque la sua azienda.*

Iniziò a raccontare, ma poi i morsi della fame si fecero sentire.

«Devo cenare. Che ne pensi di quel locale laggiù? Gli stavo dando un'occhiata prima.» Indicò un ristorante italiano, La Piazzetta.

Davanti alla pasta, insieme alla quale Fiona aveva insistito per ordinare una costosa bottiglia di Barolo, Johnson le raccontò cos'era successo fino a quel momento. Cominciò dai vari giri fatti per

Londra nel tentativo di scoprire il falso nome di Jacob Kudrow e terminò con la corsa contro il tempo del primo pomeriggio nel vecchio magazzino.

«Quindi abbiamo queste fatture che mostrano cospicue vendite a Oro Centro» disse Johnson. «Non è specificato cos'è stato venduto, anche se penso sia evidente. Ma supponendo sia oro, non c'è niente che ci dice da dove proviene. Né ho trovato nulla che indicasse rivendite a un cliente. È questo il punto. È possibile che la risposta sia nella cassaforte. Ad ogni modo, mi piacerebbe dare un'occhiata. Ma non ho idea di come aprirla.»

Fiona non disse nulla. Sorseggiò il suo vino, poi appoggiò i gomiti sul tavolo e unì le mani, con le punte delle dita rivolte verso l'alto a formare una piramide. «Neanche io. Ma conosco un uomo che potrebbe farlo.»

Poi bevve un altro sorso. «Il fatto è che non so come mettermi in contatto con lui.» Spiegò che aveva il numero di telefono. Il problema era che il taccuino su cui lo aveva segnato era nel suo appartamento, a Washington.

Johnson ascoltò mentre Fiona faceva una telefonata alla sorella, Margaret, che viveva anche lei a Washington, persuadendola a guidare fino al suo appartamento e a trovare il taccuino.

Nell'attesa, aprirono un'altra bottiglia di Barolo.

Alla fine, Margaret lo trovò.

«Margaret, ti devo un favore, sei fantastica» disse Fiona riattaccando.

«Allora, ce l'abbiamo?»

«Sì!»

«Okay, ora parlami di questo tizio che vuoi rintracciare» le disse. «Fatti raccontare un po' di contesto.»

Nel febbraio 1997 Fiona, allora giornalista di cronaca nera, aveva lavorato a un articolo su una rapina al caveau di una banca a Charlotte, nella Carolina del Nord, in cui erano stati rubati più di cinque milioni di dollari in gioielli e denaro.

Non fu mai condannato nessuno per il reato, ma Fiona era riuscita a ottenere uno scoop sulle insolite tecniche utilizzate dai ladri per entrare nel caveau.

«L'ottenni grazie a questo aggancio che avevo nella malavita, un uomo a dir poco losco che mi mise in contatto con un esperto scassinatore di casseforti britannico che conosceva, chiamato Bomber Tim.»

Johnson si mise a ridere.

«Lo so, lo so, non chiedermi perché» disse. «Lo chiamavamo Bomber e basta. Non feci domande. Viveva a New York e scoprii che aveva dato un sacco di consigli e attrezzature a uno dei membri della banda, anche se non ne faceva parte.»

Per assicurarsi l'intervista, aveva accettato di essere bendata e portata alle tre del mattino in un anonimo appartamento al terzo piano da qualche parte a Brooklyn.

«È stato snervante, non hai idea» disse Fiona. «Non sapevo in cosa mi stessi cacciando.»

Una volta pubblicata la storia, citando fonti anonime, Fiona fu fermata dalla polizia e dall'FBI, che volevano sapere chi fossero quelle fonti.

«Il fatto è che, fino a quel momento, non avevano detto a nessuno come era stato fatto il lavoro e pensavano che uno dei loro stessi agenti avesse fatto trapelare i dettagli» spiegò Fiona.

Era stata sottoposta a forti pressioni ma si era rifiutata di rispondere e aveva citato i diritti costituzionali a tutela della sua professione di giornalista. Il caso aveva ulteriormente alimentato la disputa in corso tra i media e lo Stato, riguardo ai giornalisti che proteggevano le proprie fonti e se, in determinate circostanze, lo Stato avesse il diritto di costringerli a divulgare informazioni sensibili.

«Mi hanno rinchiuso per un giorno e mezzo in una cella in una stazione di polizia di Brooklyn, cosa che ovviamente ha innescato un'incessante copertura mediatica» disse Fiona. «Non dissi niente e alla fine dovettero lasciarmi andare quando l'Unione americana per le libertà civili aumentò la pressione. Passai i due giorni successivi a fare interviste in tutta la città: sai, *Meet the Press*, il *New York Post*, diverse stazioni radio. Ho avuto i miei quindici minuti di celebrità, sai cosa intendo. Ho portato alta la bandiera delle libertà civili e dei diritti dei giornalisti e mi sono divertita molto.»

Fu con quell'articolo che si fece conoscere come una reporter tenace.

Poi Bomber Tim si era trasferito nella sua città natale nel Regno Unito, a Liverpool, dove in seguito si era comprato una bella casa padronale in campagna con dieci camere da letto, circa venti acri di terra, scuderie e una piscina coperta.

Due anni dopo Fiona aveva ricevuto una nota scritta a mano, con un numero di telefono, in cui la ringraziava per il suo silenzio e le diceva di contattarlo se mai avesse avuto bisogno di aiuto in futuro. Aveva scarabocchiato il numero di telefono dell'uomo sul suo taccuino.

Johnson annuì. «Un bel tipo, oltre che un contatto utile. Il fatto è che in quel magazzino il problema non è solo la cassaforte. Ci sono anche un paio di antifurto, sai, quelli in cui devi inserire un codice per disattivarli.»

«Dubito che sarà un problema per lui» disse Fiona. «Ma lascia che glielo chieda.»

Si alzò e si mise il cappotto. «Aspetta qui, Joe. Vado fuori a chiamarlo. Speriamo che quel bastardo sia ancora vivo, anche se non ci scommetterei. Beveva come una spugna e fumava come un turco.»

Johnson la guardò mentre camminava con passo malfermo verso la porta.

Johnson sorseggiò il vino e si guardò intorno. Non era il miglior ristorante italiano in cui fosse stato. Vicino alla finestra c'era un lungo tavolo pieno di commercianti trasandati e ubriachi che mandavano giù a turno shot di tequila.

Dall'altra parte della stanza c'era un tavolo di sei turisti giapponesi che si mostravano le rispettive macchine fotografiche, tutti profondamente impegnati in una discussione sui pregi di ognuna. Johnson non poté che sorridere.

I camerieri sembravano tutti annoiati e disinteressati e ciò creava un crescente fastidio in una coppia nell'angolo, che sembrava avere difficoltà ad attirarne l'attenzione.

All'esterno Johnson vedeva Fiona seduta a una fermata dell'autobus accanto al ristorante, il telefono all'orecchio, che presumibilmente cercava di far mantenere la parola data a un fabbro a Liverpool.

Venti minuti dopo rientrò nel ristorante e alzò il pugno in aria.

«Viene domattina in treno. Un bel tipo. Si ricorda molto bene di me. Dice che sono quattro anni che non organizza un colpo e sembrava piuttosto eccitato. Dato che mi deve un favore ha detto che non ha bisogno di essere pagato molto. Lo incontreremo alla stazione di Euston.»

Johnson guardò Fiona. Ripensò al suo aspetto nel 2003, quando aveva lavorato con lei per la prima volta, alla storia del senatore della California. Assolutamente stupenda allora, e ancora piuttosto incantevole adesso, soprattutto quando era elettrizzata come in quel momento. Per quanto pensasse che non fossero adatti l'uno all'altra, doveva ammettere che l'attrazione c'era.

Inizialmente, Johnson si era risentito per il fatto che fosse spuntata fuori all'improvviso e si fosse autoinvitata per un lavoro che le aveva specificamente detto di voler gestire a modo suo, senza interferenze. Ma gli aveva appena salvato il culo.

«Devo ammetterlo Fiona, ogni tanto tiri fuori qualche asso dalla manica» disse.

«Sono sempre piena di sorprese. Dovresti saperlo» rispose lei, ammiccando.

Ordinarono due whisky con ghiaccio per festeggiare e chiesero il conto, che aveva ormai superato le duecento sterline. Johnson la lasciò pagare con la carta di credito American Express della società.

«Ancora nessun progresso nell'indagine su Nathaniel Kudrow dunque?» chiese Johnson.

«No, è strano. La polizia non ha ottenuto nulla e nemmeno l'FBI. Hanno il filmato di una telecamera di sorveglianza in cui si vede un tizio con i capelli scuri che lascia l'albergo più o meno all'ora in cui credono abbia avuto luogo l'accoltellamento, ma la qualità non è un granché. Hanno anche fatto degli appelli sui media nazionali e locali per trovare eventuali testimoni. Pare che a lavorare al caso siano in molti, ma finora nessun risultato. Ho chiesto ai colleghi della cronaca nera di tenermi aggiornata in caso ci fosse qualche sviluppo.»

Fiona si alzò. «Faremmo meglio ad andare. Sono al Crowne Plaza vicino a Blackfriars. Devo dormire un po'. Domani mattina prima di incontrare Bomber devo scrivere un articolo. Torni a casa del tuo amico? Com'è che si chiamava?»

«Robinson» rispose Johnson, un po' sollevato dal fatto che non avesse proposto il bicchiere della staffa.

Si diressero verso la porta, salutarono il cameriere e uscirono. Johnson si fermò all'entrata abbastanza a lungo da controllare la strada in entrambe le direzioni. Non c'era nessuno che guardava o gironzolava in maniera sospetta.

La pioggerella era ricominciata, rendendo il marciapiede scivoloso, e la temperatura si era abbassata ulteriormente. A Portland si sarebbe aspettato che nevicasse. Lì non ne era così sicuro.

Sentendosi in colpa, anche se non sapeva perché, Johnson le disse che il suo amico Robinson aveva un nome di battesimo... Jayne. Si era aspettato un qualche tipo di reazione.

Ma Fiona incrociò le braccia fingendosi seccata e sollevò il sopracciglio destro. «Davvero? Okay, be', almeno avrai i pantaloncini lavati dopo che te li sarai tolti allora.»

Si diresse verso la stazione della metropolitana salutandolo con un cenno della mano.

Johnson la guardò scendere le scale e sparire alla vista e si rese conto di due cose: la prima, che aveva passato una serata divertente dopo una giornata stressante; la seconda, che tutto sommato Fiona non sembrava avere ancora un debole per lui. Si era preoccupato senza motivo. Era stato decisamente un po' arrogante.

Johnson ridacchiò tra sé e si accese una sigaretta mentre si dirigeva verso l'appartamento di Jayne.

24

Venerdì 25 novembre 2011
Londra

Alejandro fece retromarcia e parcheggiò la Ford in un posto libero in una strada laterale a circa un chilometro dal parcheggio Minories.

Spense il lettore cd, che aveva suonato a tutto volume l'album dei Coldplay *Viva la Vida*, uno dei suoi preferiti da quando avevano visto la band al River Plate Stadium di Buenos Aires l'anno precedente.

Diego, seduto accanto a lui, si infilò il cappello di lana. «Il parcheggio dovrebbe essere abbastanza tranquillo ora. Portiamo a termine il lavoro.»

«Sì. Preferirei essere a casa, comunque» disse Alejandro. «Non mi piace... siamo qui fuori a congelarci le palle. A casa staremmo al caldo. Bella birra serale, una bella ragazza. A seguire una cena. Taxi per tornare a casa. Ecco cosa dovremmo fare.»

Scesero entrambi dall'auto e Diego tolse dal bagagliaio un grosso zaino nel quale aveva riposto la mina anticarro, il detonatore e il resto dell'attrezzatura procurata da Felipe. Poi si diressero a piedi al parcheggio.

Da un attento esame del parcheggio Minories nel corso delle due nottate precedenti avevano scoperto che c'era sempre una guardia di sicurezza in servizio, che sedeva in un piccolo ufficio al piano terra.

Ogni ora alla mezza la guardia pattugliava l'edificio a piedi, iniziando dall'alto e procedendo verso il basso, e ci metteva venti minuti.

Quando tornava in ufficio, la guardia ritualmente passava dieci minuti a preparare una tazza di tè in una piccola cucina prima di rimettersi di fronte a una serie di dieci schermi con i video di sicurezza in bianco e nero. Diego aveva notato che prestava scarsa attenzione agli schermi e che passava la maggior parte del tempo a leggere un romanzo tascabile.

Sebbene ci fossero videocamere montate sui muri di ogni piano, quelle del secondo piano si trovavano a una certa distanza dall'auto di Johnson. Sembrava ci fossero poche possibilità che i loro volti fossero riconoscibili sul video.

Il piano di Diego era di aspettare che durante il giro di controllo la guardia fosse passata dal secondo piano al primo. A quel punto si sarebbero mossi. Avrebbero avuto quindici o venti minuti di tempo prima che la guardia si rimettesse di nuovo davanti agli schermi.

Quando arrivarono al parcheggio Diego guardò l'orologio. Erano le 23:35.

«La guardia dovrebbe essere al terzo piano» disse Diego. «Aspettiamo al primo finché non passa al secondo piano.» I due uomini attesero in silenzio sulla scala deserta finché non sentirono dei passi che echeggiavano dall'alto mentre la guardia scendeva le scale e arrivava al secondo piano, chiudendosi la porta alle spalle.

Diego e Alejandro tirarono giù i cappelli di lana fino a coprirsi la fronte, si infilarono dei guanti di lattice e salirono la scala fino al pianerottolo del terzo piano. Aspettarono lì finché non sentirono la guardia spostarsi al primo piano, poi scesero silenziosamente fino al secondo.

La BMW nera di Johnson era parcheggiata dove l'aveva lasciata. Le uniche altre macchine rimaste a quel piano erano una Range Rover grigia, una Aston Martin che Diego immaginò appartenere a un banchiere che lavorava fino a tardi, una vecchia Vauxhall malconcia e una Mercedes così polverosa che doveva essere rimasta lì per settimane.

Se la guardia giurata fosse tornata, Alejandro e Diego si erano messi d'accordo sul dire che la BMW aveva problemi di batteria e che stavano aspettando che l'Automobile Association si presentasse con una di ricambio.

Diego si avvicinò alla BMW, si tolse lo zaino, aprì la portiera e il cofano, che si sbloccò con uno scatto. Tolse la mina e il resto dell'attrezzatura dallo zaino, andò davanti alla BMW e sollevò completamente il cofano. Ebbe difficoltà a trovare spazio per la mina anticarro nel vano motore, ma alla fine riuscì a incastrarla e la fissò con del nastro adesivo prima di installare il detonatore.

Assicurò accanto il ricevitore del telecomando e incrociò lo sguardo di Alejandro in cerca della sua approvazione.

Alejandro valutò il lavoro con un'espressione dubbiosa, poi gli sussurrò all'orecchio. «È fissata bene? Non sembra che rimarrà al suo posto. Non deve spostarsi. È pesantissima.»

Diego annuì, tagliò un'altra striscia di nastro e la aggiunse. «Dovrebbe andare bene» mormorò. «Non c'è spazio a sufficienza perché possa muoversi.»

Diego tirò giù il cofano e lo richiuse, poi controllò l'orologio. Mancavano tre minuti a mezzanotte.

Inclinò la testa guardando Alejandro, un cenno per indicargli che era ora di andare. Alejandro annuì.

I due uomini tornarono silenziosamente alle scale e poi uscirono dall'ingresso. Mentre andavano via, Diego intravide l'uomo della sicurezza seduto nell'ufficio che beveva una tazza di tè e leggeva il libro.

I due argentini tornarono alla macchina.

«Speriamo che Johnson non decida di controllare l'olio e la trovi... anche se è improbabile visto che è un'auto a noleggio» disse Diego. «Dovremo tenere sotto controllo i suoi spostamenti in modo da far partire lo spettacolo pirotecnico al momento giusto. Potremmo aver bisogno di trovare un modo per indurlo a usare la macchina.»

Il telefono che aveva in tasca emise due forti *bip*. Lo tirò fuori e lesse i messaggi. Si rivolse ad Alejandro.

«È Ignacio» disse Diego. «Niente di buono. Pare che il tizio che abbiamo legato abbia tentato di fuggire dalla camera sul retro. Ha allentato le corde ed era a metà della scala antincendio. Cazzo, sono sorpreso che sia riuscito a camminare in quello stato. Ignacio è riuscito a prenderlo, ma è incavolato. Ci vuole subito lì.»

Il telefono emise un altro *bip* e poi un altro ancora. Diego guardò i nuovi messaggi.

«Chiede se avevamo controllato le corde del tizio. Lo hai fatto? Ovviamente sta cercando di addossarci la colpa, come al solito.»

Garcia si accigliò. «Credo che non importi più molto. Non voglio sapere cosa gli farà Ignacio.»

Quando Johnson rientrò nell'appartamento di Jayne erano quasi le undici e mezza. Stava sdraiata sul divano a sorseggiare un bicchiere di vino bianco, gli dava le spalle.

Rimanendo in piedi dietro al divano disse: «Sono felice di vedere qualcuno di rilassato.»

Lei si voltò. «Niente affatto. Oggi è stata una giornata delirante, in realtà. Questo rapporto di sicurezza sulle Olimpiadi è davvero tosto. Sono arrivata a casa solo mezz'ora fa. Hai fatto qualche progresso?»

Johnson si rese conto di aver fatto un commento fuori luogo dato il numero di ore che Jayne trascorreva a Vauxhall Cross. «Scusa, so cosa significa. Sì, ne ho fatto qualcuno.» Le raccontò gli eventi del giorno e poi le disse dell'arrivo di Fiona.

«Allora, questa Heppenstall. Che rapporto avete? State insieme?»

Sapevo che me l'avrebbe chiesto. È la curiosità fatta persona. Era un aspetto di lei che gli piaceva.

Johnson sostenne il suo sguardo. «No, decisamente no, anche se un errore l'ho fatto su quel fronte, circa cinque anni fa. Il fatto è che per lavoro spesso le nostre strade si incrociano. Da parte sua c'è stato un tentativo di far ripartire la cosa, ma al momento sembra andarle bene un rapporto di amicizia.»

Jayne serrò le labbra. «Sembra una situazione un po' complicata. Eppure ti ha affidato un lavoro. La coinvolgerei, ma non troppo. Sarà una bella sfida.»

Si appoggiò allo schienale della sedia. *Era forse sollevata?*

«Ma quindi perché dovete lavorare insieme a questa storia?» chiese Jayne. «Se per te è un problema, perché non te ne vai e lasci che se ne occupi lei?»

Johnson fece il giro e si sedette sulla poltrona accanto al divano, affondando nella pelle nera.

«Sì, è un vero dilemma. Questo lavoro per me è importante però. Ho bisogno di fare qualcosa di più significativo di quanto ho fatto finora, qualcosa che mi dia soddisfazione. E quindi vale la pena sopportare i momenti di imbarazzo. E poi sa rendersi utile, ha buoni contatti e via dicendo, anche se ancora non so dove questo lavoro mi stia portando. Potrebbe ancora concludersi con un nulla di fatto.»

Jayne si passò una mano tra i capelli. «Ti darei volentieri una mano se avessi più tempo e non fossi legata al SIS... e se non ci fosse la giornalista ad accompagnarti.»

Johnson fece una smorfia. «Sì, be', magari un'altra volta. Ad ogni modo, che mi dici di te? Ancora single, ancora attaccata al lavoro, come mai?»

Jayne fece spallucce. «Mi piace troppo la mia indipendenza. Le relazioni vanno bene a piccole dosi. Ultimamente non ho nemmeno molta voglia di flirtare. O è un sì o un no.» Gli lanciò un'occhiata, quella che lui ricordava bene.

«Sei tremenda, quanto lo era lei» gemette.

«Tremenda? O sì o no. Non c'è niente di tremendo.» Johnson si alzò e si versò un bicchiere di vino.

«Il sì è tremendo, il no è tremendo. Cambiando discorso, ho un favore da chiederti. Mi hai detto che non puoi procurarmi una pistola, ma ho la sensazione che possa tornarmi utile. Mi basta qualcosa di discreto, ma che faccia il suo dovere se necessario. Pensi di potermela procurare?

Jayne serrò le labbra. «Non sai cosa mi stai chiedendo. Anche se questa potrebbe essere la mia via d'uscita, dato che probabilmente mi licenzieranno.»

Sorseggiò il vino e rifletté. «Potrebbe esserci un modo, mi è venuta in mente una persona. Il ragazzo di una mia amica conosce le persone giuste. Ne parlo con lei.»

25

Sabato 26 novembre 2011
Londra

Mentre l'uomo, che zoppicava leggermente, si dirigeva verso di lui sulla piattaforma di Euston Station il pomeriggio seguente Johnson pensò che fosse senza dubbio un ex fantino o un allibratore, non un criminale internazionale.

Asciutto e muscoloso, apparentemente sulla cinquantina, Bomber Tim era alto non più di un metro e settantacinque ed era quasi completamente calvo, a parte qualche ciuffo di capelli grigi sui lati. Un paio di occhiali dalla spessa montatura nera completavano il look.

Portava una vecchia ventiquattrore malconcia, anche se Johnson dubitava fortemente che contenesse documenti.

Fiona sovrastava Bomber di quindici centimetri buoni, ma questo non gli impedì di darle un lungo abbraccio. Johnson sbuffò.

Bomber si sciolse dall'abbraccio e salutò con diffidenza Johnson, che gli porse la mano. «Fiona mi ha parlato di te» disse Bomber con un forte accento di Lancaster mentre gliela stringeva.

«Anche a me di te» disse Johnson. «Piacere di conoscerti. Immagino non ti dispiaccia bere un caffè dopo essere venuto fin qui. Ho visto che zoppicavi un po'.»

«Ho preso una storta alla caviglia un paio di settimane fa. Fa un po' male» disse Bomber. «Cerchiamo un posto dove parlare?»

Johnson fece strada lungo il binario e fuori dalla trafficata stazione, gremita di persone che passavano il sabato a fare acquisti, studenti con gli zaini in spalla e famiglie in partenza per una gita fuori porta.

Trovarono un pub tranquillo dietro l'angolo, The Rocket, sedettero in un angolo lontano dagli altri clienti e ordinarono i caffè. La priorità di Johnson fu rassicurare Bomber sulle sue credenziali e sul fatto che non lo stava attirando in una trappola.

Gli raccontò brevemente del suo passato e gli diede il suo biglietto da visita, poi Fiona descrisse a grandi linee la loro missione a Londra, senza dilungarsi inutilmente sugli aspetti della storia legati al nazismo.

«Okay» disse Bomber. «Sarà una novità lavorare per fare giustizia, invece che fuggire da essa, per così dire.» Socchiuse gli occhi guardando Johnson, la fronte costantemente aggrottata.

Dopo mezz'ora ordinarono un altro giro di caffè e finalmente Bomber sembrò rilassarsi. «Okay, faremmo meglio a parlare di affari. Sai com'è fatta questa cassaforte? Potrei aver bisogno di procurarmi altri strumenti.»

Johnson gli mostrò la foto che aveva fatto con il telefono. Bomber la studiò attentamente.

«Dovrebbe essere abbastanza facile. È molto vecchia, credo risalga a prima della guerra. Whitfields... non se ne vedono più molte, se non nelle vecchie aziende di famiglia o nelle case dei ricchi. È una cassaforte con serratura a combinazione. Una volta le pubblicizzavano come impenetrabili. Una barzelletta. È un po' diversa rispetto a quella a Charlotte, sai, Fiona?»

Bomber sorrise per la prima volta, l'angolo destro della bocca si allungò di lato e così la guancia destra si contrasse e la sinistra si tese. Sembrava che avesse una sorta di tic nervoso. «Ci vorrà comunque del tempo per scassinare la serratura. Potrebbero volerci un paio d'ore se siamo sfortunati.»

«C'è un'altra cosa» disse Johnson. «Ci sono anche due antifurti, quelli in cui va inserito il codice. Ecco, ho fatto una foto a uno dei due. Sono uguali.»

La mostrò a Bomber, che si gratto il mento ed esitò. «Mmm, penso di potermene occupare. Ho un attrezzo che posso usare...» La sua voce si affievolì e guardò Johnson.

«Sei sicuro?» chiese Johnson. «Ho dato un'occhiata da vicino alle tastiere e ho i numeri. C'erano dei segni di grasso sopra ed erano più consumati, a differenza degli altri che erano puliti.»

Bomber guardò Johnson. «L'hai già fatto in passato?»

«Non proprio, ma un po' me ne intendo.»

«Direi di sì» disse Bomber, il cui tono di voce ora esprimeva rispetto. «Questo rende tutto molto più facile.» Sembrò un po' sollevato.

«Sì, ma come facciamo a sapere in che ordine vanno inseriti i numeri? È quella la parte difficile, non è così?» chiese Johnson.

«Lo è se non hai gli strumenti giusti. Fortunatamente ho un dispositivo che aggira il problema. Lo colleghi e trova l'ordine di inserimento, passa in rassegna tutte le possibili combinazioni in un lampo. Se conosci già i numeri si riduce drasticamente il numero di permutazioni. Quindi è molto più rapido.»

Johnson sorrise. «Capisco.» Si rivolse a Fiona. «Solo una cosa, Fiona. Penso che entrare in tre nel laboratorio sia troppo rischioso. Sarebbe meglio se andassimo io e Bomber. Non voglio metterti in pericolo inutilmente o nei guai se tutto va storto.»

Fiona sembrava sorpresa. «No, Joe, è la mia storia e voglio venire anche io. È da tanto che non lavoro a qualcosa di così eccitante. Ricordati che ti paghiamo.»

Johnson scrollò le spalle, ma Bomber tamburellò con le dita sul tavolo. «Sono d'accordo con Joe. Deve essere un lavoro fatto in modo silenzioso e professionale con il minor numero possibile di persone. Possiamo darti tutti i dettagli di cui hai bisogno in seguito. Solo io e Joe questa volta.»

Prima che Fiona potesse parlare, il telefono di Johnson emise un *bip*. Era un messaggio di Jayne.

Ho quello che mi hai chiesto ieri sera. Incontriamoci alla fermata della metro Embankment alle 15:00. Non fare domande. Baci

Fiona sembrava aver rinunciato a convincerli ad andare con loro al laboratorio. Decise invece di tornare in albergo a scrivere un articolo su Obama per il sito web. Bomber sarebbe andato con lei e si sarebbe fatto un giro per conto suo mentre lei lavorava.

Più tardi si sarebbe incontrato con Johnson vicino al quartiere di Jayne. Poi, più in là nel corso della serata, probabilmente dopo le undici, Johnson e Bomber sarebbero andati insieme al laboratorio. Non c'era motivo di prendere la macchina, che avrebbe potuto attirare l'attenzione. Fiona sarebbe rimasta in albergo.

Era un piano, più o meno. Johnson li lasciò a Euston e si accese una sigaretta prima di prendere la metro.

Mentre fumava si sedette su una panchina davanti alla stazione. Una delle sue preoccupazioni principali era entrare nel cortile del laboratorio, ma lo avrebbero risolto a tempo debito.

L'altra era collaborare con un eccentrico criminale che non conosceva e con una caviglia dolorante a un lavoro che comportava introdursi illegalmente in una proprietà, cosa per cui silenzio e rapidità erano essenziali. Ma Bomber era un professionista, si disse. Che cosa sarebbe potuto andare storto?

26

Sabato 26 novembre 2011
Londra

Quando Johnson si calò dal muro e atterrò dolcemente sul pavimento di cemento del deposito del magazzino la temperatura era vicina allo zero.

Fu seguito pochi secondi dopo da Bomber Tim, che sembrava aver risolto il problema alla caviglia. O forse l'adrenalina aveva attenuato il dolore.

Johnson tirò fuori dei sottili guanti di lattice dalla tasca e li indossò. Bomber ne indossava già un paio.

La maggior parte delle spesse nuvole che avevano coperto il cielo di Londra si era allontanato nel corso della serata, ora il cielo era terso e alcune delle stelle più luminose erano visibili nonostante il perenne manto di luci arancioni e bianche della capitale.

Poi i cani iniziarono ad abbaiare. Ce n'erano due, i loro latrati bassi e profondi erano intervallati da ringhi insistenti e acuti.

Maledetti bastardi, pensò Johnson. Poi però si rese conto che i cani non erano nel cortile ma dietro alla staccionata di un'azienda limitrofa, che si trovava un po' più avanti nello stretto vicolo.

In silenzio Johnson fece strada verso la sezione del muro del magazzino dove immaginava dovesse trovarsi l'entrata della carbonaia.

Ma si sbagliò. E dopo qualche altro minuto di ricerche, i cani abbaiavano ancora. Bomber gli toccò la spalla e gli indicò l'alto muro del magazzino, che veniva periodicamente illuminato da torce elettriche. Le guardie degli immobili vicini controllavano cosa disturbava i cani.

Ogni suono sembrava amplificato. Il rumore del traffico era quasi scomparso, quindi non c'era rumore di fondo. Poi l'orologio di una chiesa vicina suonò la mezzanotte: dodici rintocchi profondi e sonori.

Poi, finalmente, Johnson trovò l'accesso esterno allo sportello della carbonaia, nascosto in una recinzione di mattoni dove era conservata la spazzatura del magazzino. Per riuscire a raggiungerlo dovette spostare di lato due dei cassonetti, facendo attenzione.

Quindi tirò leggermente lo sportello. Era ancora sbloccato e Johnson sentì un'ondata di sollievo.

Prima di dirigersi al magazzino i due uomini avevano discusso a lungo su come gestire la questione degli antifurto. Johnson sapeva che avevano circa trenta secondi, forse un minuto, per agire prima che l'allarme suonasse, si scatenasse il finimondo e la polizia arrivasse di corsa.

Le parole di Bomber si agitavano nella sua mente. 'Dobbiamo essere pronti a uscire rapidamente se qualcosa va storto o se hai fatto un casino con i numeri che mi hai dato'.

Johnson aprì completamente la porta e l'attraversò a carponi. Bomber era dietro di lui con una borsa degli attrezzi di cuoio legata alla schiena.

Una volta dentro si alzarono in piedi. Silenzio. Non sentirono nessun allarme.

Johnson si spostò rapidamente e attraversò il locale caldaia, sfiorando al passaggio delle grandi ragnatele. Un topo scappò sul pavimento di fronte a lui. Johnson si immaginò le strilla di sorpresa di Fiona se fosse stata presente.

Aprì la porta della caldaia e fu allora che cominciò il *bip* sonoro intermittente che proveniva dal corridoio, dietro la porta scorrevole bianca.

Passò accanto ai due vecchi veicoli della Volkswagen, attraversò l'officina sudicia e superò la porta fino all'antifurto, che continuava a suonare rumorosamente. Bomber lo seguì.

Johnson accese la mini torcia e per limitare la quantità di luce emessa la coprì parzialmente con il pollice.

Sul display dell'unità antifurto era iniziato il conto, che diminuiva ogni secondo che passava. Una luce rossa lampeggiava sull'unità accanto alla scritta ATTIVO.

Ventuno, venti, diciannove, diciotto...

Bomber tirò fuori un piccolo cacciavite da una tasca e dall'altra prese una scatola nera delle dimensioni di un pacchetto di sigarette, da cui sporgevano due cavi con delle piccole pinze a coccodrillo a un'estremità.

In un lampo, svitò il pannello alla base dell'unità e lo tolse. Quindi collegò le pinze a due nodi, premette un pulsante, poi tenne la scatola di fronte a sé e aspettò. Johnson lo osservava ipnotizzato, mentre i numeri sull'unità continuavano a scendere.

Undici, dieci, nove, otto, sette...

Poi sullo schermo della piccola scatola di Bomber apparvero cinque cifre. Inserì rapidamente i numeri nell'unità a muro, il movimento delle dita appena percepibile.

Nel momento in cui il segnale acustico si fermò, emise un chiaro sospiro di sollievo. Johnson guardò il display dell'unità. *DUE*, c'era scritto.

Il LED rosso si spense, e al suo posto iniziò a lampeggiare un piccolo LED verde accanto alla scritta NON ATTIVO.

I due uomini rimasero immobili per diversi secondi, anche se a Johnson parve un'eternità. Poteva sentire il cuore battergli forte.

Bomber tolse i cavi e rimise al suo posto il pannello che aveva tolto dall'unità antifurto. Poi Johnson indicò la scala di legno.

Mentre salivano a Johnson sembrò che i loro passi risuonassero come una mandria di bovini nell'oscurità e a ogni gradino trasaliva. L'asse che aveva fatto un rumore simile a un colpo di fucile durante la sua ultima visita lo rifece, questa volta sotto il piede di Bomber.

Quando arrivarono alla porta comunicante tra la società di ricambi per auto e la Gioielleria Kew U.K. Johnson la spinse dolcemente con la punta delle dita. Non si mosse.

Era chiusa.

Si voltò e fece spallucce a Bomber, che indicò la serratura e poi la sua borsa. Johnson gli fece okay col pollice.

Bomber prese dalla sua borsa un portautensili avvolgibile di tela, che una volta aperto rivelò una grande varietà di strumenti del mestiere: la maggior parte di metallo lunghi e sottili con ganci di forma diversa a un'estremità. Un altro set di tasche conteneva alcuni tensori a forma di L.

Tirò fuori anche una minuscola torcia a LED e un oculare a forma di mini telescopio, lungo non più di quattro o cinque centimetri. Si tolse gli occhiali e lo fissò all'occhio destro con una fascia elastica.

Bomber accese la torcia, guardò all'interno della serratura attraverso l'oculare e scelse uno degli strumenti a uncino, che inserì nel buco, seguito da uno degli strumenti a forma di L più piccoli. Da lì, passò qualche secondo ad aggiustare minuziosamente la posizione degli strumenti, spingendone di tanto in tanto uno verso il basso e ruotando l'altro.

La porta si aprì e il secondo sistema di allarme cominciò a suonare. Johnson si rese conto di aver trattenuto il fiato. Ricominciò a respirare con un sonoro sospiro. Bomber aveva aperto la porta in modo sorprendentemente rapido.

Johnson e Bomber quasi corsero fino all'altro allarme, dove Bomber ripeté la performance con la scatoletta nera. Questa volta, risolse la cosa con sette secondi di anticipo. Sorrise soddisfatto.

Avanzarono sul pianerottolo buio come la pece. Johnson aprì la porta dell'ufficio dell'amministratore delegato, che cigolò per un lasso di tempo spaventosamente lungo mentre si apriva. Nulla sembrava essere stato spostato dalla precedente visita di Johnson.

Tirò le tende e chiuse la porta e, usando la mini torcia per fare luce, aprì l'armadio che nascondeva la cassaforte e fece segno a Bomber che poteva iniziare a lavorare.

Bomber non disse nulla. Studiò la cassaforte per qualche istante. Poi prese la sua borsa e tirò fuori uno stetoscopio, che fissò con una ventosa di gomma sulla parte anteriore della cassaforte, proprio accanto alla ghiera della combinazione.

Johnson aveva qualche nozione su come si scassinano le casseforti. Anni prima, all'OSI, aveva passato una settimana a San Diego a caccia di un brutale comandante delle SS della Lettonia che aveva una casa per le vacanze vicino alla spiaggia. Johnson era andato nella proprietà vuota con un collega dell'OSI e un fabbro, che era stato assunto per aprire la cassaforte dell'uomo. Non avevano trovato nulla, ma aveva appreso qualche dritta dal fabbro.

Bomber prese la sedia di legno da dietro la scrivania e si sedette di fronte alla cassaforte.

Con gli auricolari dello stetoscopio in posizione, passò un bel po' di tempo a girare con estrema lentezza la ghiera della cassaforte prima in senso orario, poi in senso antiorario. Cambiava direzione a intervalli regolari.

Da quello che Johnson ricordava del tutorial involontario del fabbro di San Diego, Bomber stava cercando di capire esattamente a che punto della ghiera una leva interna alla serratura sarebbe entrata a contatto con le tacche intagliate nei dischi rotanti. Piccoli *clic* e vibrazioni gli avrebbero dato gli indizi di cui aveva bisogno.

Il silenzio nella stanza era pressoché totale a parte il fruscio occasionale degli abiti di Bomber mentre cambiava posizione e una sua imprecazione sussurrata inconsciamente. Da fuori arrivava il suono lontano di macchine che sporadicamente passavano per Whitechapel Road.

Johnson controllò l'orologio. 1:15.

Mentre Bomber lavorava, Johnson decise di dare un'altra occhiata alla stanza. Cominciò con le assi del pavimento e girò tutta la stanza, cercandone di sconnesse o fissate di recente che potessero indicare un nascondiglio. Non ce n'erano. Anche i battiscopa e le librerie non nascondevano nulla, così come i pannelli posteriori e laterali dell'armadietto delle bevande. Con una cassaforte incassata, Jacob Kudrow probabilmente non sentiva la necessità di nascondigli segreti secondari nel suo ufficio.

Quando Bomber si voltò e parlò per la prima volta erano le due meno cinque. «Tre dischi. Rende tutto più facile. Penna?»

Johnson la tirò fuori dalla tasca della giacca e in qualche modo fece cadere il taccuino sul pavimento con un piccolo tonfo, cosa che gli valse uno sguardo irritato di Bomber.

Bomber prese due fogli di carta millimetrata dalla sua borsa, su cui disegnò un grafico con dei numeri su entrambi gli assi. Tornò alla ghiera e ogni tanto segnava un punto sul grafico.

Johnson esaminò la stanza. Conteneva pochi mobili ed era decorata in modo minimale. Davvero un ufficio da vecchietto, pensò. Sulla parete dietro lo scrittoio c'erano due grandi fotografie a colori sbiadite, entrambe scattate sotto il sole splendente che segue delle intense nevicate.

Il primo ritraeva un castello con un grande campanile ricoperto di rame, verde brillante dopo anni di ossidazione, che era in parte coperto di neve. Si ergeva in alto su uno sperone roccioso e dominava il paesaggio e la città circostanti.

Sotto una didascalia indicava Castello di Książ. Johnson non aveva idea di dove fosse, ma immaginò che fosse da qualche parte in Polonia.

La seconda fotografia mostrava l'elegante chiesa di un villaggio a cui facevano da sfondo colline boscose coperte di neve, con una torre formata da tre livelli di dimensioni decrescenti. In primo piano sulla destra c'era un cartello stradale: Gluszyca.

Johnson notò di nuovo la strana scultura sulla scrivania. Gli ricordava una di quelle strane opere postmoderne realizzate con pezzi di metallo industriale che si vedevano a volte nei centri storici nelle vecchie zone di produzione della *Rust Belt* degli Stati Uniti, come la statua *The Workers* a Pittsburgh. Su di un lato c'era una piccola incisione di un vecchio carro romano, trainato da cavalli.

Poi, verso le tre meno un quarto, Johnson fu distratto da Bomber che posava la penna. Aveva scritto tre numeri sul foglio.

Bomber si concentrò nuovamente sulla ghiera. Non troppo tempo dopo si sentì un *clic* e Bomber si voltò, un ampio sorriso sghembo stampato sulle labbra. Dietro di lui, la porta della cassaforte era aperta.

Johnson strinse silenziosamente la mano del piccolo scassinatore. Guardò l'orologio. 3:13. Andò alla cassaforte. Dentro c'erano un fascio di fogli in una cartella di plastica trasparente, un portagioie nero e un vecchio taccuino rosso.

Prese i documenti e rapidamente li passò in rassegna. Ricevute, moduli d'ordine e alcune fotocopie di fatture. Ne lesse un paio. C'erano alcune distinte di pagamento di Oro Centro a SolGold, per importi simili a quelli che aveva precedentemente fotografato tra Classic Car Parts e Oro Centro.

Anche in questo caso la vendita riguardava dei 'servizi'. Ce n'erano troppe perché le potesse esaminare con attenzione.

Aprì il portagioie nero. Dentro c'erano due anelli d'oro, entrambi molto consumati, con graffi e piccole ammaccature. Forse delle fedi, pensò Johnson.

E il taccuino rosso. Poi, Johnson ricordò.

'Sarà tutto nel libro. Jacob sta scrivendo le sue memorie... nel suo libricino rosso.'

Aprì rapidamente il taccuino. La spirale nera che lo teneva rilegato era piegata e leggermente arrugginita. La copertina era malconcia e consumata, come se fosse passata per molte valigette e usata su molte scrivanie.

Sulla prima pagina in alto c'era un titolo a caratteri cubitali: *Sopravvivenza e redenzione – Le mie memorie.* Sopra c'era una data, 21 settembre 1994, che era stata sottolineata.

All'interno la carta a righe era ricoperta da una scrittura fitta e un po' tremolante, fatta con penne a sfera di vari colori: nero, blu, verde.

Le annotazioni erano datate e partivano dal 1994; la più recente era di appena due settimane prima. Non era un diario, palesemente, più una sorta di resoconto.

Non c'è tempo per leggerlo ora, pensò Johnson. Ricontrollò velocemente la cassaforte. Era tutto. Non c'era nient'altro. Doveva decidere cosa fare con quegli oggetti. *Su, sbrigati, prendi una decisione...*

Rimise il portagioie nella cassaforte e infilò il fascio di documenti e il taccuino rosso nello zaino. I documenti erano troppi perché potesse fotografarli uno per uno e il tempo stava scadendo.

Johnson chiuse la cassaforte e fece un cenno col capo a Bomber.

Un minuto dopo erano nuovamente sul pianerottolo e calpestando senza far rumore il pavimento rivestito di moquette si diressero verso la porta comunicante con la società di ricambi per auto.

Johnson si sentì immediatamente sollevato.

Si era immaginato di rimanere intrappolato nell'edificio quando il primo impiegato, la sicurezza o chiunque altro, fosse arrivato al mattino. In effetti era sorpreso che non ci fossero pattuglie notturne di sicurezza in un'azienda come quella. Ovviamente Jacob e Leopold ritenevano che il sistema di sicurezza elettronico, con il collegamento diretto alla polizia, fosse sufficiente.

Johnson aprì la porta comunicante e si voltò verso Bomber, che gli segnalò l'intenzione di riattivare il sistema di allarme. Ma prima che Bomber potesse muoversi un forte schianto metallico riecheggiò da qualche parte nella sezione dell'edificio della Classic Car Parts, seguito da un grido di dolore soffocato ma inconfondibile che faceva pensare che un cane fosse stato preso a calci.

Johnson e Bomber si bloccarono.

Poi sentirono il flebile suono di due uomini che parlavano tra loro.

Johnson infilò una mano nella tasca della giacca e tirò fuori la piccola pistola Walther che Jayne gli aveva dato in precedenza. Guardò Bomber, poi indicò la porta comunicante e scosse la testa.

Johnson la chiuse silenziosamente e si guardò intorno. C'erano altre tre porte dipinte di bianco sul pianerottolo, che nel corso della precedente visita non aveva avuto il tempo di controllare. Aprì la più vicina e sbirciò all'interno. Era una specie di laboratorio. Fece un cenno a Bomber, entrò, poi chiuse la porta alle loro spalle.

Qualunque fosse la fonte del rumore al piano di sotto, non prometteva niente di buono. Il primo pensiero di Johnson fu che gli agenti della CIA fossero sulle sue tracce... i tirapiedi di Watto. Scartò l'ipotesi per via del rumore e del parlottare; non era da professionisti.

Johnson indicò con l'indice a Bomber che sarebbero dovuti rimanere chiusi lì finché chiunque ci fosse di sotto non se ne fosse andato. Bomber annuì, masticandosi visibilmente l'interno della guancia.

Il laboratorio era a forma di L: una sezione scompariva dietro l'angolo dopo l'ultima finestra. Almeno avrebbero potuto nascondersi lì se necessario. Un banco di lavoro sul lato sinistro della stanza era pieno di strumenti e a un'estremità c'era un computer con la spina staccata.

Accanto al banco di lavoro c'era un grosso mobile nero con due grandi recipienti tubolari d'acciaio al centro, uno sopra l'altro, e attorno altri recipienti di acciaio e vetro dalla forma strana. Da questi partiva un groviglio di tubi.

Davanti c'erano svariati interruttori colorati, un timer e uno schermo digitale. La macchina era spenta.

Contro l'altra parete c'era una grande struttura metallica con un'apertura circolare al centro, all'interno della quale si trovava un altro recipiente di metallo.

«Unità di raffinazione dell'oro. Un amico ne ha una» sussurrò Bomber.

Sul muro un cartello giallo con una scritta rossa avvertiva: ATTENZIONE – TEMPERATURE ESTREMAMENTE ELEVATE 1093 °C. Accanto alla scritta c'era il simbolo di un teschio e ossa incrociate. Su un altro cartello c'era scritto: È OBBLIGATORIO INDOSSARE ATTREZZATURE DI PROTEZIONE INDIVIDUALI.

Sembrava inutilizzata da molto tempo. Johnson ci passò un dito sopra. Era coperta da un bello strato di polvere.

Su un'altra struttura appoggiata alla finestra c'erano una serie di ciotole poco profonde, grandi mestoli e stampi, anch'essi coperti da uno strato di sporcizia.

Furono gli stampi a catturare l'attenzione di Johnson. Ne raccolse uno senza far rumore e lo esaminò più da vicino.

Poi si sentirono due colpi di pistola provenire dal piano di sotto.

Dopo i colpi di pistola, Johnson e Bomber sedettero silenziosamente nel laboratorio per altri tre quarti d'ora. Johnson ordinò a Bomber di sedersi fuori dal campo visivo della porta, dietro l'angolo della stanza a forma di L. Johnson teneva la Walther nella mano destra ed era seduto sul bordo della sedia, a coprire l'ingresso.

Sentirono alcuni suoni in lontananza e uno sporadico vociare sommesso; seguiti da una porta che sbatteva fuori nel corridoio, poi dai passi di almeno due persone e le voci di uomini che sussurravano.

Spagnolo. Johnson si rese conto che erano gli argentini, non la CIA o il Mossad.

Era chiaro dove stessero andando.

La direzione dei loro passi e il prolungato cigolio di una porta che si apre gli suggerirono che erano entrati nell'ufficio dell'amministratore delegato, dove Johnson e Bomber erano stati poco prima.

Continuavano a parlare e ogni tanto alzavano la voce. Si udì qualche tonfo, poi uno schianto che parve quello del cassetto di uno schedario che viene chiuso con forza.

Gli argentini, ipotizzando fossero loro, erano molto meno cauti rispetto a Johnson e Bomber. Rischiavano di attirare l'attenzione della sicurezza o di qualcun altro, con conseguenze potenzialmente disastrose per Johnson e Bomber, nonché per loro stessi.

Di una cosa Johnson era quasi certo: non erano accompagnati da uno scassinatore esperto. Era anche abbastanza sicuro che non avrebbero trovato nulla di particolarmente utile, a meno che non fossero riusciti a scoprire qualcosa che gli era sfuggito. Gli sembrò improbabile.

Johnson pensò alla cimice che aveva nascosto sotto la scrivania nell'ufficio di Jacob Kudrow. Da quando l'aveva piazzata nel corso della sua precedente visita, l'aveva controllata alcune volte utilizzando un'app sul suo telefono, ma il dispositivo, che utilizzava un servizio dati 3G, non aveva registrato alcuna attività.

Per un istante pensò di fare un altro tentativo. Sarebbe potuto rivelarsi utile ascoltare la conversazione degli altri intrusi. Ma avrebbe fatto rumore e non aveva le cuffie, quindi scartò subito l'idea. Poi pensò che gli argentini avrebbero potuto trovare la cimice e toglierla.

Dieci minuti dopo sentirono un altro forte cigolio della porta dell'ufficio dell'amministratore delegato e di nuovo il suono di passi che si dirigevano nella direzione opposta.

Una porta si spalancò. Presumibilmente quella comunicante. Quindi di nuovo silenzio.

Johnson si sentiva teso come non mai.

Erano le cinque e mezzo del mattino quando Johnson ebbe il coraggio di pensare di lasciare il laboratorio. «Penso se ne siano andati» sussurrò.

Bomber annuì vigorosamente.

Uscirono lentamente dalla porta. Il pianerottolo era buio e silenzioso.

Questa volta, dopo essere usciti dalla porta comunicante, Bomber la lasciò aperta e nemmeno si preoccupò di riattivare l'antifurto.

«Potremmo aver bisogno di una via di fuga» sussurrò.

Johnson avanzò a piccoli passi per il corridoio e il magazzino, rimanendo il più possibile attaccato al muro per minimizzare il rischio di far scricchiolare le assi di legno. Ogni pochi secondi si fermava e ascoltava.

Silenzio.

Le scale erano di fronte a loro. Johnson sapeva che sarebbe stato impossibile scendere al piano terra senza fare rumore.

Se ci fosse stato qualcuno di sotto, si sarebbe facilmente accorto che due uomini stavano scendendo le scale a causa dello scricchiolio inevitabile delle assi di legno.

Doveva solo sperare che chiunque era stato lì se ne fosse veramente andato.

Arrivarono al corridoio del piano di sotto, vicino al bagno, alle 5:50. Ancora silenzio.

Johnson aprì poco alla volta la porta scorrevole dell'officina, finché non ci fu un varco largo a sufficienza per farli passare.

Erano appena entrati quando, in quella grigia oscurità, Johnson vide Bomber spostarsi bruscamente di lato e tendere la mano, con il palmo all'insù. Puntò l'indice verso l'alto e alzò lo sguardo.

«Bagnato» sussurrò.

Johnson tese la mano e anche lui sentì una goccia cadergli sul palmo. Strano, pensò. Sembrava ormai certo che gli altri intrusi fossero andati via, così decise di accendere per un istante la mini torcia.

Vide subito una pozza di liquido rosso sul pavimento, larga almeno mezzo metro.

E solo a quel punto diresse la torcia verso l'alto.

Il corpo di un uomo, nudo a parte un paio di mutande intrise di sangue, pendeva a circa tre metri sopra le loro teste, appeso all'alto soffitto dell'officina da una fune attaccata ai polsi.

Del sangue gocciolava dai piedi nudi dell'uomo e ne fuoriusciva ancora dalle ferite visibili sul petto.

La testa era inclinata in avanti, il mento appoggiato sul petto, gli occhi spalancati, lo sguardo spento per sempre. Sulla fronte c'erano due fori da cui usciva sangue.

Johnson sentì per un attimo la bile risalirgli in gola, ma riuscì a controllare il riflesso. Fece cenno con l'indice che dovevano uscire velocemente e dirigersi verso la porta della caldaia. Dopo un secondo Bomber lo seguì.

Dietro di loro, il sangue continuava a gocciolare sul pavimento.

27

Domenica 27 novembre 2011
Londra

Bomber intascò la busta piena di banconote da venti sterline che Fiona aveva detto a Johnson di dargli una volta conclusa con successo la missione.

«Grazie, hai fatto un ottimo lavoro» gli disse Johnson. «Ora andiamocene da qui.» Sbirciò dietro l'angolo del vicolo in cui si trovavano. «Dobbiamo sbrigarci prima che la polizia o chiunque altro si presenti qui.»

Strinse la mano a Bomber e si spostarono nella Whitechapel Road, dove una macchina su due sembrava essere un taxi. Bomber ne fermò uno e si voltò per stringere la mano a Johnson.

«Sei un professionista» disse Bomber «se mai avrai bisogno di un altro lavoro fammi sapere.»

Salì sul taxi e se ne andò.

Johnson si calò un cappello di lana sulle orecchie e la fronte, poi si voltò. Su Plumbers Row, a circa duecento metri dietro di lui, due uomini in bicicletta stavano arrivando al cancello principale del laboratorio di gioielli. Lo aprirono ed entrarono.

Il turno di giorno ovviamente iniziava presto. Erano usciti appena in tempo, pensò.

Si rese conto di sentirsi completamente sfiancato. Erano quasi le sei del mattino e non dormiva da ventiquattr'ore.

Johnson si diresse con passo spedito verso l'appartamento di Jayne. Pochi minuti dopo due auto della polizia gli passarono accanto andando nella direzione opposta, con sirene a tutto volume e luci lampeggianti che illuminavano a intermittenza di blu e di rosso tutta Whitechapel Road.

Le guardò mentre imboccavano Plumbers Row sgommando, per poi scomparire alla vista in direzione dell'officina.

Johnson tirò fuori il pacchetto di sigarette e ne accese una. Nell'aria gelida di dicembre, il fumo si mescolò al vapore del suo respiro formando una nuvola di nebbia davanti a lui mentre espirava.

Non riusciva a togliersi dalla mente l'immagine del corpo insanguinato.

Rimaneva una domanda senza risposta: chi erano?

Johnson riaccese il telefono. L'aveva tenuto spento durante l'effrazione nel laboratorio, in parte perché non voleva riprendersi lo spavento della precedente visita in solitaria, in parte perché non voleva che nessuno lo localizzasse usando il GPS o la triangolazione.

Due minuti dopo squillò il telefono. Era Fiona.

«Ciao, Joe, come è andata?»

«Richiamami su Skype» disse Johnson. «È più prudente.» Non voleva discutere i dettagli di un furto con un telefono non sicuro. Il telefono di *Inside Track* di Fiona non era crittografato.

Fiona richiamò come le aveva detto e Johnson passò qualche minuto a farle una sintesi degli eventi al laboratorio, inclusa una descrizione dettagliata del corpo appeso alla trave, che scatenò una serie di domande a cui non era in grado di rispondere.

«Mettiamola così,» disse Johnson «il tuo amico si è senza dubbio guadagnato quella busta.»

«Tremila sterline» disse Fiona. «Spero ne sia valsa la pena. Fammi sapere quando avrai finito di leggere il taccuino. Vorrei farmi un'idea di cosa contiene. Penso che sarà il fulcro attorno al quale girerà ogni articolo che scriverò.»

Promise di richiamarla più tardi, dopo aver dormito un po' e averlo letto, quindi riattaccò.

Johnson cercò di pensare alle prossime mosse da compiere, ma non riuscì a spingere il cervello oltre l'idea di esaminare i documenti che aveva preso o fotografato nell'ufficio di Jacob.

Quando rientrò Jayne era già andata al lavoro.

O forse non era nemmeno tornata a casa.

A Johnson non importava.

Crollò non appena la testa entrò a contatto con il cuscino.

Ignacio normalmente non aveva problemi a dormire. A parte il periodo di stress di quando aveva combattuto nelle Falkland e nel Golfo ai tempi dell'esercito argentino, era sempre stato in grado di addormentarsi a piacimento.

Ma ora, dopo essere tornato con i suoi uomini dal laboratorio dei Kudrow, nonostante la stanchezza non riusciva a prendere sonno. Le cose non stavano andando affatto secondo i piani.

Il problema principale era Joe Johnson, l'uomo che a quanto pareva minacciava di far colare a picco gli affari del padre e, con essi, il futuro finanziario di Ignacio.

Il piano per far fuori Johnson piazzandogli un congegno esplosivo nell'auto poteva andare bene sulla carta. Ma da quando avevano piazzato la bomba Johnson non aveva usato la BMW e chissà quando lo avrebbe fatto.

Ignacio scese dal suo stretto letto singolo, accese una sigaretta e si mise a camminare su e giù per la camera da letto sul retro del pub convertito, ripercorrendo gli eventi dell'ultimo giorno più e più volte.

All'inizio non aveva avuto l'intenzione di sbarazzarsi di Keith, poiché sapeva che inevitabilmente, la società di ricambi per auto e l'oreficeria adiacente sarebbero state invase dalla polizia. Una pigra ricerca per una persona scomparsa sarebbe diventata una vera e propria indagine per omicidio.

E questo in un momento in cui Ignacio non sapeva ancora da dove provenisse l'oro che veniva fornito alla società del padre, né di preciso come Jacob Kudrow riuscisse a imporre prezzi così elevati.

Fece cadere mezzo centimetro di cenere in un vaso di fiori vuoto.

Perché l'ho ucciso? Nel chiederselo diede un calcio al tappeto.

Ma poi, si disse, non aveva scelta. Diego e Alejandro non si erano attenuti alle sue istruzioni di tenere Keith sempre bendato. *Idioti, entrambi.*

Dopo il tentativo di fuga Ignacio, in preda alla rabbia, aveva portato l'uomo al laboratorio di Kudrow nel cuore della notte. Lo aveva fatto infuriare che fosse quasi riuscito a fuggire. Lo aveva fatto infuriare che non sapesse dove fosse l'oro. E la rabbia tendeva a fargli perdere la ragione.

Come gli aveva detto il suo vecchio colonnello dell'esercito argentino: 'Ignacio, in genere sei uno che tiene duro, ma quando vedi rosso ti freghi.'

Per la rabbia aveva ordinato a Diego Ruiz di piantare due pallottole in fronte a Keith e ne avevano appeso il corpo a una trave con una corda.

Ora, solo poche ore dopo, si rimproverava. *Devi sempre essere così teatrale...*

Prese una bottiglia d'acqua vuota e la gettò con forza contro il muro, poi accese un'altra sigaretta e continuò a camminare su e giù.

Si fermò di nuovo e si ricordò che, sebbene non avesse trovato alcuna mappa o documento utile nel laboratorio, aveva notato qualcosa nell'ufficio di Jacob Kudrow... qualcosa che, ne era certo, puntava nella direzione giusta. Aveva solo bisogno di dare un'occhiata.

Mentre Ignacio si calmava, ricordò un'altra cosa: sebbene Keith fosse stato ampiamente inutile, l'uomo si era lasciato sfuggire un'informazione prima di morire.

E Ignacio intendeva farne pieno uso.

Abbandonò l'idea di dormire e andò in cucina, dove trovò Diego.

«*Jefe*, sto pensando a Johnson» disse Diego. Spense la sigaretta in una tazza di caffè sporca.

«Non mi va di parlarne. Ho bisogno di un caffè.» Ignacio si sedette e appoggiò i gomiti sul tavolo e il mento nelle mani a coppa. «Va bene, cos'hai pensato?»

Diego gli spiegò cosa aveva in mente. Ignacio scrollò le spalle. «Okay, provaci allora. Va bene.»

28

Domenica 27 novembre 2011
Londra

Johnson si svegliò che erano quasi le due del pomeriggio.

A quell'ora la luce bassa del sole di novembre inoltrato si riversava quasi orizzontalmente da un cielo senza nuvole direttamente nell'appartamento di Jayne, rivolto a sud.

Johnson si preparò un caffè e due fette di pane tostato e prese lo zaino, che aveva gettato sul pavimento vicino alla porta.

Si sistemò in una delle poltrone di pelle nera e prese il taccuino rosso di Jacob dalla borsa. Il calore e la sensazione strisciante della caffeina che gli scorreva in corpo lo stavano già facendo sentire molto meglio.

Alla luce del giorno il taccuino era ancor più malconcio e pieno di orecchie di quanto non gli fosse apparso alla debole luce della torcia la notte precedente.

Il testo all'interno sembrava in gran parte intatto, per quanto Johnson riuscisse a capire, ma la rilegatura metallica arrugginita rendeva difficile girare le pagine. Sembrava che a un certo punto dovesse essersi rovesciata dell'acqua sulla copertina di cartone, che gonfiandosi si era separata. C'era anche una grande macchia d'inchiostro sul davanti.

Una stella di David bianca a sei punte era stata approssimativamente dipinta sulla copertina, probabilmente con del correttore liquido o qualcosa di simile. La vernice bianca era ormai sporca e consumata in alcuni punti, ma era ancora ben visibile.

Per Johnson era un simbolo familiare. Sua madre spesso ne

aveva indossata al collo una versione in argento con una catenina, nonostante si fosse convertita al cristianesimo verso i quarant'anni.

Johnson aprì la portafinestra del salotto che dava sul balcone e uscì a fumare una sigaretta. Poi tornò in cucina, si versò un'altra tazza di caffè e si piazzò sul divano per leggere le memorie di Jacob.

Lunedì 18 dicembre 1944

Campo Wüstegiersdorf, Bassa Slesia, Polonia
Quella mattina, nel sottocampo di Wüstegiersdorf coperto di neve del complesso Gross-Rosen, nel villaggio di Gluszyca, io e gli altri circa duemila detenuti fummo svegliati alle cinque e mezzo dal solito assordante suono del corno. Come ogni mattina, un numero significativo di prigionieri non si svegliò... e non si sarebbero svegliati mai più.

Come sempre guardai Daniel, il mio gemello, e ringraziai il cielo che fosse ancora vivo. Allungai la mano e toccai la sua.

Otto mesi prima, nell'aprile del 1944, eravamo stati trasferiti dal carcere di Pawiak a Varsavia al campo, che si trovava a dodici chilometri a sudest di Walbryzch nei Monti Gufo.

Era stato un miracolo riuscire a rimanere insieme. Altrimenti nessuno di noi sarebbe riuscito a riconoscere l'altro. Quando arrivai a Wüstegiersdorf pesavo circa settantadue chili e quando finalmente ne uscii ne pesavo circa cinquantacinque.

A volte intravedevo la mia faccia in qualche lastra di vetro. Era ridotta agli zigomi. Le costole mi sporgevano dalla pelle come binari e avevo delle grandi piaghe da cui colavano pus e sangue.

Quando ne uscimmo, Daniel era arrivato a cinquantuno chili. Gli occhi, iniettati di sangue e gialli, gli sporgevano leggermente dalle orbite incavate come se fossero stati gonfiati con una pompa.

Avevamo entrambi vent'anni, ma con le teste rasate e l'aspetto emaciato probabilmente avremmo potuto passare per due uomini sulla cinquantina.

Dissi a Daniel di usare il bagno rapidamente prima dell'*Appell*, l'appello. Altrimenti se avessimo dovuto fare pipì in qualche luogo non autorizzato avremmo rischiato l'esecuzione immediata.

L'ex fabbrica a tre piani che costituiva il campo, che ora era circondata da spirali di filo spinato, conteneva circa un centinaio di servizi igienici in legno: fori circolari su una tavola, senza alcuna privacy.

Poi arrivò l'*Appell*. C'erano circa ottanta guardie al campo e per loro l'*Appell* era una specie di gioco di tortura.

Tutti i prigionieri dovevano mettersi in fila nel cortile, compresi quelli che erano morti durante la notte. Il che significava che i corpi dovevano essere trascinati fuori dai sopravvissuti.
I prigionieri dovevano rimanere immobili mentre venivano contati e spesso ricontati, e probabilmente contati ancora una volta. Di solito ci voleva più di un'ora e mezza. Solo allora i corpi venivano trascinati nel forno crematorio del campo per essere bruciati.
A volte i prigionieri morivano durante l'appello.
Solo pochi giorni prima, i comandanti del campo avevano costretto una donna sulla cinquantina a correre intorno al complesso gelido per quasi un'ora finché non era morta, solo perché era arrivata con dieci secondi di ritardo.
Per Daniel quel campo fu ancora più duro che per me. Spesso sognava che venivo trascinato al forno crematorio del campo per essere bruciato vivo, per poi svegliarsi in un bagno di sudore.
Poi c'era stato quell'episodio alla fine di maggio, non molto tempo dopo che Daniel e io eravamo arrivati al campo, quando una giovane donna aveva ricevuto il *fünfundzwanzig*, come lo chiamavano loro: venticinque colpi con un nerbo di bue. Poi era stata lasciata nel cortile dell'*Appell* per un giorno intero senza cibo o acqua, nonostante il sole cocente.
Il suo reato? Pare non avesse stabilito un contatto visivo con il primo luogotenente delle SS quando le aveva parlato. Questo è quello di cui l'aveva accusata.
Aveva infine perso conoscenza. La vedemmo lì sdraiata e ci aspettammo che le guardie le sparassero, ma non lo fecero.
Alla fine la lasciarono andare. Nei giorni seguenti, la vidi un paio di volte. Le ferite causate dalla frusta erano infette e perdevano sangue e pus e lei sembrava ancora solo semicosciente.

Johnson rilesse più e più volte quegli ultimi paragrafi. Poi, inaspettatamente, sentì una lacrima rigargli la guancia destra.

Non può di certo essere una coincidenza. Deve trattarsi di lei... di mia madre...

Camminò su e giù per il soggiorno diverse volte, cercando di ricomporsi, poi andò in bagno e si lavò la faccia.

Alla fine Johnson si sedette di nuovo sul divano e continuò a leggere.

Poi c'erano state le sparatorie. Daniel e io abbiamo visto così tanti omicidi commessi dalle guardie del campo usando le loro care Luger, di solito per il minimo capriccio.
Ho visto personalmente i comandanti del campo, il capitano Albert Lutkemeyer e il suo vice, il tenente Erich Brenner, sparare a sangue

freddo ad almeno sessanta persone. Ce ne furono ovviamente molte altre che non vidi.
Considerando il campo nel suo insieme, ho completamente perso il conto. Parliamo di centinaia. E senza contare tutti gli altri metodi di uccisione: il gas, le impiccagioni, le percosse, le fornaci.
Proprio quel giorno i comandanti andavano troppo di fretta per il loro solito sadismo mattutino, con grande sollievo di noi scheletri ambulanti che sfilavamo di fronte a loro.
Ci era stata data la solita colazione con un pezzo di pane duro e secco e una tazza piena di liquido marrone sporco.

Johnson andò avanti a leggere. C'erano tanti altri dettagli sulla vita quotidiana a Wüstegiersdorf, le percosse e gli omicidi. Dopo, c'era un'altra sezione, in cui Jacob Kudrow aveva descritto il lavoro che i prigionieri erano costretti a fare e perché.

Tutti i comandanti erano terrorizzati dal capo di Lutkemeyer, il più alto in grado, il capitano Karl Beblo, che era un personaggio terrificante con gli occhi azzurri più brillanti che avessi mai visto. Era il comandante locale del gruppo di ingegneria civile e militare del Terzo Reich, l'organizzazione Todt.
Il Todt, insieme al ministro degli armamenti e della produzione bellica Albert Speer, aveva deciso che il castello di Książ a Walbrzych (o Waldenburg come lo chiamavano i tedeschi) dovesse essere trasformato in un quartier generale per Hitler.
Io e altri polacchi detestavamo il modo in cui qualche decennio prima i tedeschi avevano conquistato l'intera regione della Bassa Slesia, originariamente parte del Regno di Polonia. Quando Hitler aveva invaso la Polonia nel settembre 1939 ormai la consideravano loro.
Speer e la sua squadra avevano pianificato la costruzione di una rete di gallerie sotto il bellissimo e antico castello: un rifugio di sicurezza dove il Führer avrebbe potuto nascondersi se la guerra fosse andata a svantaggio della Germania. Un luogo fuori dalla portata dei bombardieri britannici e americani.
Avevano progettato anche la costruzione di altre gallerie sotto le colline su cui sorgeva il castello, così come sotto i Monti Gufo, che da Walbrzych si estendevano per ventisei chilometri verso sudest.
L'idea era di usarli come fabbriche sotterranee per produrre nuove e segretissime armi e altre tecnologie militari.
Il nome in codice del piano era Progetto Riese, 'gigante' in tedesco.
Per costruire i tunnel, i nazisti avevano chiamato un piccolo esercito di ingegneri minerari.
Ma lo scavo vero e proprio, la parte pericolosa, era stato eseguito dai prigionieri dei campi di concentramento, come me e Daniel.
La maggior parte erano ebrei, ma c'erano anche alcuni slavi e altre mi-

noranze. Eravamo tutti a Gross-Rosen, la rete di campi che includeva Wüstegiersdorf.

Le SS avevano fretta e nessun riguardo per la sicurezza. Morirono migliaia di prigionieri, nei campi così come nei tunnel. Non era stato installato alcun sostegno in calcestruzzo e i tetti delle gallerie erano spesso instabili. Tutti sapevano che c'erano stati molti incidenti mortali e che in ognuno di questi erano coinvolti degli ebrei. Persino le guardie e i comandanti delle SS erano preoccupati, perché dovevano sorvegliarci.

Lutkemeyer disse che era importante che il lavoro da svolgere quel giorno nei tunnel di Sokolec fosse completato rapidamente, altrimenti il Führer si sarebbe arrabbiato. Cosa che attirò la mia attenzione.

Sentii Lutkemeyer dire che era in arrivo una consegna speciale di casse, che dovevano essere sistemate nel Sottotunnel A, che partiva dal Tunnel Tre.

Una brutta notizia perché, pur essendoci una ferrovia a scartamento ridotto che arrivava fino all'ingresso del Tunnel Tre, se c'era bisogno di trasportare qualcosa più lontano, dovevamo farlo a mano.

Il Tunnel Tre era un disastro annunciato. Era stato costruito nella morbida pietra arenaria e non era stabile come alcune delle altre gallerie che attraversavano la catena montuosa. Le SS erano così preoccupate che avevano fatto costruire un paio di piccoli tunnel di fuga, a uno dei quali avevo lavorato anche io.

C'erano sei guardie quel giorno, cosa che mi sorprese. Normalmente erano in due o tre. Ci caricarono in ventidue su un camion, poi ci portarono alla stazione ferroviaria, ci radunarono in due vagoni bestiame trainati da una vecchia locomotiva da manovra e poi ci portarono a tredici chilometri di distanza, più a valle, al villaggio di Ludwikowice Klodzkie.

Brenner, con sua evidente avversione, era stato costretto a viaggiare con noi.

Da lì, un treno più piccolo sulla ferrovia a scartamento ridotto avanzò per un paio di chilometri e ci portò fino alla rete di gallerie sulle colline vicino al villaggio di Sokolec.

Un po' più tardi, poco prima delle dieci, un altro treno nazista, composto da cinque vagoni merce carichi di casse di legno, si avvicinò all'entrata del tunnel di Sokolec, accompagnato da guardie SS armate pesantemente.

Il nostro compito era quello di scaricare il treno e trasportare le pesanti casse all'interno della rete di gallerie, dove le avremmo impilate su dei pallet.

Johnson uscì sul balcone per un'altra sigaretta.

Cercò di immaginarsi nella posizione dei gemelli Kudrow e di sua madre. Come avrebbe reagito?

'La sofferenza produce perseveranza; la perseveranza ci rende forti nella prova e questa forza ci apre alla speranza.'

Ma perderei completamente la testa, pensò. Uomini e donne intelligenti che venivano trattati peggio dei parassiti dai loro simili.

Poi si rese conto del perché rintracciare i responsabili fosse così importante per lui, perché progetti come quello attuale gli facevano sentire che stava facendo qualcosa di significativo della sua vita. Diede una lunga boccata alla sigaretta, poi la spense e tornò dentro.

Quando riprese a leggere, il racconto proseguiva con la descrizione di come Jacob, Daniel e gli altri fossero stati costretti a passare l'intera mattinata a trasportare le casse dal treno, lungo il Tunnel Tre fino al più piccolo Sottotunnel A.

Alle due del pomeriggio eravamo tutti ormai vicini al collasso. Avevamo passato quattro ore a trasportare in spalla dal treno le pesanti casse di legno, una alla volta.
Fu un lavoro lento. Avevamo dovuto camminare in fila indiana lungo il tunnel debolmente illuminato, accidentato e disseminato di pezzi di roccia caduti dal tetto.
Per caso avevo sentito il primo tenente dire alle guardie che le casse contenevano dinamite, ma non aveva alcun senso.
Avevo visto delle casse di dinamite quando, durante l'estate, avevamo lavorato nei tunnel sotto il castello di Książ ed erano molto diverse, tutte con la scritta Dynamit Nobel AG. Queste casse non erano segnate ed erano molto più piccole e pesanti.
Poiché la dinamite è molto instabile e pericolosa da maneggiare e immagazzinare, perché mai avrebbero dovuto tenerla nei tunnel?
Daniel era troppo stanco per preoccuparsi. Continuava a dirmi che non avrebbe resistito ancora a lungo.
Ricordo di avergli detto che poteva e doveva andare avanti, che avremmo avuto un'altra vita un giorno.
Poco dopo, un altro prigioniero, Konstanty, era inciampato su una roccia sul pavimento ed era caduto a terra vicino a me.
La sua scatola era atterrata su un angolo e una delle assi di legno si era scheggiata e staccata in parte, così avevo potuto vedere cosa conteneva. Avevo guardato in basso e ancora oggi ricordo lo shock che provai.
All'interno, chiaramente visibili, c'erano lingotti d'oro con sopra la svastica nazista, arrotolati in panni di cotone.
C'erano due file di lingotti, dieci per lato. Sia Daniel che io ci eravamo formati come gioiellieri nell'oreficeria di nostro padre a Varsavia, perciò quando lo vidi seppi che era oro vero.
Fortunatamente la guardia più vicina, a circa cinquanta metri di di-

stanza, stava tormentando un altro prigioniero e non aveva sentito lo schianto quando la cassa era caduta a terra.
Ma sapevo che ci avrebbero sparato immediatamente se ci avessero visti e avessero capito che sapevamo cosa contenevano le casse. Così avevo aiutato Konstanty a rimettere a posto l'asse di legno e con una pietra avevamo rimesso i chiodi.
Ma con le schegge che sporgevano e l'asse di legno rotta, era evidente che la cassa era stata danneggiata.
Dissi a Konstanty di capovolgerla, in moto tale che la parte scheggiata rimanesse sul fondo, poi gli dissi di assicurarsi che nel posarla sul pallet questa rimanesse capovolta, così non l'avrebbero vista. Tremava e non parlava, ma i suoi occhi mi ringraziarono.
La guardia si era voltata proprio mentre Konstanty prendeva la scatola e gli aveva urlato contro.
Mentre Konstanty camminava, lo aveva colpito con il manganello sui gracili polpacci. Ma non aveva notato la base scheggiata della cassa di legno.

Johnson controllò l'orologio. Erano le tre e mezza. Aveva completamente perso la cognizione del tempo preso com'era dal racconto. Era interessante non solo per il fatto della madre. C'erano anche forti legami con il lavoro che aveva svolto per il suo dottorato di ricerca a Berlino nei primi anni Ottanta, sull'economia del Terzo Reich.

La sua tesi, che aveva ancora a casa a Portland, includeva dettagli su come, per gran parte della guerra, il regime di Hitler aveva rafforzato le sue sottili riserve valutarie, vitali per l'acquisto di attrezzature, macchinari e prodotti ingegneristici, saccheggiando le riserve auree dei vari paesi che aveva occupato. In totale, dalle banche centrali di Belgio, Paesi Bassi, Cecoslovacchia, Austria e altri paesi, era stato saccheggiato oro per un valore di circa seicento milioni di dollari ai prezzi del 1945. La maggior parte era stata sciolta per poi essere nuovamente trasformata in lingotti da un chilo dalla Reichsbank.

Johnson aprì la calcolatrice sul telefono e digitò alcuni numeri. Corrispondevano a circa trenta miliardi di dollari ai prezzi del 2011, pensò.

Aveva anche fatto delle ricerche su come verso la fine del 1944 e l'inizio del 1945, mentre i russi avanzavano rapidamente verso ovest e gli americani e gli inglesi si spostavano verso est, il Terzo Reich, ormai prossimo al crollo, si fosse affannato per nascondere il tesoro che aveva saccheggiato.

Gran parte di esso era stato immagazzinato in miniere dismesse. Un'altra parte era stata gettata sul fondo di laghi.

Ma da quello che aveva scritto Jacob, ora sembrava che una parte fosse stata nascosta anche nei tunnel del complesso di Riese.

Johnson era entusiasta. Era stato il suo amore per la Storia, le relazioni internazionali, la politica e l'immergersi nei dettagli delle investigazioni che lo avevano spinto a unirsi alla CIA e poi all'OSI... quest'ultimo, in particolare, perché era un luogo in cui la passione contava più del denaro e del potere. Ora si sentiva come se in qualche modo fosse tornato in un territorio conosciuto. Si preparò un altro caffè e continuò a leggere.

> Alle tre, delle duecento casse consegnate quella mattina, sul treno ne erano rimaste solo dodici.
> A quel punto, dei ventidue prigionieri che avevano iniziato la giornata, uno era morto, Ben Stronski.
> Aveva diciannove anni ed era così fragile da sembrare uno zombie, un 'morto che cammina', come veniva chiamato chi aveva abbandonato ogni speranza.
> Portare via il corpo di Ben causò un ritardo sulla tabella di marcia. Poi la catena umana di prigionieri si raggruppò e camminammo vicini mentre trasportavamo le ultime casse nel Sottotunnel A.
> Fu in quel momento che accadde.
> Dietro di noi ci fu un'esplosione improvvisa provocata da un grosso pezzo di roccia che dal tetto cadde a terra. Poi ci fu un rombo molto più forte, e l'intero tetto del tunnel crollò.

Johnson appoggiò il taccuino e fece un respiro profondo. La descrizione di Jacob del caos nel tunnel di quasi settant'anni prima gli causò una reazione viscerale. In quel momento si sentì grato per il semplice fatto di poter respirare. Riprese in mano il taccuino e lesse di Jacob che si era sentito soffocare ma che era sopravvissuto e arrivò fino al punto in cui alcune guardie si erano dirette verso di loro con le torce elettriche.

> Una guardia ci ordinò di prendere le casse e di portarle sul pallet vicino a dove si trovava Brenner. Poi mi resi conto che quattro delle sei guardie mancavano all'appello, presumibilmente sepolte o finite dall'altra parte del cumulo di massi caduti, dove si trovava il treno dell'oro nazista.
> Brenner iniziò a inveire e lamentarsi degli ingegneri che correvano troppi rischi, troppe scorciatoie. Disse alle due guardie di portarci

fuori attraverso il tunnel di emergenza, quello che avevo aiutato a scavare durante otto settimane infernali qualche mese prima. Me ne ero quasi dimenticato... avevo cercato di cancellarne il ricordo.

Il gruppo seguì le guardie, con Brenner zoppicante dietro di noi. L'unica luce nel tunnel di emergenza, ricavato grossolanamente dalla morbida arenaria, proveniva dalle torce elettriche. Il passaggio era largo solo un metro e a malapena alto a sufficienza per poter stare in piedi, e tetto, pareti e pavimento erano grezzi.

Proseguiva dritto attraverso centocinquanta metri di arenaria. Il tratto finale era troppo basso per stare in piedi, quindi strisciammo.

Alla fine passammo attraverso una piccola apertura quadrata e ci ritrovammo in un tunnel fognario asciutto, per fortuna inutilizzato. Poi uscimmo attraverso una grata metallica che dava in un bosco vicino a un lago.

Da lì, le guardie ci fecero camminare nella neve e scendemmo di nuovo a valle fino alla stazione ferroviaria di Ludwikowice Klodzkie.

Lì, ci spinsero negli stessi due sudici vagoni di metallo in cui eravamo arrivati.

Eravamo in undici nel vagone posteriore, Daniel compreso, e una guardia iniziò a legarci i polsi a una barra d'acciaio che correva lungo tutta la parete.

Mi resi subito conto che la guardia era malata e aveva la febbre. Sudava copiosamente, nonostante il tempo gelido, e la sua faccia era grigia.

Aveva legato otto di noi, e sarebbe toccato a me, quando il collega nel vagone anteriore chiese un altro pezzo di corda. La guardia saltò fuori dalla macchina, porse la corda al collega e poi tornò.

Avevo messo le mani dietro di me e tenevo la barra d'acciaio, ma la guardia mi aveva dimenticato e si era subito diretta verso Daniel.

Poi si era seduta su uno sgabello basso sul retro del vagone. Continuai a tenere i polsi dietro la schiena, tenendo la barra, come se fossero stati legati.

Il treno si allontanò lentamente dalla stazione lungo la tortuosa linea che risaliva la valle fino a Gluszyca.

Dopo alcuni minuti, la guardia si addormentò. A differenza di Daniel, avevo spesso pensato di scappare. Ero sempre lì che studiavo la routine delle guardie e gli arrivi e le partenze dei camion di consegna, cercavo di capire quali guardie potessero essere corruttibili e cercavo di migliorare la mia conoscenza del tedesco.

Ma l'occasione non si era mai presentata e il rischio era alto.

Ora o mai più. Non ero sicuro di avere ancora riserve sufficienti di forza di volontà ed energia. Ma dovevo provare.

Jacob spiegava poi nel dettaglio come aveva slegato Daniel e attaccato la guardia con un'asse di legno raccolta dal pavimento.

Quando la guardia fu priva di sensi, lui e Daniel saltarono dal treno e guadarono un fiume lì vicino per camuffare il proprio odore nel caso i nazisti avessero portato i cani per cercarli. Ma quando sentirono diciannove colpi, seppero che Brenner li aveva uccisi tutti... cosa di cui ebbero la conferma molto tempo dopo. Poi del resoconto non rimaneva altro che una riga, a un paio di pagine dalla fine del quaderno.

In quel momento capii che avrebbe dovuto pagarla, che doveva essere fatta vendetta.

Johnson posò il taccuino e si appoggiò alla sedia, fissando il soffitto.

Un treno di oro nazista.

Nel corso degli anni aveva letto articoli di giornali pieni di congetture su questo genere di cose.

Si ricordò che un tesoro simile era stato effettivamente trovato dalle truppe americane, subito dopo la fine della guerra, nascosto in una miniera in Germania.

Johnson soffocò una risata e cercò di calcolare mentalmente quanto avrebbe potuto valere.

Duecento casse, ognuna con venti lingotti d'oro; supponendo che fossero lingotti del Terzo Reich di un chilogrammo standard ciascuno, il totale era di quattromila chili.

Controllò il prezzo dell'oro su un sito web finanziario. Più di milleottocento dollari per oncia troy; un chilo corrispondeva a trentadue once troy. Dunque, poteva dirlo con sicurezza, il bottino ai prezzi del 2011 valeva circa duecentotrenta milioni di dollari.

Incredibile. Lo avevano spostato tutto dal dopoguerra? Cosa ne avevano fatto?

Duecentotrenta milioni di dollari.

Johnson scosse la testa, quasi inconsapevolmente, poi prese il taccuino. Devono aver riciclato l'oro in qualche modo, trasformandolo, rivendendolo, forse come gioielli. Si ricordò di tutti quegli strumenti per la raffinazione dell'oro che aveva visto durante la sua visita notturna all'officina dei Kudrow.

Rimase seduto a riflettere per un po'. La stranezza era che, se si erano procurati una tale quantità di oro, ciò non si rifletteva sul loro stile di vita.

Okay, erano ovviamente pieni di soldi. Il vecchio Jacob aveva una casa a Mayfair, anche se l'aveva comprata molto tempo prima. Ma il laboratorio era decisamente malconcio. Inoltre Jacob e Daniel sembravano lavorare ancora molto, pur avendo quasi novant'anni. *Strano.*

Aprì il quaderno sul retro. Poi notò che c'era una scritta anche sull'ultima pagina, in verde e sottolineata due volte.

'Obiettivo ultimo: piano finale.'

Accanto c'era una data, scritta di recente: 10 ottobre 2011.

Sotto: niente. La pagina per il resto era intonsa.

Parte terza

29

Domenica 27 novembre 2011
Londra

Jacob Kudrow andò alla cassaforte e trafficò con la ghiera. La porta si aprì.

Pochi secondi dopo perse l'equilibrio e per ritrovarlo con la mano sinistra afferrò un lato della scrivania di legno.

«Stai bene?» gli chiese Daniel.

«No. L'hanno preso. Il taccuino... è sparito. I documenti, tutto sparito.»

«Di che taccuino e di che documenti parli?» chiese Daniel. Si alzò e si avvicinò al fratello.

«Le mie memorie, nel taccuino rosso. Te ne ho parlato. Tutte le fatture e le ricevute, le vendite di oro. Come hanno fatto ad aprirla? Nessuno conosce la combinazione a parte me.»

Jacob mise le mani rugose all'interno della cassaforte, facendole scorrere sopra il rivestimento di feltro, non credendo a ciò che i suoi occhi gli stavano dicendo.

«Non posso dirlo alla polizia» disse Jacob. «Come faremo? Daniel, prendimi un whisky, presto, non mi sento molto bene.» Si sedette.

Daniel aprì l'armadietto delle bevande e versò del whisky in un bicchiere di vetro.

Jacob lo prese e bevve. «Tutta la prima parte della nostra storia era in quel taccuino. Il campo, come l'oro è finito nei tunnel, la nostra fuga, tutto. Avevo un piano per smascherarlo.» Si mise la testa tra le mani. «Sta andando tutto a rotoli. Per più di cinquantacinque anni non è accaduto nulla. Ora, tutto a un tratto, il finimondo. Nathaniel è morto. Keith è morto. Furti, rapimenti, polizia ovunque.»

Daniel annuì. «Dobbiamo fermarci a ragionare ed escogitare un piano» disse guardando dritto davanti a sé.

Erano andati direttamente da casa di Jacob al laboratorio dopo una telefonata di Leopold, che a Jacob era sembrato talmente esitante e sotto shock che inizialmente aveva pensato gli fosse morto uno dei figli.

La polizia aveva già messo i sigilli all'officina dell'attività di ricambi per auto, dove era stato rinvenuto il corpo di Keith. Del nastro a strisce rosse e bianche copriva le porte esterne e interne e le finestre.

Gli investigatori erano impegnati a svolgere test forensi, interviste, domande, misurazioni e ricerche di impronte digitali.

Johnson era affascinato dal contenuto del taccuino rosso di Jacob Kudrow. Ma allo stesso tempo si sentiva un po' inquieto.

Scoprire che a quanto pareva i gemelli Kudrow avevano assistito alle torture subite dalla madre da parte di un sadico ufficiale delle SS cambiava tutto.

Che i destini di queste tre persone, tra milioni di ebrei che erano stati incarcerati in migliaia di campi di concentramento in tutta Europa, si fossero intrecciati così strettamente gli parve una coincidenza straordinaria.

Era forse sospetta? Gli venne il dubbio che per qualche motivo qualcuno si stesse prendendo gioco di lui. Ma i particolari erano così convincenti, le emozioni così autentiche, le date così specifiche.

Aprì il computer portatile criptato e superò una dopo l'altra le tre schermate di inserimento password che aveva installato. Poi scrisse delle brevi email ad Amy e ai figli, dando loro una versione parecchio edulcorata di ciò che stava accadendo e promettendo che avrebbe telefonato il giorno successivo.

Mentre scriveva, gli arrivarono due nuove email.

Una era di Vic che chiedeva se stesse facendo progressi. L'altra era di un certo Nat Goodman e come oggetto c'era un'unica parola: Kudrow.

Johnson l'aprì.

Caro signor Johnson,
Ho saputo che sta investigando sulla gioielleria Kudrow. Ho già degli

accordi di lavoro con loro e ho qualcosa che potrebbe ritenere interessante. Una mappa e alcuni documenti. Può venirli a prendere nel parcheggio 4 all'Arena O2 alle 11 di domani, lunedì. È vicino al fiume.
Aspetterò in una Honda Civic verde.
Non posso darle altri dettagli.
Per favore non risponda a questa email.
Grazie

Nat Goodman

Johnson sbuffò. *Dilettantesco.* O era stato intenzionale costruirla in quel modo? Gli tornò in mente il biglietto di minacce che aveva trovato sotto la porta al Tower Hotel. Erano di nuovo gli argentini, senza dubbio. L'email proveniva da un account Hotmail.

Perché mai una persona che vuole darmi dei documenti sceglie un parcheggio in un luogo frequentato come l'Arena O2 invece di un pub tranquillo da qualche parte? Johnson conosceva l'O2, una delle più grandi sale da concerto del Regno Unito, a poche miglia a est da casa di Jayne, sulla punta di una penisola a forma di ferro di cavallo che sembrava rientrare nel Tamigi.

L'aveva visitata nel 2000 in occasione di una sua breve visita a Londra per un'indagine dell'OSI. A quei tempi si chiamava Millennium Dome.

Johnson uscì in balcone, accese una sigaretta e si mise a pensare. Jayne gli aveva detto che il figlio di José Guzmann, Ignacio, era a Londra. Doveva trattarsi di lui. Johnson suppose che fosse il responsabile del cadavere nell'officina.

Aspetta però. E se invece l'email valeva qualcosa? E se fosse stato davvero qualcuno che voleva passargli delle informazioni?

Troppe domande. Johnson fu tentato di inoltrare l'email a Jayne e chiederle di mandarla alla sua squadra al GCHQ per farla analizzare, ma poi decise di dormirci su e di discuterne con lei, se mai fosse tornata a casa dal MI6, dove al momento sembrava lavorare giorno e notte.

Si sedette su una sedia in balcone e rifletté sui suoi progressi fino a quel momento.

Quando aveva iniziato, aveva immaginato i Kudrow come i responsabili di qualcosa di potenzialmente losco volto a finanziare l'attività politica ai più alti livelli negli Stati Uniti.

Anche se era molto probabile che fosse tutto vero, sentiva che qualcosa era cambiato. *I Kudrow sono i responsabili o le vittime?* Non era ancora del tutto chiaro cosa avessero fatto di preciso.

Doveva leggere attentamente l'intero documento, nel dettaglio, e poi trovare il modo di parlare con Jacob.

Aveva una sola certezza: erano anni che non si sentiva così vivo, eccitato e motivato come in quel momento, con quell'indagine.

Rilesse l'email di Nat Goodman e accese un'altra sigaretta.

Washington D.C.

«Mi preoccupa molto che quella giornalista e l'investigatore stiano mettendo il naso nei fondi della tua campagna» disse Philip Pietersen.

David Kudrow inarcò le sopracciglia. Stava cercando di non pensarci per potersi concentrare sul suo messaggio politico.

«Andrà tutto bene» rispose. «Non pensare che ci sia molto da nascondere... nulla che possa causare grossi problemi. Mio padre e mio zio sanno cosa fanno.»

Pochi minuti prima i due uomini, accompagnati da una guardia di sicurezza, avevano lasciato il quartier generale della campagna elettorale di David, una palazzina di tre piani su Maryland Avenue Northeast, dopo una dura domenica pomeriggio di lavoro con l'intero team della campagna. Trentacinque persone avevano rinunciato al loro weekend in famiglia per andare in ufficio; dove avevano partecipato a varie riunioni per pianificare strategia, logistica, pubbliche relazioni, comunicazione con i media e fondi. Nessuno si era lamentato: ormai la campagna era a pieno regime.

David aveva già incaricato due membri dello staff di lavorare quasi esclusivamente alla ricerca di un quartier generale di gran lunga più grande per la campagna vera e propria, supponendo che avrebbe ottenuto la nomina. Nel qual caso la dimensione della squadra sarebbe cresciuta sensibilmente.

«Devo bere qualcosa» disse David. Voleva anche vivere un paio di ore di normalità.

Entrarono all'Argonaut e ordinarono due birre. Consapevole che ci sarebbe stato il rischio che lo riconoscessero e infastidissero per fare dei selfie e stringergli la mano, Philip aveva telefonato in anticipo e persuaso il manager, che conosceva bene, a lasciargli usare la stanza privata al piano di sopra.

Salirono le scale con le birre e, dopo aver detto alla guardia del corpo di rimanere sul pianerottolo, chiusero la porta e si sedettero a un tavolo che dava sulla strada.

«Se devo dirtela tutta, a preoccuparmi sono le indagini della polizia e dell'FBI su Nathaniel, più che la giornalista e i fondi per la campagna» disse David abbassando la voce. «Stanno passando in rassegna i suoi conti bancari, le registrazioni telefoniche, le email, tutto. Non fraintendermi, ovviamente l'assassino deve essere trovato, ma chissà cosa scopriranno nel frattempo. In passato ha avuto dei rapporti di affari un po' particolari. Lo sappiamo tutti. Speriamo non ci sia nulla che mi metta in cattiva luce.»

«Be', è inevitabile che esaminino tutto il possibile e che nel farlo siano meticolosi» disse Philip. «Dobbiamo solo sperare che vada tutto bene, soprattutto arrivati a questo punto. Le cose stanno andando così bene. Quindi dici che non c'è di che preoccuparsi riguardo a tuo zio e tuo padre?»

«Per quanto ne so io, no. Non so molto degli affari di mio zio, in questi ultimi anni mi sono occupato dei miei e concentrato sulla politica. So che è riuscito a concludere alcuni ottimi affari nel commercio dell'oro nel Regno Unito molti anni fa, ma niente di increscioso, credo.»

«Okay, bene» disse Philip. Con tutto quello che stava succedendo, quella era la prima occasione utile per informare adeguatamente il capo della conversazione avuta con Zac Butler, l'amichevole redattore di *Inside Track* che lo aveva avvertito dell'incarico di Fiona. Parlò rapidamente di ciò che Butler aveva detto.

«Heppenstall o Johnson hanno provato a contattarti, per caso? Email, telefonate?» chiese Philip.

«No, niente» disse David.

«Okay, be', se dovessero farlo non rispondere. Ho pensato che avrebbero potuto provarci. So che hanno parlato con Nathaniel a quella raccolta fondi che abbiamo tenuto di recente a casa mia, quindi ho pensato che avrebbero potuto provare a contattarti direttamente» disse Philip.

David si grattò il mento e sorseggiò la birra. «Heppenstall e Johnson» disse. «Qualcuno mi ha raccontato che sono loro che hanno troncato la carriera a quel senatore della California che si è dovuto dimettere qualche anno fa. Avevano scoperto che stava proteggendo un ex nazista. Il tizio che me ne ha parlato dice che Heppenstall ha scritto diverse storie al riguardo per il *New York Times*.»

«Sì, era lei. Per questo dico che c'è di che preoccuparsi» disse

Philip. Bevve un lungo sorso e poi cambiò argomento e si lanciò in un monologo sulla strategia per la campagna.

«Te lo dico, David, batterai Obama l'anno prossimo» affermò Philip. «Vedrai. Otterrai la nomina. Tutto il nostro duro lavoro sta per dare i suoi frutti e tu stravincerai le elezioni. La gente è stufa delle promesse sull'economia, sui posti di lavoro, sul miglioramento dei flussi di capitali verso le piccole imprese senza che poi avvenga qualcosa. Non dovrai fare altro che continuare a battere su tutti questi argomenti come hai fatto fino a ora. Ricorda lo slogan di Clinton del '92: 'è l'economia, stupido.' Ecco, anche oggi è così.»

David annuì. Sorseggiò la birra e attraverso la finestra guardò l'ormai residenziale H Street Northeast e l'hotel Delta Towers di fronte. Un autobus rosso e grigio della Washington Metrobus diretto a Union Station passò accanto al bar, i suoi passeggeri sbirciavano fuori dai finestrini.

«Hai ragione. Non penso ci sia molto che possa andare storto» disse infine David. «Lo farò per Nathaniel. In realtà, scommetto che mi varrà il voto di simpatia. Potrebbe essere l'unica conseguenza positiva di ciò che gli è successo.»

30

Lunedì 28 novembre 2011
Londra

Jayne entrò in cucina frizionandosi i capelli bagnati con un asciugamano, un accappatoio addosso a lei.

«Joe, guarda qui. È il giornale della sera di ieri. Non hanno perso tempo.»

Ne gettò una copia sul tavolo.

Johnson non aveva visto il giornale, ma aveva già detto a Jayne cos'era successo durante la visita notturna al laboratorio con Bomber Tim e le aveva poi mostrato l'email di Nat Goodman.

Il servizio principale a pagina 3 titolava a caratteri cubitali: 'Corpo mutilato ritrovato in un'officina: è caccia all'omicida'.

Sotto c'era una grande fotografia della facciata della Classic Car Parts.

L'articolo riportava le parole dell'ispettore capo della Metropolitan Police, secondo cui non vi era alcun motivo evidente per l'omicidio di Keith Bartelski. I colpevoli sembravano essere entrati nell'edificio attraverso lo sportello di una carbonaia rimasto aperto, ma al momento non c'erano altre piste né arresti. La polizia stava lavorando giorno e notte all'indagine.

Johnson sbuffò mentre beveva il caffè.

Il servizio proseguiva affermando che il morto non aveva parenti stretti e che i colleghi di lavoro, incluso il proprietario dell'azienda, Leopold Skorupski, non avevano rilasciato dichiarazioni.

Quando Johnson ebbe finito di leggere, Jayne si sedette. «Allora, cosa intendi fare?»

«Sto pensando a cosa fare con questa email... puzza di trappola lontano un miglio. La trappola di un dilettante.»

«Sono d'accordo. Ma d'altra parte potrebbe anche essere...»

«Lo so» disse Johnson. «Potrebbe essere una pista.» Inoltre pensava che potesse offrirgli la possibilità di ostacolare gli argentini.

«Bene, seguila, ma fallo a modo tuo.» Si alzò e si diresse verso la porta. «Non serve che ti dica cosa fare. Prendi le solite precauzioni. Controlla a distanza. Hai una pistola, quella che non ti ho mai dato. Arriva prima. C'è un binocolo nell'armadietto laggiù. Fai come sempre.»

Aveva ragione ed era quello che Johnson intendeva fare. Non gli piaceva lasciare nulla di intentato.

Jayne aggiunse: «A proposito, c'è una cosa che devi sapere: a quanto pare ieri all'ora di pranzo, nel sud di Londra, la polizia ha arrestato un argentino. Era in un pub. La polizia ha avuto una soffiata e ha trovato una scorta di mine anticarro, lanciarazzi e munizioni nel bagagliaio della sua auto. Si chiama Felipe... non sono riuscita a scoprire il cognome. Non so se ha qualche legame con il tuo gruppo di argentini, probabilmente no, ma ho chiesto a uno del mio team di approfondire. L'MI5 seguirà da vicino la faccenda e io devo registrare l'accaduto per i lavori di preparazione alle Olimpiadi. Ti farò sapere se scopriamo qualcosa.»

«Mine anticarro? Sanno cosa intendeva farci?» chiese Johnson.

«No, non ne hanno idea, non ancora. Devo vestirmi e andare al lavoro.»

Jayne scomparve nella sua stanza. Ne uscì quindici minuti dopo, salutandolo con un rapido cenno mentre si dirigeva verso la porta.

Quando Fiona lo chiamò alle otto e un quarto, Johnson aveva elaborato un piano e preparato una borsa.

Le diede appuntamento alle dieci allo Starbucks vicino a casa di Jayne. Avrebbe incontrato Fiona e a quel punto avrebbe messo in atto il piano.

Diego aveva appena aperto un secondo pacchetto di Camel. *La cosa si fa noiosa*. Tre ore e niente, pensò, mentre tirava fuori la dodicesima sigaretta del mattino.

Con Alejandro erano arrivati al parcheggio Minories poco dopo le sette. Avevano parcheggiato a dieci posti di distanza dalla BMW di Johnson e si erano messi ad aspettare.

«Hai sentito cosa ha detto Ignacio la scorsa notte a proposito di Felipe, il tizio che ci ha fornito la mina anticarro?» chiese Diego.

«No, cos'è successo?»

«Ieri è stato arrestato dalla polizia. Ignacio è preoccupato che possa cantare» rispose Diego.

«Dubito che lo farebbe» disse Alejandro. «Avrà dei clienti molto più importanti di noi. Voglio dire, una mina anticarro è...»

Alejandro si zittì bruscamente e rivolse la sua attenzione al parcheggio.

Diego alzò lo sguardo e vide le porte blu delle scale che si aprivano.

«Eccolo» disse Alejandro. «Aspetta... sono in due. È insieme a una donna.»

Diego si raddrizzò di scattò, uscendo dallo stato di semitorpore in cui si trovava.

Johnson e Fiona si stavano dirigendo verso la BMW nera.

«Una donna? Merda. Ah, ti ricordi, Ignacio ci aveva parlato della giornalista americana con cui Johnson stava lavorando» disse Diego. «Dovrebbe averci inviato per email una sua foto insieme a quella di lui. Cercala sul telefono. Sbrigati, fammi vedere. Non sono sicuro che il capo voglia far fuori anche lei, ma mi sa che non avremo scelta.»

Alejandro tirò fuori il telefono e sfogliò le email. «Ecco qui. Sì, è di lei che ci ha parlato Ignacio... lunghi capelli scuri. Non c'è dubbio. Non male, vero? Che gambe, una bella donna. Sarà un peccato.»

Guardarono Johnson mentre posava lo zaino nero a terra e controllava l'auto. Si mise carponi e guardò sotto.

«Cazzo, sta facendo un controllo accurato. Spero solo che non si accorga che la macchina non è chiusa quando schiaccerà il pulsante di apertura. È quello il momento critico. Le luci lampeggeranno, ma molto probabilmente farà un rumore diverso» disse Diego.

Johnson fece di nuovo il giro dell'auto, questa volta per esaminare i passaruota.

Rimase fermo con le mani sui fianchi per qualche secondo a guardare la BMW, poi alla fine premette il pulsante. Le spie luminose lampeggiarono e Johnson aprì la portiera. Salì sul sedile del conducente e Fiona su quello del passeggero.

Diego lanciò un'occhiata ad Alejandro. «È fatta» disse.

Johnson accese la macchina; dagli scarichi gemelli sul retro dell'auto partì un rombo basso e sordo.

Nella Ford Focus Diego allacciò la cintura di sicurezza e sentì la familiare scarica di adrenalina e il nodo allo stomaco che gli veniva sempre quando stava per entrare in azione.

«È attento, ma non abbastanza. Okay, *mi amigo*. Si parte.» Girò la chiave e il motore della Focus si accese.

Johnson uscì dal posto auto e scese quattro rampe fino al piano terra, poi lasciò il parcheggio per immettersi nel traffico intenso.

Aveva impostato il cellulare come navigatore satellitare e lo aveva inserito in un supporto attaccato al parabrezza con una ventosa.

Fiona si allacciò la cintura di sicurezza. «Joe, stai bene? Sembri un po' teso.»

«Sto bene.»

Quando uscì dal parcheggio guardò nello specchietto per controllare le macchine dietro di lui. C'era una Ford blu, seguita da una Renault grigio scuro e, dietro, una Ford Focus argento. Johnson non riuscì a vedere oltre.

Subito dopo essere uscito dal garage trovò una fila di auto in attesa ai semafori temporanei accanto a dei lavori stradali. Vicino ai semafori c'erano due auto della polizia. Gli agenti erano fermi in piedi e osservavano attentamente le macchine che passavano. Una routine quotidiana nell'East London.

Una volta superato l'ingorgo, Johnson prese Royal Mint Street, una strada stretta a senso unico che correva parallela alla Docklands Light Railway. Un treno elettrico passò nella direzione opposta, dirigendosi verso la stazione di Tower Gateway.

Johnson vide nello specchietto che una delle auto della polizia era partita ed era poco dietro di loro.

La giornata era luminosa e limpida e il sole brillava basso, abbagliando Johnson attraverso il parabrezza. Abbassò l'aletta parasole.

Erano sulla A13 che correva parallela al Tamigi verso est.

Mentre guidava Johnson si guardava intorno. Stavano attraversando una zona dell'East London piena di vecchi magazzini, molti dei quali erano sempre più malandati e destinati alla demolizione. Al loro posto si ergevano nuove costruzioni in acciaio e vetro non ancora terminate e le gru erano occupate a sollevare grosse travi d'acciaio.

Guardò nello specchietto. La macchina della polizia era ancora lì, anche se leggermente più lontana, seguita dalla Ford Focus grigia che era uscita dal garage. Johnson guardò prima il navigatore, poi i progetti di riqualificazione su entrambi i lati della strada.

Accelerò lungo l'autostrada a doppia carreggiata, che era estremamente trafficata per via dei pendolari, dei camion che consegnavano i loro carichi ai cantieri e degli onnipresenti grandi furgoni bianchi commerciali che trasportavano pacchi e merci.

Mentre curvavano bruscamente a destra, si udì in modo lieve ma distintamente il rumore di qualcosa che raschiava nel vano motore, poi un leggero tonfo.

«Hai sentito?» chiese Johnson.

«Ho sentito qualcosa, ma debole» disse Fiona. Ascoltò attentamente per diversi secondi, ma non ci furono altri rumori.

Si rilassò e chiese: «Quindi hai letto tutto il quaderno di Kudrow? Che ne pensi?»

Johnson non rispose subito. Controllò di nuovo lo specchietto. La Ford Focus grigia aveva superato la macchina della polizia e ora era dietro di lui.

«Davvero atroce direi. Una descrizione vivida, cruenta in alcuni punti, e il campo in cui si trovavano era qualcosa di sconvolgente. Uomini coraggiosi. Dopo averlo letto mi risulta difficile avere un'idea chiara sui Kudrow. Non c'è dubbio che all'epoca fossero delle vittime. Ma dobbiamo arrivare in fondo a questa storia della compravendita di oro» disse infine.

Ripercorse il contenuto del taccuino mentre guidava. «Potrai leggerlo quando torniamo» disse.

Johnson frenò di colpo quando un furgone bianco che proveniva dall'ingresso di una farmacia gli tagliò la strada. Controllò di nuovo lo specchietto. Anche la macchina grigia aveva frenato ed era rimasta dietro di lui, pur potendo ampiamente superare.

Continuò: «Ci sono ancora molte domande senza risposta. Devo trovare il modo di parlare con il vecchio Jacob. Sto pensando a come fare.»

Fiona annuì.

«E non preoccuparti per questo incontro. Non intendo immolarci per la causa. Ma devo sapere. Penso che controlleremo il luogo da una certa distanza prima di fare qualsiasi mossa. Ho un binocolo. Al primo segnale di qualcosa di strano, ce ne andiamo subito, okay?»

Accelerò con decisione per superare un camion, poi rientrò nella corsia interna, superò un furgone e tornò bruscamente in quella esterna.

Mentre la macchina cambiava direzione, dal vano motore si sentì di nuovo raschiare, più forte questa volta, e lo stesso tonfo di prima. «Eccolo, di nuovo» disse Johnson. «Non mi piace questo suono. Si deve essere staccato qualcosa che scivola in giro.»

Guardò nello specchietto e inconsciamente portò la mano alla pistola, che aveva messo in una fondina sotto l'ascella sinistra, coperta dalla giacca.

«L'ho sentito questa volta, non m'è piaciuto. Ma va tutto bene? Continui a controllare lo specchietto» disse Fiona.

«C'è una macchina grigia, una Ford, proprio dietro di noi. Fa tutto quello che faccio io» rispose. «Ho fatto alcune manovre brusche ed è ancora lì. È uscita dal parcheggio dopo di noi.»

«Davvero?» chiese Fiona.

Johnson constatò con piacere che aveva avuto abbastanza presenza di spirito da non voltarsi a guardare.

«Sì» disse Johnson. «Qualche stronzo ci sta seguendo, ne sono sicuro.»

Schiacciò forte la frizione e passò in terza e quando accelerò per passare in uno spazio tra un'ambulanza e un pulmino scolastico il motore emise un sibilo acuto.

La Focus lo seguì.

Diego sentiva l'ansia salire sempre di più.

«Non riesco a stare dietro all'americano» disse. «Questo traffico è ridicolo. Camion che fanno sorpassi azzardati, tagliano la strada e mi bloccano. Servivano due macchine per questo lavoro. Cercare di tallonare un ex agente della CIA con una sola auto è volersi cacciare nei guai.»

Diego accelerò per passare attraverso un varco creatosi mentre un grosso camion cambiava corsia, frenò per evitare un taxi nero e poi schiacciò di nuovo l'acceleratore per superare una serie di semafori prima che diventassero rossi.

«Eccolo. Lo vedo. Mi avvicino un po'. Non posso perderlo, altrimenti è finita» disse Diego.

Una volta diminuita la distanza tra lui e la BMW a circa una quarantina di metri, rallentò. Alejandro strinse forte la scatola nera del telecomando che aveva sulle gambe. «Stai attento Diego. Se capisce che lo stiamo seguendo, siamo fregati. Lo avrei fatto saltare in aria appena usciti dal garage, ma con tutta quella polizia in giro, non ho voluto rischiare.»

Alejandro si morse le unghie. «Da come guida credo che ci abbia già individuati. Penso che dovremmo farlo saltare in aria non appena arriveremo in una sezione di strada libera, dove non ci sono negozi. Non qui però. Troppo traffico. Non possiamo rischiare di rimanere bloccati e di non riuscire a scappare. Allontaniamoci ancora dal centro. Speriamo che diminuisca un po' il traffico.» Davanti a loro la BMW superò due grandi furgoni blu, ma prima che Diego potesse seguirla, uno dei due iniziò un sorpasso affiancandosi all'altro, bloccando la strada. L'argentino si mise dietro al furgone, il paraurti dell'auto pericolosamente vicino al retro del furgone, poi suonò il clacson con forza.

Nessuna reazione. I due furgoni proseguirono affiancati. Diego sbatté la mano sul cruscotto di fronte a lui. «Dai, spostati, spostati, spostati.»

Alla fine il furgone che stava sulla corsia esterna tornò su quella interna per lasciarlo passare. Diego mise la terza, spinse il piede sull'acceleratore e superò suonando il clacson. In pochissimo toccò i centodieci chilometri all'ora, in una zona con un limite di sessanta.

Dopo un minuto, vide la BMW nera davanti a sé.

Le nocche di Alejandro erano diventate bianche mentre si teneva saldamente al bracciolo. «Rallenta, Diego. Ci fermerà la polizia. Sei oltre il limite di velocità.»

Ma Diego scosse la testa. «Fai silenzio. Non possiamo perderlo. Ignacio ci ucciderebbe.»

Diego aveva riguadagnato terreno, era a circa quaranta metri dalla BMW, quando davanti a lui un grosso camion nella corsia esterna e un taxi nella corsia interna si fermarono entrambi, frenando mentre i semafori all'incrocio davanti a loro diventavano rossi. Era bloccato.

La BMW di Johnson aveva attraversato l'incrocio un paio di secondi prima che il semaforo cambiasse colore.

Ancor prima che le luci ridiventassero verdi, Diego sapeva di essere nei guai.

L'autista del camion davanti aveva iniziato a rallentare e aveva messo la freccia a sinistra. Diego si rese conto che avrebbe significato una lenta manovra su due corsie, bloccando così il resto del traffico.

Diego mormorò: «*Bastardo, no es posible.*» Imprecò di nuovo, poi batté i pugni sulla parte superiore del volante.

Il taxi rimase fermo di modo che il camion potesse svoltare. Dopo quella che a Diego parve un'eternità, il camion completò la manovra e lui poté ripartire.

Spinse l'acceleratore e, con uno stridio di pneumatici, la macchina partì a razzo. Qualche secondo dopo, superarono la stazione di Limehouse sulla destra.

Fu Alejandro a vedere per primo la BMW.

«È più avanti, sta girando a sinistra. Sta provando a scappare. Sbrigati, prima che diventino rossi anche questi semafori.»

Ma era troppo tardi.

I semafori erano diventati rossi. Diego inchiodò e la Focus si fermò con uno stridio, a pochi centimetri dal retro di un taxi.

Alejandro alzò la voce. «Lo perderemo. Ha girato a sinistra, non lo vedo più. Supera il taxi e passa.»

«Non posso. Sono rossi. Ora non c'è modo di passare. Devi farlo saltare in aria adesso. Altrimenti l'abbiamo perso. Veloce, schiaccia.»

«Come, ora?»

«*Sí, amigo*... ora. Fallo, schiaccia... sì.»

Alejandro premette il pulsante rosso del telecomando. Diego riuscì a vedere ben poco di ciò che stava accadendo più avanti, aveva la visuale bloccata dal taxi e da altre macchine e camion che si trovavano dopo l'incrocio.

Ma sentì perfettamente il boato che riecheggiò e tuonò lungo la strada quando la mina anticarro FMK-3 da sei chili esplose nel cofano della BMW.

«*Madre*... è scoppiata» disse Alejandro.

I semafori diventarono verdi e Diego, quasi ipnotizzato, lasciò la frizione e seguì il taxi lentamente, superando un negozio Tesco mentre si dirigeva verso lo svincolo dove aveva visto la BMW di Johnson girare a sinistra.

Una grande nuvola di fumo nero saliva verso l'alto da dietro l'angolo e si spandeva verso l'esterno.

Diego ora poteva vedere che un ponte ferroviario rosso e bianco che passava sopra l'incrocio tra la strada principale e la strada laterale era parzialmente crollato.

Grossi pezzi di mattoni e detriti giacevano in mezzo alla strada, alcuni erano in cima a un furgone bianco, in parte distrutto, e una trave d'acciaio era piegata ad angolo, anch'essa sopra al furgone. Un logo sul retro del furgone recitava DAVE'S FLOWERS.

Attraverso le macerie del ponte, a pochi metri lungo la strada laterale, i resti aggrovigliati e piegati della BMW nera erano appena visibili, le portiere erano state spazzate via.

La gente correva via, fuori dalle case e dai negozi, chi verso l'esplosione, chi nella direzione opposta. Un piccolo gruppo di studenti sull'altro lato della strada gridava e urlava e Diego vide che le finestre e la porta di una casa vicino all'incrocio erano esplose verso l'interno. Una serie di semafori accanto al ponte erano stati ridotti a un caotico groviglio di metallo.

Qualche secondo dopo ci fu un altro forte scoppio e il retro della BMW distrutta si incendiò. Gli studenti urlarono ancora più forte e scapparono di corsa lungo il marciapiede.

Alejandro urlò: «Dobbiamo andarcene da qui, Diego. Vai... ora.»

Diego era frastornato. Guardò nello specchietto e vide la sua faccia cinerea che lo fissava. Poi obbedì e fece un'inversione a U in mezzo alla strada, dirigendosi nella stessa direzione da cui erano arrivati.

Un minuto dopo tre auto della polizia gli passarono accanto a sirene spiegate, dirigendosi nel senso opposto al loro. Diego guardò nello specchietto e le vide superare a tutta velocità il negozio Tesco e inchiodare vicino al cavalcavia crollato.

«Comunico a Ignacio che è fatta. Johnson è andato. E anche la giornalista.» La voce di Alejandro sembrava insolitamente tremante mentre digitava un sms sul telefono.

31

Lunedì 28 novembre 2011
Londra

«Il prossimo anno Londra 2012 rappresenterà una sfida cruciale per la sicurezza sia per la polizia sia per le agenzie di sicurezza» disse Jayne alla riunione con tre ufficiali del SIS e due esperti tecnici del GCHQ.

Era il suo secondo importante briefing mattutino, entrambi sui preparativi per la sicurezza dei Giochi olimpici dell'anno successivo.

Distribuì due documenti che delineavano la strategia dell'MI6. Bevve un sorso del cappuccino e proseguì. «Come forse saprete, i Giochi sono ormai da tempo l'obiettivo principale della nostra pianificazione. Abbiamo reclutato nuovi agenti segreti e abbiamo spostato persone da altre aree per contrastare il rischio di un attacco terroristico.»

Prese il primo documento. «Leggendo vedrete che le potenziali minacce sono fondamentalmente tre. La prima, Al-Qaida e i suoi affiliati pianificano un attacco che comporta la perdita di numerose vite umane. La seconda, gruppi terroristi di dissidenti repubblicani irlandesi, o con un attacco vero e proprio o con un falso allarme; la terza, scontri tra gruppi rivali o gruppi etnici.»

Jayne osservò i presenti, poi proseguì. «Allo stesso tempo, abbiamo a che fare con altri problemi pre giochi, come gli accrediti. Perverranno cinquecentoquarantamila richieste di accredito da parte di persone che lavorano nei vari luoghi in cui si terranno i giochi. Dovremo controllarli tutti per cercare di identificare chiunque possa costituire una minaccia per la sicurezza nazionale.»

Descrisse a grandi linee come il SIS avesse ridotto il carico di lavoro su altre aree a priorità più bassa al fine di concentrarsi sulle potenziali minacce e spiegò che stava 'sgombrando il campo' in modo da poterci riuscire.

Continuò: «Il problema è che il ministro dell'Interno ha detto molto chiaramente al nostro direttore generale che il resto del lavoro non può essere ignorato. È una situazione complessa. Le nostre risorse sono limitate.»

Si sentì bussare e un'assistente amministrativa spuntò dalla porta.

«Jayne, il capo deve parlarle brevemente nel suo ufficio, per favore. È molto urgente. Mi dispiace.»

Jayne si scusò con gli altri, uscì e si diresse verso l'ufficio di Mark Nicklin-Donovan, capo del Controllerate britannico, il suo diretto superiore. La porta era aperta e quando Jayne bussò lui sollevò la testa.

«Ah, Jayne, una cosa veloce, a titolo informativo. C'è stata un'esplosione nell'East London, sulla A13; la polizia pensa possa essere un attacco terroristico. Un'autobomba. Una BMW nera è saltata in aria e potrebbero esserci dei feriti tra i bambini di una scuola. Il ponte ferroviario dismesso sull'A13 è crollato, quindi la strada è bloccata e l'autista di un furgone è stato ucciso. La polizia non sa chi fosse alla guida della macchina, è un tale casino che stanno avendo difficoltà nel trovare i resti del corpo. Stanno cercando di identificare il veicolo e il proprietario. Ma viste le tue riunioni di stamattina era necessario metterti al corrente. Potrebbero farti delle domande in merito. Vai pure avanti, ti invierò tutti gli aggiornamenti man mano che mi arrivano. Va bene?»

Tornò a guardare i fogli sulla scrivania e si rimise a leggere.

«Okay, grazie per avermi informata, Mark.»

Jayne uscì lentamente dall'ufficio e si diresse verso una rientranza dove c'erano i distributori di bevande e snack. Prese un bicchiere di plastica e lo riempì a un erogatore di acqua.

Una BMW nera, nell'East London? Aveva un che di minaccioso. L'auto noleggiata da Joe non era una BMW Serie 3 nera? E stamattina andava all'O2...

Invece di tornare alla riunione, Jayne si diresse verso il suo ufficio, prese il telefono dal tavolo e digitò un numero.

Partì direttamente la segreteria. *Joe Johnson, per favore lasciate un messaggio dopo il segnale e vi richiamerò. Grazie.*

Jayne esitò e il suo dito si soffermò sul pulsante per chiudere la chiamata. Poi cambiò idea.

«Joe, sono Jayne» disse. «Ho saputo che è esplosa un'autobomba nell'East London. Suppongo che tu non sia coinvolto e che stia bene. Se ricevi questo messaggio sappi che tornerò a casa per le quattro. Esco presto dopo questi ultimi giorni in cui sono rimasta fino a tardi. Quindi ci vediamo dopo. Ciao.»

Lunedì 28 novembre 2011
Londra

Jayne tornò al suo appartamento senza aver ancora avuto notizie da Joe da quando aveva lasciato il messaggio in segreteria parecchie ore prima. Inoltre non aveva ricevuto risposta nemmeno a due sms.

Entrò, gettò le borse sul tavolo e sospirò. La polizia non aveva ancora fornito al suo ufficio i nomi dei feriti nell'esplosione, il che significava che avrebbe dovuto informarsi da sola.

Jayne guardò in direzione della finestra e sobbalzò leggermente. Attraverso la tenda erano perfettamente visibili le sagome di due figure sul balcone. Uno stava armeggiando con la maniglia della portafinestra del suo salotto.

Una scarica di adrenalina l'attraversò. Il suo primo pensiero fu che fossero dei ladri. Poi le venne in mente che potevano essere gli argentini che volevano arrivare a Joe.

Jayne afferrò una mazza da baseball di legno che teneva in cucina e fece tre passi verso la porta, tenendosi pronta. Poi vide la maniglia piegarsi verso il basso e la porta aprirsi leggermente.

«Fermo dove sei. Vieni fuori e fatti vedere» urlò.

Una figura emerse da dietro la porta.

«Joe! Che diamine!»Jayne tirò un sospiro di sollievo.

Johnson, con indosso un cappotto e un cappello di lana, stava fumando una sigaretta. Con lui c'era una donna incantevole con lunghi capelli scuri.

«Stavo per chiamare la polizia» disse Jayne. «Mi hai quasi fatto venire un infarto. Ho sentito di quell'esplosione nell'East London. Quindi non aveva niente a che fare con te... o sì? Hai ricevuto i miei messaggi? Non mi hai risposto.»

Johnson fece una smorfia. «Scusa. È una storia un po' lunga.» Si voltò e spense la sigaretta nel patio, poi rientrò.

«Davvero, perdonami, sono stato distratto, non sono riuscito a risponderti» rispose Johnson. «A proposito, lei è Fiona.»

Fiona annuì e fece un passo avanti, offrendole piuttosto goffamente la mano. «Piacere di conoscerti. Ho sentito molto parlare di te» disse.

«Anche per me. Accomodati. Fareste meglio a dirmi cosa diavolo sta succedendo.» Jayne posò la mazza da baseball e si sedette su una delle sedie di legno intorno al tavolo da pranzo, incrociò le braccia e le piazzò sul tavolo di fronte a lei. Guardò prima Johnson, poi Fiona.

Johnson tossì, poi tirò fuori un fazzoletto e si soffiò il naso. «Bene, ecco cos'è successo...» Riassunse rapidamente il viaggio in macchina fino al punto in cui aveva avuto la certezza che la Ford Focus li stesse seguendo e si erano accorti degli strani rumori che provenivano dal vano motore.

«A quel punto il mio cervello è andato in automatico. Insomma, mi sono reso conto che l'auto grigia ci aveva seguito fin dal parcheggio. Guidavo come un pazzo e quello pur di starmi dietro correva un sacco di rischi, quindi era ovvio che mi stesse seguendo. Poi mi sono ricordato delle minacce ricevute e del cadavere nell'officina.»

Continuò: «Poi mi avevi anche detto di quell'argentino arrestato perché aveva delle mine anticarro nel bagagliaio dell'auto. A quel punto ho capito che dovevamo scendere dalla macchina. Ho agito d'istinto.»

Proseguì Fiona. «Sì, diceva: 'Dobbiamo abbandonare la macchina, è pericoloso. C'è qualcosa che non quadra.' Quindi svolta di colpo a sinistra in una strada laterale, inchioda e mi urla di uscire e di andare dietro a un muro sul ciglio della strada. Ed è quello che ho fatto, mi sono nascosta dietro questo grosso muro di pietra nel vialetto di una casa. Un attimo dopo è lì accanto a me. Mi butta a terra e mi dice di appiattirmi, estrae la pistola e copre l'ingresso del vialetto. Siamo a terra appiccicati al muro vicino ad alcuni cespugli.»

Prese fiato. «Circa cinque secondi dopo c'è quest'enorme esplosione e le finestre della casa dietro di noi vanno in frantumi. È una carneficina. La parte superiore del muro di pietra dietro di noi è crollata, ci sono pezzi di auto che volano nell'aria e anche il ponte è crollato. Incredibile.»

«Porca miseria» disse Jayne. «Innesco a distanza. Probabilmente quando hai imboccato la strada laterale e ti hanno perso di vista?»

«Sì, penso sia andata così» disse Johnson. «Ho pensato che se davvero ci stavano inseguendo, ci sarebbero venuti dietro e avrei potuto farli fuori con la pistola se fossero entrati nel vialetto. Non siamo arrivati a tanto, ovviamente. Ad ogni modo, siamo stati decisamente fortunati. Quel muro di pietra ci ha salvato. Era una bomba potente. Qualche altro secondo e ci avrebbe ridotti in poltiglia.»

«Fortunati? Cavolo, direi che hai preso delle decisioni piuttosto giuste» disse Jayne.

Johnson si soffiò di nuovo il naso. «Istinto.»

Fiona annuì. «Istinto che mi ha salvato la pelle.»

«Dopo cos'è successo?» chiese Jayne.

«Be', arrivati a questo punto io sto urlando» disse Fiona. «C'è altra gente che grida e si scatena l'inferno. Poi dalla macchina si alza un'enorme nuvola nera di fumo e polvere. La gente inizia a riversarsi fuori dalle case. Studenti che urlano. Gente che grida al telefono, che chiama la polizia, il fuoco, le ambulanze. È stato pazzesco. Joe era l'unico calmo.»

Johnson sorrise. «Sapevo che dovevamo uscire da lì. Non volevo essere coinvolto in un'inchiesta della polizia e avevo pure una pistola, ricordiamocelo. Quindi aiuto Fiona ad alzarsi... siamo ricoperti di merda e polvere e non so che altro... e iniziamo a camminare rifacendo al contrario la strada da cui eravamo arrivati. Il traffico inizia ad aumentare. C'è chi fa inversione. Fermo il taxi più vicino e ne usciamo rapidamente prima che qualcuno possa fermarci.»

Johnson incontrò lo sguardo di Jayne. «Sono un po' arrugginito su queste cose.»

Lei sollevò un angolo della bocca con espressione ironica. «Non mi pare. È evidente che hanno molto da perdere e che sei una minaccia. In che modo esattamente è un altro discorso. Se hai intenzione di andare fino in fondo, devi muoverti velocemente, perché sono un passo avanti a te.»

Johnson sospirò. «Sì, certo. Dimmi qualcosa che ancora non so, Jayne. Mi servono i pezzi mancanti del puzzle, non quelli che ho già.»

Il telefono di Fiona suonò e lei controllò il messaggio in arrivo. «È l'ufficio. Vogliono una storia sull'esplosione dell'autobomba dato che Obama è qui. Dannazione. Sono quasi saltata in aria e...»

«Non si placano, vero?» disse Jayne.

«Non posso uscire ricoperta di questa merda.» Fiona cercò di spazzare via parte del sudiciume dal cappotto e dalla giacca.

Guardò Jayne. «Non è che potrei prendere in prestito alcune cose, vero?»

Jayne strinse le labbra. «Direi di sì, certo.»

Fiona sembrò sollevata. «Grazie. Se devo dirla tutta, lavorare è l'ultima cosa che mi va di fare, ma devo scrivere anche un commento sulla sua visita.»

Jayne si alzò e guidò Fiona in camera da letto per cercare dei vestiti.

Johnson le sorrise mentre passava. «La storia della bomba? Dovrebbe essere una lettura interessante. Hai dei testimoni oculari che puoi citare?»

Fiona si voltò e gli lanciò un'occhiataccia.

Quando scomparve dalla sua vista Johnson prese il taccuino di Jacob.

Conteneva le risposte a molte delle sue domande.

Ma mancava un dettaglio. Il perché.

Perché i Kudrow vendono oro a Guzmann? E perché ne compra quantità così grandi?

Ignacio prese la copia del giornale della sera, l'appallottolò e la lanciò addosso a Diego.

«*Que imbecil eres*» urlò. «Sei una testa di cazzo. Leggi. Hai fatto un casino. Johnson se ne va ancora in giro per Londra. È vivo.»

Diego raccolse il giornale.

La copertura era totale. Avevano liberato le prime cinque pagine per dedicarle completamente alla storia dell'autobomba. Un titolo a caratteri cubitali troneggiava in prima pagina: 'Autobomba: un ponte distrutto, due morti'.

Sopra al titolo l'occhiello recitava: 'Dopo attacco misterioso a Londra è allerta terrorismo per le Olimpiadi'.

Sotto ai titoli c'era una grande fotografia del ponte crollato, con un altro riquadro più piccolo che mostrava il furgone schiacciato del fioraio, con i pompieri che cercavano di estrarre il cadavere dal rottame. L'articolo raccontava che anche un passante che aspettava di attraversare la strada vicino al ponte era stato ucciso dall'esplosione.

Ma il pezzo in prima pagina evidenziava che all'interno della BMW nera non era stato trovato nessun corpo.

Secondo un'altra fonte della polizia la BMW era stata noleggiata pochi giorni prima da un americano che si faceva chiamare Philip Wilkinson. Erano in corso dei controlli su di lui.

All'interno del giornale c'erano vari resoconti di testimoni oculari, tra cui quello di un insegnante che spiegava di aver visto un uomo e una donna saltare fuori dalla BMW nera pochi secondi prima che esplodesse e poi correre in un vialetto vicino. Ma in seguito non erano più stati visti.

Venivano citati dei clienti che erano usciti da un negozio Tesco lì vicino e un uomo che l'esplosione aveva buttato giù dalla bicicletta.

Il comandante della Polizia metropolitana, a capo delle forze di polizia londinesi, aveva dichiarato: «Siamo determinati ad arrivare in fondo a questa storia: chi ha piazzato la bomba e perché. I nostri agenti stanno lavorando ventiquattro ore su ventiquattro a questa inchiesta. Al momento nessuno ha rivendicato l'atto e non abbiamo nessuna pista sull'uomo e la donna visti scappare dalla BMW, o su ciò che può esserne stato.»

Diego fissò senza capire Ignacio che era dall'altra parte del tavolo della cucina. «Non può essere vivo. Abbiamo fatto saltare in aria la BMW. Era dentro con la giornalista. Li abbiamo visti entrambi entrare nel parcheggio e li abbiamo seguiti.»

Ignacio balzò in avanti. «So che l'avete fatta saltare in aria, idiota. Avete fatto saltare in aria metà East London. Ma Johnson non era in macchina in quel momento. Evidentemente è uscito prima che esplodesse.» Ignacio, che ci aveva messo un po' a realizzare ciò che gli aveva detto Diego, lo guardò e poi chiese: «Anche la giornalista era in macchina? L'americana? Per quale motivo?»

«Non so perché» disse Diego. «È salita con Johnson.»

Ignacio diede un calcio a una sedia di legno, che volò attraverso la cucina per finire accanto al frigorifero. Entrò a grandi passi nel soggiorno del pub ristrutturato e accese il televisore con il telecomando. Era già in onda un notiziario della BBC e un giornalista stava parlando alla telecamera accanto al ponte ferroviario crollato sulla strada A13, che era ancora bloccata.

«Negli ultimi venti minuti la polizia ha rilasciato un aggiornamento» disse il giornalista. «Secondo gli esami della scientifica a distruggere la BMW nera è stata una mina anticarro argentina, si pensa a un FMK-3, il tipo usato contro le forze britanniche durante la Guerra delle Falkland nel 1982. È stata fatta detonare a distanza usando un telecomando. La polizia ha già iniziato una ricerca a tappeto dei responsabili e sta anche investigando su come l'ordigno possa essere entrato nel Regno Unito.»

Ignacio continuò a guardare in silenzio mentre il giornalista proseguiva. Quindi si rivolse a Diego. «Il tempo sta finendo. I poliziotti hanno identificato la mina e hanno Felipe rinchiuso in cella da qualche parte. Ci metteranno circa due minuti a capire che è stato lui a fornire la bomba e quanto ci vorrà prima che Felipe ceda sotto interrogatorio e faccia i nostri nomi? Sarà costretto a farlo per provare a fare un qualche tipo di accordo con i poliziotti.»

Ignacio camminava avanti e indietro, toccandosi il mento. «Presto la polizia ci starà addosso. Tre argentini a Londra si notano. Dobbiamo sbrigarci. Abbiamo bisogno di capire dove si trova quell'oro con esattezza, poi ce ne andiamo dal Regno Unito... *rapidamente*.»

Ignacio si grattò la testa. «Troveremo un altro modo per arrivare a Johnson più avanti. Per ora può passare in secondo piano. Abbiamo perso abbastanza tempo con lui. La priorità è la mappa. Ho un piano B. La Ford Focus ha il pieno? Perché ne avremo bisogno.»

Johnson, seduto da solo sul letto della camera degli ospiti di Jayne, districò il filo degli auricolari che erano collegati al suo telefono.

Dopo esserseli messi nelle orecchie, toccò un'app e digitò una password, quindi ascoltò con il volume al massimo.

Quando Johnson aveva piazzato la microspia sotto la scrivania di Jacob Kudrow, l'aveva messa in modalità di attivazione vocale, il che significava che avrebbe chiamato il suo cellulare se avesse rilevato dei suoni. Ma non c'era stato nessun tipo di avviso... fino a quel momento.

Del perché non si fosse attivato in precedenza, Johnson non ne aveva idea. Forse c'era stato un problema con il segnale 3G. Forse Jacob semplicemente non aveva usato l'ufficio, anche se sembrava improbabile.

Qualunque fosse stata la ragione, ora la funzione di attivazione vocale funzionava, perché poteva sentire una conversazione. Il suono era piuttosto debole, come se le voci provenissero da una certa distanza dal microfono, ma riusciva a capire cosa stessero dicendo.

Un uomo diceva di voler fare un altro viaggio a est dove c'erano ancora scorte. Poi fece riferimento a un piano finale.

Il suo piano finale... Dev'essere Jacob Kudrow a parlare. Era la stessa frase che aveva scritto sul taccuino rosso.

Poi sentì un'altra voce, dal tono molto simile ma con un leggero accento americano. *Forse il gemello di Jacob, Daniel, che aveva visto insieme a Jacob davanti al laboratorio alcuni giorni prima? Deve essere lui.* Johnson ascoltò più attentamente.

«Non mi parlare di piano finale. Keith faceva forse parte del tuo piano finale? Jacob, diciamoci la verità, non abbiamo più bisogno di soldi. E comunque non è rimasto molto. Dobbiamo uscirne. Siamo troppo vecchi. Siamo coinvolti da troppo tempo e ora le persone si fanno male, vengono uccise. Dovevamo uscirne molto tempo fa. È questa la realtà. Abbiamo la nomina di David a cui pensare. Se tutto questo arriva ai media americani e trovano un collegamento, è rovinato.»

Si sentì di nuovo la voce di Jacob. «No, non abbiamo bisogno di soldi. Ma dopo essere arrivato fin qui vorrei finalmente distruggere Guzmann. Te lo dico io, Daniel, c'è lui dietro a tutto questo, anche se a fare il lavoro sporco sono i suoi compari o suo figlio. Ho letto l'sms che Keith ha mandato a Leopold, in cui diceva che era stato rapito da degli argentini. È evidente. Hanno scassinato la cassaforte e preso il taccuino. Il loro obiettivo è arrivare a Sokolec. Quindi vorrei fare un ultimo viaggio, un'ultima consegna, e a caro prezzo. E il prima possibile.»

Per qualche secondo nessuno parlò. Poi si sentì una terza voce, anch'essa di una persona anziana, con un lievissimo accento dell'Europa dell'Est. Johnson pensò fosse Leopold Skorupski.

«Il furgone è ancora in buone condizioni. Può guidare Jonah. Quanto sarà, circa millequattrocento chilometri passando per Lipsia? Potremmo farcela in due giorni. È fattibile.»

Il suo tono di voce si alzò, ora era più ottimista ed entusiasta. «Sarebbe come ai vecchi tempi. Jonah può occuparsi del lavoro pesante, del trasporto e delle placche di protezione. Potremmo dargli un bel bonus. I ragazzi della dogana non controllano mai, come sempre.»

Jacob parlò di nuovo. Anche lui sembrava più energico.

«Ci sono rimaste quattro casse e basta. Quindi sono ottanta chili. Potremmo portarlo via in una sola volta. Il kit di raffinazione che abbiamo qui è ancora a posto. Cosa ne pensi, Daniel?»

Silenzio. L'auricolare di Johnson stava per cadere, quindi se lo sistemò. Ci fu un crepitio. Poi alla fine Daniel rispose.

«No, è una follia. Non è assolutamente necessario. Non voglio rischiare ogni cosa, tutto il duro lavoro di David, solo per un ultimo viaggio da nostalgici. Oltre a questi argentini, abbiamo un giornalista e un investigatore alle calcagna. Se scoprissero che stiamo trasportando oro per un valore di quattro milioni e mezzo di dollari proprio quando le primarie stanno per iniziare, be', potete immaginare cosa farebbero con una storia simile. David e io finiremmo dritti di fronte a un gran giurì.»

Johnson non riuscì a trattenere a un sorriso ironico.

Poi Jacob parlò di nuovo.

«Non accadrà. Penso che per ora possiamo chiuderla qui. Ne parleremo domani con Jonah. Se non se la sente allora lasciamo perdere. Dai, torniamo a casa. Sono esausto.»

Ci fu un rumore di passi, poi il forte cigolio della porta dell'ufficio. Quindi silenzio.

A catturare l'attenzione di Johnson non erano i minuziosi dettagli su come i fratelli Kudrow e Leopold avevano portato l'oro fuori dalla Polonia, per quanto affascinanti potessero essere. Era qualcosa di completamente diverso, saltato fuori durante la conversazione.

Nella sua mente andava sviluppandosi una teoria.

32

Martedì 29 novembre 2011
Bristol

Oliver Kew stava passando un bel martedì sera. Davvero una bella serata.

Verso le otto, dopo qualche birra in diversi bar, insieme a quattro suoi compagni della facoltà di Storia entrò nell'Highbury Vaults, un pub a St Michael's Hill, non lontano dall'università.

Il locale era pieno e l'impianto audio sparava a tutto volume la hit di Adele *Rolling in the Deep*.

I cinque amici avevano iniziato un giro dei pub alle sei meno un quarto sulla storica Corn Street della città.

Dall'esterno l'Highbury Vaults sembrava piuttosto fatiscente, con la facciata verde scheggiata e consumata dal tempo. Eppure all'interno, nonostante i semplici tavoli e sedie di legno, l'atmosfera era intima e accogliente e lo rendeva uno dei pub preferiti degli studenti. Oliver, che gli amici chiamavano Godders, apprezzava particolarmente la selezione di birre Young.

Andò al bancone per ordinare un giro.

E poi la vide.

Oliver, che era al secondo anno di un corso di laurea triennale alla Bristol University, aveva notato per la prima volta la ragazza bionda a ottobre, un paio di settimane dopo l'inizio del trimestre autunnale.

Prima le era andato addosso involontariamente mentre uscivano dalla palestra. Poi, dopo essersi scusato per la sua goffaggine, aveva iniziato una breve conversazione, durante la quale si era reso conto che viveva nella casa dello studente accanto alla sua.

Da allora si era imbattuto in lei in altre occasioni, anche se, doveva ammetterlo, meno casualmente.

Ora la ragazza, Susannah, era seduta in un angolo del pub con altre tre ragazze. C'era una bottiglia vuota di chardonnay sul tavolo e una seconda piena per un quarto. Stavano tutte ridendo.

Dopo mezz'ora, riuscì a intavolare una lunga conversazione con lei, che si era avvicinata al bancone affollato per ordinare un'altra bottiglia. Si sedettero a un tavolo lì vicino dopo che due clienti si erano alzati per andarsene e poi, inaspettatamente, lei gli scivolò sulle ginocchia, con le lunghe gambe che pendevano dalle sue e la gonna corta che saliva

Ormai Oliver farfugliava. «Sei intelligente e sei bellissima, sai. Più tardi andiamo a ballare. Ti va di venire con noi?»

L'inebriante cocktail di alcol, adrenalina e ormoni che gli scorreva nelle vene cominciò a farlo sentire un po' stordito.

«Mi piacerebbe, ma non posso stasera. È una serata speciale tra donne» disse. «Abbiamo programmato tutto. È venuta a trovarmi un'amica.» Poi girò la testa e lo baciò, una mano che gli scompigliava i corti capelli scuri, l'altra appoggiata al petto.

Poi si staccò e sorrise. «Ti do il mio numero di telefono. Potremmo vederci venerdì prossimo.»

Oliver annuì e tirò fuori il telefono per salvare il numero. «Molto volentieri. Venerdì va benissimo. Ti scriverò.»

Si ricordò che doveva tornare a casa quel fine settimana, per vedere la madre a Radlett, a nord di Londra, e l'amato nonno e confidente, Jack Kew, ospite per il pranzo della domenica. Ma avrebbe potuto annullare e andare invece il weekend successivo.

Susannah lo baciò di nuovo, poi saltò giù dalle sue ginocchia e si diresse verso il tavolo delle amiche, dove si infilò il cappotto. Un minuto dopo, le quattro ragazze se n'erano andate.

A quel punto gli amici di Oliver, seduti a una decina di metri di distanza vicino al tavolo da biliardo, applaudirono fragorosamente. «Rimorchiata, rimorchiata, rimorchiata...» ripetevano in coro.

Oliver fece ironicamente un inchino nella loro direzione, un sorriso compiaciuto stampato in faccia. Oliver, che ora si sentiva su di giri dopo il suo breve incontro con Susannah, tornò dai suoi amici. «Che ne dite di andare a ballare? Il Raquel sarà pieno di ragazze. È martedì, serata studenti. Dai ragazzi, sono carico.»

Finse di cantare al microfono *Firework* di Katy Perry, sparata a tutto volume dagli altoparlanti del pub.

Quando la canzone finì fece un altro inchino ironico. Altri applausi.

Gli bastò poco per convincere gli amici. Attraversarono barcollanti St Michael's Hill e poi percorsero la ripida Christmas Steps dirigendosi verso il centro, con la sua sfilza di bar e locali.

Passarono per Quay Street e dopo la curva arrivarono sulla ben più squallida Nelson Street, con le pareti di cemento ricoperte di graffiti e gli alti edifici spogli, che contrastavano con gran parte dell'elegante centro di Bristol.

Il Raquel era sulla sinistra, l'ingresso era in fondo a un vicolo buio. L'ingresso costava dieci sterline e le bevande erano care, ma mettevano della buona musica e c'era una buona proporzione tra ragazze e ragazzi. Era una delle loro destinazioni preferite per una serata fuori.

Oliver si diresse per primo al bancone e comprò cinque bottiglie di Stella Artois e cinque shot di tequila per accompagnarle. «Al prossimo venerdì e a Susannah» urlò mentre si sedevano, buttando giù la tequila in un colpo solo.

Un'ora e due birre più tardi Oliver era completamente ubriaco. Si alzò in piedi e barcollò verso le scale, che scendevano in un seminterrato dove si trovavano i bagni.

Il corridoio al piano di sotto era tutto dipinto di nero, con grandi specchi posizionati a intervalli su entrambi i lati. Sapeva che la porta del bagno era da qualche parte in fondo al corridoio. Ma l'oscurità e quella serie di specchi, sommati a tutto l'alcol che aveva bevuto, lo fecero sentire disorientato e stordito.

Dove sono i bagni? Dai, concentrati... ah, sì, eccoli...

Mentre Oliver si avvicinava alla porta del bagno, si accorse che due uomini si stavano avvicinando velocemente, erano quasi dietro di lui.

Mentre si girava, uno lo afferrò per la vita e l'altro gli premette una mano guantata sulla bocca. I due lo spinsero verso la porta nera antincendio a due battenti in fondo al corridoio. Uno spalancò la porta e Oliver si rese conto che era fuori, sul marciapiede, nell'aria fredda della notte.

Un'altra mano gli premette un panno umido sul naso e si sentì spingere nel retro di un'auto che aspettava proprio fuori dalle porte antincendio.

Mentre l'auto si allontanava, l'ultima cosa che vide fu l'insegna al neon lampeggiante sopra la porta del club: RAQUEL'S – UNA NOTTE DA RICORDARE.

Qualche secondo dopo, Oliver era svenuto.

Mercoledì 30 novembre 2011
Londra

«Allora cosa faranno gli argentini? Hanno fallito una volta. Quindi adesso cosa accadrà?» chiese Jayne.

Johnson sbadigliò. Era incerto. Si era posto la stessa domanda.

Si strofinò la testa e si diresse verso il bancone della cucina. «Non so cosa intendano fare. Dubito che sappiano dove si trova l'oro, altrimenti non sarebbero a Londra. Devo scoprirlo prima di loro, il che significa che dovrò trovare il modo di parlare con i fratelli Kudrow.»

Jayne annuì. «Senti, devo parlarti. Quell'autobomba ha scatenato un putiferio. I miei capi sono sempre più nervosi per la questione sicurezza per le Olimpiadi del prossimo anno. Il direttore generale ha ricevuto richieste dal segretario di Stato che vuole maggiori dettagli sui nostri piani, questo per me significa rapporti in più da scrivere.»

La voce di Jayne si alzò un poco. «Mi trovo in una posizione difficile. Voglio dire, se il mio capo scoprisse che ti sto ospitando e che l'autobomba era stata pensata per te, sarei nei guai. Voglio andarmene prima o poi, ma non ora, e voglio farlo alle mie condizioni, non alle loro.»

Johnson annuì. «Lo capisco. Quindi vuoi che trovi un altro posto dove stare?»

Jayne si alzò e si appoggiò al bancone della cucina, le braccia incrociate con risolutezza, e lo fissò. «Il fatto è che sono preoccupata che gli argentini scoprano che sei qui.»

Johnson versò del caffè in una tazza e si sedette, appoggiando il telefono sul tavolo. «Sì, hai ragione. È meglio che vada. Non è giusto nei tuoi confronti.»

«Puoi rimanere un'altra notte, okay? Poi però devi andare, purtroppo. Mi dispiace Joe. Puoi tenere la pistola... per ora.»

Jayne prese la borsa. «Devo andare al lavoro ora, ci vediamo dopo.» Si diresse verso la porta.

Pochi minuti dopo che se n'era andata, il telefono di Johnson emise un *bip*. Lo prese e lo guardò. L'ufficio di Kudrow, la cimice.

Premette un pulsante sullo schermo, regolò il controllo del volume e attivò la funzione altoparlante.

Si sentiva solo il suono di un telefono che squillava, un suono digitale.

Era il telefono da tavolo di Jacob, o era un cellulare?

Probabilmente un cellulare. Johnson ricordò che il telefono da tavolo di Jacob era molto vecchio stile.

Poi ecco il suono di alcuni passi lenti. E una voce.

«Pronto, Jack Kew? O dovrei dire, Jacob Kudrow?»

La voce dall'accento ispanico del chiamante risultava sintetica e metallica. Johnson ipotizzò che Jacob Kudrow avesse attivato il vivavoce. Questa volta, Johnson si ricordò della funzione di registrazione e toccò un altro pulsante sullo schermo.

«Chi parla?» gli sentì dire.

Poi parlò di nuovo il suo interlocutore. «Non hai bisogno di sapere chi sono. Ma una cosa la devi sapere: abbiamo tuo nipote, Oliver Kew. Penso conosca la posizione esatta della tua fonte di oro in Polonia. È vicino a Gluszyca, vero? Lo convincerò a fornirmi i dettagli nelle prossime ore. Tu devi rimanere calmo e non devi chiamare la polizia. Se dovessero contattarti in merito alla denuncia della sua scomparsa, devi dire che lo hai sentito, che è al sicuro e che sta venendo a casa tua. Liberatene. In questo modo né tu né tuo nipote avrete problemi. Chiaro?»

Johnson sentì formicolargli la testa. *Mio dio*. Si portò le mani in fronte e sentì Jacob respirare affannosamente.

«Sì, è chiaro» disse Jacob. «Per favore non fargli del male. Ma devo sapere chi sei. Puoi...»

«Stai zitto. Non ti serve sapere altro che questo: qualsiasi tentativo di localizzarci o di informare la polizia farà fare a tuo nipote la stessa fine di Keith Bartelski. Mi sono spiegato?»

Di nuovo sentì Jacob respirare... questa volta erano respiri rapidi e ritmati, come se fosse in iperventilazione. Poi rispose.

«Sì, perfettamente. Per favore, prenditi cura di mio nipote, è solo...»

Ma Jacob fu interrotto. Il chiamante doveva aver riattaccato. Quindi silenzio.

Dopo qualche istante, Johnson sentì la voce di un secondo uomo, che riconobbe come quella di Daniel.

«Jacob, cosa diamine sta succedendo. È incredibile. Non capisco, Oliver nemmeno è a conoscenza di quei dettagli, vero?»

Quando infine Jacob parlò, lo fece con un sussurro roco. «Sfortunatamente, sì. La mappa, le coordinate, la descrizione scritta. Sono nella cartella Google Drive di Oliver.»

La voce di Daniel si alzò. «Possiamo entrarci? Cancellarli?»

«Dovrei ottenere la password. L'abbiamo appena messa per una questione di sicurezza. È stata un'idea di Nathaniel, quando è stato qui non molto tempo fa. Propose di inserire una copia della mappa in una cartella di Google Drive protetta da password, sostenendo che fosse più sicura di uno schedario in ufficio. E disse che, visto che stiamo invecchiando, Oliver era la persona più adatta per custodirla.»

«Forza» disse Jacob «dobbiamo andare di sotto a parlare con Leopold.»

Ci fu il suono attutito dei passi che si allontanavano, poi di nuovo silenzio.

Johnson si alzò e batté il pugno sul tavolo. «Merda!»

Johnson uscì sul balcone e accese una sigaretta. Fuori la temperatura era scesa e vide che piovigginava.

Cercò di soppesare i rischi connessi al piano che stava prendendo forma nella sua mente. Sembrava ce ne fossero molti.

Ma più valutava le possibili opzioni, più vedeva che non avrebbe avuto scelta, volendo confermare la teoria che era sempre più convinto spiegasse gli eventi al laboratorio di Jacob Kudrow.

Johnson si infilò la giacca di pelle marrone e la sciarpa e stava per uscire quando ebbe un ripensamento. Tornò alla borsa, tirò fuori la Walther con la fondina e se la legò sotto il braccio sinistro, sotto la felpa.

Nel giro di dieci minuti, si trovava all'incrocio di Plumbers Row, a pochi metri dall'ingresso del laboratorio. Ora sapeva esattamente come muoversi.

Il cancello pedonale nel cortile era aperto, così Johnson passò e bussò a una porta nera sul lato sinistro del negozio.

Sentì una voce roca dietro di lui. «Posso aiutarla?»

Johnson si voltò. In piedi, incorniciato dalla porta d'ingresso della società di ricambi per auto di fronte, c'era Jonah.

«Ciao, stavo cercando Jack Kew. È qui stamattina?»

«Io la conosco. È venuto a chiedere informazioni su dei pezzi di ricambio per un maggiolino l'altro giorno, vero?»

Johnson annuì. «Sì, è vero, ma era per la mia macchina. Questa è una cosa di lavoro, legata ai gioielli.»

«Come si chiama? Philip qualcosa, giusto?»

Johnson pensò in fretta. Non poteva più usare il suo pseudonimo dopo che l'auto noleggiata era esplosa. «No, non Philip. Mi chiamo Joe Johnson.»

Jonah incrociò le braccia tatuate. «Joe Johnson? Mmm. Okay. Mi dia qualche minuto. Aspetti qui. Devo andare di sopra.» Si diresse verso Johnson, lo superò, aprì la porta e scomparve.

Ora pioveva più forte e i cani nella proprietà limitrofa, presumibilmente gli stessi che avevano abbaiato durante la visita notturna di Johnson con Bomber Tim, all'improvviso iniziarono a ululare.

Cinque minuti dopo, Jonah riapparve. «Da questa parte. Mi segua.»

Condusse Johnson attraverso l'area accoglienza clienti, lungo un breve corridoio e poi su per le scale. A metà strada, Johnson riconobbe il pianerottolo al primo piano. Era la terza volta che lo vedeva.

Seguì Jonah a sinistra in cima alle scale e poi fino alla grande porta in legno dell'ufficio dell'amministratore delegato, che era aperta.

«Signor Kew, c'è qui Joe Johnson che vorrebbe vederla.»

Johnson entrò nella stanza. I due anziani uomini dai capelli bianchi erano seduti dietro la scrivania, Daniel con gli occhiali dalla montatura nera sulla sinistra, Jacob sulla destra. Avevano entrambi la giacca, ma non la cravatta. Tutti e due con un bicchiere di whisky; sulla scrivani di fronte a loro c'era una bottiglia di *Single malt*. I gemelli Kudrow.

La porta dietro a Johnson cigolò e poi si chiuse. Johnson ruotò leggermente la testa a sinistra e vide Jonah in piedi, con le braccia incrociate. Guardò Johnson, mentre si appoggiava con la schiena contro la porta, le labbra strette.

«Allora, Joe Johnson» disse Jacob, sistemando i suoi occhiali dalla montatura d'oro. «So chi è. Ex CIA, cacciatore di nazisti, e ora lavora con una giornalista politica di Washington. Una visita inaspettata. Cosa possiamo fare per lei?»

Nessuna stretta di mano. Daniel gli fece cenno di sedersi sulla sedia di fronte alla scrivania.

Johnson si sedette e sentì immediatamente un rumore dietro di lui mentre Jonah si avvicinava. Sentì l'acciaio freddo sulla nuca.

«Signor Johnson, se ha un'arma, la tiri fuori e la metta sul tavolo» disse Jonah.

Johnson prima alzò le mani, poi lentamente si tolse la Walther e la posò delicatamente sulla scrivania. Jonah lo raccolse e tornò alla porta.

Cominciamo.

Johnson spostò il peso in avanti, toccandosi nervosamente la cicatrice sull'orecchio destro. «Signor Kudrow, posso aiutarla in diversi modi. La questione più urgente, suo nipote.»

Era come se avesse toccato Jacob con un pungolo elettrico. Il vecchio saltò letteralmente sulla sedia, e i suoi occhi cisposi sbatterono più volte.

«Come fa a sapere di Oliver?» chiese Jacob. «Chi glielo ha detto? L'ho scoperto solo stamattina. Non lo sa nessuno.»

Johnson capì che la palla adesso era nel suo campo.

«Ho le mie fonti, ma mi piacerebbe aiutarla a riportarlo a casa. Non può andare alla polizia, non dopo quello che ha fatto negli ultimi, quanti saranno, cinquant'anni? Forse sessanta.»

Ora non si torna indietro.

Johnson continuò. «Suo nipote è in pericolo. Così come la sua reputazione e la sua ricchezza.» Johnson si voltò verso Daniel. «E anche la carriera politica di suo figlio David è in pericolo. Francamente, non penso sia possibile salvare tutto... siete stati bravi ad arrivare fin qui. Ne so abbastanza per mettervi entrambi dietro le sbarre. Ma non è il mio lavoro.»

Johnson trasalì quando sentì Hennessy muoversi dietro di lui, ma Jacob agitò il palmo della mano verso il basso per calmarlo, scuotendo la testa in direzione dell'enorme guardia del corpo.

«Meglio non tentare nulla» disse Johnson. Si voltò e vide che Jonah era di nuovo appoggiato alla porta. «Se mi dovesse accadere qualcosa tutte le prove che ho saranno inviate direttamente alla polizia e ai pubblici ministeri. Ho pensato a tutto.»

Ci fu silenzio.

Johnson disse: «Intendo farle una proposta. Posso aiutarla a trovare suo nipote e a riportarlo a casa. Penso che la banda che lo ha rapito sia argentina. Sono le stesse persone che hanno ucciso il suo uomo, Keith, e la banda è guidata dal figlio dell'uomo a cui vende l'oro in Argentina.»

I gemelli si scambiarono un'occhiata. Jacob strinse gli occhi.

«Di cosa sta parlando?» chiese.

«Le mie fonti sono molto affidabili» disse Johnson. «Il punto è che credo che la stessa banda stia cercando di raggiungere la sua fonte di oro in Polonia. Posso aiutarla anche in questo. Possiamo fermarli. In cambio, ho bisogno di conoscere tutta la storia completa: a chi vende l'oro esattamente, come lo ha ottenuto e come vengono incanalati e utilizzati i soldi. Credo che non abbia altra scelta in questo momento. Le suggerisco di iniziare a parlare, e in fretta.»

Johnson si adagiò sulla sedia.

33

Mercoledì 30 novembre 2011
Londra

Johnson ora sentiva di avere preso in mano le redini della situazione. Fece finta di controllare se gli fossero arrivati dei messaggi sul telefono, ma ne approfittò per accendere di nascosto il registratore vocale.

Jacob bevve un sorso dal bicchiere di whisky. Johnson notò che gli tremava la mano, mentre Daniel sedeva in silenzio e lo guardava quasi senza battere ciglio.

Fu Jacob a parlare per primo. La sua voce tremò un po' mentre posava il bicchiere sulla scrivania.

Nonostante Johnson conoscesse bene il contenuto del taccuino rosso di Jacob, rimase seduto in silenzio pazientemente e lo lasciò parlare. Per un po' descrisse le terribili condizioni di Gross-Rosen e le motivazioni dietro al complesso di Riese.

Poi Jacob passò al crollo del tunnel e all'oro.

«Dopo che il tetto del tunnel crollò fummo tutti scaraventati per terra e poi ci fu un silenzio totale. Ero completamente sordo» disse Jacob. «C'era terra e polvere e le luci si erano spente. Era buio pesto lì dentro. Mi sembrava di annegare, come se la mia testa stesse per crollare. L'unico modo per respirare era coprirmi il naso con la camicia e usarla come filtro.»

In seguito raccontò di come erano usciti dal tunnel di emergenza e della loro drammatica fuga dal treno. Poi ci fu l'attesa piena di suspense dei fratelli mentre erano sdraiati sulla neve, seguita dalla serie di spari di quando i loro compagni di prigionia vennero fucilati.

«In quel momento seppi che doveva essere fatta giustizia; che avrebbe dovuto pagare. Daniel e io ci togliemmo i pantaloni e cominciammo a guadare il fiume, il più velocemente possibile, anche se eravamo mezzi morti. Sapevamo che dovevamo spostarci rapidamente prima che ci seguissero con i cani.»

Jacob bevve un altro sorso di whisky. Sembrava un po' sopraffatto dall'emozione. «Erano tempi bizzarri. Non ho mai...» Gli si spense la voce. Poi riacquistò il controllo e riprese a raccontare.

«Fu un miracolo uscire dalla zona nazista. Dovemmo guadare il fiume, un torrente in realtà, per un bel pezzo fino a raggiungere alcune case. A quel punto era buio. Pensavamo di non aver fatto rumore, ma un polacco di una delle case deve averci notato per via dei nostri vestiti a strisce e ci corse incontro. Dovemmo fidarci di lui. Fummo solo fortunati, incredibilmente fortunati. Si rese subito conto di ciò che era successo e ci trovò immediatamente dei vestiti diversi, un po' di pane e di latte e ci condusse a piedi attraverso alcuni boschi fin sopra a delle colline, seguendo principalmente i sentieri dei pastori. Sentimmo i cani abbaiare in lontananza alle nostre spalle, il che ci fece pensare che le SS fossero sulle nostre tracce. Non avevano perso tempo. Ma a salvarci era stato il fiume... non avevamo lasciato odore.

«Quell'uomo ci ha salvato la vita e deve aver messo a rischio la sua. Vorrei sapere cosa gli è successo. Dopo un po', superammo il confine ceco e raggiungemmo un altro gruppetto di case al di là delle colline. Ci dirigemmo verso una delle case, dove un uomo ci portò nella sua soffitta. Arrivati a quel punto, non eravamo in grado di proseguire, Daniel in particolare, era completamente distrutto.

«Fummo scioccati nello scoprire che nell'attico c'erano due uomini britannici, entrambi aviatori. Erano prigionieri di guerra evasi, vestiti con abiti tedeschi e documenti d'identità tedeschi. Ci dissero che erano fuggiti da Stalag 344, un campo per prigionieri di guerra a circa cento chilometri a nordest, e che stavano progettando di dirigersi a sud, passando per la Cecoslovacchia e la Germania per poi arrivare in Svizzera. Aspettammo qualche giorno finché non ci sentimmo un po' più forti, e i polacchi ci procurarono abiti migliori, i soldi per i treni e dei documenti falsi che dicevano che eravamo lavoratori belgi. Poi andammo via insieme ai due inglesi. Li seguimmo a distanza in modo da non coinvolgerli in caso fossimo stati catturati.

«Ci vollero sei giorni per raggiungere il confine svizzero. Prendemmo treni che passavano da Bayreuth e Norimberga, usando i documenti falsi, e viaggiammo anche di notte a piedi, attraversando il Paese e nascondendoci nei boschi e nei fienili durante il giorno. Fu snervante, glielo assicuro.

«Arrivammo a Singen, vicino al confine svizzero-tedesco, e poi camminammo per circa trenta chilometri, seguendo i binari fino a Sciaffusa, nascondendoci tra i boschi e superando il confine vicino a Ramsen.»

Dalla Svizzera, i gemelli erano passati nel sud della Francia, dove la Resistenza francese li aiutò ad attraversare Tolosa e Perpignan, poi al di là dei Pirenei fino in Spagna, dove si separarono dai due aviatori britannici.

Da lì, dalla Spagna, che era rimasta praticamente neutrale durante la guerra, riuscirono ad arrivare in Portogallo, un altro paese neutrale. Alla fine, nel febbraio del 1945, salirono su una nave che da Lisbona li condusse a Londra.

Johnson sedeva, assorto nella storia, immagini gli balenavano nella mente, come un film che raccontava dell'epico viaggio di questi due uomini attraverso l'Europa, superando in intelligenza e velocità i nazisti che dovevano assolutamente ricatturarli.

Ma doveva convincere i fratelli a fidarsi di lui e arrivare al nocciolo della questione.

Lo interruppe. «Ho una domanda per entrambi. Ricordate un episodio di quando eravate a Wüstegiersdorf, quando una donna nel campo fu frustata e lasciata fuori sotto al sole tutto il giorno?»

Jacob fece un respiro profondo. «Sì, me lo ricordo. Perché?»

«Era mia madre, Helena» disse Johnson.

Le sopracciglia di Jacob schizzarono verso l'alto. Bevve un altro sorso di whisky e guardò Daniel, che si appoggiò allo schienale della sedia e torse le labbra.

Ci fu silenzio per alcuni secondi.

Allora Daniel parlò per primo. «È per questo che è qui? Per dircelo? Mi dispiace, ma come facciamo a sapere che è vero?»

Johnson imprecò interiormente. Era una domanda pertinente. Desiderò aver portato con sé copie di alcuni dei documenti di sua madre. Poi ricordò di aver scansionato le pagine delle sue memorie qualche anno prima. Voleva avere una copia digitale nel caso in cui fosse successo qualcosa all'originale. Era abbastanza sicuro di essersi inviato i file per email. Lo aveva fatto?

«Speravo potesse dimostrarvi che potete fidarvi di me» disse

Johnson. «Ho delle prove a casa negli Stati Uniti: il suo distintivo identificativo giallo del campo di concentramento, una fotografia delle cicatrici che le sono rimaste dopo le frustate della scena che ha descritto. Ho anche un resoconto dettagliato del periodo che ha passato a Wüstegiersdorf, che ha scritto come parte del suo testamento. È morta nel 2001. Datemi un attimo, penso di poter trovare le pagine delle sue memorie.»

Johnson tirò fuori il telefono e cercò rapidamente tra le email archiviate. Nell'aria l'impazienza dei fratelli Kudrow era quasi tangibile. Alla fine, con suo grande sollievo, trovò i file di cui aveva bisogno e li sfogliò fino alla pagina che descriveva la frustata.

La ingrandì e in silenzio passò a Jacob il telefono perché leggesse. Daniel si sporse per guardare l'immagine da sopra la spalla del fratello.

Dopo un po', Daniel alzò di nuovo lo sguardo. «Va bene, vada avanti» disse.

Johnson non era sicuro di come procedere. Ora doveva tentare di confermare la teoria che aveva formulato.

«Credo che mia madre sia una delle ragioni per cui sono qui» disse Johnson. «Per molto tempo ho fatto il cacciatore di nazisti negli Stati Uniti, come ha detto lei. In parte è dovuto all'esperienza di mia madre a Wüstegiersdorf, che entrambi avete condiviso.

«Ma c'è dell'altro. Nel 1996 davo la caccia a un capitano delle SS, Jan Van Stalheim, che rintracciai a Buenos Aires, dove se ne persero le tracce. Era svanito. Ma ebbi una soffiata, pare che fosse andato un paio di volte da un gioielliere a Buenos Aires, a cui avevo intenzione di andare a fare visita, ma non lo feci... un uomo chiamato José Guzmann.»

Johnson studiò i volti dei fratelli. «Vi dice qualcosa?»

Ebbe la sensazione di aver appena lanciato nella conversazione la seconda bomba nell'arco di due minuti. Era un azzardo. Avrebbe funzionato?

Johnson si appoggiò allo schienale della sedia e attese. Sentì il petto irrigidirsi un po' mentre aspettava una risposta.

Alla fine, Daniel incrociò le braccia e le appoggiò sulla scrivania. Parlò a voce così bassa che Johnson dovette sforzarsi per riuscire a sentire le sue parole. «Dopo essere arrivati a Londra ci rimanemmo per quattro anni, grazie alla legge sul reinsediamento dei polacchi del 1947. Avviammo una piccola oreficeria proprio qui, in questo edificio. Avevamo lavorato entrambi in quella di nostro padre a Varsavia, perciò aveva senso.»

Si fermò, inspirando ed espirando visibilmente un paio di volte, il petto che si alzava e si abbassava. «Ma incontrai una donna americana. Era speciale, lo era davvero. Ci innamorammo quasi subito. Voleva tornare a Los Angeles, così andai con lei e ci sposammo. È morta molto tempo fa, ma questa è un'altra storia. Lì ho creato la mia attività, ed è andata molto bene. Facevo il commerciante d'oro, rifornivo altri produttori di metallo che compravo sul mercato oppure come scarti, che poi fondevo e trasformavo in lingotti.»

Daniel sorseggiò il whisky, poi continuò. «Poi un giorno, credo fosse il 1954, ero a una conferenza di tre giorni sull'industria dell'oro a Los Angeles. C'erano centinaia di persone provenienti dal Nord e dal Sud America. Fondamentalmente l'obiettivo era di riunire acquirenti e venditori, parlare di lavoro, bere qualche drink. La prima sera vidi questo tizio che faceva parte del contingente argentino. Il suo volto mi sembrò familiare, ma non riuscii a capire chi fosse e non ebbi la possibilità di parlarci. Un uomo magro con i capelli pettinati all'indietro. Chiesi a qualcuno come si chiamasse e mi hanno detto che era José Guzmann, di Buenos Aires. Passai l'intera serata a cercare di capire dove l'avessi visto.»

Daniel andò avanti. «Il secondo giorno finalmente capii, grazie a due cose. La prima, quando sorrise. Non dimenticherò mai quel sorriso: le labbra serrate, gli occhi spenti. Aveva una pettinatura diversa e si era fatto crescere i baffi. E anche se il nome era ovviamente diverso, mi resi conto di chi avevo davanti. La seconda, quando lo vidi camminare. Zoppicava... doveva essersi ferito alla gamba destra, e mi ricordai anche di quello.»

Daniel fissò Johnson. «Il suo vero nome non era José Guzmann. In realtà era un uomo di nome Erich Brenner... l'ex comandante a Wüstegiersdorf.»

«Che cosa?» disse Johnson.

Dalle sue indagini su Van Stalheim sapeva che Guzmann aveva una connessione nazista. Ma questa non se l'aspettava.

La rivelazione di Daniel lo elettrizzò, anche se fece uno sforzo incredibile perché i Kudrow non se ne accorgessero. Voleva mantenere l'atmosfera più calma possibile, in modo da farli rimanere nello stato d'animo che li aveva portati a fare quelle rivelazioni.

Johnson cercò di usare un tono di voce piatto. «Brenner? Quindi Guzmann è Brenner?»

Questo spiegava anche perché Ben Veletta non aveva trovato traccia di Guzmann nelle cartelle personali delle SS.

«Sì. Il sorriso e il fatto che zoppicasse» disse Daniel. «A quel punto ero sicuro. Brenner zoppicava al campo. Pensavamo tutti che fosse stato ferito in combattimento da qualche parte. Ero sicuro al cento percento di avere ragione.»

Johnson si toccò il mento.

«Allora, che significato ha per lei?» chiese Daniel.

Erich Brenner, l'uomo che ha torturato mia madre, l'uomo che è sulla mia lista dei ricercati da così tanto tempo. Quante decine di vicoli ciechi e false piste ho esplorato nel corso degli anni alla ricerca di quell'uomo?

Daniel lo guardò e fece una pausa. «Sembra sorpreso. Sa di chi stiamo parlando?»

Johnson annuì. «Brenner era l'ufficiale delle SS, il bastardo che ha frustato mia madre e l'ha lasciata fuori al sole tutto il giorno a Wüstegiersdorf. Ma lei lo sa già.»

Daniel aprì la bocca senza emettere un suono, inclinando leggermente la testa all'indietro mentre collegava i fatti. «Ah, sì, è stato lui. Ovviamente.»

«Era violento. Ha ucciso molti prigionieri, stando al racconto di mia madre» disse Johnson. «Molto raramente parlava di lui e ha scritto di lui nel libro di memorie. Ho passato anni a chiedermi dove si trovasse, sognando di portarlo in tribunale. L'ho cercato per mare e per terra. È sicuro che sia lui?»

Jacob Kudrow fece una breve risata ironica. «Ne siamo assolutamente sicuri. Sono cinquant'anni che ci prendiamo gioco di lui, lo abbiamo fregato per bene, e non ha potuto fare niente al riguardo. È lui l'animale che ha supervisionato lo scavo delle gallerie a Wüstegiersdorf e l'occultamento dell'oro nel tunnel. È anche il verme assassino che ha sparato agli altri prigionieri ebrei che sono rimasti sul treno quando siamo scappati. Tutti e diciannove.»

«E siete sicuro che sia ancora vivo, a Buenos Aires?» chiese Johnson.

«Sì, assolutamente sì. Deve essere più vecchio di noi, anche se non di molto. Quindi è probabile che abbia superato i novant'anni da poco.»

Johnson stava ancora cercando di riconquistare la calma. «Ho fatto una cazzata con lui. Ero così vicino a lui nel '96. Allora perché non l'avete denunciato e fatto arrestare? È un criminale di guerra ricercato da decenni.»

Daniel sorrise. «Lo stiamo punendo da decenni. A modo nostro. Punizione finanziaria. Gli abbiamo venduto lo stesso oro che ci ha costretti a mettere da parte in quei tunnel. Jacob lo recupera dal tunnel e glielo mandiamo, un po' alla volta. Penso che possa aver capito chi siamo, ma non può fare niente, è costretto ad acquistare. È come se avesse lavorato tutto questo tempo per niente, proprio come fummo costretti a fare allora. La differenza è che è ben nutrito e ha un letto in cui dormire la notte. Gli addebitiamo esattamente lo stesso prezzo a cui lo può rivendere e non ha mai potuto fare niente al riguardo.»

Daniel si sistemò sulla sedia. «Fa zero profitti, almeno sull'oro che gli vendiamo noi. Senza dubbio ha altre fonti, quindi da quelle qualcosa trae. Ma ha dovuto continuare a comprare, all'infinito.»

Jacob disse: «La consideriamo una specie di redenzione... una redenzione inversa.»

Una redenzione inversa. Questa mi mancava, pensò Johnson.

«Bene, capisco. Ma come lo costringete?»

A riprendere il filo del racconto fu Jacob. «Semplice. Abbiamo creato un paio di nuove aziende per evitare che scoprisse chi ci fosse dietro, poi abbiamo delegato un intermediario che lo ha contattato come fornitore di oro e con cui ha stipulato un contratto. L'oro e i pagamenti passavano per il Guatemala e per un anno o due gli abbiamo fornito l'oro in maniera del tutto normale. Lui non sapeva chi fossimo. Lo abbiamo tenuto a debita distanza. Probabilmente non avrebbe potuto riconoscerci né sapere chi fossimo, anche se non lo avessimo fatto. Ai suoi occhi saremmo stati semplicemente un altro paio di stronzi ebrei.»

Sorseggiò il whisky. «Poi gli abbiamo sottoposto le nostre condizioni commerciali. O continuava a comprare da noi a un determinato prezzo, o lo avremmo esposto, consegnato a... diciamo le autorità israeliane. Avevamo anche definito un piano, così che se fosse successo qualcosa a uno di noi, gli israeliani sarebbero venuti a conoscenza di tutto. Non aveva scelta, se non quella di sparire un'altra volta e cambiare di nuovo identità. Pare gli sia mancata la voglia di farlo. Non c'è da stupirsi, considerato cosa gli sarebbe successo se ci avesse provato.»

«Un ricatto, dunque» disse Johnson.

Jacob e Daniel si scambiarono un'occhiata, poi Jacob continuò. «Abbiamo anche predisposto alcune misure di sicurezza in modo da poterlo rintracciare se ci avesse provato. E lo sapeva.»

Johnson annuì. «Ingegnoso. Molto ingegnoso. Quindi è andato tutto liscio fino a poco tempo fa. Ora Oliver è stato rapito, uno dei suoi dipendenti è stato ucciso, e immagino che gli altri siano piuttosto terrorizzati, per non parlare di voi.» chiese Johnson. Decise di non menzionare l'autobomba.

«Potrebbe trattarsi del figlio di Guzmann» disse Jacob. «Se è lui, starà probabilmente cercando di scoprire dove è nascosto l'oro. Non ne è rimasto granché, in termini relativi, ma abbastanza da offrirgli un gradevolissimo pensionamento anticipato.»

Scommetto ne sia rimasto un bel po', pensò Johnson. «Quindi quanto oro avete recuperato, complessivamente? E quello che non capisco è come siete riusciti a spedirlo a Buenos Aires. E poi, come ha fatto Brenner a finanziare acquisti così ingenti? E con tutti quei soldi cosa ci avete fatto?»

Di nuovo i due anziani gemelli si scambiarono un'occhiata.

«La somma» disse Jacob alla fine «non la sveleremo mai. È significativa. Il metodo? Be', questa sì che è interessante. Sono sempre stato un appassionato di auto. Il mio amico Leopold, che è stato anche lui a Gross-Rosen ma in un sottocampo diverso, gestisce l'attività accanto, Classic Car Parts, che aveva già rapporti commerciali con l'Argentina.

«Esisteva una casa automobilistica britannica, la BMC, che alla fine anni degli anni Cinquanta aveva iniziato a vendere le Austin in Argentina. Penso le chiamassero con un altro nome, Siam di Tella o una cosa del genere. Ai tassisti locali servivano i pezzi di ricambio. Così Leopold ha iniziato a produrre i pezzi e a esportarli lì. Un buon affare, margini discreti. Dopodiché si è trattato banalmente di dare all'oro la forma dei pezzi di ricambio delle auto BMC, per poi dipingerlo perché assomigliasse a quelli veri. Era quasi impossibile notare la differenza. Nessuno avrebbe pensato di controllare ogni singolo pezzo. Una volta arrivati a Buenos Aires, li facevamo fondere e trasformare in barre e lingotti d'oro che poi vendevamo a Brenner.»

Nella stanza calò il silenzio per un momento. Johnson si appoggiò allo schienale; iniziò a realizzare l'enormità e l'audacia di tutto ciò. Ripeté il numero ancora una volta, tra sé e sé...

Duecentotrenta milioni di dollari.

«Non ha risposto alla mia domanda su come Brenner abbia finanziato questi acquisti ingenti e cosa ha fatto con tutti i soldi che arrivavano da queste vendite» disse Johnson.

I due gemelli si guardarono di nuovo, sembrava stessero comunicando telepaticamente, pensò Johnson.

«Ricevevamo il pagamento solo dopo che aveva portato a termine la vendita ma, anche in questo caso, avevamo ideato insieme agli isrealiani quello che potremmo chiamare un meccanismo per assicurarci che lo facesse. Non avrebbe osato fare un passo falso. Per quanto riguarda i proventi, be', anche questa è una cosa di cui non possiamo discutere qui. Tutto quello che le serve sapere è che non ce li siamo intascati» disse Jacob.

Parlò di nuovo, ora in tono più deciso. «Signor Johnson, vorremmo proporle un accordo. Lei vuole che Brenner venga processato, senza dubbio. Un obiettivo nobile. E io voglio riavere mio nipote, e presto. Inoltre, vogliamo entrambi impedire al figlio di Brenner di mettere le mani su ciò che resta dell'oro. Ora è al corrente di molti dettagli che ci riguardano. E Daniel e io vogliamo che rimangano un segreto.»

Che rimangano un segreto? Aspetta e spera, pensò Johnson.

«Ovviamente l'obiettivo è riportare Oliver a casa,» disse Johnson «ma una volta fatto, la cosa più importante per me, come dovrebbe esserlo per voi, è che Brenner venga estradato in Germania e processato. Perché ciò accada, è necessario che entrambi siate disposti a identificarlo e a testimoniare contro di lui. Siete testimoni oculari e, per quanto ne so, probabilmente gli unici testimoni oculari viventi di ciò che fece in quel campo e dei fatti che hanno portato all'omicidio degli altri diciannove prigionieri quel giorno.»

Jacob giunse le mani.

«Prima deve trovarlo. La mia proposta è che, in quanto ex agente CIA, ora investigatore, lei mi riporti Oliver. In cambio, io la aiuterò con Brenner. Ma deve aver ben chiara una cosa. Con noi deve procedere con molta cautela. Le è chiaro? Può dare la caccia a Brenner, d'accordo. Ma per quanto riguarda Daniel e il sottoscritto, non faccia niente di cui potrebbe pentirsi.»

«Che intende?» chiese Johnson.

Jacob lo fissò. «Se lo farà, se ne accorgerà. Ci sono dinamiche ben più grandi in gioco. E la posta è alta.»

Esitò. «Se fossi in lei, mi occuperei di Brenner, non di noi. È lui il carnefice, non noi. Lo deve tenere a mente. Capito?»

«Capisco le vostre motivazioni» disse Johnson con prudenza. Dinamiche più grandi. Cosa intendeva Jacob? Pensò che forse era in corso una qualche operazione governativa o di intelligence in cui forse i Kudrow erano coinvolti.

«Un'altra cosa» disse Jacob. «Se vuole riavere la sua pistola, basterà scambiarla con il mio taccuino rosso e i documenti. Non ho idea di come sia entrato nella mia cassaforte, ma vorrei riaverli, subito.»

Sta bluffando, pensò Johnson. Non può saperlo.

34

Mercoledì 30 novembre 2011
Bristol

Oliver Kew aprì leggermente gli occhi. L'effetto combinato di alcol e cloroformio, sommato allo shock del rapimento, aveva lasciato il giovane studente intontito e disorientato.

Voleva grattarsi il naso ma non poteva muovere la mano. Fu allora che si rese conto che gli erano stati legati i polsi, così come i piedi, al telaio del letto metallico su cui era sdraiato con una sottile corda rossa da arrampicata.

Aveva ancora addosso i vestiti della sera prima a parte il giaccone nero, che era rimasto nel guardaroba del locale, e le scarpe di pelle marrone.

Gli avevano ficcato in bocca uno straccio e per tenerlo in posizione glielo avevano assicurato con una sorta di nastro adesivo attorno alla testa.

Ma cosa diamine... Sono i miei amici? È uno dei loro scherzi?

Poi, a poco a poco, riuscì a distinguere nell'oscurità un uomo con i capelli scuri, un maglione e dei jeans neri che stava ai piedi del letto.

Poi iniziò a ricordare. Rammentava vagamente di essere stato spinto fuori dalla porta antincendio del Raquel e poi nel retro di un'auto, dopodiché il vuoto.

Sentiva la mente offuscata da una nebbia, cosa che gli obnubilava i sensi, eliminava ogni sensazione e gli estirpava i pensieri. Ripiombò in uno stato d'incoscienza.

Poco dopo si svegliò nuovamente e vide che accanto a lui c'era un altro uomo, con i capelli neri, la maglietta bianca e una pistola in mano.

Oliver trasalì. Ora si sentiva sobrio ed estremamente assetato.

Poi sentì un sibilo e un dolore straziante gli trafisse l'alluce destro, arrivando a bruciargli le terminazioni nervose e facendogli venire voglia di vomitare all'istante. Un calore insopportabile gli avvolse il piede; il suo corpo tentò di opporsi scattando verso l'alto, ma le corde che lo tenevano legato lo bloccarono. Scattò di nuovo e ricadde giù. E poi di nuovo.

Oliver urlò nel bavaglio che aveva in bocca.

Il dolore diminuì leggermente, ma lo sentiva ancora trapanargli i nervi sulla punta dell'alluce. Attraverso la mente annebbiata, vide il primo uomo, quello con il maglione nero, alzarsi in piedi in fondo al letto. Teneva in mano una fiamma ossidrica con un beccuccio in cima, da cui fuoriusciva una fiamma blu lunga e stretta. Oliver aveva visto quel tipo di strumenti nel laboratorio del nonno.

Sentì la bile risalire in gola.

L'uomo con la fiamma ossidrica girò una manopola e la lunga fiamma blu che proveniva dal beccuccio si spense.

Poi l'uomo accanto al letto parlò. «Okay, *mi amigo*, voglio delle informazioni. E subito... poi ti lasceremo andare. Ho intenzione di toglierti il bavaglio. Se urli te lo rimetto e ti faremo qualcosa di ancora più doloroso. Se non rispondi alle mie domande soffrirai molto. Se hai capito annuisci.»

Oliver era partito con l'intenzione di non dire niente a quel tizio se avesse potuto evitarlo. Ma ora aveva bisogno che gli togliesse il bavaglio per poter vomitare. Fece sì con la testa. L'uomo tolse il nastro e lo straccio.

Oliver girò la testa e vomitò sul piumone su cui era sdraiato.

«Voglio una mappa e delle indicazioni precise» disse l'uomo con la maglietta bianca. «Sono di tuo nonno... ma so che le hai tu. La mappa è di una parte della Polonia. Sai di cosa parlo.»

Oliver sentiva la testa che gli esplodeva. Si limitò a dire con voce rauca, quasi inudibile. «Acqua, ho bisogno di acqua.»

L'uomo recuperò una bottiglia di acqua minerale dal tavolo di legno sotto la finestra della camera da letto e gliene versò un po' in bocca.

Oliver era noto per essere stato un bullo ad Harrow, la scuola privata maschile che aveva frequentato. Alcune delle sue giovani vittime avrebbero particolarmente apprezzato lo stato in cui si trovava in quel momento.

Ma come la maggior parte dei bulli, non era tagliato per fare l'eroe.

La grande bruciatura rossa ed estremamente dolorosa che ora avvolgeva quasi tutto il suo alluce destro e parte del dito accanto, lo avevano convinto molto rapidamente che non lo era, così come il vomito sul copriletto accanto a lui.

L'uomo con la maglietta bianca tirò fuori il cellulare dalla tasca, toccò lo schermo, poi glielo mise di fronte.

«Riesci a vedere, riconosci quest'uomo?» chiese.

Oliver guardò lo schermo, la vista offuscata dall'intenso dolore al piede. Era una foto scattata con il flash, leggermente sfocata, di un uomo preso di spalle con le braccia stese sopra alla testa e i piedi che pendevano. Sembrava sospeso a mezz'aria.

Al giovane sembrò di riconoscere vagamente lo sfondo, che era sottoesposto, mentre la figura in primo piano era luminosa e sovraesposta. Non era l'officina di Leopold Skorupski?

Poi il rapitore passò alla foto successiva, che mostrava l'uomo preso da davanti, il mento appoggiato al petto. Oliver riconobbe immediatamente il volto dell'uomo che lavorava per Leopold e che lui conosceva bene. Sentì di nuovo il vomito risalirgli in gola e si voltò per rimettere sul copriletto accanto a lui.

«Sarai tu se non collaborerai» disse l'uomo.

Dopodiché, Oliver farfugliò come uno dei polli sul retro del giardino della madre.

I documenti erano in una cartella di Google Drive che aveva creato insieme a suo zio Nathaniel sei mesi prima, quando si trovava in visita a Londra, l'ultima volta che lo aveva visto prima della sua morte.

Oliver diede all'uomo l'indirizzo email per l'account.

Il problema era che non ricordava la password.

Lo stress, il dolore, l'alcol e gli effetti del cloroformio non aiutavano di certo la sua memoria. Durante l'estate pensava di averla memorizzata bene, ma ora non se la ricordava.

L'uomo si sedette su una sedia accanto al letto, si pizzicò il naso con una mano per attenuare l'odore e con l'altra teneva un computer portatile.

«Farai meglio a spremerti le meningi un po' più rapidamente, *amigo*, perché il tempo stringe e quando il tempo stringe la fiamma ossidrica brucia. Su, sbrigati. Altrimenti ti rimetto il bavaglio e ricominciamo a occuparci del tuo dito.» Sogghignò, i resti della pizza della sera prima attaccati alle gengive intorno ai denti storti. L'altro uomo, seduto in un angolo, scoppiò a ridere e agitò la fiamma ossidrica in aria.

Oliver gemette. Le corde che gli legavano braccia e caviglie lo segavano dolorosamente. «Dammi un minuto, mi verrà in mente... Prova *Radlett* con la R maiuscola.»

L'uomo la inserì. «No, è sbagliata. Prossima?»

«Harrow1991?» Senza dubbio in passato doveva aver usato il nome della sua scuola e il suo anno di nascita come password.

«Nemmeno quella. Vado a prendere un caffè, quindi pensaci mentre sono via.»

Ci volle un tempo che sembrò infinito prima che finalmente Oliver se la ricordasse. Con Nathaniel avevano scherzato in proposito. Come poteva esserselo dimenticato?

«Ce l'ho. Prova 'Palledoro2' con la P maiuscola.» Avevano giocato sul fatto che i due anziani gemelli erano stati fortunati a sopravvivere, poi fortunati con i soldi.

«Eccola, finalmente... bravo. Ti sei appena risparmiato tanto dolore, ragazzo.»

L'uomo controllò il contenuto della cartella di Google Drive, poi urlò dalla porta. «Ignacio, ce l'abbiamo.»

Oliver poteva sentire qualcuno correre su per le scale.

Un terzo uomo con i capelli castano chiaro entrò, diede un'occhiata al dettagliato documento PDF sullo schermo del portatile, poi agitò il pugno in aria. «Ben fatto, Diego... ottimo lavoro.»

Il terzo uomo notò il cellulare e il portafogli sul tavolo vicino alla finestra. «È il telefono del ragazzo? Spero che quel dannato aggeggio sia stato spento. Non vogliamo di certo che lo localizzino.

«Giusto, capo.» L'uomo chiamato Diego si avvicinò al telefono e lo spense.

Londra

Dopo essere tornato all'appartamento di Jayne, Johnson si rimproverò. Leggendo per la seconda volta il taccuino rosso di Jacob Kudrow si rese conto che, se ci avesse riflettuto più a lungo, gli indizi in esso contenuti sarebbero stati sufficienti a indicare la vera identità di José Guzmann.

Sfogliò di nuovo le pagine. Avrebbe dovuto intuirlo dai passaggi in cui parlava di vendicarsi di Guzmann e di fargliela pagare. *Su, Joe, sveglia.*

Inviò un messaggio di testo crittografato a Vic a Washington. 'Ci sono degli sviluppi. Guzmann in realtà è Erich Brenner, SS. Puoi controllare il suo fascicolo e farmi sapere per favore?'

Poi fotografò tutte le pagine del taccuino e caricò le immagini sul suo portatile. Quindi rimosse la scheda di memoria dalla videocamera, la nascose nella fodera della valigia e ne inserì una nuova.

Johnson decise di non spiegare nel dettaglio a Jacob come avesse messo mano sul taccuino rosso. Glielo avrebbe consegnato e si sarebbe concentrato sulla ricerca del giovane Oliver. Stava per uscire dall'appartamento per andare al laboratorio quando ricevette una chiamata di Fiona, che gli chiedeva aggiornamenti sui possibili progressi.

Johnson le disse brevemente di Oliver, poi se ne pentì immediatamente.

«Joe, in mattinata Obama rientra negli Stati Uniti, così ora ho un po' di giorni liberi prima di riprendere a lavorare a Washington» disse Fiona. «Non me lo aspettavo, ma le primarie non riprenderanno se non dopo capodanno e il mio capo mi ha detto che non è necessario che io mi occupi dell'apertura delle danze fino alla prossima settimana. Potrei unirmi a te e aiutarti a trovare Oliver. Non discutere, vengo anche io. Scusa, devo andare, c'è un'altra chiamata in arrivo. Ci sentiamo dopo.»

Riattaccò.

Mentre Johnson tornava al laboratorio di Plumbers Row si accese una sigaretta, tirando boccate profonde mentre camminava.

Sapeva che avrebbe potuto convincere Jayne ad aiutarlo nel rintracciare Oliver Kudrow. Avrebbe senza dubbio potuto riscuotere un paio di favori dai suoi contatti al GCHQ, che sarebbero stati in grado di localizzare il luogo in cui si trovava il telefono usando la triangolazione o la tecnologia GPS. Ma, se possibile, preferiva evitare di coinvolgerla più di quanto non avesse già fatto. Non voleva metterla nei guai al SIS e sentiva di aver già oltrepassato i limiti.

Tornato nell'ufficio di Jacob, Johnson consegnò timidamente il taccuino al vecchio. Non tentò di scusarsi. Il vecchio non disse una parola, ma si voltò e fece un cenno con il capo a un minaccioso Jonah, che gli restituì la Walther.

«Speriamo che non ne abbia bisogno» disse Jacob.

«Speriamo di no» disse Johnson. «Ma questo argentino, il figlio di Brenner, Ignacio, sembra essere sempre un passo avanti. È astuto... sarà pure un gran delinquente, ma è un delinquente astuto.» Decise di non aggiungere che, avendo visto ciò di cui era capace Ignacio, non nutriva alcuna speranza che Oliver sarebbe riuscito a mantenere il silenzio a lungo.

Johnson alzò lo sguardo. «Suo nipote ha un iPhone?» chiese a Jacob.

«È come tutti i giovani. Ci sta sempre appiccicato.»

«Okay, riusciamo a ottenere il suo ID Apple? Possiamo utilizzare la funziona di localizzazione Trova il mio iPhone. Se il telefono è acceso, possiamo entrare nel suo account e vedere dov'è su una mappa. Speriamo che gli argentini non abbiano spento il telefono.»

«Telefono a sua madre e glielo chiedo» disse Jacob.

«E il padre?»

Ci fu una pausa. Jacob guardò il pavimento.

«Suo padre era mio figlio, Adam. Aveva solo quarantadue anni. È morto dieci anni fa per un cancro al fegato.»

Il vecchio strascicò i piedi riportando lo sguardo su Johnson. «È stato più difficile di Gross-Rosen. Lo è ancora.»

Era difficile sapere cosa dire. Suo figlio non c'era più e ora suo nipote era in serio pericolo. Johnson annuì. «Mi dispiace. Farò del mio meglio con Oliver.»

«Grazie» disse il vecchio.

«Solo una cosa. Ha una mappa dettagliata dei tunnel e che spiega con esattezza come si arriva all'oro?» chiese Johnson. «Devo necessariamente arrivarci prima del figlio di Brenner.»

Jacob esitò. «Riporta qui mio nipote, poi a quello ci penserò io. Lui è più importante.» Prese il cellulare e si diresse verso la porta.

Poco dopo, Jacob tornò con i dettagli dell'account del nipote. Johnson vi si collegò dal computer sulla scrivania di Jacob. Sullo schermo apparve una mappa con un piccolo punto verde nel mezzo.

«Eccolo. Il telefono è ancora acceso. Una casa a Downend, a nord di Bristol. Woodhall Close, in fondo alla strada. È un vicolo cieco.»

Si voltò, afferrò una penna e scrisse l'indirizzo su un foglio di carta.

Johnson guardò di nuovo lo schermo del computer. In quel momento il punto verde scomparve bruscamente.

35

Mercoledì 30 novembre 2011
Bristol

Era quasi buio quando Johnson arrivò a Downend, un sobborgo nordorientale di Bristol, con la Volkswagen Golf che aveva noleggiato.

C'era luce a sufficienza per vedere un piccolo e pittoresco campo da cricket accanto a una chiesa circondata da muri di pietra, il pub Horseshoe e un piccolo centro commerciale, il tutto circondato da case costruite per la maggior parte in pietra grigia.

«Se riusciremo a catturare Brenner sarà un'impresa quasi unica» disse Johnson a Fiona. «È nella lista di tutti da così tanto tempo, da quella del Centro Simon Wiesenthal e via via tutte le altre. Certo, per me è un fatto personale, ma è anche tanto di più. È praticamente l'unico omicida di massa delle SS tra quelli di maggior rilievo ancora in vita e ci sono anche testimoni oculari ancora vivi che possono fornire prove solide.»

«Sì, l'ultimo nazista» disse Fiona. «Questa sarà una storia grossa. Assicurati solo che ci sia anche io quando finalmente lo scoverai.»

Johnson seguì le indicazioni del GPS e percorse Westerleigh Road, superando una scuola elementare sulla destra e un cimitero sulla sinistra.

Periferia diffusa. Densamente popolata e senza un posto in cui nascondersi.

Perché gli argentini hanno portato qui Oliver? Lo avranno spostato?

Johnson vide Woodhall Close sulla destra, appena dopo la scuola. La superò e si fermò sul ciglio della strada. Quindi prese il computer, digitò le sue tre password, lo collegò alla rete a banda larga 3G con il cellulare. Provò di nuovo a usare Trova il mio iPhone per vedere se il telefono di Oliver dava segnali di vita.

Niente.

Aveva visto il punto verde sullo schermo quello stesso giorno per quei dieci secondi prima che scomparisse. Ora sembrava essere svanito per sempre.

«Aspetteremo finché non sarà completamente buio, poi guideremo fin laggiù e torneremo indietro per una ricognizione rapida» disse Johnson.

Il telefono di Fiona squillò e lei scese dall'auto e ripercorse la strada all'indietro per rispondere alla chiamata.

Pochi minuti dopo fu di ritorno. «Bene, ora è sicuro. Era Des, il mio capo a Washington. La polizia e l'FBI hanno escluso David dai sospettati per l'omicidio di Nathaniel. Ha un solido alibi che è stato verificato. Non mi sorprende affatto... non ce lo vedevo proprio.»

«No. Ma ce ne hanno messo di tempo per dichiararlo. E allora chi è stato?» chiese Johnson.

«Non lo sanno. Inutili.»

I due rimasero seduti in macchina ad ascoltare la radio per tre quarti d'ora.

Poi Johnson accese la macchina, fece un'inversione a U e svoltò a sinistra su Woodhall Close. Era un rettilineo di circa una cinquantina di metri che sfociava in una rotatoria ovale, con in mezzo alcuni alberelli e del prato. Su entrambi i lati c'erano delle case bifamiliari.

Sembrava che in ogni casa le luci fossero accese. Le macchine nei vialetti, i bambini che entravano e uscivano correndo dalle case, che andavano in bicicletta attorno alla rotatoria. Sembravano tutte tipiche case di famiglia in un tranquillo cul-de-sac.

Johnson imboccò la rotatoria a sinistra e fece il giro. «Non mi pare ci sia qualcosa di insolito.»

Improvvisamente Fiona indicò un punto. «Quella casa laggiù. È l'unica con le luci accese al piano di sopra ma spente al piano di sotto. In tutte le altre sono accese di sotto. È un po' strano a quest'ora. E non c'è nessuna auto nel vialetto.»

Johnson frenò e parcheggiò sul lato opposto della rotatoria rispetto alla casa che Fiona aveva indicato. Due degli alberelli al centro gli offrivano un po' di copertura.

La proprietà era una tipica casa bifamiliare con tre camere da letto, aveva la facciata intonacata a pinocchino marrone chiaro, la porta d'ingresso con la cornice in legno marrone, un tetto di tegole rosse, un piccolo giardino anteriore e un muro di mattoni alto un metro che separava la proprietà dal marciapiede. C'era un vialetto di cemento vuoto che costeggiava la casa lateralmente fino a un garage sul retro.

Steso in orizzontale sul marciapiede, contro il muro del giardino, c'era il cartello di un agente immobiliare con scritto AFFITTASI.

Fiona aveva ragione. A differenza delle altre case, si vedeva una luce dalla finestra più grande della camera da letto al piano superiore, ma era fioca e indiretta, come se provenisse da un comodino o da una lampada da scrivania, non da un lampadario. Le tende di pizzo bianco alla finestra rendevano impossibile vedere altro.

Una luce apparve in una finestra del bagno accanto alla camera da letto e dietro il vetro si scorgeva la sagoma scura e nitida di qualcuno che si muoveva dietro il vetro smerigliato. Due minuti dopo, uscì.

Continuava a non esserci alcun segno di vita al piano di sotto.

«Vorrei che Jayne fosse qui» disse Johnson. «Insomma, lei è addestrata per queste cose. Non mi piace l'idea di metterti in un'altra situazione potenzialmente pericolosa, non dopo l'autobomba.»

«Me la caverò. Sono stata coinvolta in diverse situazioni difficili in passato» rispose Fiona, un po' offesa. «Non ti preoccupare.»

Johnson alzò le spalle, aprì la portiera della macchina e prese lo zaino dal sedile posteriore. «Dobbiamo dare un'occhiata al retro della casa. Vediamo se riusciamo a fare il giro in qualche modo.»

Era impossibile raggiungere il retro della proprietà senza essere visti. Johnson tornò sulla strada principale, svoltò a sinistra, poi si fermò davanti alla scuola. «Dovrebbe confinare con i giardini sul retro di quelle case. Vediamo se riusciamo ad arrivarci da qui.»

I due percorsero un vialetto che costeggiava lateralmente la scuola, attraversarono un cancello aperto, e si ritrovarono in un parco giochi, oltre il quale c'era un campo da gioco. I giardini posteriori delle case di Woodhall Close erano ora alla loro sinistra, al di là di una recinzione di legno.

Fiona diede un colpetto al braccio di Johnson. «È quella. Nessuna luce al piano di sotto, nemmeno sul retro, e una al piano di sopra. Il giardino è un vero casino.»

Il giardino posteriore era completamente ricoperto di vegetazione, con i resti delle ortiche dell'estate precedente, enormi cardi asinini e girardina silvestre che formavano una fitta barriera tra la recinzione e la porta sul retro.

Johnson si grattò l'orecchio. «Non sappiamo ancora con certezza se è effettivamente quella oppure no. Potrebbe essere una qualunque di queste case, che le luci siano accese o meno. Sai che figura se ci arrestano per aver disturbato un'anziana nonna che è semplicemente a letto malata. Ma dobbiamo fare qualcosa. Diamo un'occhiata. Ci sono alcune assi sconnesse nella recinzione in quel punto. Possiamo avvicinarci alla casa dietro il garage senza che nessuno ci veda e poi arrivare fino a quella finestra lì a destra. Sembra un ripostiglio.»

Fiona annuì.

Le assi erano sconnesse nella parte inferiore ma inchiodate a una traversa in alto Johnson fu in grado di spostarle di lato quasi come una tenda, creando abbastanza spazio perché entrambi potessero passare.

Camminarono rasente il recinto di confine che si trovava sulla loro destra fino a quando non furono dietro il garage. Johnson sbirciò con cautela dietro l'angolo e, non vedendo alcun movimento, fece cenno a Fiona di seguirlo.

Si acquattò e attraversò rapidamente un patio decrepito di cemento, poi si accovacciò sotto la finestra sul lato destro della casa. Facendo attenzione alzò la testa sopra il davanzale. La casa non sembrava ristrutturata, le finestre erano vecchio stile, a vetri singoli.

La stanza era effettivamente un ripostiglio, ma in parte incompiuto, con un pavimento di cemento grezzo lavorato, impianti idraulici di fortuna per una lavatrice che si trovava in un angolo e le piastrelle posate senza boiacca. La porta interna della stanza, che Johnson suppose conducesse alla cucina, era chiusa.

Che postaccio. Chi mai l'affitterebbe?

Fiona gli diede un colpetto sulla spalla e si mise una mano a coppa sull'orecchio, facendogli cenno di ascoltare, poi indicò verso l'alto.

Lui drizzò le orecchie. Nell'aria notturna c'era un lamento soffocato, molto debole ma udibile, che sembrava provenire dalla casa.

Di nuovo silenzio. *Deve essere Oliver*.

Pochi secondi dopo, entrambi si abbassarono d'istinto quando per la prima volta si accese una luce al piano di sotto, che proveniva dall'altro lato della cucina e la illuminava in parte. Poi sentirono la porta sul retro della casa che si apriva, proprio dietro l'angolo rispetto a dove si trovavano loro, sotto alla finestra del ripostiglio.

Poi udirono il suono ritmato di suole rigide che battono sul cemento.

I passi cessarono. Seguì un doppio *clic* e in pochi secondi sentirono l'odore del fumo di sigaretta che si diffondeva nell'aria fredda della notte.

Chiunque sia deve essere molto vicino. Dietro l'angolo.

Johnson infilò la mano nella giacca: afferrò la Walther nella fondina sotto l'ascella sinistra e lentamente la tirò fuori. Sentì una stretta al petto.

Si mise in ginocchio, si abbassò il più possibile e sbirciò dietro l'angolo attraverso una fessura tra un tubo di scarico e il muro.

Un uomo dai capelli scuri dall'aspetto latinoamericano, con indosso una giacca di pelle nera e jeans, era a non più di cinque metri di distanza, che fumava una sigaretta.

Johnson si ritrasse.

Dopo pochi minuti ci furono altri passi e il suono della porta sul retro che si chiudeva. Quindi la luce del piano di sotto si spense di nuovo.

Johnson avvicinò la testa all'orecchio sinistro di Fiona. «Latinoamericano, quindi probabilmente sono loro. Provo la porta sul retro. Dobbiamo fare un tentativo. Se non sono loro, proverò a cavarmela con una scusa. Aspetta qui. Se succede qualcosa, chiama la polizia.»

Fiona strinse forte le labbra ma non poté che annuire.

Johnson, ancora accovacciato, girò lentamente l'angolo e passò sotto la finestra della cucina fino ad arrivare accanto alla porta in PVC bianco, che aveva una metà superiore vetrata.

Allungò una mano e tirò delicatamente la maniglia verso il basso. Era aperta. Con la punta delle dita aprì la porta e sbirciò da un lato.

La cucina era piccola e quasi buia, a parte la debole luce proveniente dallo sportello aperto di un forno a microonde sul bancone e quella fioca che arrivava dal corridoio.

Sul tavolino da cucina circolare c'erano un pacchetto di sigarette, un accendino e un giornale piegato. Johnson gli diede un'occhiata nell'oscurità. La testata era appena visibile. *El Mundo*, il quotidiano spagnolo.

Poi Johnson sentì dei passi rapidi giù per le scale.

Non esitò: fece tre passi e si nascose dietro la porta aperta che dava sul corridoio, stringendo forte la pistola nella mano destra.

In pochi secondi, l'uomo con i capelli neri e la giacca di pelle nera gli apparve di fronte, a non più di un metro di distanza, in piedi con le gambe divaricate e rivolto dall'altra parte mentre osservava la cucina.

Johnson prese una decisione immediata: girò la pistola, afferrandola dalla canna, e con il calcio lo colpì forte in testa. L'uomo, però, doveva aver percepito il movimento. Si spostò bruscamente e sollevò il braccio destro per difendersi, deviando il colpo di Johnson.

Johnson glielo afferrò con la mano sinistra.

Si affrontarono, le braccia sollevate, respirando affannosamente. L'uomo afferrò il polso destro di Johnson con la mano sinistra e lo strinse, le lunghe unghie che gli affondavano nei tendini alla base del palmo.

Il dolore improvviso e penetrante lo costrinse a far cadere la Walther, che finì sul pavimento di piastrelle e roteando scivolò verso destra.

Johnson, continuando a bloccargli le braccia sopra le loro teste, spinse l'uomo e lo mandò a sbattere contro la porta del frigorifero. Poi però l'uomo spostò di colpo il busto di lato, facendo perdere l'equilibrio a Johnson che finì col corpo contro il montante della porta, sbattendo la parte posteriore della testa sul telaio di legno. Ora era immobilizzato contro il telaio della porta che affacciava sul corridoio, mentre il suo avversario dava le spalle alla porta esterna, aperta, della cucina.

Johnson liberò la mano destra e lo colpì alla mascella col palmo, con un movimento laterale e verso l'alto. Poi vide spuntare dall'oscurità una figura dietro l'uomo e intravide un mattone roteare da sinistra.

36

Mercoledì 30 novembre 2011
Bristol

Nel punto in cui aveva sbattuto, la testa di Johnson pulsava come il motore di un tosaerba e il dolore aveva già allungato i suoi tentacoli sulla fronte.

«Che casino» disse Fiona, il viso arrossato e la bocca stretta. Si sedette su una sedia accanto a lui con una brocca di acqua fredda nella mano sinistra. Nella destra teneva della carta assorbente bagnata, con cui gli tamponava il retro della testa e la fronte. Continuava a guardarla per controllare se il sangue diminuiva. Fino a quel momento, non era ancora accaduto.

Un uomo dai capelli scuri giaceva sul pavimento a un paio di metri di distanza, vicino al frigorifero. Aveva le caviglie bloccate da una corda per stendere il bucato. Le braccia erano legate dietro la schiena e aveva uno straccio infilato in bocca. Era cosciente e guardava Johnson con un'espressione di rabbia assoluta, ma non fiatava.

Vicino alla sua testa c'era una piccola pozza di sangue, che era colato da un brutto squarcio sopra l'orecchio destro. Sul pavimento vicino alla porta c'era un mattone.

«Dai, Joe, recuperiamo il ragazzo al piano di sopra. Dobbiamo andarcene prima che tornino i suoi compagni» disse Fiona con voce stridula e tesa.

Diede a Johnson la carta assorbente, che ora era più rossa che bianca. Lui se la mise dietro la testa.

Si sentì leggermente imbarazzato perché Fiona lo aveva salvato da una colluttazione che, doveva ammettere, era tutt'altro che sicuro di aver vinto. Ma le era anche grato di averlo fatto con tale efficienza.

Decise che una punta di umiltà di certo non gli avrebbe fatto male in quel frangente. «Grazie Fiona. L'hai preso in pieno. Non ero a conoscenza di questa tua dote. Sono in debito con te» disse Johnson. L'uomo si era afflosciato come un burattino a cui sono state tagliate le corde.

«Sì, come continuo a ripetere, ho qualche asso nella manica.» Sorrise. «Ma questo stronzo deve averti sbattuto contro il montante della porta poco prima. Vado sopra a liberare Oliver. Vieni con me se riesci a camminare.»

Quando Johnson si mise in piedi la stanza rimase orizzontale, quindi infilò la Walther nella fondina sotto il braccio e seguì Fiona nel corridoio e su per le scale, tenendosi la testa mentre camminava.

Nella prima stanza a sinistra in cima alle scale su un comodino c'era una lampada accesa. Lì, disteso a gambe divaricate sul letto, le mani legate alla testiera di metallo con una corda rossa e i piedi fissati all'altro capo del letto, c'era un giovane con un calzino in bocca fissato con del nastro adesivo.

Johnson si avvicinò al letto e impiegò qualche secondo per togliergli il calzino e il nastro adesivo dalla bocca. «Sei Oliver?»

«Sì» rispose Oliver con voce roca.

Johnson gli liberò le mani. «Lavoro con tuo nonno, Jacob» gli spiegò, facendo una smorfia per il dolore alla testa.

«Mi chiamo Joe Johnson e lei è Fiona Heppenstall. Siamo riusciti a localizzare il tuo telefono. La banda che ti ha preso stava cercando alcuni documenti di tuo nonno, cosa che avrai sicuramente capito.»

«Grazie... e mi dispiace» iniziò Oliver. «Credo di averglieli dati. Voglio dire, i documenti di mio nonno. Sono degli animali. Guarda il dito del piede, il dolore mi sta uccidendo.» Gemette mentre Fiona slegava con attenzione il suo piede destro gravemente bruciato.

Johnson finì di liberarlo dalle corde. «Non preoccuparti, non hai avuto scelta. Ora ascolta. Quanti uomini c'erano? E sai dove sono andati?»

«Erano in tre, ma penso che due se ne siano andati» disse Oliver. «Sono partiti poche ore fa. Avevano la mappa di mio nonno e altre cose sul computer. Ho dovuto dargli la password. Mi stavano bruciando il piede con una fiamma ossidrica.» Fece una smorfia per il dolore, poi la indicò su un tavolo vicino alla porta. «Pensavo che mi avrebbero bruciato vivo o qualcosa del genere.»

«E come hanno ottenuto questa casa? Sai se l'hanno semplicemente occupata?» chiese Johnson.

«Credo di aver sentito uno di loro dire che l'hanno presa in affitto per un breve periodo da un agente immobiliare» disse Oliver.

Johnson sostenne il ragazzo mentre saltava su un piede verso la porta e poi mentre scendeva le scale, un gradino alla volta. L'uomo in cucina si stava muovendo; Johnson lo sentì sbattere contro il pavimento al piano di sotto. Estrasse la pistola.

Rotolando, l'uomo era arrivato a metà della stanza e ora, nel tentativo di liberarsi, cercava di sfregare le corde con cui era legato sulla traversa di metallo di uno sgabello.

«No. Smettila immediatamente.» Johnson gli puntò contro la pistola. «Stai fermo.»

L'uomo smise di contorcersi e fissò Johnson, la rabbia che aveva negli occhi fu rapidamente sostituita dalla paura. Johnson disse a Fiona di togliergli il bavaglio, cosa che fece.

«Ho delle domande e ho bisogno di risposte. Subito. Altrimenti ti riserveremo lo stesso trattamento che ha ricevuto questo ragazzo, con la fiamma ossidrica. Chiaro?»

L'uomo annuì.

«Come ti chiami? E non provare a dire nulla di falso perché lo controllerò prima di lasciarti andare.»

Ci fu una lunga pausa. Poi l'uomo mormorò: «Alejandro Garcia.»

«Okay, e chi sono gli altri due della banda?»

Un'altra lunga pausa. Johnson si avvicinò e sollevò la pistola. Gli occhi di Alejandro si spalancarono.

«Diego Ruiz e... Ignacio Guzmann.»

Johnson lanciò uno sguardo a Fiona che diceva 'che ti avevo detto?' «Guzmann. Bene, e ora dove sono?»

«Se ne sono andati.» Alejandro fece una smorfia guardandolo da dove si trovava, ancora raggomitolato sul pavimento della cucina.

«Non sono cieco. Dove sono andati?»

Un'altra lunga pausa. Johnson gli affondò la canna della Walther nelle costole.

«Polonia» disse Alejandro.

«A che ora sono partiti?»

«Sei ore fa.»

Johnson strinse le labbra. «Sei ore. Merda.»

Quindi era probabile che fossero su un traghetto o che stessero prendendo Le Shuttle, il treno che trasporta i passeggeri con le loro auto attraverso il tunnel sotto la Manica, o forse erano già sul continente. E avevano una copia della mappa dettagliata che lui non aveva ancora visto.

Si voltò di nuovo verso Alejandro. «Dimmi un'altra cosa. Il tuo amico Ignacio Guzmann... sai dove posso trovare il padre?»

Alejandro lo fissò e non disse nulla.

«È il padre che mi interessa, non tu o Ignacio. Il padre è un criminale di guerra nazista che intendo far processare. Probabilmente sarà accusato di molteplici omicidi risalenti agli anni Quaranta» disse Johnson.

La notizia fu accolta da alcuni secondi di silenzio. «Di queste cose non ne sapevo niente» disse Alejandro. «E non so esattamente dove si trovi, ma penso a casa sua, a Buenos Aires. Non sono sicuro di dove. Non ci sono mai stato.»

«Davvero non lo sai?» Stava sicuramente mentendo.

«Sì. In ogni caso non rimarrà in vita ancora a lungo.»

«Che cosa significa? È malato?»

Alejandro rise. «No, non è malato. Non fisicamente. Forse mentalmente. Ma quando Ignacio tornerà da lui una malattia gli sembrerà decisamente meglio. Sarà *retribución, venganza,* la chiama. Non so quale sia la parola giusta in inglese.»

Johnson non aveva bisogno della parola giusta in inglese. Capì rapidamente le implicazioni delle parole di Alejandro.

«Perché, non vanno d'accordo Ignacio e il padre?»

«Mai andati d'accordo» disse Alejandro. «Odia suo padre per come lo ha trattato da bambino. Ora mi lascerai andare o mi lascerai qui?» Aveva chiaramente deciso che Johnson non intendeva ucciderlo.

Johnson si prese un momento per riflettere sulle opzioni che aveva e prese una decisione rapida.

Gli rimise lo straccio in bocca e lo fissò nuovamente, quindi lo trascinò nel soggiorno, dove non c'era nulla che potesse usare per provare a liberarsi.

Gli frugò nelle tasche e gli tolse il telefono, che controllò e intascò. Con suo grande stupore, il dispositivo non era protetto da password e non era crittografato. Avrebbe passato in rassegna le informazioni che conteneva in un altro momento. Suppose che ci sarebbero state molte email utili, contatti, numeri di telefono e altri documenti salvati.

«Puoi rimanere qui» disse Johnson. «Manderemo la polizia a occuparsi di te. Sarà una conversazione interessante.»

***

Johnson si sentiva non poco agitato.

Alejandro Garcia aveva ingigantito le intenzioni di Ignacio nei confronti del padre e preso deliberatamente in giro Johnson? O aveva detto la verità nel riferirgli che Ignacio stava pianificando una vendetta contro il vecchio?

Johnson non aveva modo di saperlo, anche se propendeva per la seconda. Ad ogni modo, aveva un sacco di tempo per rimuginare sulle varie implicazioni mentre aspettava che un'infermiera all'ospedale Frenchay di Bristol finisse di medicare Oliver. Mentre erano seduti nella sala d'attesa, Johnson mandò un sms a Jayne.

> Presto saremo di rientro da Bristol. Oliver Kew è al sicuro con noi. URGENTE verificare se Ignacio Guzmann e Diego Ruiz sono ancora nel Regno Unito. Potrebbero essere partiti per la Polonia in aereo, in traghetto. Puoi controllare e mettere un blocco se possibile? Hanno estorto la mappa a Oliver.

Nel frattempo, Fiona usò un telefono pubblico nell'area accettazione dell'ospedale per chiamare la polizia e denunciare in modo anonimo un furto con scasso a Woodhall Close, dicendo che una banda aveva lasciato l'inquilino legato nel soggiorno.

«Alejandro si divertirà a dare spiegazioni quando si presenteranno gli agenti» disse mentre aiutavano Oliver a salire in macchina.

Dopo aver bevuto un caffè nero comprato da una stazione di benzina lì vicino, dove prese anche un pacchetto di antidolorifici per Oliver per integrare quelli che gli erano stati dati dall'infermiera, Johnson partì a razzo lungo l'autostrada M4 a una velocità tale che Fiona dovette dirgli diverse volte di rallentare.

La ignorò. «Non abbiamo tempo da perdere. Guzmann arriverà in Polonia molto prima di noi, e ora sono preoccupato per quello che farà al padre. Non è un cadavere che voglio portare a un processo per crimini di guerra.»

Johnson lanciò un'occhiata a Fiona. «Il mio istinto mi dice che l'opzione migliore è quella di andare direttamente a Buenos Aires e rintracciare Brenner prima del figlio o, in alternativa, prima che capisca cosa sta succedendo e fugga dal paese.»

Fiona arricciò il naso. «No, penso non sia affatto ragionevole, Joe. Se vogliamo rendere credibile questa storia dobbiamo assolutamente andare in Polonia e raccogliere le prove. Abbiamo bisogno di foto dell'oro e di vedere effettivamente i tunnel. Se andiamo prima in Argentina ci sono buone probabilità che il figlio di Brenner scappi con una fortuna multimilionaria in lingotti d'oro del Terzo Reich. Non posso correre il rischio che tutte quelle prove vengano semplicemente spazzate via.»

Lo stava facendo di nuovo, pensava ai titoloni e alle foto. Johnson sbuffò.

«Non lo so, Fiona, ci penserò.»

«Sì, ma mentre pensi, ricorda solo che *Inside Track* ti paga più di mille dollari al giorno per questo lavoro» disse Fiona.

Quello non poteva negarlo. Ma Johnson dubitava che i caporedattori di *Inside Track* avrebbero voluto essere accusati di aver perso Brenner, un omicida di massa nazista. Fiona doveva rendersene conto.

Guardò nel sedile posteriore della Golf, dove Oliver stava cercando di accedere al suo account Google Drive usando il telefono.

Johnson fu colto da un pensiero improvviso. «Oliver, non hai chiamato tua madre e tuo nonno, vero? Faresti meglio a fargli un colpo di telefono per dirgli che sei al sicuro. Anche ai tuoi amici a Bristol, prima che denuncino la tua scomparsa, sempre che non l'abbiano già fatto. E mi dispiace continuare a insistere, ma hai avuto qualche fortuna con quei file di Google Drive?»

«Non preoccuparti per i miei amici. Probabilmente penseranno solo che ho rimorchiato in discoteca o una roba del genere. Ma sì, li chiamo» disse Oliver. «E no, non riesco a entrarci. Ci ho provato più volte. Quei tizi devono aver cambiato la password della cartella.»

«In tal caso, puoi anche ricordare a tuo nonno che abbiamo bisogno di una copia della mappa dei tunnel con l'oro e delle istruzioni che erano sul tuo computer? Digli che è estremamente urgente. Gliel'ho già chiesto, ma mi ha detto che se ne sarebbe occupato dopo che ti avessi salvato» disse Johnson.

Sentì il rumore dei tasti mentre Oliver iniziava a digitare il numero, usando il telefono che era stato fondamentale per rintracciarlo nella casa a Bristol.

«Ciao mamma, sono Oliver, sono al sicuro...»

Johnson riuscì a sentire chiaramente il forte grido della madre del ragazzo, all'altro capo del filo.

«Sì, mi hanno salvato. Due americani mi hanno trovato in una casa nella zona nord di Bristol...»

Oliver continuò a spiegarle brevemente cosa era successo anche se, per il sollievo di Johnson, minimizzò coraggiosamente le lesioni al piede.

Johnson sentì la madre parlare per un po', poi Oliver esclamò: «Assolutamente no! Quando è successo? Diavolo, povero nonno. In quale ospedale si trova?»

Quando riattaccò, Johnson lo guardò dallo specchietto retrovisore. Il giovane era quasi in lacrime.

«Ho capito, Oliver. Tuo nonno è in ospedale?»

«Sì, ha avuto un infarto. Un'ambulanza lo ha portato all'ospedale St Thomas vicino a Westminster un paio di ore fa.»

Johnson fece una smorfia. *Non ci posso credere.*

37

Mercoledì 30 novembre 2011
Londra

Johnson entrò nel piccolo parcheggio rettangolare dell'ospedale St Thomas di Londra poco prima di mezzanotte, si sentiva stanco e stordito.

Aveva sentito parlare del St Thomas, che aveva uno dei più grandi centri di cardiochirurgia del paese. Almeno Jacob sarebbe stato in buone mani, pensò.

Dal parcheggio si poteva vedere, al di là del Tamigi, il Palazzo di Westminster illuminato a giorno, con il Big Ben che torreggiava sopra di esso: una vista che sbalordiva i turisti ogni giorno. Ma Johnson non era dell'umore giusto per apprezzarla.

Oliver, che dallo specchietto Johnson aveva notato inghiottire più volte altri antidolorifici, era sdraiato sul sedile posteriore. Jayne non aveva risposto al suo precedente sms. Gliene inviò un altro.

> Siamo all'ospedale St Thomas. Jacob ha avuto un infarto. Sta andando tutto in malora. Chiamami domani mattina APPENA POSSIBILE.

Fiona diede un colpetto sulla spalla a Oliver. «Dai, dobbiamo trovare tuo nonno, in fretta. Dovrai parlare tu... siete parenti. Hai un documento d'identità?»

Il giovane, ancora stordito dagli antidolorifici, si mise in posizione verticale e fece una smorfia perché il movimento riacutizzò il dolore all'alluce. Tutto ciò che aveva erano le scansioni del passaporto e la patente di guida memorizzata sul telefono.

«Dovrebbe essere sufficiente» disse Johnson. «Andiamo, sbrighiamoci.»

Dopo che Johnson ebbe spiegato che il ragazzo aveva una grossa ustione a un piede e che venivano da Bristol, l'addetta al *triage* chiamò un inserviente perché portasse una sedia a rotelle. Poi Johnson chiese dove potessero trovare Jacob.

«Deve recarsi al reparto Evans-Watson, al terzo piano dell'ala est. L'unità di cura coronarica è in fondo al reparto sulla destra» disse.

Guardò Oliver dubbiosa. «Non so se potrai vedere tuo nonno. È notte fonda e hanno orari di visita rigidi.»

Ma, dopo essersi guardata intorno per controllare che nessuno stesse ascoltando, fece l'occhiolino a Johnson e mormorò: «La caposala è un po' severa, quindi se fossi in lei, giocherei sulla compassione.»

Il reparto Evans-Watson e l'unità di cura coronarica si trovavano in un breve corridoio con il pavimento di vinile azzurro ed erano in gran parte al buio, a parte qualche fioca luce notturna e una chiazza gialla sotto la lampada da scrivania al banco accettazione.

L'addetta al piano di sotto aveva ragione. La caposala di turno era una donna dall'aspetto severo, probabilmente sulla quarantina, che indossava un'uniforme viola. Si avvicinò subito a loro, le mani sui fianchi. Sul badge c'era scritto il suo nome, Angela Ballantyne.

Prima ancora che lei aprisse bocca, Johnson ridusse le loro probabilità di vedere Jacob.

Iniziò a sussurrare, provando a spiegarle la situazione, capendo che stava gestendo un alto numero di pazienti e scusandosi ripetutamente per l'ora tarda, ma lei lo interruppe subito.

«Non è assolutamente possibile entrare» disse. «È notte fonda. Posso dirvi che il signor Kew è stabile, ma non riesce a parlare. È molto debole. Due di voi non sono nemmeno parenti.»

La Ballantyne era chiaramente una donna da non contrariare. Rimase in piedi, le braccia conserte, le tozze gambe muscolose leggermente divaricate, impedendogli di passare.

Per un attimo Johnson pensò di tirare fuori dal portafogli qualche banconota da venti sterline per provare a corromperla, ma abbandonò rapidamente l'idea. Non era sicuramente il tipo.

Le si avvicinò. «Capiamo perfettamente, ma abbiamo portato qui il nipote del signor Kew da Bristol perché potesse vedere il nonno. Ieri Oliver è stato ferito, quindi la famiglia ha passato un brutto momento e a Oliver farebbe un gran bene. La signora e io non dobbiamo entrare, ma non è che Oliver potrebbe vederlo per cinque minuti? Potrebbe persino tirare su di morale il signor Kew.»

Oliver, sulla sedia a rotelle, tirò su col naso. Johnson lo guardò. Addirittura una lacrima gli rigava la guancia destra. La caposala esitò. Un'infermiera del reparto, una giovane donna bionda vestita con un'uniforme blu scuro, si avvicinò e le si mise accanto. «Cosa ne pensi, Marcie? Potresti accompagnare questo giovanotto se gli concediamo cinque minuti con il nonno?»

L'infermiera bionda parve esasperata. «Non so. È un po' fragile. Domani mattina presto passa lo specialista per vedere se ha bisogno di un intervento chirurgico o meno.»

Oliver, sulla sedia a rotelle, tirò di nuovo su col naso, poi estrasse il fazzoletto e se lo soffiò.

L'infermiera lo guardò. «Va bene, solo cinque minuti, poi devi lasciarlo riposare.» Spinse la sedia a rotelle fino in fondo al reparto e scomparvero dietro una tenda blu lunga fino a terra.

Nel frattempo, la caposala condusse Johnson e Fiona nella piccola area di attesa dietro al banco dell'accettazione, una zona illuminata da una tenue lampada notturna.

«Voi due dovrete aspettare qui» disse. Poi scomparve attraverso alcune porte a doppio battente.

Johnson si sedette e incrociò le mani davanti a sé, la schiena curva. Riteneva molto basse le probabilità che Oliver riuscisse a ottenere qualcosa.

Gli unici suoni erano i forti colpi di tosse di un uomo che si trovava più avanti nel reparto e il russare di una donna. Si sentì tirare l'acqua in un bagno da qualche parte nelle vicinanze.

Poi si udì lo scricchiolio della gomma sul pavimento in vinile e il suono di passi leggeri. L'infermiera bionda del reparto riapparve, spingendo Oliver sulla sedia a rotelle.

Fece cenno a Johnson e Fiona di avvicinarsi e sussurrò, stavolta con un tono un po' più dolce: «È andata bene. Sembra aver rinvigorito un po' il nonno. Ora però dovete andare.»

Johnson prese le maniglie della sedia a rotelle, ringraziò la donna e spinse Oliver verso l'ascensore.

Quando furono lontani dal reparto e fuori dalla portata dell'infermiera, Johnson chiese: «Be', ha detto qualcosa? Come ti è sembrato?»

«Era cosciente» disse Oliver «ma mi è sembrato abbastanza debole, come ha detto l'infermiera. Molto pallido. Non ha detto praticamente nulla. L'infermiera si è allontanata e ho avuto una trentina di secondi a disposizione. Gli ho chiesto se c'era un'altra mappa da qualche parte. È stato strano. Ha bofonchiato solo un paio di parole, una roba come 'è olio' e poi 'placche'. Non ha detto altro, ha solo chiuso gli occhi.»

«È olio e placche?» Johnson era sconcertato. «Gli hai detto che era urgente? Cosa può significare?»

«Certo che gli ho detto che era urgente. Ne sono certo, ha detto 'è olio' e 'placche.' Non ho assolutamente idea di cosa vogliano dire.»

Johnson inclinò la testa all'indietro, guardò il soffitto e fece un lungo e profondo sospiro.

È olio e placche. Davvero molto utile.

38

Mercoledì 30 novembre 2011
Buenos Aires

Per l'ennesima volta il dito di Erich Brenner indugiò sul telefono criptato che aveva preso dal primo cassetto del comodino.

Aveva salito le scale trasferendosi dalla sedia di pelle nera del salotto alla sedia di vimini accanto al letto almeno cinque volte quella sera.

Brenner iniziò a comporre il numero: 001305358343... Poi si fermò prima di premere l'ultima cifra e tenne il telefono a mezz'aria, guardandolo.

Non lo so. Lo faccio o no?

L'istinto di sopravvivenza gli disse che avrebbe dovuto farlo. Aveva tenuto il numero segnato su un pezzo di carta nella cassaforte della sua camera da letto nel caso ne avesse avuto bisogno.

Invece, Brenner premette il pulsante di fine chiamata.

Quindi si sedette, con le gambe esili incrociate, un gomito ossuto appoggiato sulla coscia destra e il mento appoggiato sul palmo della mano.

Sentiva di aver in qualche modo scoperchiato il vaso di Pandora confidandosi, almeno in parte, con il figlio. In quel momento gli era sembrato di non avere altra scelta. Ora, però, si chiese se non sarebbe stato meglio aspettare.

Cercare di indovinare cosa avrebbe potuto fare il figlio era una follia, figuriamoci controllarlo. Brenner lo aveva capito anni prima. Aveva tentato un regime di rigido controllo e punizioni quando il ragazzo era giovane, pensando che fosse quello il modo per avere tutto sotto controllo, come desiderava... il controllo che aveva amato nelle SS. Era l'unico metodo che conosceva; era tutto ciò che gli era stato insegnato.

Ma non aveva funzionato, proprio come non aveva funzionato ai tempi, almeno non per molto. Invece, il ragazzo era partito per arruolarsi nell'esercito.

Brenner si alzò e tornò in salotto, dove si sedette di nuovo sulla poltrona di pelle nera.

Una vita trascorsa in esilio sotto falso nome con un passaporto falso, in un paese che odiava, una moglie che lo aveva lasciato insieme al suo unico figlio, un'attività che stava andando a farsi benedire, nessun vero amico e la costante paura di essere scoperto. A incombere su tutto c'era il senso, non di colpa – non provava nulla di tutto ciò – ma di fallimento, che si era diffuso in lui come un malvagio cancro dal quale era apparentemente impossibile guarire.

Ripensò alle difficoltà incontrate quando era membro della *Hitler-Jugend*, la 'Gioventù hitleriana', nella sua città natale, Monaco, durante la crisi economica degli anni Trenta; alle infinite battaglie per dimostrare di essere un uomo migliore di quello accanto nelle SS. Poi arrivò l'ammissione nella Waffen-SS, il braccio armato dell'organizzazione, e con essa, finalmente, la vera azione. Combatté nei carri armati contro i russi sul fronte orientale e contro i francesi a ovest con la Terza divisione Panzer SS Totenkopf, la divisione 'testa di morte'. Fu allora che poté davvero fare la differenza.

Anche ora Brenner sentiva che il suo più grande successo in assoluto era stata la promozione a *Obersturmführer*, 'tenente', grazie al ruolo ricoperto nell'assedio di Leningrado nel 1942, come parte dell'operazione Barbarossa: l'invasione tedesca dell'Unione Sovietica. Aveva ancora la notifica di promozione nascosta in soffitta.

Ma a marzo dell'anno successivo era stato ferito al ginocchio da un piccolo frammento di mortaio dell'Armata Rossa durante la Terza battaglia di Char'kov. Gli aveva reciso un legamento costringendolo a trascorrere sei settimane in ospedale, e gli fu detto che non sarebbe stato in grado di tornare al *Frontdienstal*, il 'servizio al fronte'. In confronto la gestione dei campi di concentramento, prima ad Auschwitz verso la fine del 1943, e poi a Gross-Rosen l'anno seguente, lo fece sentire frustrato e annoiato. Si era sfogato sui prigionieri ebrei.

Ma il peggio doveva ancora venire. In effetti nulla era più andato per il verso giusto da quel giorno del dicembre 1944, quando era ancora orgoglioso di essere il tenente delle SS Erich Brenner.

Era stato convocato nel tardo pomeriggio al cupo ma bellissimo castello di Książ, con le sue pareti vertiginose e il campanile a cupola di rame verde.

Nel chiudere gli occhi Brenner tornò con il pensiero indietro nel tempo e rivisse quella sera ancora una volta, come se stesse guardando un film interpretato da qualcun altro.

Era stata una notte terribilmente fredda nella Bassa Slesia e una coltre di neve aveva coperto la piccola città sopraelevata di Walbrzych.

L'auto che era stata mandata a prendere Brenner si era avventurata su una ripida strada che conduceva al castello in cima a una rupe, a nord della città.

Mentre saliva al quarto piano del castello, Brenner avvertì un profondo senso di catastrofe imminente. Lì, in una piccola sala da pranzo privata dall'alto soffitto, l'*Hauptsturmführer* Karl Beblo lo stava aspettando.

Il ricordo era ancora vivido e fresco nella sua mente e ancora oggi gli dava gli incubi.

La voce era stata fredda e indolente come le stalattiti che pendevano dalle mura del castello. «Maledetto idiota» ringhiò Beblo, i suoi occhi azzurro pallido fissavano la stanza da sotto il berretto con la visiera. «Dunque, ho saputo che nonostante avesse solo ventuno prigionieri esausti da trasportare al campo, è riuscito a farsene scappare due in un semplice viaggio in treno di appena tredici chilometri.»

Brenner strascicò i piedi e la sua voce, solitamente sicura e roca, tremò per un istante. Era una cosa seria. «Io, mmm, ci stiamo occupando della situazione, signore, ma sì, sfortunatamente un paio di loro sono fuggiti. Non appena me ne sono reso conto, ho deciso di eliminare gli altri prigionieri. Ho anche avviato un procedimento disciplinare contro quell'idiota di caporale che avrebbe dovuto sorvegliarli e che si è addormentato in servizio, oltre che nei confronti del suo assistente, signore.»

Nonostante l'aria condizionata in salotto, Brenner iniziò a sudare mentre ricordava la conversazione, forte e chiara come fosse stata registrata su uno dei molti dvd che possedeva e che teneva su uno scaffale vicino.

Beblo era stato uno degli alti ufficiali dello *SchutzStaffel*, l'organizzazione paramilitare, terroristica e di sorveglianza di Hitler, più comunemente nota con la sua forma abbreviata, le SS.

«Quindi gli ha sparato» disse Beblo. «Prigionieri di cui abbiamo bisogno per scavare quei tunnel. Tutto per riparare al suo errore. Fantastico. Mi dica un po', *Obersturmführer*, in che modo avrebbe migliorato la situazione?»

Brenner guardò distrattamente il camino vuoto di fronte a sé, ripetendo mentalmente le parole che aveva usato per tentare di tranquillizzare il suo superiore.

«Di nuovo, signore, non posso che scusarmi. C'è una squadra che li sta cercando, con i cani, e credo che verranno trovati entro ventiquattr'ore. Stasera la temperatura sarà ben al di sotto dello zero e probabilmente anche domani. I prigionieri non sono adeguatamente vestiti, non hanno né cibo né scarpe adatte. L'intera regione brulica di soldati delle SS e della Wehrmacht, signore. Non hanno alcuna possibilità di cavarsela. E in ogni caso, non hanno idea di cosa fosse immagazzinato in quei tunnel.»

Beblo lo interruppe. «È abbastanza. Ho sentito abbastanza. Di tutti i prigionieri da farsi scappare, proprio quelli che facevano parte di questo gruppo. È consapevole della delicatezza della questione. Appena una settimana fa ha ricevuto ordini precisi di rafforzare la sicurezza.»

Brenner aveva lasciato il castello a testa bassa e con la reputazione rovinata. La vergogna di quel momento non lo aveva mai abbandonato. Aveva macchiato il resto della sua onorata carriera nelle SS. Aveva ancora la notifica del richiamo disciplinare ufficiale, anch'esso in soffitta con altri documenti. Perché lo avesse tenuto non avrebbe mai saputo spiegarlo, nemmeno a sé stesso, perché non ne aveva mai parlato con nessuno.

Brenner aprì gli occhi di scatto, sentendosi piuttosto stressato da quei ricordi.

Il fatto è che all'epoca era convinto che tutte le sue supposizioni fossero corrette: che i fuggiaschi sarebbero stati trovati, che avrebbe ristabilito la propria reputazione agli occhi di Beblo.

Controllò l'orologio: 18:45. Era in ritardo di quindici minuti. Da una boccetta marrone sul tavolo accanto a lui prese due pillole che buttò giù con un sorso da un bicchiere d'acqua, anch'esso sul tavolo.

A ogni modo era stato fortunato a riuscire a scappare dalla Germania nazista, pensò. Il limitato margine di tempo per cogliere l'opportunità di fuggire in Spagna, l'aiuto ricevuto dall'organizzazione

Die Spinne, 'il ragno', di Otto Skorzeny, il nuovo passaporto, il corso accelerato di spagnolo, il volo per l'Argentina.

Sarebbe potuta andare peggio, e la sua più grande fortuna fu quella di poter collaborare con la CIA, offrendo, in cambio della propria libertà le conoscenze che aveva della Russia e la vasta gamma di contatti nelle organizzazioni di intelligence dell'esercito tedesco: il *Fremde Heere Ost*, 'Eserciti stranieri Est', e l'*Abwehr*, il servizio di intelligence militare tedesco.

Ma le successive minacce di ricatto sugli acquisti di oro e la graduale presa di coscienza che dietro ci fossero i due prigionieri fuggiti – oltre all'ansia paralizzante al solo pensiero di ciò che sarebbe accaduto se avesse cercato di agire contro i due ebrei, che era stato il suo primo istinto – lo avevano fatto sentire incatenato, come in una specie di prigione aperta.

Il suo cellulare squillò. Lo prese e sobbalzò quando vide il nome del chiamante sullo schermo. Quindi rispose alla chiamata.

«Ciao, Ignacio, dove sei? Cosa sta succedendo?»

«*Padre*, non posso parlare per molto. Sono a Dover, nel Regno Unito. Sto per salire su un traghetto notturno per la Francia. Stiamo andando in Polonia. È una lunga storia, ma il succo è che il tuo fornitore di oro, Oro Centro, ottiene i lingotti da un'altra società di Londra. Ma tutto questo lo sai già, vero? Sono loro che ti hanno fregato sui prezzi. Quello che però forse non sai è che i proprietari sono due vecchi polacchi, fratelli gemelli, Jacob e Daniel Kudrow. Ti dicono qualcosa?»

Era forse giunto il momento di ammettere che lo sapeva? Esitò.

«No, non mi viene in mente nessuno.»

«Okay, bene allora senti questa. Sono entrato nel loro ufficio a Londra. Sul muro c'erano due grandi fotografie: una di un castello, il castello di Książ e l'altra di un villaggio chiamato Gluszyca. Ti ricorda qualcosa?»

Brenner, seduto sulla poltrona, sentì tutto il corpo irrigidirsi alla menzione dei nomi di quei due luoghi. «No, nulla.»

«Un'altra cosa, *padre*, i Kudrow sono entrambi ebrei. Capisci a cosa mi riferisco? E l'oro che ti viene fornito proviene da vicino Gluszyca. Ma non ti sto dicendo niente che tu non sappia già, non è così?»

Brenner si sentì un po' frastornato. Avrebbe dovuto essere onesto con il figlio? Ora sarebbe andato su tutte le furie.

Cercò di pensare. Non aveva chiesto al figlio di indagare su tutto ciò. Come aveva ottenuto tutte quelle informazioni? Tentò di riorganizzare i pensieri. «Non lo so. E l'investigatore, Johnson? È l'unica cosa di cui ti ho chiesto di occuparti. L'hai fatto?»

«Sì, anche lui è a Londra, come pensavi» rispose Ignacio. «Ci ho provato, credimi. Gli ho messo alle calcagna un paio di uomini. Abbiamo cercato di eliminarlo, ma non ha funzionato. Non avevamo abbastanza tempo e le cose da fare erano troppe. Non c'è altro che possa fare con Johnson. Ora non siamo più a Londra.»

Brenner si sentì seccare la bocca e prese il bicchiere d'acqua.

«Bene, c'è un altro modo di occuparsi di lui? Ha parlato con i fratelli polacchi?» chiese Brenner. Non aveva più senso continuare a fingere.

Ignacio non rispose subito. Poi la voce del figlio assunse un tono più duro, più brusco. «Non lo so. Sono sicuro che probabilmente proverà a parlarci. Ora è un tuo problema. Io ci ho provato.»

«Bene, perché vai in Polonia? Che senso ha?»

Brenner sbiancò quando sentì Ignacio ridacchiare. «Perché secondo te? È rimasto dell'oro, che voglio. Poi tornerò a Buenos Aires perché ci sono alcune cose di cui devo occuparmi... E verrò anche a trovarti.»

Poi aggiunse, con noncuranza: «Ci sarai?»

Fu il suo tono di voce a convincerlo. Brenner rimase in silenzio per alcuni istanti, mentre pensava. Quindi rispose lentamente: «Non sono sicuro di dove sarò.» Si lasciò cadere il telefono in grembo.

«*Hola*?... *Hola padre*?... *Hola*?»

Brenner respirava affannosamente. Alla fine, Ignacio riattaccò.

In seguito alla breve conversazione con il figlio rimase seduto sulla poltrona per un'ora.

A quel punto era passata la mezzanotte. La luna era alta nel cielo e la maggior parte delle luci nelle proprietà vicine erano spente.

Il suono ovattato di un'auto che passava lungo via Ombú attraversò la casa. Da qualche parte, un cane abbaiò.

Alla fine Brenner si alzò, zoppicando salì di sopra in camera per l'ennesima volta e tirò fuori il telefono crittografato dal primo cassetto chiuso a chiave del comodino.

Il fatto che Ignacio non fosse riuscito a liberarsi di Johnson lo faceva sentire profondamente sgomento. Aveva fatto un gran casino. Ed era certo di aver percepito una nota minacciosa nel suo tono di voce.

Brenner sentiva di essere riuscito a tenere tutto in equilibrio per lungo tempo. Finché era stato in grado di far arrivare il denaro ai suoi aguzzini, tutto era sotto controllo.

Ma era da tempo che l'oro non arrivava e quindi non c'erano stati nemmeno i pagamenti. E ora, inaspettatamente, c'erano due distinte minacce che i soldi non avrebbero potuto scongiurare.

Compose il numero che in precedenza aveva quasi completato. Questa volta aggiunse l'ultima cifra ed effettuò la chiamata che aveva sempre sperato non si rendesse necessaria.

Il telefono all'altro capo della linea squillò più volte prima che qualcuno rispondesse.

«Sono Simon. Chi è?» La voce era ovattata e stanca.

«Guzmann a Buenos Aires. Mi scuso se chiamo a quest'ora. Ho una domanda per lei. Il suo cane ha gradito la passeggiata stamattina?»

Ci fu una breve pausa. «Sì, il mio cane ha fatto una bella passeggiata, grazie. Ora dorme in cucina davanti al fuoco. È successo qualcosa?»

«Mi stia a sentire, Simon. Ho un grosso problema. Qualcuno mi sta alle costole: l'investigatore americano su cui mi aveva messo in guardia, Johnson. Ora, questo è quello che vorrei che facesse per me, con urgenza. Innanzitutto, il mio passaporto...»

Brenner iniziò a elencare le richieste che aveva formulato nella sua mente nelle quattro ore precedenti.

39

Giovedì primo dicembre 2011
Londra

Erano le dieci e un quarto quando Johnson fu svegliato dal *bip* del telefono su cui era arrivato un messaggio. Era sdraiato completamente vestito su uno dei due letti matrimoniali nella stanza di Fiona nell'hotel Crowne Plaza vicino a Blackfriars Bridge.

La luce del sole filtrava dalla finestra che dava su New Bridge Street e sul Tamigi, a circa duecento metri di distanza.

Johnson si girò e vide Fiona, ancora addormentata nell'altro letto, di schiena e con una succinta camicia da notte rosa.

Dopo aver lasciato l'ospedale avevano portato Oliver a casa della madre a Radlett, a una trentina di chilometri da Londra. Erano le quattro e mezza del mattino quando finalmente erano tornati ed erano rientrati in albergo.

Johnson prese il telefono. Il breve messaggio era di Jayne, criptato come al solito.

> Ho fatto fare i controlli. Guzmann e Ruiz sono partiti da Dover per Calais con il traghetto per auto P&O ieri sera alle 23:45, ultimo della sera. Mi dispiace, troppo tardi.

Si tirò subito su. Il tempo stringeva.

Johnson, dal suo punto di vista, credeva ancora che andare in Polonia invece che a Buenos Aires fosse un errore. Ma si sentiva ostacolato dal suo datore di lavoro e non riusciva a trovare un modo per aggirare il problema.

Quanto tempo gli ci vorrà per arrivare a Gluszyca? Ricordò la conversazione che aveva ascoltato tra Jacob, Daniel e Leopold Skorupski, quando dissero che avrebbero potuto farcela in due giorni di macchina.

Presumibilmente era la stima di chi poteva prendersela comoda. Ma avendo fretta e quindi premendo sull'acceleratore? Johnson non ne aveva idea.

Aprì Google Maps sul telefono. Da Calais, Gluszyca distava 1.250 chilometri per dodici ore di guida, passando per Colonia e Dresda, in Germania.

Fece un rapido calcolo. Se la traversata in traghetto durava un'ora e mezza, gli argentini sarebbero arrivati a Calais all'una meno un quarto circa, diciamo all'una e quindici, considerando il tempo di sbarco.

Quindi, se avessero guidato senza sosta per dodici ore, il che non era detto, sarebbero arrivati a Gluszyca verso l'una del pomeriggio, o magari le due o le tre, contando soste e ritardi.

Vale a dire quattro ore a partire da quel momento. E Johnson ancora non aveva la mappa. Cosa aveva voluto dire il vecchio la sera prima all'ospedale? Dire che era stato criptico sarebbe stato un eufemismo.

O Jacob non aveva capito affatto la domanda del nipote su dove si trovava la mappa di riserva e aveva solo detto parole a caso, oppure aveva cercato di dirglielo ma non era stato in grado di articolare il messaggio.

'È olio' e 'placche'. Non potevano essere semplicemente parole dette a caso. L'istinto di Johnson gli disse che avevano un significato. Ma chi avrebbe potuto saperlo? Forse Daniel?

Johnson scese dal letto e svegliò Fiona.

Un quarto d'ora dopo salirono sulla Golf che avevano parcheggiato a due passi dall'hotel.

«Passiamo prima dal laboratorio per vedere se Daniel è lì. Spero non sia andato in ospedale. Non voglio più avere a che fare con quella caposala» disse Johnson.

Fiona annuì. «Tu guida, io controllo gli orari dei voli per la Polonia.» Pochi minuti dopo disse: «Ho dato una rapida occhiata. La cattiva notizia è che a Walbrzych non c'è un aeroporto internazionale, quindi dovremo volare su Breslavia, che si trova a più di cinquanta chilometri di distanza, e lì noleggiare una macchina. Il volo dura più di due ore, senza contare il tempo di attesa in aeroporto.»

«Accidenti, Fiona, non ce la faremo mai. Continuo a pensare che dovremmo andare a Buenos Aires. Se non riusciremo a ottenere una copia della mappa, è quello che faremo, d'accordo?»

Fiona accettò con riluttanza.

Quando Johnson inchiodò fuori dal magazzino, le vene gli si stagliavano sul dorso delle mani e sulla tempia come lunghe corde.

La piccola porta pedonale che portava nel cortile della Gioielleria Kew U.K. era leggermente socchiusa. C'era qualcuno dentro. Johnson parcheggiò e attraversarono. La porta degli uffici era chiusa a chiave, ma l'altra, quella della Classic Car Parts, era spalancata.

Una figura corpulenta e familiare, tatuata, era seduta dietro il divisorio in vetro nell'area accoglienza clienti, con gli enormi avambracci piegati e masticava una gomma. Un pacchetto di sigarette Rothmans e un accendino di plastica verde erano sulla scrivania lì accanto.

Jonah corrugò la fronte. «Ancora tu? Cosa vuoi? Presumo che questa volta tu non abbia portato la pistola.»

Johnson scosse la testa. Non intendeva dirgli che la Walther era ancora nella fondina sotto il cappotto.

«Volevamo sapere se avevi visto Daniel Kudrow. Il laboratorio sembra chiuso. Altrimenti il signor Skorupski?»

«Immagino tu abbia saputo del vecchio Jacob?» disse Jonah. «Ha avuto un infarto. Non c'è da stupirsi, con tutti i problemi che tu e quegli altri gli state causando. Quindi ovviamente suo fratello non verrà qua. Sarà in ospedale.» Guardò Johnson come se l'infarto del vecchio fosse in tutto e per tutto colpa sua. «Vedo se il signor Skorupski è libero.»

«Grazie mille. Te ne sarei grato.»

Jonah prese le sigarette, quasi come se sospettasse che Johnson se le sarebbe intascate, poi lo guardò scomparire dietro la porta sul retro dell'area accoglienza

Johnson e Fiona si sedettero sulle sedie di metallo, ignorando le riviste sul tavolo di fronte a loro.

Trascorsero dieci minuti. Poi, finalmente, lungo il corridoio risuonarono dei passi. La porta dietro il banco accoglienza si aprì ed emerse un uomo alto, leggermente sovrappeso. Johnson lo aveva visto l'ultima volta diversi giorni prima fuori dal magazzino, che scendeva dalla BMW verde.

Leopold si passò la mano sui pochi capelli grigi che gli erano rimasti, poi sulla tuta blu scuro. Quindi si chinò e piantò due grosse mani sulla scrivania, scrutando Johnson da sotto le sopracciglia bianche attraverso il divisorio. Una macchia marrone era visibile tra le rughe che gli solcavano la guancia sinistra.

«Quindi lei è il cacciatore di nazisti americano.» Si rivolse a Fiona. «E lei devi essere la giornalista? Ci conosciamo finalmente. Il signor Kudrow mi ha parlato molto di voi negli ultimi giorni. Come posso aiutarvi?»

Johnson si alzò e andò al bancone. «Sì, anche io ho sentito parlare molto di lei. Come saprà stiamo lavorando con il signor Kudrow e ieri abbiamo salvato suo nipote da una banda argentina guidata dal figlio del nazista.»

«Sì, lo so bene. Stamattina ho parlato con la madre del giovane Oliver.»

«Be', ho portato Oliver a trovare suo nonno al St Thomas ieri sera. Abbiamo bisogno di una copia della mappa che mostri come accedere ai tunnel a Gluszyca. Gli argentini ce l'hanno e si stanno dirigendo lì proprio ora. Oliver ha chiesto una copia di riserva della mappa e Jacob ha bofonchiato qualcosa tipo 'è olio' e 'placche'. Le dice qualcosa?»

Leopold attraversò zoppicando la porta comunicante con la sala di attesa. Da vicino, odorava di sudore e olio e l'alito aveva un forte odore di alcol. Non era affatto piacevole. Sul mento e sul labbro superiore c'erano delle chiazze di peli ispidi e corti che dovevano essergli sfuggiti durante la rasatura.

«Lei sa, signor Johnson, perché abbiamo fatto quello che abbiamo fatto con Brenner e l'oro?» chiese Leopold.

Johnson annuì. «Mi è perfettamente chiaro.»

«Perché avremmo potuto farlo uccidere, sa. Ma da ebrei non crediamo al principio dell'occhio per occhio, nonostante se lo meriti. Si vada a leggere il capitolo 21 dell'Esodo. Racconta di come il Signore disse a Mosè che chiunque uccida debba essere messo a morte, vita per vita, occhio per occhio, dente per dente. Ma noi ebrei non pensiamo che debba essere preso alla lettera e il nostro Talmud, la nostra legge ebraica, non lo interpreta in questo modo. Crediamo però che i danni debbano essere ripagati per intero. Ed è quello che abbiamo fatto: ottenere un risarcimento. Jacob la chiama redenzione. Redenzione inversa.»

Johnson annuì impaziente. «Sì, sì, gliel'ho sentito dire. Roba interessante. Ma che mi dice di queste cose che ha detto ieri sera? Se non ci sbrighiamo il resto dei suoi lingotti sparirà.»

Non c'è tempo per un dibattito ora, pensò Johnson. Non importa che un tale ragionamento abbia anche convenientemente permesso a questa gente di vendere senza alcun problema un'enorme quantità di oro a un acquirente forzato che dovrebbe essere in prigione.

Leopold fece una pausa. «Non so cosa stesse cercando di dire. 'È olio '? Strano.» Fece una smorfia e scosse la testa. «E cos'altro ha detto?»

«Placche.»

Dopo qualche secondo, la faccia di Leopold si illuminò. Rise. «'È olio' e 'placche'. Ah, sì, penso di sapere di cosa sta parlando. Venite con me.»

Washington D.C.

David Kudrow stava bevendo una bottiglia d'acqua mentre l'autista girava su Benton Place con la Lexus marrone per un incontro di aggiornamento previsto per colazione a casa del responsabile della campagna, Philip Pietersen.

La campagna volta a garantirgli la nomina repubblicana stava andando bene, nonostante lo stress di un'impegnativa serie di incontri, discorsi e interviste, per non parlare delle richieste da parte del sempre più numeroso personale di supporto di concedergli una fetta del suo tempo.

E come aveva supposto, stava beneficiando del voto di simpatia per l'accoltellamento di Nathaniel. Ma l'enorme volume di messaggi di sostegno pubblicati sull'account facebook della campagna e su twitter aveva superato le aspettative ed erano arrivate diverse nuove richieste di interviste da parte di giornalisti che volevano tracciare il suo profilo, usando la morte di Nathaniel come aggancio.

I fondi arrivavano a un ritmo costante da un crescente gruppo di sostenitori e David sapeva che Philip era molto soddisfatto del modo in cui il suo piano veniva attuato.

Non era sorpreso. Dopotutto Philip si era dimostrato un uomo d'affari spietato; aveva dovuto faticare per fare carriera e arrivare in alto e, nell'applicare lo stesso tipo di princìpi alla campagna, si era dimostrato un responsabile altrettanto spietato. Pianificare, pianificare, pianificare, quindi pianificare ancora, era il suo credo. Ecco perché David lo aveva scelto.

Sfrutterà il più possibile la situazione e se il prossimo novembre sarò alla Casa Bianca si prenderà tutti i meriti, pensò David.

Poi il suo cellulare squillò. Disse all'autista di accostare e di scendere dalla macchina perché doveva rispondere a quella telefonata in privato; era suo padre, Daniel, che chiamava da Londra.

Era da tre giorni che cercava di mettersi in contatto con lui, ma gli affari, la campagna e la sua famiglia richiedevano un'attenzione costante e ogni volta che Daniel lo aveva richiamato non era riuscito a rispondere.

Mezz'ora dopo David attaccò, preso da un lieve panico.

Si lasciò ricadere sul sedile posteriore della Lexus.

Cosa avrebbe dovuto fare ora?

L'anziano padre, che solitamente aveva una voce chiara e sicura nonostante l'età, gli aveva parlato in modo esitante e con voce tremula.

C'erano delle brutte notizie riguardo allo zio Jacob. Sì, adesso era in un ospedale di Londra a seguito di un lieve infarto. No, per fortuna non era necessario un intervento chirurgico, secondo lo specialista. *Grazie al cielo.*

Ma era malato e sarebbe rimasto lì per un po'. Sì, dovevano fare ulteriori test.

Poi era arrivato il vero fulmine a ciel sereno.

David sapeva, grazie alla soffiata che Philip aveva ricevuto, che la giornalista politica Fiona Heppenstall stava indagando sulle finanze di famiglia e che un investigatore, Joe Johnson, stava lavorando con lei.

Ma aveva continuato a metterli in secondo piano. C'erano troppe altre cose di cui preoccuparsi.

Tuttavia, la giornalista e l'investigatore si erano presentati a Londra, gli aveva detto suo padre. E per quanto fosse difficile da credere, erano entrati nel laboratorio di Jacob di notte, avevano scassinato la cassaforte e trovato vari documenti.

No, non era possibile fare una denuncia alla polizia: sarebbe stato un suicidio. Perché? Okay, aveva detto Daniel, ora te lo spiego.

E doveva scusarsi, ma in parte sarebbe stato uno shock. Sì, sapeva che David non era a conoscenza di tutti i dettagli, e David aveva ragione, probabilmente avrebbe dovuto dirglielo, ma era successo tutto molto tempo fa.

Era stato uno shock, in effetti. Per quel che ne sapeva a Londra suo zio, in un lontano passato, aveva semplicemente fatto alcuni ottimi affari con un fornitore d'oro polacco che gli aveva venduto il metallo a condizioni favorevoli. Jacob aveva fatto un po' di soldi. David non si era posto troppe domande. Ben fatto, Jacob... un buon affare.

E invece no.

Il patrimonio di famiglia era fondato su una scorta di oro nazista nascosta quasi settant'anni fa in tunnel segreti nelle colline della Bassa Slesia. Che lo zio e il padre di David avevano venduto a un uomo a Buenos Aires. Che era un ex ufficiale delle SS responsabile del campo di concentramento in cui erano stati incarcerati durante la Seconda guerra mondiale.

Incredibile, pensò tra sé. Perché diavolo non glielo avevano detto prima?

Poi, come se non bastasse, il nipote di Jacob, Oliver, era stato rapito e torturato da una banda di argentini che si pensava fossero capeggiati dal figlio dell'uomo delle SS, che stava cercando di localizzare l'oro. E Oliver era stato trovato, non dalla polizia, ma dall'investigatore, Johnson.

Era una situazione difficile, aveva detto suo padre.

Non stava scherzando.

Perché non lo avevano informato dello stato dell'inchiesta Heppenstall-Johnson e del rapimento, aveva chiesto David. Sicuramente aveva il diritto di sapere, come membro della famiglia. La risposta del padre, per non distrarlo dalla campagna, gli sembrò ben poco convincente.

Il tentativo del padre di rassicurarlo non stava in piedi; gli disse che Jacob aveva convinto Johnson a concentrarsi sull'anziano uomo delle SS in Argentina piuttosto che sulla famiglia Kudrow. Ma David sapeva che era un fatto politico potenzialmente troppo grosso per essere ignorato, soprattutto se a essere coinvolta era una giornalista di spicco come Fiona Heppenstall.

David tirò fuori dal vano portaoggetti un pacchetto di sigarette, l'aprì e ne accese una. Tirò forte. Era tutto molto difficile da capire; troppe informazioni che spuntavano fuori dal nulla al momento sbagliato.

Rimase seduto, pietrificato dall'impatto di ciò che aveva appena sentito, fumando quasi con il pilota automatico.

Quando ebbe finito la sigaretta David aprì il finestrino, fece cenno al suo autista di rientrare e completò il viaggio lungo la strada fino alla proprietà di Philip.

Philip aprì la porta con un'espressione di lieve preoccupazione sul viso. «Ciao David, ti aspettavo mezz'ora fa. Tutto bene? Non hai una bella faccia.»

«No, non proprio, Philip. Abbiamo un piccolo problema. Mi correggo. Un grosso problema.»

Philip gli studiò il viso. «Faresti meglio a entrare. Che sta succedendo?»

Gli fece strada fino a un ampio salotto che dava su un enorme giardino all'inglese sul retro della casa, al centro del quale c'era un campo da golf semplificato. Premette il pulsante su un interfono a parete e chiese del caffè.

Si sedettero su un lungo divano in pelle beige. David parlò a lungo, spiegandogli ciò che il padre gli aveva detto, interrompendosi solo quando una donna di mezza età che indossava un grembiule entrò con due cappuccini su un vassoio.

Philip ascoltò in silenzio finché il suo capo non ebbe finito.

Quindi cominciò a tamburellare con le dita sul tavolino. «David, hai fatto un gran casino. Com'è possibile che non sapessi nulla di una cosa che ti riguarda così da vicino? Mi avevi detto chiaramente che non c'era niente di cui preoccuparsi. C'è in gioco anche la mia reputazione, non solo la tua, dannazione. E Fiona Heppenstall e Johnson come diavolo hanno fatto a venirne a conoscenza? Devono aver avuto una soffiata.»

Philip scosse la testa. «Non possiamo permettere che accada, David.»

40

Giovedì primo dicembre 2011
Londra

Leopold zoppicò su per le scale fino all'ufficio di Jacob, con Johnson e Fiona che lo seguivano. «Nella mitologia greca c'è la leggenda di un dio che è la personificazione del sole. Il suo compito è quello di percorrere ogni giorno il cielo con un carro di oro massiccio trainato da cavalli» disse Leopold mentre camminavano.

«Elio?» lo interruppe Johnson. «Conosco quella leggenda. Pensi che si riferisse a quello?»

«Sì, deve essere così» disse Leopold. «È il soprannome che abbiamo dato alla vecchia Volkswagen, il furgone T2 che usavamo per trasportare l'oro dalla Polonia a qui. Pensammo che sarebbe stato molto divertente. E con placche, be', penso si riferisse alle placche di protezione della Volkswagen. Ci abbiamo nascosto i lingotti d'oro... sono le piastre d'acciaio che si fissano sotto il motore e la parte inferiore dei veicoli per proteggerli da danni, acqua e così via.»

Johnson disse: «Interessante. Quindi sta dicendo che la mappa di riserva potrebbe essere nascosta nella placca della Volkswagen? Il T2 a cui si riferisce è quello nella sua officina?»

«No» rispose Leopold. «Il T2 in officina è di un cliente, in riparazione. Quello che abbiamo usato è nel garage di Jacob a Mayfair, ancora perfettamente funzionante. Ma non credo che abbia messo la mappa nelle placche di protezione. No, mi è venuta in mente un'altra cosa. Venite con me, ve la mostro.»

Entrò nell'ufficio di Jacob e indicò qualcosa sulla scrivania. Era la scultura dall'aspetto strano che Johnson aveva notato in precedenza.

«Ah, ho capito» disse Johnson. «Due pannelli in miniatura a cui è stata data la forma delle piastre di protezione, appoggiati l'uno contro l'altro. E su uno dei pannelli è inciso un carro trainato da cavalli.»

Leopold si voltò. «È un tipo sveglio, eh. Sì, l'ho fatto fare appositamente per lui per il suo cinquantesimo compleanno, nel 1974. Si svita e...»

«Mi sta dicendo che la mappa è al suo interno?» lo interruppe Johnson. Imprecò interiormente. La scultura era stata praticamente l'unico nascondiglio possibile nell'ufficio di Jacob che non aveva esaminato mentre aspettava che Bomber Tim aprisse la cassaforte. Come poteva esserselo lasciato sfuggire?

Leopold prese un coltellino svizzero dalla tasca e tirò fuori il cacciavite. «L'ho fatto fare da uno dei miei ingegneri, un gran bel regalino, non trova? Va solo tolta questa vite qui e poi quella. Sono un po' arrugginite.»

Lavorò per un minuto, poi con uno stridio metallico, staccò uno dei pezzi laterali di metallo.

«E dentro, sì, c'è, guardi!» Leopold tirò fuori un pezzo di carta e lo spiegò. Era una mappa dettagliata, accuratamente disegnata con inchiostro nero, completa di misure e scala.

«Sì, è questa. Mostra dove andare per trovare l'ingresso della fogna. Me lo ricordo. È nascosto, qui vicino a questi alberi.» Indicò un punto con un dito.

Il luogo che stava indicando era vicino al piccolo villaggio di Sokolec, nei pressi di una strada che portava a nord da un villaggio più grande, Ludwikowice Klodzkie.

«L'ultima volta che ci siamo andati la fogna era ancora asciutta, anche se è passato tanto tempo. Doveva servire il complesso di tunnel di Sokolec ma non fu mai usata. E poi prosegue finché non trova l'ingresso del tunnel, proprio qui.» Leopold indicò un altro punto sulla mappa.

«Voglio farne una copia prima di darvela, però.» Leopold la mise nello scanner che si trovava in angolo della stanza e lo avviò.

«Fiona,» disse Johnson «puoi vedere se riesci a trovare un volo per questo pomeriggio o domani mattina presto?»

Lei annuì e uscì dalla stanza, digitando un numero sul cellulare.

Quando Leopold ebbe finito, si avvicinò a Johnson e gli mise la mappa in mano. «Bene, è tutta sua. Allora buona fortuna. Un'ultima cosa. Il tunnel è pieno di trappole esplosive. Ce le abbiamo messe anni fa. Sono contrassegnate sulla mappa, quindi faccia attenzione.»

Johnson fece una smorfia e scosse la testa. «Esplosivi? Sulla mappa che Ignacio Guzmann ha rubato a Oliver sono segnati?»

Leopoldo annuì. «Sì, esplosivo... parecchio. Era l'unico modo in cui potevamo tenere l'oro al sicuro. Non potevamo mica usare delle normali pattuglie di sicurezza. Quindi stia attento. E sfortunatamente sì, la mappa che ha Guzmann è una copia esatta di questa.»

«Ah ottimo. Grazie per avermi avvertito» rispose Johnson. Quindi controllò che Fiona se ne fosse andata prima di rivolgersi di nuovo a Leopold.

«Un'altra cosa» disse. «Jacob mi ha minacciato ieri mattina, prima che partissi per Bristol. Ha detto che non avrei dovuto fare nulla che potesse mettere in pericolo lui e Daniel perché me ne sarei pentito, e che ci sono dinamiche ben più grandi in gioco. Si è anche rifiutato di dirmi a cosa servivano i soldi delle vendite dell'oro. Sa di che si tratta? Glielo chiedo ora che è fuori dalla stanza... faccio un po' attenzione perché è una giornalista» disse Johnson, indicando con il pollice nella direzione in cui era andata Fiona.

Leopold rimase fermo per un momento e lo osservò attentamente. Quindi si sedette dietro la scrivania di legno e gli fece cenno di sedersi sull'altra sedia.

Johnson obbedì. Leopold incrociò le braccia sulla scrivania. «Ha mai sentito parlare dell'operazione Mosè, dell'operazione Salomone, dell'operazione Collera di Dio e dell'operazione Damocle?» chiese.

Johnson cercò di rimanere inespressivo. «Sono tutte del Mossad» disse. «Operazioni Salomone e Mosè... entrambe ponti aerei per portare via gli ebrei dall'Etiopia e dal Sudan. E Collera di Dio... be', quella fu la rappresaglia per il massacro delle Olimpiadi di Monaco. E conosco anche Damocle, l'assassinio di scienziati tedeschi, la roba egiziana, per impedirgli di costruire missili contro Israele. Dunque di che si tratta?»

Leopold strinse leggermente gli occhi. «E conosce gli Amici delle forze di difesa israeliane, il fondo nazionale ebraico, Itamar e il fondo Hebron?»

Johnson annuì. «Ne ho sentito parlare. Fondi di sostegno alle colonie in Cisgiordania, no?»

Leopold annuì e si schiarì la gola. «Si potrebbero chiamare tangenti.»

Di colpo, tutto ebbe senso.

«Certo» disse Johnson. «I Kudrow hanno aiutato a finanziare questi progetti in cambio di protezione? Hanno contribuito a finanziare le operazioni di Kidon?» chiese.

Kidon era un'unità segreta con licenza di uccidere delle forze speciali del Mossad, responsabile di operazioni note tra cui Collera di Dio, che consistette nell'uccisione per vendetta dei militanti palestinesi colpevoli del massacro, nel 1972, di undici membri della squadra olimpica israeliana a Monaco.

«Proprio così» disse Leopold. «Come può vedere, non se li sono tenuti tutti per loro. Guardi questo posto, fa schifo.» Agitò una mano indicando il vecchio ufficio. «Okay, se la sono goduta, sa, case a Mayfair e così via, e si sono assicurati che anche io stessi bene, fino a un certo punto, ma la stragrande maggioranza...» La sua voce si affievolì.

Johnson inclinò la testa all'indietro e fissò il soffitto. «Quindi il Mossad ha insistito affinché pagassero o i Kudrow si sono offerti volontari?» chiese.

«Un po' e un po'» disse Leopold. «Chiamiamolo compromesso.»

Cosa aveva detto Nathaniel nella registrazione inviata da Fiona? si chiese Johnson.

Segua la pista dei soldi, da dove vengono e dove vanno.

«Okay, e in cambio?» chiese Johnson.

«In cambio? I gemelli sono stati lasciati in pace, da tutti. E il Mossad si prende cura dei suoi, motivo per cui Jacob le ha detto di fare attenzione a come si muove. Diceva sul serio, deve fare attenzione. A Brenner è stata fatta capire l'antifona. Sa che se smettesse di comprare l'oro i Kudrow informerebbero automaticamente il Mossad – perché ovviamente si bloccherebbe anche la quota israeliana delle vendite dell'oro – e il Mossad colpirebbe. È questo il bello. Ha dovuto continuare a comprare» disse Leopold.

Johnson giocherellò con la vecchia ferita sull'orecchio destro. «Non mi pare però che si addica alle modalità in cui il Mossad ha operato nel corso degli anni. Voglio dire, da quando la guerra si è conclusa nel momento in cui fiutavano un nazista in libertà lo facevano fuori o lo processavano, da Adolf Eichmann in giù.»

«I soldi contano» disse Leopold. «Israele ha ottenuto una gran bella quantità di shekel – non enorme in senso assoluto, ma sufficiente – cosa resa possibile dagli acquisti di oro di Brenner. Ma ora il flusso di denaro si è fermato. Quindi non voglio immaginare ciò che il Mossad farà ora, cosa potrebbe far fare a Kidon.»

Nella testa di Johnson scattò un campanello d'allarme. «Se Brenner andasse in tribunale e iniziasse a parlare potrebbe essere molto imbarazzante per loro. Dunque pensa che potrebbero...»

Leopoldo annuì. «Sì, penso di sì.»

Aeroporto di Londra Stansted

L'annuncio degli altoparlanti all'aeroporto di Stansted di Londra risuonò in tutto l'atrio. 'Ultima chiamata del volo Ryanair 8407 con destinazione Breslavia; i signori passeggeri sono pregati di recarsi il più rapidamente possibile al gate.'

Johnson e Fiona avevano appena superato il controllo di sicurezza e stavano risistemando i bagagli. Johnson cercò di controllare una lista mentale per evitare di perdere qualcosa mentre riponeva rapidamente le sue cose in borsa e nelle tasche.

Computer, due telefoni, chiavi, monete, orologio, portafogli. La giacca me la sono messa. Ora mi rimetto anche la cintura...

Proprio in quel momento il suo telefono squillò. Era Vic. Imprecò, ma rispose.

«Vic, sto per salire su un aereo» disse nervoso. «Cos'hai trovato?»

«Ascolta, Doc, ho alcune informazioni. Sono riuscito a trovare una vecchia cartella su Brenner nei nostri archivi. Non c'è molto, ma sembra che Brenner sia stato a lungo sul nostro libro paga negli anni Cinquanta e Sessanta, fino ai primi anni Settanta. Era in contatto con la sua vecchia rete di spionaggio delle SS in Russia, dove sembrava avere ottimi agganci, e grazie a questi contatti trasmetteva informazioni sulle capacità militari russe: dettagli sul cosiddetto gap missilistico con gli Stati Uniti. La cosa è andata avanti a lungo e sembra sia stata sufficiente a renderlo prezioso per la CIA. Questo spiega molte cose. Il mio istinto mi dice che c'è stato un qualche tipo di accordo non ufficiale a lungo termine, uno stallo, tra noi e il Mossad. Non sarebbe la prima volta, anche se non c'è niente di scritto per quel che ho potuto vedere.»

Johnson imprecò. «Complimenti all'Agenzia. È un gran casino. È tutto?»

«Ho anche trovato l'indirizzo di Brenner a Buenos Aires» rispose Vic. «Vive in una strada chiamata Ombú. Te lo mando via sms. Per ora è tutto.»

«Okay» disse Johnson. «Hai fatto una copia del fascicolo? Sarebbe utile averlo in caso avessi bisogno di prove, anche se potrà essere necessario fare una richiesta ufficiale per l'originale se si andasse in tribunale.»

«No, ma lo scansionerò, di nascosto, se può essere di aiuto» disse Vic. «Vado a riprendere la cartella.»

«Okay, grazie, se non è un problema sarebbe utile. Ci sentiamo.» Johnson riattaccò.

Dovettero praticamente correre dai controlli di sicurezza al gate e anche così furono gli ultimi due passeggeri a salire a bordo dell'affollatissimo volo delle 20:40.

I loro posti erano proprio in fondo, fila trentatré, vicino ai bagni. Significò combattere contro un eterogeneo gruppo di uomini d'affari in giacca e cravatta con computer portatili e quelli che Johnson immaginò essere muratori, idraulici e meccanici polacchi che andavano a casa per qualche giorno, che facevano a gara per assicurarsi spazio per le borse nelle cappelliere.

Si sedette nel posto centrale dei tre sedili sulla destra dell'aereo, con il sudore che gli colava dalla fronte, proprio mentre l'equipaggio di cabina iniziava la dimostrazione di sicurezza.

Fiona si sedette alla sua sinistra mentre alla sua destra c'era un uomo obeso che indossava una salopette blu e leggeva un giornale polacco, aveva le gambe così grasse che le sue ginocchia invadevano lo spazio di Johnson. Gemette interiormente.

L'email di Ignacio Guzmann arrivò subito dopo. Sentì il telefono vibrare nella tasca e lo tirò fuori.

> Ciao Johnson. So cosa stai facendo e perché. So cosa ha fatto mio padre, tutto il male. Leggi gli allegati. E c'è dell'altro, che verrà fuori a tempo debito... una vera bomba. Ha ucciso molte persone e ha anche ucciso la mia infanzia. Ne saresti scioccato. Quindi lo sistemerò a modo mio. Non voglio alcuna interferenza da parte tua. Sarà fatta giustizia. Non serve che tu e la giornalista americana vi immischiate. Lasciate perdere o agirò di conseguenza. Dico sul serio. Leggi i documenti allegati e vedrai perché sto facendo quello che sto facendo. Poi lasciami in pace.

Johnson la rilesse più volte. C'erano quattro allegati, tutti file foto jpeg. Cliccò sul primo.

Era la fotografia di una comunicazione di servizio scritta a mano in tedesco su carta ingiallita. Per sua soddisfazione, Johnson fu in grado di tradurlo facilmente senza dover ricorrere all'app del dizionario sul telefono.

Datata 6 ottobre 1942, la comunicazione era di felicitazioni e proveniva dall'*SS Personalhauptamt*, che Johnson sapeva essere l'ufficio principale del personale delle SS. Informava Brenner della sua promozione al grado di *Obersturmführer*. Spiegava che era dovuta al ruolo da lui rivestito con la Terza divisione Panzer SS Totenkopf, la divisione testa di morte, durante l'invasione dell'Unione Sovietica. Faceva riferimento al ruolo svolto dal Totenkopf, una divisione corazzata, durante l'avanzata su Leningrado nel 1942. Sul promemoria c'erano diversi francobolli ufficiali, uno dei quali mostrava l'aquila delle SS sopra a una svastica, il simbolo ufficiale delle SS.

La seconda lettera, anch'essa dattiloscritta e datata il 2 novembre 1943, era sempre del *Personalhauptamt* e descriveva in dettaglio la nomina di Brenner a vicecomandante del campo di concentramento di Auschwitz a seguito di una ferita riportata a Charkiv nel marzo del 1943. Non specificava il tipo di ferita, ma Daniel aveva accennato al fatto che Brenner zoppicava.

Interessante. Johnson sapeva che, per essere stato inviato in un campo di concentramento, Brenner doveva essere inadatto al *Frontdienst*, il servizio al fronte, e questo documento lo confermava. Si chiese che tipo di lesione fosse stata e se avesse lasciato segni identificativi permanenti che ora potevano tornare utili, se fosse stato in grado di rintracciarlo. Forse avrebbe potuto trovare quell'informazione nella *Krankenbuchlage* di Brenner, la sua cartella clinica militare, che doveva essere conservata presso il *Deutsche Dienststelle*, l'Ufficio di informazione nazionale tedesco, a Berlino.

Johnson fece *clic* sul terzo allegato.

Betrifft: Versetzung der Obersturmführer Erich Brenner, SS-Nr. 183 656, era l'oggetto del documento. 'Trasferimento del tenente Erich Brenner, numero SS 183 656'.

Fece un respiro profondo quando si rese conto che era del gennaio 1944 e che nominava Brenner vicecomandante del sottocampo Wüstegiersdorf di Gross-Rosen. Un giorno fatidico, sia per sua madre che per i gemelli Kudrow.

La quarta lettera aveva due firme diverse; la prima del *Personalhauptamt*, la seconda dell'*Hauptsturmführer* Karl Beblo. Ma questa, datata 21 dicembre 1944, aveva un tono molto diverso.

Era chiaramente un severo richiamo indirizzato a Brenner e forniva i dettagli di una fuga risalente a tre giorni prima, il 18 dicembre, di due ebrei da un vagone ferroviario in viaggio da Ludwikowice Klodzkie a Gluszyca. Accusava inoltre Brenner di aver sparato a morte – senza autorizzazione – a diciannove prigionieri ebrei che erano adatti al lavoro. La comunicazione di servizio evidenziava che i due fuggiaschi non erano stati ritrovati.

Johnson si lasciò cadere sullo schienale del sedile e espirò lentamente. Perché Brenner avrebbe dovuto conservare quei documenti? Non ha senso. L'altra domanda era: erano autentici?

In assenza degli originali, che presumibilmente Ignacio aveva in qualche modo ottenuto dal padre suo malgrado, c'era un modo infallibile per verificarne l'autenticità. In quel caso infatti, nella cartella personale delle SS di Brenner che avrebbe dovuto essere disponibile alla consultazione, ci sarebbero state delle copie.

Sia ringraziato dio per l'esistenza di Hans Huber, pensò Johnson per l'ennesima volta nella sua carriera. Huber era stato il direttore della cartiera di Wirth a Freimann, vicino a Monaco, dove nell'aprile del 1945 la dirigenza nazista mandò al macero i dieci milioni di documenti relativi alle tessere associative del Partito Nazista in tutto il mondo, proprio quando la Seconda guerra mondiale si avvicinava alla sua conclusione.

Ma Huber sfidò la leadership nazista e riuscì a nascondere i documenti sotto della carta straccia fino a quando gli esperti di archiviazione dell'esercito americano non furono in grado di metterli al sicuro nell'ottobre dello stesso anno. Successivamente gli americani li trasferirono in un centro di documentazione di Berlino e furono fatte delle copie microfilmate per la consultazione presso gli Archivi nazionali di Washington. Questi documenti furono il fondamento su cui vennero basati molte interviste e processi contro i criminali di guerra nazisti – inclusi i processi di Norimberga –, e per l'OSI avevano rappresentato una miniera d'oro di prove.

Johnson scrisse rapidamente un'email a Ben Veletta.

> Ciao Ben, potresti per favore controllare i documenti SS di Erich Brenner e confermare se includono un ammonimento per l'uccisione di diciannove ebrei il 18 dicembre 1944 e la conferma della sua assegnazione ai campi di Auschwitz e Wüstegiersdorf? Grazie mille, Joe.

Premette il pulsante di invio.

Poi ne scrisse un'altra alla sua ex ragazza Clara Lehman a Berlino, con la quale si teneva periodicamente in contatto, chiedendole se poteva controllare la *Krankenbuchlage* di Brenner al *Deutsche Dienststelle*, per vedere se nella cartella clinica veniva menzionata una ferita, probabilmente alla gamba.

Fiona aveva finito di sistemare la cintura di sicurezza e aveva estratto alcuni appunti e riviste dalla borsa. Si sporse verso Johnson e guardò il telefono da sopra la sua spalla. «Cos'è? Qualcosa di interessante? Sembri un po' sbalordito.»

Aveva ragione. Lo era.

«È una email di Ignacio» rispose. «Vuole occuparsi personalmente del padre. Mi minaccia, vuole che mi tiri indietro... Come se fosse possibile. E anche tu. Deve aver preso il mio indirizzo email dal sito.»

Il Boeing 737 rombò lungo la pista e poi si librò nell'aria, il terreno che scompariva in lontananza sotto di loro, ma Johnson quasi non se ne accorse, assorbito com'era dai documenti di Ignacio.

«Ma non è tutto» disse. «Ci sono quattro allegati, che dimostrano che Brenner è stato vicecomandante ad Auschwitz e Wüstegiersdorf, e c'è anche un richiamo in cui lo si rimprovera per la fuga dei gemelli Kudrow dal treno e in cui è descritta anche l'uccisione non autorizzata dei diciannove ebrei, considerati adatti al lavoro. Tecnicamente alle SS non era permesso di uccidere ebrei capaci di lavorare, poiché erano visti come risorse di guerra. Solo quando diventavano troppo deboli o malati si sbarazzavano di loro. Quando lavoravo all'OSI questo era il tipo di prova documentale di cui ero sempre alla ricerca, per cui avrei camminato sui carboni ardenti. La chiamavo la 'prova della verità'.»

Espirò. «È una prova schiacciante.»

Fiona si sporse sopra la sua spalla per guardare di nuovo lo schermo e fece una smorfia di disgusto. «Be', già solo ricoprire quei ruoli è una prova sufficiente di ciò che ha fatto. Uccidere era la norma. Ma il richiamo... be', sono d'accordo, è una prova schiacciante. E il figlio vorrebbe che tu ignorassi tutto questo e che lo lasciassi nelle sue mani? No. Non è possibile. Deve essere processato. È il tuo compito, il mio è di fare in modo che il mondo sappia cosa ha fatto e che sappia che qualcuno se ne sta occupando. È disumano.»

Fece una pausa. «Non capisco però perché ti abbia scritto.»

Johnson si strinse nelle spalle. «Non lo so. Probabilmente è un tentativo di giustificare ciò che ha intenzione di fare... a noi e a sé stesso. Anzi, sono certo sia così. Ma non capisco perché il vecchio abbia conservato i documenti o come abbia fatto a farlo per così tanto tempo senza essere scoperto. Perché poi portarli fuori dalla Germania? Comunque, indipendentemente dalle motivazioni, mi dà ragione sul fatto che dobbiamo fermare Ignacio prima che arrivi al padre. È questo che mi preoccupa. Ovviamente pensa che una pallottola in testa al padre possa bastare. Ed è per questo che per me è Brenner a dover essere l'obiettivo. Jacob ha ragione. Brenner è l'assassino. I Kudrow non lo sono.»

Fiona esitò. «Sì, ma anche quella dei Kudrow è una storia grossa. Stanno finanziando una campagna elettorale vendendo una scorta segreta di oro nazista... allo stesso nazista che li ha costretti a nasconderlo durante la guerra. Questo costringerebbe David Kudrow ad abbandonare la corsa per la nomina repubblicana, e noi otterremo tutto il merito. Dobbiamo sbrigarci... le primarie dovrebbero accelerare dopo capodanno.»

Presa dall'entusiasmo, parlò più forte di quanto pensasse.

La donna seduta di fronte a lei si voltò.

Johnson sentì un bambino seduto vicino chiedere alla madre cosa fosse un nazista.

«Zitta, abbassa la voce. Ti sente tutto l'aereo.»

Abbassò la voce. «Devi avere un attimo di pazienza. Qui l'obiettivo è far processare quell'uomo. Se inizi a scrivere articoli prima che venga arrestato, sparirà come un ratto in una fogna. Riceverà un nuovo passaporto, un cambio di identità e svanirà nel nulla. È quello che hanno sempre fatto. Sono dei sopravvissuti. Ci sono ancora reti pensate per proteggere gente come lui, sai, persino oggi, quasi settant'anni dopo. Lo farebbero svanire nel nulla.»

Un improvviso sospetto gli attraversò la mente. «Non hai menzionato nulla di tutto ciò al tuo capo, vero? A proposito di Brenner?»

Fiona esitò di nuovo. «Be', ovviamente ho dovuto dirgli che stavo andando in Polonia perché si aspettava che rientrassi a Washington a breve. Quindi gli ho semplicemente accennato di cosa si trattava. Ma solo a titolo informativo. Non userà nulla.»

Inarcò le sopracciglia in direzione di Johnson. «Non preoccuparti, andrà tutto bene.»

«Sì, be', ciò che mi preoccupa è che *nulla* andrà bene se inizi a parlarne con i redattori in questa fase.»

«Okay, hai ragione» disse Fiona e Johnson si sentì sollevato. «Te la stai godendo, non è vero? Come ai vecchi tempi della CIA e dell'OSI?»

Johnson annuì. Sì, si stava divertendo, le disse. Gli ricordava perché gli era piaciuto così tanto il suo ruolo all'OSI. Lì, a differenza della CIA, non si era più sentito come se l'intero obiettivo fosse ingannare, mentire, fingere e imbrogliare – e non solo l'opposizione ma anche ai propri colleghi e ai superiori – per fare carriera.

Le operazioni di facciata non gli dispiacevano, ma almeno all'OSI aveva sentito che quando era necessario usare sotterfugi sotto c'era una giustificazione umana.

Forse Robert Watson gli aveva fatto un favore licenziandolo, disse a Fiona.

Il carrello delle bevande apparve accanto a Johnson.

Aveva decisamente bisogno di un bel whisky, ma si impose di resistere poiché voleva essere lucido per riflettere sul compito che lo aspettava. Quindi chiese un'acqua tonica, senza gin.

Fiona non volle niente. Invece prese i suoi appunti.

Ci si immerse, scribacchiando qualcosa di tanto in tanto; Johnson invece estrasse dalla tasca un paio di stampe di un sito che aveva trovato che conteneva alcune informazioni sul complesso di Sokolec. C'erano anche due fotografie di pessima qualità dell'ingresso e dell'interno di uno dei tunnel.

> Il complesso di tunnel di Sokolec si trova all'interno del monte Gontowa e comprende quattro gallerie costruite da schiavi, principalmente ebrei, che furono imprigionati nel vicino campo di concentramento di Gross-Rosen.
> I tunnel Uno e Due sono costruiti in morbida arenaria e sono crollati in diversi punti.
> Il tunnel Tre è a mezzo chilometro di distanza dagli altri, ma è inaccessibile dalla fine della Seconda guerra mondiale a causa di un crollo.
> Il complesso di Sokolec non è accessibile ai turisti, che sono invitati a visitare la vicina città sotterranea di Osówka per un'esperienza nei tunnel di Riese in tutta sicurezza.

Molto stringato, e nulla sui tunnel di emergenza, osservò Johnson. I suoi pensieri tornarono all'email di Ignacio.

'E c'è dell'altro, che verrà fuori a tempo debito... una vera bomba.' *Cosa potrebbe essere? Documenti? Altre prove sul padre?*

'Non voglio alcuna interferenza da parte tua. Sarà fatta giustizia.' Ma se Ignacio voleva occuparsi da solo del padre, perché non farlo e basta? Perché aveva sentito la necessità di dirlo a Johnson?

E se voleva che Johnson si tirasse indietro, perché inviargli la copia di un documento contenente prove chiaramente incriminanti, che non avrebbe fatto altro che incoraggiarlo?

Forse la sto complicando troppo. Forse Ignacio vuole solo che il mondo sappia cosa ha fatto il padre.

Johnson ebbe un'improvvisa voglia di sigaretta.

Qualcosa proprio non tornava.

41

Venerdì 2 dicembre 2011
Breslavia, Polonia

Il mattino seguente, poco dopo le cinque, Johnson e Fiona uscirono dall'albergo vicino all'aeroporto Copernico di Breslavia, a ovest della città, in una Škoda Octavia verde che avevano affittato.

Con meno di quattro ore di sonno l'ultima cosa che Johnson avrebbe voluto, dovendo affrontare un lungo viaggio al buio, era la neve. Ma i fiocchi, inizialmente piccoli, divennero sempre più grandi e venivano sospinti da est a ovest da un forte vento mentre Johnson guidava lungo l'autostrada A8.

Quando si spostarono sulla DK35, più rurale, andando in direzione sudovest, i fiocchi, ora in rapido movimento, si erano trasformati in strisce bianche nell'oscurità, come un'immagine televisiva in assenza segnale.

Un cartello stradale indicava: GLUSZYCA 65 KM. Johnson sapeva che l'hotel che Fiona aveva scelto come base, il Sowa, era a circa altri quindici chilometri da Sokolec, nella valle a nord del villaggio di Ludwikowice Klodzkie, molto vicino al complesso di tunnel.

Un'altra ora e mezza, stimò Johnson.

Fiona si spostò sul sedile e si voltò verso di lui.

«Quello che non capisco è la connessione con la CIA. Come rientra in tutto ciò?» chiese.

Johnson schiacciò la frizione e cambiò marcia. «È più complicato di quanto immaginassi. Non ci crederai.»

Le raccontò ciò che aveva scoperto sulla connessione tra il Mossad e i Kudrow e sui progetti israeliani che avevano sostenuto, sul passato di Brenner e sul tacito accordo tra il Mossad e la CIA di lasciarlo in pace, per ragioni diverse da entrambe le parti.

«La domanda è: continuo a dare la caccia a Brenner? E se lo faccio la cosa farà incazzare gli israeliani, e quali potrebbero essere le conseguenze? O lascio che sia il Mossad a occuparsi di lui? Non so cosa sia meglio» disse Johnson.

Fiona scattò in avanti, alzò la voce. «Stai scherzando vero? Non puoi fermarti. Potrebbe far decollare la tua carriera. E lasciare Brenner al Mossad porta allo stesso risultato che lasciarlo a Ignacio.»

«Sì, ma non sai con chi abbiamo a che fare. Non lo immagini nemmeno» rispose lui.

«Non tirarti indietro proprio ora, Joe. Facciamo un passo alla volta.»

«Facile a dirsi per te. Mi piacerebbe arrivare a Brenner il più presto possibile,» disse Johnson «ma hai insistito perché venissimo in Polonia per ottenere le prove che ti servono e per impedire al figlio di Brenner di andarsene con una fortuna in oro. Quindi dobbiamo trovare un modo per fermarlo... in fretta.»

Johnson fece del suo meglio per calmarsi. Non voleva iniziare una discussione, ma Fiona chiaramente non aveva idea di quanto fossero pericolose le acque in cui navigavano. A differenza sua aveva visto di cosa era capace l'unità Kidon del Mossad.

«Okay, ho un'idea» disse lei. «Lasciamo che la polizia polacca lavori per noi. Se vediamo gli argentini entrare nel tunnel chiamiamo la polizia e li facciamo arrestare, e così riduciamo le possibilità che il vecchio venga avvisato e scompaia.»

Johnson inclinò la testa. «Sì, è un'opzione. Dobbiamo assolutamente evitare che Ignacio arrivi al padre prima di noi.»

Frenò bruscamente mentre un camion davanti a loro si fermava di colpo al semaforo di un villaggio.

Il volume del traffico aumentò man mano che proseguivano verso sud, rallentandoli. C'erano poche possibilità di sorpassare e Johnson non poté superare una media di una quarantina di chilometri all'ora. Almeno aveva smesso di nevicare.

«Che ne pensi del coinvolgimento del tuo vecchio capo Watson con Brenner?» chiese Fiona.

Lui sospirò. «Ha perso la bussola morale, se mai ne ha avuta una. È evidente che ha sostenuto l'idea di usare il male per combattere il male, nazisti contro russi. Io non sono mai stato d'accordo. Quindi ha trascorso decenni a proteggere qualcuno che ha commesso molteplici omicidi di ebrei indifesi. Anche se, francamente, è probabile che sia partito tutto dai piani alti dell'Agenzia.»

Ormai si trovavano sui Monti Gufo, si dirigevano a ovest di Walbrzych, e Johnson notò le sporadiche insegne turistiche marrone illuminate dai fari della macchina e che indicavano alcuni dei complessi di tunnel nazisti aperti al pubblico. Uno segnalava PODZIEMNE MIASTO OSÓWKA, 'città sotterranea di Osówka'.

Tour dei vecchi tunnel. La gente del posto ancora traeva vantaggio dall'occupazione nazista risalente a sette decenni prima. Come biasimarli? Probabilmente era la cosa più vicina a un risarcimento del Terzo Reich per aver di fatto distrutto il loro paese durante la guerra e per la cupa e grigia repressione dell'era sovietica che seguì, rifletté Johnson. Ci sarebbero voluti molti tour per compensare quel danno.

Manca poco ormai.

Erano quasi le sei e mezzo quando raggiunsero Ludwikowice Klodzkie. Da lì svoltarono a sinistra su una stretta strada asfaltata con l'indicazione SOKOLEC, quindi attraversarono un piccolo tunnel a corsia unica sotto la linea ferroviaria e poi su per la valle. La macchina sfrecciava, illuminando gli alberi scuri al suo passaggio.

Era la linea ferroviaria che Jacob, Daniel e altri diciannove ebrei esausti, fragili e affamati, stipati in un sudicio vagone ferroviario, avevano percorso sotto l'occhio malevolo di Erich Brenner, quasi settant'anni fa.

Dopo un chilometro e mezzo, sulla sinistra, trovarono l'hotel Sowa, 'Gufo', vicino a un lago.

Johnson entrò nel parcheggio di ghiaia, che era vuoto a parte altre tre auto con targa polacca. Spense il motore e si appoggiò allo schienale.

Il suo telefono emise un *bip*. Era un messaggio di Vic.

Joe. Sono andato a prendere il fascicolo di Brenner per fartene una copia. È scomparso. Il personale dell'archivio non sa cosa sia successo. Erano passate solo tre ore da quando lo avevo preso la prima volta. Solo dio sa cosa sta succedendo. Farò ulteriori indagini e ti farò sapere. Vic

Johnson batté la mano sul volante dell'auto. *Che diamine!* Ora non poteva che contare sul fatto che Ben e Clara, rispettivamente a Washington e a Berlino, riuscissero a mettere le mani sui documenti di cui aveva bisogno.

Scesero dall'auto. L'hotel Sowa era una struttura semplice a pianale ribassato con grondaie sporgenti che a Johnson ricordò i motel lungo le strade di Portland.

Stavano per entrare nell'area della reception attraverso una pesante porta di legno a vetro, quando Johnson lanciò un'occhiata alla sua destra.

Fu allora che la vide, nascosta dietro alcuni cespugli in un secondo parcheggio, più piccolo. Una Ford Focus grigia con targa britannica.

42

Venerdì 2 dicembre 2011
Sokolec, Polonia

Johnson aprì la porta della reception e camminò su un tappeto rosso fino a una vecchia scrivania di legno scuro, dietro la quale c'era una donna bionda dall'aspetto severo sulla trentina, che indossava occhiali con la montatura in acciaio.

Aveva chiaramente un occhio ben allenato a riconoscere la nazionalità dei suoi ospiti e gli offrì un tiepido saluto in un inglese passabile.

Johnson fece del suo meglio per sorridere. «Salve, stasera pernotteremo qui, ma prima abbiamo un incontro con due uomini argentini che stiamo cercando. Li ha visti? Uno biondo, l'altro moro.»

La donna, il cui fiato carico di aglio fece indietreggiare leggermente Johnson, annuì. «Sì, stanno qui. Sono arrivati ieri sera tardi, ma sono usciti molto presto questa mattina, circa un'ora fa. Non hanno detto dove andavano.»

«Ah. Ma quella è la loro macchina, parcheggiata laggiù, vero?» Johnson indicò col capo il piccolo parcheggio dove si trovava la Ford Focus.

«Credo sia loro, sì» disse la donna.

«Quindi suppongo siano andati a piedi quando sono usciti stamattina.»

«Non lo so.»

Johnson immaginò che i due argentini fossero arrivati tardi, si fossero fatti qualche ora di sonno e probabilmente ora si trovassero da qualche parte nel complesso di tunnel alla ricerca delle casse di lingotti d'oro del Terzo Reich.

Ringraziò l'addetta alla reception, si voltò verso Fiona e col pollice indicò in direzione del parcheggio. «Andiamo.» Si incamminò verso la porta principale.

All'esterno, nel parcheggio, gli unici suoni erano quelli dell'acqua del lago che sciabordava sui ciottoli di una spiaggia di fronte all'hotel e l'*uh-uh* di gufi che proveniva dagli alberi alla loro sinistra.

Dall'altra parte del lago si stagliava in lontananza la sagoma del monte Gontowa. Più che una montagna era una grande collina, il profilo chiaramente visibile contro il cielo.

Cosa penserebbe mia madre adesso? Lei che ha trascorso mesi in un campo di concentramento pochi chilometri più avanti nella valle.

Johnson tirò fuori il telefono, aprì un navigatore e consultò la mappa cartacea presa dall'ufficio di Jacob Kudrow. La studiò per un po', poi digitò alcune coordinate. 50°38'33,4" N 16°28'02,6" E.

Prima, a breve distanza dall'hotel, aveva notato alla sua sinistra, illuminata dai fari della macchina, una strada sterrata e accidentata che sembrava condurre nella direzione approssimativa della montagna e dei tunnel.

Mostrò a Fiona il punto sulla mappa. «Devono essere passati da qui, ne sono certo. È l'unica strada visibile che conduce all'ingresso del tunnel. Se le cose si mettono male dovrai lasciare che me ne occupi io. In caso pensa solo a uscire da lì e pensa unicamente a te stessa. D'accordo?»

Lei annuì.

«Bene, andiamo» disse Johnson. «Hanno già un'ora di vantaggio.»

Le prime piccole luci blu pallido dell'alba si insinuarono all'orizzonte, a est, mentre Johnson, seguito da Fiona, usciva dal parcheggio. Dopo aver oltrepassato una casa alla loro destra, Johnson imboccò la strada sterrata che aveva notato in precedenza. Consisteva in due corsie parallele per trattori, pavimentate con del pietrisco e separate da una striscia d'erba.

La strada portava a nordovest, oltre l'altro lato della casa, attraverso alcuni alberi e poi in direzione di un gruppetto più fitto di alberi oltre un campo.

Johnson ricontrollò il navigatore sul telefono prima di uscire dalla boscaglia, poi attraversarono il prato verso sinistra e si addentrarono in un bosco composto principalmente da pini. Salirono cauti e in silenzio su per la collina, dove al bosco di pini sempre più fitto si erano aggiunti cespugli di rododendro e rovi.

Johnson finalmente vide quello che stava cercando. A una ventina di metri da lui c'era una piccola struttura quadrata di cemento, ricoperta di muschio ed edera al punto da essere appena visibile in mezzo agli alberi e ai cespugli che le erano cresciuti attorno. Incernierata sul lato destro c'era una grata di metallo profondamente arrugginita, di circa un metro quadrato. Era aperta ad angolo retto.

Poi, attraverso gli alberi, giunsero delle voci.

Johnson tirò giù Fiona dietro a un cespuglio di rododendro, le sue spesse foglie scure fornivano una buona copertura.

Un uomo emerse di spalle dalla grata, piegato in due e accovacciato per evitare di sbattere la testa, attorno alla quale era fissata una luminosa lampada frontale. Reggeva un'estremità di una cassa di legno. Johnson riconobbe l'uomo dalla fotografia che Jayne gli aveva inviato. Stempiato, i capelli castano chiaro e l'intensa abbronzatura erano inconfondibili.

Ignacio Guzmann.

Mentre continuava a camminare all'indietro, apparve un altro uomo, questa volta dai capelli scuri, che teneva l'altra estremità della cassa. Anche lui indossava una lampada frontale che brillava intensamente nell'oscurità che precedeva l'alba. *Deve essere Diego Ruiz.*

Non appena furono usciti abbassarono delicatamente la cassa a terra e ripresero fiato, con le mani sui fianchi, le giacche nere, i pantaloni e i cappelli di lana coperti di polvere, sabbia e sporcizia.

Ignacio non ebbe la sensazione che la tensione che lo aveva tenuto in una morsa di ferro nei giorni precedenti si stesse allentando. Il suo obiettivo era così vicino che poteva quasi toccarlo. Eppure...

Una cassa d'oro era fuori dal tunnel, ne rimanevano solo tre e a quel punto metà del suo piano sarebbe stato realizzato. Dopodiché non sarebbe rimasto che un obiettivo, in Argentina.

A preoccuparlo maggiormente erano tuttavia i due americani, Johnson e Heppenstall, e il fatto che potessero stargli alle calcagna. Ma al momento lui e Diego non potevano fare altro che lavorare il più velocemente possibile perché il tempo stringeva.

La mappa che aveva ottenuto dal computer del giovane Oliver Kew era incredibilmente accurata e gli aveva fornito misure e coordinate che lo avevano portato all'ingresso del tunnel di emergenza.

E lo stretto tunnel, nonostante fosse allagato in alcuni punti e difficile da percorrere a causa di alcuni crolli parziali del tetto, era in condizioni migliori di quanto si aspettasse.

L'unico ostacolo notevole erano state le trappole esplosive, i cui fili di innesco erano segnati sulla mappa ma che erano comunque estremamente difficili da individuare nell'oscurità del tunnel nonostante l'aiuto delle potenti lampade frontali.

Ignacio non riusciva a vedere a cosa fossero attaccati i fili di innesco, poiché scomparivano in un groviglio di radici e sabbia. Né poteva dire se fossero attivi o meno. Suppose fossero collegati a un qualche tipo di esplosivo.

Rimase fermo nella fredda aria dell'alba finché non ebbe ripreso fiato. Gli erano occorsi più di venti minuti per portare fuori dal tunnel la cassa da venti chili, aiutato da Diego.

Era pesante e piuttosto ingombrante e vista la presenza delle trappole esplosive Ignacio aveva pensato fosse più sicuro trasportare la cassa insieme.

Ora aveva cambiato idea. La rapidità era fondamentale. Altri tre viaggi così avrebbero richiesto più di un'ora e venti, senza contare quelli di ritorno. Ci sarebbe voluto troppo.

«*Bien*, Diego, portiamo fuori altre due casse. Questa volta prendiamone una a testa. Ci vorrà meno tempo. Non sappiamo se arriverà qualcuno.»

Diego annuì. «Sì, non sono pesanti come credevo.»

Ignacio rimase lì fermo a pensare per qualche altro istante. «Dài, *jefe*, dobbiamo sbrigarci» gli disse Diego.

«Dammi un attimo. Sto pensando. Ce lo vedo mio padre a lavorare qui, sessantasette anni fa. Probabilmente borioso, arrogante, con indosso l'uniforme delle SS, che terrorizza a morte un gruppo di ebrei mezzi morti.»

I documenti che aveva trovato, inclusa la notifica del richiamo disciplinare per gli omicidi, gli avevano rivelato tutto ciò che doveva sapere. Era certo che dovevano esserci stati anche molti altri. Scosse la testa al pensiero.

Com'è possibile che mio padre e un'intera generazione di tedeschi siano andati dietro a tutte le cazzate di Hitler e che alcuni di loro si siano trasformati in assassini senza cervello che seguivano gli ordini senza discutere?

Poi si ricompose. *Chi sono io per giudicare? Sono anche io un assassino.*

«Che succede, *jefe*?»

Ignacio si voltò. «Niente. *Vale, vamos,* andiamo. Vado io per primo.» Fece strada nella fogna, inginocchiandosi e strisciando in un misto di fango, vecchie foglie ed escrementi di animali.

Dopo poco vide sopra di lui l'apertura quadrata che conduceva al tunnel di fuga. Senza la mappa quasi sicuramente non l'avrebbe vista.

Si tirò su e si arrampicò all'interno del passaggio. Quindi strisciò finché il tetto non divenne abbastanza alto da permettergli di alzarsi e camminare.

Da quel punto in poi il tunnel gli sembrava uscito fuori dai racconti sui goblin che sua madre a volte gli leggeva da bambino: radici degli alberi che spuntavano fuori dalle pareti, rocce che sporgevano a strane angolature, gocce d'acqua che cadevano dall'alto, mucchi di terra sabbiosa sul pavimento nei punti in cui il tetto del tunnel era crollato e fanghiglia verde ovunque.

Ignacio avanzava lentamente, alla ricerca del primo filo di innesco. Eccolo lì, ad altezza stinco, teso e difficile da individuare ricoperto com'era di ruggine che si confondeva con il pavimento di terra e sabbia.

Lo scavalcò facendo attenzione.

Ignacio si voltò e guardò Diego che lentamente superava anche lui il filo.

Proseguire ora era un po' più facile

Mancavano circa quarantacinque metri alla trappola successiva.

Ignacio fu costretto a fare estremamente attenzione perché, appena prima di essa, il pavimento di roccia era bagnato e scivoloso, poi si portò al di là del filo di innesco, al sicuro.

Ignacio guardò nuovamente dietro di sé. Diego ora era fuori dal suo campo visivo e a una certa distanza da lui, anche se da dietro un angolo poteva vedere il debole bagliore della sua lampada frontale.

Proseguì per un altro tratto e superò a fatica un cumulo di rocce e terra che quasi bloccava il passaggio; era caduto molto tempo prima, a giudicare dalla quantità di alghe verdi che lo ricoprivano.

Superato quel punto decise di aspettare il collega e si sedette su una roccia nell'angolo tra il muro del tunnel e il mucchio di detriti, un punto da cui avrebbe intravisto Diego arrivare.

La canna della sua Browning, in una piccola fondina laterale, gli affondò nel fianco, così la estrasse e l'appoggiò su una roccia più piccola alla sua sinistra.

Finalmente Diego arrivò al secondo filo di innesco. Il suo piede destro finì sulla stessa roccia ricoperta di melma che Ignacio aveva evitato con cura pochi istanti prima.

Lo stivale di Diego scivolò bruscamente all'indietro e tutto il peso del corpo finì in avanti. Tentò di correggere il tiro portando la gamba sinistra davanti a sé, ma inciampò e perse l'equilibrio.

Per evitare di cadere faccia a terra sulla superficie di pietra, Diego istintivamente gettò il braccio destro davanti a sé. Così il suo avambraccio colpì il filo di innesco teso.

L'ultima cosa che Ignacio vide fu un enorme bagliore bianco e udì un botto assordante. Sentì un calore bruciante e uno tsunami di polvere e terra lo colpì in faccia.

Poco prima di svenire, Ignacio avvertì una seconda esplosione provenire dalla direzione opposta.

43

Venerdì 2 dicembre 2011
Sokolec, Polonia

Johnson e Fiona erano rimasti seduti dietro al cespuglio di rododendro per almeno dieci minuti dopo che i due argentini erano scomparsi nel tunnel.

A quel punto c'era luce a sufficienza da permettere loro di vedere giù per la collina fino al lago sotto di loro e, al di là di esso, l'albergo.

Quindi, ormai convinto che Ignacio e Diego non sarebbero usciti per un po', Johnson si diresse verso l'ingresso della fogna. Scrutò nel vuoto come se stesse esaminando una mostra in un museo.

Fiona si unì a lui, poi prese la macchina fotografica dalla borsa e scattò alcune fotografie dell'ingresso.

«Secondo me non dobbiamo entrare» disse Fiona. «Piuttosto, potremmo trovare un modo di bloccare la grata e chiuderli dentro. Poi ci allontaniamo e chiamiamo la polizia.»

Johnson soppesò l'idea. «Sì, non male, mi piace.»

Girò intorno all'ingresso della fogna e si arrampicò sulla cima del tumulo di terra in cui era collocata. Da lì, grazie a un corridoio tra gli alberi, avrebbe potuto vedere più in alto sulla collina.

Nel momento in cui si issò, si udì un rombo attutito provenire dalla direzione in cui stava guardando. Un pennacchio di polvere e fumo si alzò in aria a cento metri di distanza, proprio davanti agli alberi. Pochi secondi dopo, ci fu un altro scoppio più piccolo, che fece più fumo, questa volta nel folto degli alberi.

Dal suo punto di osservazione Johnson vide che l'esplosione aveva creato un grande cratere nel terreno.

«Merda!» disse Johnson. «Che botto! Penso che abbiano scatenato una delle dannate trappole esplosive là sotto. Leopold mi aveva avvisato.»

Il suono dell'esplosione riecheggiò nella valle, un rombo acuto che si riverberava da una parte all'altra.

Quindi, silenzio. Perfino gli uccelli avevano smesso di cantare.

Johnson fece un passo avanti. «Faremmo meglio a dare un'occhiata.»

Camminarono con cautela verso il cratere, costeggiando grandi cespugli e pini, finché non arrivarono al punto in cui il terreno aveva ceduto.

In un'area rettangolare lunga oltre venti metri e larga circa tre, la superficie della foresta, migliaia di tonnellate di terra e roccia, era affondata per circa tre metri.

Un paio di grandi alberi di pino che crescevano ai margini dell'area che aveva ceduto erano caduti e un altro albero pendeva a un pericoloso angolo di quarantacinque gradi.

Il fumo filtrava attraverso le fessure nel terreno sabbioso. Johnson e Fiona si scambiarono un'occhiata.

Lei scosse la testa, incredula. «Porca puttana. L'oro è andato e anche quei due.» Prese la macchina fotografica.

Ignacio aprì gli occhi, poi fu preso dal panico. Era sicuro che la sua testa stesse per esplodere. La pressione nel cranio aumentava ed era sordo.

Dove sono?

Era buio, a parte una strana luce che dall'alto illuminava trasversalmente il pavimento. Giaceva su un mucchio di terra, la testa dolente era appoggiata su un pezzo di legno, poi respirò della polvere e tossì.

Lentamente iniziò a ricordare. L'esplosione, poi il lampo, gli tornò tutto in mente.

Il filo di innesco... Diego ci è inciampato.

Si mise una mano sulla testa che pulsava e sentì sabbia e terra tra i capelli; poi trovò la lampada frontale, ancora accesa e funzionante.

Il fischio che proveniva dall'interno delle sue orecchie era snervante. Strusciò la mano sul pavimento, poi la sbatté più forte. Vedeva la mano muoversi, poteva sentire la leggera vibrazione mentre colpiva il pavimento, ma non sentiva altro che il fischio.

Ignacio si sedette. Alla luce della lampada, poteva vedere alla sua sinistra una massa impenetrabile di roccia e terra, ma nessun segno dell'amico. Alla sua destra il tunnel era ancora intatto.

C'è solo una via d'uscita ora.

Tentò di mettersi in piedi e subito sentì le vertigini. La sua vista si offuscò e dei puntini bianchi gli guizzarono davanti agli occhi. Cadde di nuovo a terra. Dopo qualche istante ci riprovò e si sentì meglio.

Ignacio si fece strada nel tunnel. Parlò ad alta voce. «*Hola.*» Ora riusciva appena a sentire la propria voce.

Ricordava vagamente di aver udito e sentito la forza di una seconda esplosione provenire dalla direzione in cui stava andando.

Il tunnel curvava di quarantacinque gradi attorno a una grande roccia. Dietro l'angolo, poté sentire l'aria fresca che gli accarezzava dolcemente il viso, e più avanti... *È una lama di luce quella?*

Non era lì quando aveva attraversato il tunnel mezz'ora prima. Si avvicinò.

Un enorme cumulo di terra e roccia bloccava il tunnel di fronte a lui, la seconda esplosione doveva averlo fatto cedere.

Ma qui, nel punto in cui il mucchio di detriti arrivava fino al tetto del tunnel, c'era un buco largo circa tre metri. Ignacio guardò in alto e vide distintamente un gruppo di pini e cespugli di rododendro.

Si arrampicò sul mucchio di terra e roccia, scivolando poiché i detriti cedevano sotto i suoi piedi, ma riuscì a raggiungere la cima. Facendo leva sui gomiti, si arrampicò e uscì.

Non c'era modo di andare a recuperare le altre tre casse di oro rimaste sottoterra. Lui e Diego le avevano trovate in un tunnel molto più grande, collegato allo stretto passaggio di emergenza, erano ancora sul decrepito pallet di legno su cui erano state sistemate nel dicembre del 1944.

Ma almeno erano riusciti a tirarne fuori una.

Ignacio si voltò, con l'idea di tornare alla cassa, poi vide qualcosa che lo spinse a buttarsi a terra.

A meno di cinquanta metri di distanza, al di là di un cespuglio di rododendro, c'erano i due americani, Johnson e Heppenstall. Stavano guardando dentro a un enorme cratere. Merda, merda, merda, si disse Ignacio.

La coppia parlava e gesticolava. Quindi Johnson girò la testa e indicò un paio di volte nella direzione di Ignacio. Stava chiaramente dicendo alla donna che dovevano andare da quella parte.

Dov'è la mia pistola? Con un'improvvisa ondata di panico, Ignacio si rese conto di averla lasciata nel tunnel.

Troppo tardi per tornare indietro.

Si alzò e, accovacciandosi, si allontanò da Johnson in direzione degli alberi. *Cosa fare?* Doveva salire in macchina e poi partire il più rapidamente possibile.

E Diego? Era sicuramente andato.

Al pensiero del compagno, Ignacio ebbe un unico istante di esitazione, Non appena fu sicuro di essere completamente fuori dalla vista degli americani si lanciò in una corsa militare dal ritmo costante. Strinse la tasca interna della giacca, dove qualcosa di pesante gli sbatteva contro le costole.

A ogni passo la testa gli vibrava dolorosamente, la sentiva pronta a esplodere, ma non si fermò. Sapeva cosa doveva fare.

Ignacio prese il telefono dalla tasca mentre correva e chiamò un numero di cellulare della Repubblica Ceca. La conversazione fu estremamente breve.

Quindici minuti dopo, Ignacio era nella Ford grigia e accelerava lungo la stretta strada che si allontanava da Sokolec, poi attraversò il piccolo tunnel a una corsia sotto la ferrovia.

Nell'uscire dall'altra parte evitò di pochissimo il furgone di un fornaio e si fermò all'incrocio con la strada principale di Ludwikowice Klodzkie. Ignacio prese il telefono e controllò rapidamente il navigatore.

Il cartello all'incrocio a T indicava a destra WALBRZYCH E BRESLAVIA, mentre un cartello più piccolo appena sotto, anch'esso rivolto verso destra, indicava AEROPORTO DI BRESLAVIA 81 KM.

«C'è stata un'altra esplosione tra gli alberi, subito dopo la prima» disse Johnson. Si allontanò dall'enorme cratere e indicò i pini alla loro destra.

«Laggiù. Dovremmo dare un'occhiata anche lì.»

Tra gli alberi, attorno a un grande cespuglio di rododendro, c'era un altro buco, più piccolo del primo ma simile.

Fiona rimase a bocca aperta. «Dovevano esserci state due trappole esplosive, allora. Di sicuro era ben protetto. Sembra Fort Knox.» Poi si rese conto di ciò che aveva detto e aggiunse: «Battuta involontaria.»

Puntò l'obiettivo della macchina fotografica sul cratere nel terreno e scattò due fotografie. «Questo è tutto ciò che otterrò, dannazione... nessuna foto dell'oro e dei tunnel ora. Il mio capo mi mangerà a colazione dopo essere arrivato a piedi fino a qui.»

Johnson si avvicinò al bordo del cratere e scrutò all'interno. «Vieni. C'è un'apertura nel tunnel qui, dove il tetto ha ceduto. Si può entrare.»

Poi le vide.

«Svelta, Fiona, guarda, c'è una serie di impronte. Qualcuno si è arrampicato ed è sbucato fuori. Uno di loro deve essere uscito. Si possono chiaramente vedere le impronte sul terreno nel punto in cui si è arrampicato.»

Johnson si alzò e fece un giro intorno al buco. «Altre impronte in quella direzione.» Si addentrò tra gli alberi. «Vanno in questa direzione. Accidenti, scommetto che è uscito Ignacio. Me lo sento.»

Imprecò ad alta voce.

«Se c'è una sola serie di impronte, significa che uno è ancora là sotto» disse Fiona. «Vivo o morto.»

«Molto probabilmente è morto. Nessuno dei due avrebbe abbandonato l'altro.» Anche se riteneva Ignacio capace di tutto. Tale padre, tale figlio.

Tirò fuori un pacchetto di sigarette e un accendino e poi gli venne in mente di offrirne una a Fiona, che l'accettò. Johnson fece scattare l'accendino e con le mani a coppa accese prima la sigaretta di lei e poi la sua.

Aspirò profondamente. «Bene, dobbiamo tornare in hotel, in fretta. Se è stato Ignacio a salvarsi allora non tornerà. Andrà alla macchina. Il tunnel è andato. Quindi gli è rimasta una sola cosa da fare, ed è a Buenos Aires, non qui. Dobbiamo provare a fermarlo. Se a salvarsi è stato Diego di sicuro tenterà anche lui di tornare a casa.»

«Quindi lasciamo là sotto chiunque ci sia sepolto?» chiese Fiona.

Johnson fece una smorfia. «Non abbiamo il tempo o gli strumenti per scavare, Fiona. Dovranno occuparsene l'hotel e le autorità.»

Raddrizzò la schiena e iniziò a camminare nella direzione dalla quale erano venuti.

Poi si ricordò della cassa di lingotti, gettò la sigaretta a terra e si mise a correre. «Dai, veloce, muoviamoci. Prima dobbiamo nascondere quella cassa d'oro.»

La cassa era ancora dove gli argentini l'avevano lasciata, vicino all'ingresso delle fogne. Johnson la nascose bene, sotto a un cespuglio di rododendro e ci gettò sopra e intorno un po' di terra e di foglie per sicurezza, nella speranza che nessuno la vedesse. D'altro canto, non aveva davvero scelta. Dovevano sbrigarsi.

Ormai il sole si rifletteva sui ghiaccioli che pendevano dai rami degli alberi nella valle.

Quando tornarono in albergo, la Ford Focus grigia era già scomparsa. Johnson raccolse una pietra da terra e la scagliò nel lago.

La receptionist dell'hotel uscì nel parcheggio quando li vide. «Per poco non vi siete incrociati con uno degli argentini. Se n'è andato in macchina, forse cinque o dieci minuti fa. Ricoperto di fango e terra. Non so dove fosse stato.»

«Quale dei due?» chiese Johnson. «Quello biondo o quello moro?»

«Il biondo» rispose.

Johnson annuì. Come volevasi dimostrare. Si diresse verso la Škoda Octavia verde, poi gli venne in mente. Voltandosi verso la receptionist disse: «Chiami la polizia, dica che c'è un uomo bloccato sul pendio della collina laggiù, in un tunnel crollato. Lo troveranno. Dica che è urgente.»

Due minuti dopo Johnson e Fiona uscirono veloci dal parcheggio. «Adesso basta,» disse «non permetterò a quel delinquente di un argentino di farla franca. Troveremo il vecchio.»

44

Venerdì 2 dicembre 2011
Ludwikowice Klodzkie

Fiona si aggrappò alla maniglia della portiera quando all'incrocio Joe Johnson svoltando a destra diede gas, facendo sbandare leggermente la parte posteriore della macchina.

La Škoda verde si allontanava rapida da Ludwikowice Klodzkie in direzione di Breslavia. Johnson in qualche modo riusciva a tenere entrambe le mani sul volante e a tenere il telefono tra la spalla e l'orecchio sinistro; all'altro capo della linea sentiva squillare.

Alla fine Jayne rispose.

«Joe, dove diavolo sei? Cosa sta succedendo?»

«Jayne, non va affatto bene. Per fartela breve, Ignacio o il suo amico Diego hanno fatto saltare in aria il tunnel, quindi Ignacio non è riuscito a ottenere quello che cercava, ma è scomparso. Dobbiamo sapere dove si trova e se intende prendere un aereo per tornare a Buenos Aires. Probabilmente dall'aeroporto di Breslavia, facendo scalo a Londra forse, o Madrid o non so.

«Riesci a convincere qualcuno a fare controlli sui passeggeri?»

Jayne sospirò. «Ascolta, Joe, è complicato, mi è stato detto di farmi da parte...» La sua voce si spense.

«Come farti da parte? È urgente.»

«Lascia stare, non importa. Tira una brutta aria qui in ufficio. Ora non posso parlare.»

Poi cadde la linea.

'Di farmi da parte.' Di cosa stava parlando?

Trenta secondi dopo il suo telefono emise un *bip*, era arrivato un suo messaggio di testo.

Ci provo. C'è qualcuno che conosco in Francia, una donna con cui ho lavorato e che ora è all'Interpol a Lione. Non ti assicuro nulla. Situazione difficile qui. Francamente la cosa mi ha fatto incazzare. Non vedo l'ora di andarmene.

Johnson gemette. Gli venne in mente che forse qualcuno della CIA poteva aver parlato con Jayne e il suo capo. Tipico. *Robert Watson?*

Erano a solo un paio di chilometri di distanza dall'aeroporto di Breslavia quando gli squillò il telefono. Il numero di cellulare era inglese, ma Johnson non lo riconobbe.

Questa volta, fu Fiona a tenere il telefono mentre Johnson parlava.

«Pronto?»

«Joe, sono Jayne. Ti chiamo da un numero di cellulare privato. Meglio non rischiare usando quello di lavoro. Scusa per tutta questa segretezza, ma sappi che qualcuno sta facendo pressione. È davvero incredibile, ma mi ha chiamata il capo. Mi ha detto di aver ricevuto una chiamata dal tuo uomo preferito a Langley, Robert Watson.»

Johnson si sentì irrigidire. *Lo sapevo. Watto, che continua a muovere i fili.*

«Si fottesse» disse Johnson.

«Sì, lo so» disse Jayne. «Watson ha chiesto che non ti venga data assistenza e di assicurarci che non lo facciano nemmeno altre autorità britanniche.»

«Sa che mi hai già aiutato?»

«Non ne ho idea. È possibile. Ma a quanto pare si sta mettendo in contatto con Berlino per fare una richiesta simile. In realtà, non c'è niente di ufficiale o che. Anzi, è una richiesta informale, un favore chiesto come contropartita per un aiuto su un altro lavoro, ma ho pensato che dovessi sapere cosa sta succedendo e perché il mio raggio d'azione è limitato.»

Ma la buona notizia era, continuò Jayne, che questo non le aveva impedito di parlare in veste ufficiosa con il suo contatto dell'Interpol a Lione, che aveva lavorato rapidamente e aveva controllato le partenze dei voli da Breslavia.

Risultava un Ignacio Guzmann su un volo Lufthansa in partenza dall'aeroporto di Breslavia dopo poco meno di due ore, alle 11:30, per Francoforte, e una prenotazione su un volo a lungo raggio da Francoforte a San Paolo.

«San Paolo?» chiese Johnson. «Sei sicura? È strano. Perché diavolo dovrebbe andare in Brasile?»

«Non ne ho idea, ma sono sicura.»

Johnson fece un rapido calcolo. Probabilmente gli ci sarebbe voluta un'ora e un quarto per arrivare all'aeroporto di Breslavia mentre Ignacio, supponendo che il suo vantaggio di dieci minuti non aumentasse, sarebbe arrivato forse quaranta, quarantacinque minuti prima della partenza del volo. Non avrebbe avuto molto tempo, ma era un piccolo aeroporto quindi probabilmente gli sarebbe bastato per passare il controllo sicurezza e passaporti prima della chiusura del gate.

«Okay. Sembra sia la nostra occasione di incastrare il bastardo» disse Johnson. «Non potrà portare un'arma in aeroporto, anche se ne ha una, e una volta al terminal sarà in trappola. Quindi se riusciamo a convincere la polizia aeroportuale o la sicurezza a trattenerlo fino al nostro arrivo, possiamo arrestarlo. Una volta fatto subentrerà la polizia polacca.»

Jayne concordò sul fatto che fosse l'opzione migliore. «Parlerò con una persona che conosco all'ambasciata britannica a Varsavia e gli chiederò di fare da tramite con le autorità aeroportuali e la polizia di Breslavia. Avranno tutti i contatti che servono.»

«Ma ti è stato detto di non aiutarmi, no?»

«Si fottessero» disse Jayne. «Ci penseremo poi. Ora chiamo a Varsavia e ti aggiorno non appena si muove qualcosa.» Riattaccò.

Johnson bruciò un paio di semafori che erano appena diventati rossi e superò un camion, rientrando appena in tempo per evitare un furgone dei rifiuti che arrivava nell'altra direzione.

«Vediamo se riusciamo a raggiungere Ignacio» disse.

«Proviamoci» disse Fiona. «Guida una piccola Ford, potremmo riuscire ad arrivare prima di lui.»

Sebbene Johnson, a tratti, avesse spinto la Škoda fino ai 140 chilometri all'ora su una serie di tortuose strade di campagna, era anche stato bloccato da un lento trattore, impossibile da superare, per quelli che erano sembrati sette o otto interminabili minuti.

C'era stato un ulteriore rallentamento causato da una serie di semafori temporanei, installati per gestire i flussi di traffico attorno ad alcuni lavori stradali.

Johnson dubitava che, nel complesso, avessero recuperato terreno sull'argentino e, a causa del tempo perso con il trattore e i semafori, era del tutto possibile che Ignacio avesse aumentato il proprio vantaggio.

Quando quarantacinque minuti dopo Jayne richiamò, di Ignacio ancora nessuna traccia.

«Il mio contatto di Varsavia ha avvertito la polizia di frontiera aerea che è pronta a intervenire» disse Jayne con voce distorta e metallica dal telefono di Johnson, che Fiona aveva messo in vivavoce. «Gli è stata spiegata la situazione, così come al direttore generale e al capo della sicurezza dell'aeroporto.»

«Quindi, qual è il piano?» chiese Fiona.

«Okay, ecco come andrà» disse Jayne. «Quando Ignacio farà il check-in al banco Lufthansa darà alla hostess il passaporto per il controllo, che se lo terrà per via di un misterioso problema tecnico del computer o una qualche scusa di questo tipo. Ci saranno due poliziotti armati nelle vicinanze per qualsiasi evenienza. Non appena arriverai, quelli del check-in porteranno Ignacio in una stanza lì accanto, dicendogli che prima di potergli confermare il posto devono risolvere un problema. Se opporrà resistenza, interverrà la polizia. Una volta che sarà nella stanza tu potrai fare la tua parte. Il direttore generale ti aspetterà al banco informazioni, vicino ai banchi del check-in. A quel punto spero che riusciremo a trovare un accordo perché la polizia possa aiutarti ulteriormente.»

«Okay, benissimo» disse Johnson. «Mi sembra perfetto. Sei una grande, Jayne. Immagino che la polizia polacca abbia comunque motivi per trattenerlo, dato che ha tentato di rimuovere e rubare oro che non gli appartiene. Possiamo occuparci del resto una volta lì.»

Poco dopo le undici e cinque, un po' più tardi di quanto avesse sperato, Johnson inchiodò e si fermò nella zona di scarico dei passeggeri di fronte al terminal. Accese le quattro frecce della Škoda e con Fiona entrarono all'interno attraverso le porte a vetri.

Dritto di fronte a loro c'era il punto informazioni, accanto al quale un uomo dai capelli argentei in abito scuro e cravatta rossa era in piedi, un po' agitato e accompagnato da due poliziotti armati. Erano chiaramente il direttore generale e gli agenti incaricati di fermare Ignacio.

Si avvicinarono e Johnson presentò sé stesso e Fiona.

L'uomo dai capelli argentei annuì in segno di intesa. «Sono Wojtek Geremek» disse, con un accento inglese. «Sono stato informato della situazione. Piacere di conoscervi.»

Johnson non aveva tempo per i convenevoli.

«Dov'è il nostro uomo, Guzmann?» chiese Johnson, fissando il banco del check-in, dove c'era una breve fila con alcuni uomini d'affari in giacca e cravatta, due coppie anziane con grandi valigie e un giovane con una custodia per chitarra.

«Non è ancora arrivato» disse Wojtek. «Ha prenotato sul volo Lufthansa per Francoforte, non c'è alcun dubbio, ma non ha fatto il check-in.» Diede un'occhiata all'orologio, quindi al banco del check-in alla sua sinistra.

«Non ha fatto il check-in? Ma sarebbe dovuto arrivare prima di noi. Aveva forse una decina di minuti di vantaggio, che dovrebbero essere aumentati per strada perché siamo stati trattenuti un paio di volte» disse Johnson.

«Sì, ma non è qui» rispose Geremek. «Il gate si chiude tra cinque minuti. Non farà sicuramente in tempo.»

«Allora dove diamine è?» disse Johnson, alzando la voce.

Geremek si strinse nelle spalle e si mise le mani in tasca. «Non lo so. Alla sicurezza è stato detto di fare attenzione alla sua automobile, che mi è stato detto essere una Ford grigia con targhe britanniche, ma non è stata vista né arrivare nella zona di scarico dei passeggeri né nei parcheggi.»

«Potrebbe essere entrato in un altro modo?» chiese Fiona.

«Impossibile» disse Geremek. «In ogni caso, abbiamo una sua fotografia, che ci è stata fornita dall'ambasciata britannica a Varsavia, e nessuno che corrisponda alla descrizione è stato visto nel terminal o sul sito dell'aeroporto. Abbiamo guardato i monitor della televisione a circuito chiuso come falchi.»

45

Venerdì 2 dicembre 2011
Ludwikowice Klodzki

Ignacio, una volta finito di controllare il navigatore all'incrocio a T a Ludwikowice Klodzkie, ignorò i cartelli che indicavano l'aeroporto di Breslavia.

Invece, girò bruscamente a sinistra e, con un cigolio di pneumatici, lasciò la frizione e accelerò, allontanandosi dall'incrocio a T.

La sua destinazione si trovava a soli venticinque chilometri nella direzione opposta.

Da lì a poco fu in viaggio in direzione sudest e superò scuole, case in rovina e negozi correndo a quasi il doppio del limite legale.

Svoltò bruscamente a destra, dirigendosi a sud verso Nowa Ruda, quindi verso Sarny e a Tlumaczow, oltrepassò la dogana sul vecchio confine prima di sfrecciare davanti a un cartello blu con scritto ČESKÁ REPUBLIKA.

Neppure adesso, attraversato il confine con la Repubblica Ceca, Ignacio si concesse un sorriso. Giunto al villaggio di Otovice si fermò accanto a una chiesa grigia intonacata a pinocchino con un campanile in mattoni rossi e un monumento ai caduti del 1939-1945.

Compose lo stesso numero che aveva chiamato mentre scappava dal tunnel crollato. All'altro capo la risposta fu quasi immediata e tirò un sospiro di sollievo.

«Pronto, Ignacio?»

«*Sí*, Alfonso, *que tal*? Tra cinque minuti sono lì, okay?»

«Va bene, sto facendo il giro della pista, atterro tra due minuti. Sarà un'operazione di carico e scarico rapida, quindi tieniti pronto. *Hasta pronto*.»

Ignacio ingranò di nuovo la marcia e si affrettò, lasciando dietro di sé una raffica di ghiaia che colpì il monumento ai caduti.

Mentre arrivava a destinazione, vide un piccolo aereo turboelica bimotore volare sopra di lui. Si inclinò bruscamente a destra e poi discese rapidamente, scomparendo dietro alcuni edifici.

Ignacio entrò nel villaggio di Martínkovice, poi svoltò a destra a un incrocio, accanto a un bell'edificio scolastico bianco dietro una recinzione metallica decorativa.

Si precipitò lungo una stradina di campagna fiancheggiata da alberi spogli finché non vide ciò che stava cercando.

C'erano un paio di maniche a vento sfilacciate che si gonfiavano nel vento, un capannone di lamiere di acciaio ondulate, alcuni vecchi edifici dietro un cancello di ferro battuto rosa arrugginito e una recinzione di metallo, una torre di controllo a due piani con alcune antenne radio e un piccolo radar sul tetto.

Oltre gli edifici c'era una pista di atterraggio sull'erba. Su uno degli edifici, un cartello sbiadito parzialmente oscurato da un albero indicava AEROPORTO DI BROUMOV.

Aeroporto? Sembrava più un capannone industriale abbandonato del Barrio 31.

Sull'erba, l'aereo stava già rullando verso la torre di controllo. Le sue ali oscillarono leggermente mentre rimbalzava sul campo.

Ignacio entrò dal cancello e accelerò in direzione del piccolo parcheggio asfaltato a sinistra della torre di controllo.

Quindi saltò fuori dalla Ford, afferrò lo zaino e corse sull'erba verso l'aereo, un Cessna 340.

In quel momento due uomini uscirono dalla torre di controllo e corsero verso di lui, urlando e agitando le braccia indicandogli chiaramente di fermarsi.

Il pilota aveva già aperto il portellone posteriore del sei posti e Ignacio salì rapidamente sull'aereo. Non appena la porta si chiuse, Alfonso spinse la cloche in avanti. Il Cessna accelerò in direzione della pista d'erba. I due uomini li stavano ancora inseguendo, agitando i pugni. Poi si arresero. Ignacio vide uno dei due gettare le mani per aria, frustrato.

Ignacio si andò a sedere al posto del copilota e si mise la cintura. Nel giro di un minuto, l'aereo era decollato e volava basso sopra

Martínkovice, dove virò a destra e si diresse a ovest a un'altitudine di non più di cinquecento piedi.

«*Todo bien*?» disse infine il pilota, Alfonso.

«*Sí, no hay problema*. Almeno, non per il momento. Grazie per essere arrivato in tempo, *amigo*. Dunque, il nostro percorso è chiaro?»

«Sì, è chiaro. Percorreremo probabilmente circa 650 chilometri, quindi più o meno due ore e mezza con questo gioiellino. Va forte. Possiamo tenere una velocità di crociera di trecento all'ora. Devo solo volare a bassa quota, così da evitare i radar, perlopiù.»

«*Perfecto*.»

Ignacio era certo che le probabilità che Johnson riuscisse a seguirlo erano basse. In realtà sperava che l'investigatore si fosse fatto sviare dalla falsa pista che aveva lasciato prenotando un volo da Breslavia a San Paolo con scalo a Francoforte con il suo vero nome.

Inoltre, gli fece comodo il piano del pilota di volare basso. In questo modo, il suo cellulare avrebbe continuato a funzionare, il che era importante, perché doveva fare una chiamata.

Ignacio compose un numero di Buenos Aires.

«Luis? *Hola*. Sì, sono Ignacio. Ascolta, al tunnel è successo un casino. Quell'idiota di Diego ha fatto scattare una trappola esplosiva che ha fatto saltare il tunnel e anche lui. Non abbiamo nulla, niente oro.»

Ignacio ascoltò mentre Luis tentava di fargli le sue condoglianze, poi lo interruppe.

«Sto tornando. Ho bisogno che tu faccia una cosa per me. Devi rintracciare il mio vecchio. Voglio conoscere tutti i suoi movimenti. Non perderlo di vista. Ma sii discreto, capito? *Vale, muchas gracias*...»

Terminata la chiamata, Ignacio infilò la mano nella tasca interna della giacca e tirò fuori un oggetto rettangolare, lungo quasi dieci centimetri e largo circa quattro e mezzo, di colore giallo-marrone, con un'aquila e una svastica sul davanti e le parole *Deutsche Reichsbank*.

Sotto c'erano altre scritte: 1 *kilo Feingold, 999,9*, seguito da un numero di sei cifre preceduto dalle lettere DR.

Ignacio lo baciò.

Un unico lingotto d'oro da un chilo, lucente e brillante, del valore, calcolò, di circa 50.000 dollari.

Non proprio quello che aveva sperato, ma molto meglio di niente.

Lo mise con cura nello zaino e tirò fuori un piccolo pacchetto di carta marrone.

Scartandolo con cura, rimosse un piccolo libretto rosso.

La copertina era splendente. Su di esso erano stampate diverse parole con lettere d'oro:

Europäische Union
Bundesrepublik Deutschland
Reisepass

Aprì il passaporto e sorrise a fior di labbra. All'interno c'era una sua foto e accanto il nome del titolare: Franzes Konigen.

Parte quarta

46

Venerdì 2 dicembre 2011
Aeroporto di Breslavia

Fu solo quando il trattore aeroportuale iniziò a trainare il Boeing 737 della Lufthansa, allontanandolo dal gate del terminal e portandolo sulla pista di rullaggio, che Johnson si arrese.

Si rivolse a Fiona. «Sembra che il bastardo ci abbia dato il benservito. Bel trucchetto. Andrebbe quasi ammirato.»

«Pensi che Jayne possa controllare in altri aeroporti?» chiese Fiona.

Johnson fece spallucce, ma fece una chiamata criptata al cellulare di Jayne e le spiegò cosa era successo.

«Forse era un diversivo» disse Johnson. «Sapeva che avremmo controllato. La tua amica dell'Interpol a Lione può fare un altro controllo su Guzmann in altri aeroporti e compagnie aeree? Forse ha fatto un'altra strada. Per cominciare, si potrebbe provare con gli aeroporti in un raggio di centocinquanta chilometri da Ludwikowice Klodzkie.»

«Mi sembri molto abbattuto» disse Jayne.

«Sì, maledizione» disse Johnson. «Quello stronzo ci è sfuggito. Abbiamo perso tanto di quel tempo prezioso venendo qua, quando saremmo dovuti andare direttamente a Buenos Aires.»

Lanciò un'occhiata a Fiona, che si voltò imbarazzata, poi continuò: «Non siamo riusciti a mettere le mani su Ignacio e Brenner ha avuto tutto il tempo di sparire. È probabile che li abbiamo persi entrambi.»

Venti minuti dopo, Jayne richiamò.

Aveva richiesto un controllo sul nome Guzmann e anche su eventuali anomalie, come discrepanze tra i dati sul passaporto e i nomi dei passeggeri, riguardanti chiunque avesse prenotato un volo dagli aeroporti in un raggio di 150 chilometri. Per il momento non avevano trovato niente.

«In questo momento la mia amica all'Interpol sta ampliando la ricerca a tutti i voli in partenza dagli aeroporti internazionali europei per Buenos Aires, entro un'ora circa mi farà sapere» disse Jayne. «Il fatto è che non è un'indagine ufficiale, solo un'amica che mi sta facendo un favore, quindi deve tenere il profilo basso.»

Johnson si mordicchiò delicatamente l'interno della guancia. «Mmm, be', Ignacio non avrà di certo guidato per più di centocinquanta chilometri. Guida una Ford, non una Ferrari. Sembra abbia un altro piano. Forse viaggia con un altro passaporto, un nome diverso.»

Ringraziò Jayne e riattaccò.

Johnson si guardò intorno nel terminal delle partenze di Breslavia. «Fiona, vedi se riesci a trovare due posti sul prossimo volo disponibile per Buenos Aires, mentre io cerco di studiare le nostre prossime mosse?»

Si mise a riflettere sui vari problemi che doveva affrontare.

Oltre a Brenner, c'era Watson. Se il veterano della CIA stava adottando misure indirette, come chiedere ad altre agenzie di intelligence in Europa di assicurarsi che lui non ricevesse assistenza, allora era logico supporre che avrebbe probabilmente incaricato uno dei suoi agenti della CIA in Argentina di esfiltrare Brenner.

Mentre Fiona si dirigeva verso la biglietteria della Lufthansa, lui scrisse un sms.

> Jayne, noi dobbiamo andare in Argentina, e lì avrò bisogno di aiuto. Ho bisogno di qualcuno che conosca bene la regione, che parli spagnolo e che possa darmi una mano. Immagino che ormai avrai finito il rapporto sulle Olimpiadi. Se sei molto incazzata e vuoi una nuova sfida sali sul prossimo volo. In caso contrario, conosci altre risorse che potrebbero essere in grado di aiutarci? Fammi sapere che ne pensi.
> Joe

Johnson inviò il messaggio al numero di cellulare di Jayne, poi guardò Fiona, che stava in piedi in fondo a una lunga fila al desk della Lufthansa. Dubitava che sarebbe stata felice, visto quanto era possessiva riguardo a questa storia, ma avevano bisogno di supporto.

***

Great Falls Park, Washington D.C.

Robert Watson aveva guidato dagli uffici della CIA a Langley fino al Great Falls Park, lungo le rive del fiume Potomac. Era uno dei molti luoghi che visitava di tanto in tanto quando aveva bisogno di un po' di tempo per pensare o per effettuare chiamate senza la minaccia della sorveglianza di Langley.

Mentre zoppicava verso una panchina al lato di un sentiero, ben lontano da tutti i cespugli in cui qualcuno avrebbe potuto nascondersi per spiarlo, appoggiò il telefono all'orecchio, fingendo una chiamata come copertura per fare un giro completo, mentre controllava attentamente l'area. Non aveva motivo di pensare di essere stato pedinato, ma la prudenza non è mai troppa.

Watson lasciò cadere la borsa che conteneva il fascicolo CIA di VANDAL sulla panchina e si sedette. Non avrebbe corso il rischio di lasciarlo nella sua auto, in particolare dopo aver scoperto che qualcun altro in Agenzia lo aveva letto poche ore prima che lo recuperasse.

Incurvò le spalle già tese, prese il telefono crittografato dalla tasca e compose un numero. Il piano che stava per esporre era un azzardo, ma sentiva di non avere altra scelta.

«Moshe, sono Robert» disse quando sentì rispondere.

Ci fu un attimo di silenzio all'altro capo del filo prima che Moshe Peretz, seduto a più di novemila chilometri di distanza, a Tel Aviv, dicesse qualcosa.

«*Shalom*, Robert. Ci sono novità?» chiese il capo dell'intelligence del Mossad. «E cos'è quel rumore in sottofondo?»

«È acqua. Un fiume. Vengo qui quando ho bisogno di pensare. Dobbiamo decidere cosa fare. Ci sono stati degli sviluppi qui.»

«E cioè?» chiese Peretz.

«A parte Joe Johnson, VANDAL è nel mirino di qualcun altro.»

«Dimmi» disse Peretz.

«Suo figlio. Con l'unica differenza che lo vuole morto e non in tribunale, secondo le mie fonti. Potrebbe farlo lui stesso, tra l'altro; è un ex militare e un delinquente, ha una lunga lista di precedenti penali. Non si è mai interessato agli affari del padre se non di recente... non sapeva nulla. Ma ora lo ha scoperto e ha cercato l'oro, mi dicono i miei contatti a Londra. Ieri da Londra è andato in macchina fino in Polonia con un altro della sua banda.»

Watson si passò una mano tra i capelli bianchi e guardò le calme acque del fiume a monte alla sua sinistra, e poi il bianco vortice di schiuma di una cascata appena sotto il suo punto di osservazione.

«Dunque?» chiese Peretz.

«Be', ho riflettuto un po' da quando abbiamo parlato l'ultima volta. Entrambi abbiamo molto da perdere se il vecchio viene trascinato in tribunale da Johnson e inizia a parlare sotto pressione. Davvero tanto. Dobbiamo proteggerci.»

Watson mise la mano sulla borsa contenente il fascicolo CIA di VANDAL.

Peretz sbuffò. «Se accadesse la stampa ci andrebbe a nozze, sia per il coinvolgimento della CIA sia del Mossad. Ma, come ti ho già detto, qui ai piani alti potrebbero ritenere opportuno, se il finanziamento si fosse esaurito, intraprendere azioni alternative in merito a Brenner. Ma tu cosa proponi? Vuoi che parli con il direttore e che coinvolga Kidon?»

«No, no, non ancora» rispose Watson. Chiamare in questa fase la discutibile unità assassina del Mossad avrebbe complicato inutilmente le cose.

«Penso che dovremmo lasciare che il figlio e Johnson se la vedano tra loro» disse Watson. «Per noi è l'opzione più semplice e più a basso rischio. Scommetto che il figlio arriverà a VANDAL prima di lui. Ed eliminerà anche Johnson, mi ci gioco tutto. Come ti ho detto, conosco Johnson da molto tempo. È un ex agente della CIA; L'ho licenziato. Non ha la stoffa: dubito che sarà capace di molto quando arriverà il momento, ma non voglio rischiare inutilmente.»

«Quindi lasciamo che il figlio faccia il lavoro sporco per noi?» chiese Peretz.

Watson spostò il telefono sull'altro orecchio, si guardò attorno, poi continuò: «Esatto. E se riesce a neutralizzare anche Johnson, abbiano risolto anche il secondo problema.»

Watson alzò gli occhi al cielo e attese.

Ci fu silenzio dall'altra parte della linea.

«Okay» disse Peretz alla fine. «Procediamo così, almeno per ora. C'è ovviamente un rischio, però. Se il figlio non farà quello che ti aspetti, toccherà a noi agire rapidamente su Johnson. Posso dare disposizioni qui se tu non puoi. Non voglio assolutamente che finisca in tribunale.»

«Okay, d'accordo.» disse Watson. «Neanche io.»

«Allora, come farai ad assicurarti che il figlio arrivi prima?»

«Sto facendo mettere VANDAL sotto sorveglianza» rispose Watson. «Ho una risorsa a Buenos Aires. Ci penserà lui.»

Riattaccò, quindi compose subito un altro numero a Miami.

«Simon, sono Robert» disse quando sentì rispondere. «Ho alcune buone notizie. Ho fatto progressi riguardo a VANDAL. Tel Aviv per ora non si muoverà, il che ci dà un po' di respiro per metterlo fuori pericolo.»

Fece una pausa. «Fai partire la richiesta di passaporto per VANDAL il più presto possibile e consegnaglielo. Dobbiamo anche fare in modo che il viaggio di Johnson verso Buenos Aires, dove è inevitabilmente diretto ora, subisca ritardi. Fai in modo che la tua squadra gli impedisca di usare voli diretti, costringilo a fare un percorso tortuoso o qualcosa del genere. E una volta arrivato lì assicurati che venga trattenuto in aeroporto. Fallo. Grazie.»

«Me ne occupo io. Restiamo in contatto» rispose Simon.

Watson riattaccò, si sedette sulla panchina e imprecò. Avrebbe decisamente dovuto fare un piano in anticipo per questo tipo di eventualità. Un periodo così lungo senza alcuna minaccia evidente per VANDAL aveva creato una generale situazione di autocompiacimento. Decisamente poco professionale.

Tuttavia, con un po' di fortuna, sarebbe riuscito a esfiltrare VANDAL dall'Argentina in sicurezza senza che nessuno lo facesse fuori. Sarebbe stata una vittoria.

Londra

Jayne si sedette e fissò il messaggio di testo di Johnson per diversi minuti.

'Ho bisogno di qualcuno che conosca bene la regione, parli spagnolo e possa darmi una mano... Se sei molto incazzata e vuoi una nuova sfida, sali sul prossimo volo.'

Incazzata era incazzata... e di sicuro aveva bisogno di una nuova sfida.

Ed era vero che aveva completato il rapporto di sicurezza sulle Olimpiadi, che era in attesa nella casella di posta del suo capo.

Dopo quasi trent'anni al SIS, l'organizzazione del suo ritiro nel corso dei mesi successivi era ormai abbastanza avanzata. Detto questo, non voleva che la modalità fosse il licenziamento, e prendere parte a un'operazione non ufficiale in Argentina avrebbe quasi sicuramente avuto conseguenze di proporzioni epiche se a Vauxhall Cross fossero venuti a saperlo.

Jayne valutò le opzioni che aveva a disposizione.

Avrebbe sicuramente potuto essere d'aiuto a Johnson, su questo non c'erano dubbi. Aveva ancora diversi contatti di alto livello in Argentina con i quali aveva intrattenuto rapporti nel corso del suo incarico alla stazione di Buenos Aires dal 1996 al 2000. Tra questi c'erano un paio di agenti nella polizia e nell'esercito, che aveva gestito e che le avevano fornito un flusso costante di informazioni su tutto, dalle mine navali alla sicurezza interna, fino alle nascenti capacità nucleari argentine. Era stato un buon periodo per lei, professionalmente.

Ovviamente, se il piano di Joe per catturare Brenner fosse andato a buon fine, sarebbe stato di profilo estremamente elevato e avrebbe innescato una copertura mediatica da un capo all'altro del mondo.

Ma sarebbe stato possibile per lei rimanere nell'ombra? Se si trattava semplicemente di dargli un po' di supporto e, nella speranza che tutto andasse per il verso giusto, aiutarlo a raggiungere una conclusione positiva, lei avrebbe potuto sparire subito dopo e lasciare Joe a occuparsi delle conseguenze.

Il problema era se fosse andato tutto a puttane. Ma quella era un'altra storia.

Jayne era nel suo ufficio nel quartier generale del SIS a Vauxhall Cross e guardava dalla finestra bagnata di pioggia al di là della grigia distesa del Tamigi. Alcuni autobus rossi di Londra stavano facendo la fila sulla struttura in acciaio e granito del Vauxhall Bridge.

Mancavano poco più di tre settimane a Natale, ma sapeva che non ci sarebbe stato nessuno con cui prepararsi, impacchettare i regali o festeggiare. Quindi perché non andarsene invece e fare qualcosa di diverso, stimolante e interessante? E farlo con qualcuno per il quale provava ancora molto affetto e rispetto.

Aveva deciso.

Uscì dal suo ufficio e percorse il corridoio fino a raggiungere quello di Mark Nicklin-Donovan, quindi bussò piano alla porta, che era semiaperta.

Il capo del Controllerate del Regno Unito alzò gli occhi dalla scrivania, che era coperta da documenti e rapporti. Jane riconobbe la copertina di quello di fronte a lui: era il suo tomo sulla sicurezza delle Olimpiadi. Mark aveva una penna rossa in mano e le sorrise mentre entrava. Era sempre un buon segno.

«Jayne, ho appena iniziato il rapporto. A prima vista sembra buono. Bel lavoro. Cosa posso fare per te?»

«Mark, mi dispiace per il breve preavviso» disse Jayne «ma per quest'anno ho ancora due settimane di ferie e, a dire il vero, lavorare al rapporto mi ha sfinita. Me ne sono resa conto stamattina. Ti dispiace se mi prendo dieci giorni, a partire da domani? Potrei andarmene per qualche giorno al sole da qualche parte.»

Mark inarcò le sopracciglia, come Jayne si aspettava che avrebbe fatto. Normalmente chiedeva i congedi con mesi di anticipo.

Si fermò, poi fece spallucce. «Va bene. L'importante è che per il 15 tu sia qui, perché dovremo iniziare a rivedere il rapporto. Hai già in mente dove andare?»

«Non so. Vedrò cosa c'è disponibile.»

Lui annuì. «Bene.»

Jayne lo ringraziò e tornò nel suo ufficio, si sentiva leggera.

Si mise il cappotto, gettò alcuni oggetti nella borsa e si diresse verso gli ascensori, mentre mentalmente elaborava un piano. Forse avrebbe avuto senso viaggiare usando un'identità falsa, una l'aveva accuratamente creata prima del periodo di lavoro in Argentina e in alcune occasioni la usava ancora.

Venti minuti dopo essere tornata a casa, Carolina Blanco, una cittadina britannica nata a Buenos Aires da genitori britannici il 10 gennaio 1962, aveva prenotato un volo diretto della British Airways per la capitale argentina, con partenza alle 22:25 di quella stessa sera.

Quindi Jayne cominciò a fare un elenco mentale di cose di cui avrebbero avuto bisogno lei e Johnson. L'auto poteva noleggiarla all'aeroporto. Il resto lo aveva già, a parte una pistola e le munizioni. Ma chi avrebbe potuto chiamare per procurarsele?

L'unico possibile candidato a Buenos Aires – sorrise al pensiero – era un ufficiale di polizia, ora molto più anziano anche se quando lo aveva reclutato come agente nel corso del suo secondo anno in Argentina, non aveva ancora fatto carriera. Carlos Campos, attualmente capo della polizia federale, era una persona per la quale aveva un debole, sebbene non nel senso romantico. Si erano tenuti in contatto tramite sporadiche email, come cercava di fare con molti dei suoi ex agenti. Non poteva sapere quando avrebbe potuto averne bisogno.

Carlos scherzava sempre con lei sul numero di armi da fuoco – illegali, confiscate, perse o procurate in altro modo – nascoste al sicuro in un armadietto nel suo ufficio.

Jayne non fece mai troppe domande sulla loro provenienza, su cosa Carlos ci facesse o, del resto, su qualsiasi cosa avesse a che fare con il suo conto bancario ovviamente ben imbottito. Allo stesso modo, Carlos non aveva mai posto troppe domande su ciò che Jayne aveva intenzione di fare con le informazioni che le aveva passato, in particolare sulla corruzione di molti politici e leader militari argentini.

Era una relazione perfettamente simbiotica. Jayne supponeva che Carlos avesse rapporti simili con persone di ogni tipo sparse in tutto il paese, probabilmente criminali e non.

Prese il telefono e compose il numero di Carlos. «Carlos. *Que tal*?»

«Jayne! Mi fa piacere sentirti. Come stai?»

Si stupì nel sentire che sarebbe arrivata a Buenos Aires la mattina seguente e sembrò capire quando Jayne non fu in grado di spiegargli esattamente il perché. Jayne passò ai soliti convenevoli chiedendogli come stesse la sua famiglia, poi spiegò che sarebbe stata in città per un breve periodo per una questione privata e che aveva bisogno di un favore.

«Il tuo armadietto delle armi da fuoco. Gli serve una ripulita?» chiese.

Non fu sorpresa nel constatare che Carlos aveva una varietà di armi da offrirle. Si accordarono per due Beretta.

«Nient'altro?» chiese Carlos.

Jayne elencò un altro po' di cose, tra cui un binocolo e una piccola fotocamera con obiettivo zoom. Rimasero d'accordo che lo avrebbe contattato lei la mattina seguente, una volta arrivata a Buenos Aires, per indicargli un luogo di consegna.

Jayne fece una pausa prima di riagganciare. «Ah, ci sarebbe un'altra cosa.» Gli spiegò nel dettaglio di cosa avesse bisogno.

Infine Jayne inviò un messaggio di testo crittografato a Johnson.

Ho riflettuto sulla tua proposta e ho negoziato un congedo per i prossimi dieci giorni. 'Carolina Blanco' partirà per Buenos Aires stasera. Arrivo alle 8:15 di domani. Ci vediamo lì.

Francoforte, Germania

Il Cessna 340 aveva volato basso e a una velocità sostenuta, seguendo una rotta verso ovest a nord di Praga, poi in Germania, passando per Bayreuth e Würzburg.

Ora erano a sudest di Francoforte. Ignacio poteva vedere una serie di grossi jet commerciali, Boeing e Airbus, che giravano attorno al grande aeroporto internazionale alla sua destra e si preparavano all'atterraggio.

Ma il suo pilota, Alfonso, aveva in programma una destinazione diversa. Proseguì molto più a sud fino a quando non videro una pista di atterraggio molto più piccola.

L'aeroporto di Francoforte-Egelsbach, a circa dieci miglia a sud del fratello maggiore, non offriva servizi di linea e veniva invece utilizzato da una serie di aerei commerciali e privati, compresi business jet ed elicotteri, nonché scuole di volo.

Per Ignacio era in una posizione ideale; molto anonimo e ad appena una ventina di minuti di taxi dal terminal dell'aeroporto principale di Francoforte, dove più tardi avrebbe preso il volo Lufthansa per Buenos Aires, dove sarebbe arrivato la mattina seguente.

Stimò che avrebbe avuto tempo a sufficienza per farsi una doccia nella sala d'aspetto dell'aeroporto e per cambiarsi i vestiti sporchi prima del volo a lungo raggio.

Alfonso atterrò sulla pista di asfalto di 1.300 metri e rullò fino ad arrivare appena fuori da un hangar, dove fermò l'aereo.

«Eccoci qui, sani e salvi. Bisogna stare attenti con questo aeroporto. Negli ultimi anni ci sono stati un paio di brutti incidenti: aerei si sono schiantati in quella foresta da cui siamo venuti provenendo da est.» Alfonso sorrise. «Oggi però nessun problema.»

«Perfetto, *muchas gracias,* Alfonso. Alla prossima, se ci sarà una prossima volta.» Si strinsero la mano, poi Ignacio scese e si infilò su un'Audi nera che lo aspettava.

«Aeroporto di Francoforte, terminal uno, per favore, il più rapidamente possibile» disse all'autista in un tedesco passabile e, nel farlo, pensò che forse era l'unica cosa utile mai imparata dal padre.

Breslavia

Dopo una lunga attesa, Johnson e Fiona avevano scoperto che le opzioni di volo dall'aeroporto di Breslavia erano limitate.

Alla fine l'agente di vendita aveva comunicato loro che non sarebbero riusciti ad arrivare in tempo a Francoforte per il volo notturno della Lufthansa per Buenos Aires e, in ogni caso, il volo per Buenos Aires era al completo.

Invece furono costretti ad accontentarsi di un percorso tortuoso, che partendo da Francoforte e facendo scalo a San Paolo li avrebbe portati nella capitale argentina alle 10:20 del giorno seguente.

Ironia della sorte, era lo stesso percorso prenotato da Ignacio, che non si era presentato.

Johnson aveva appena finito di pagare quando gli arrivò il messaggio di testo di Jayne. Sbatté le palpebre e dovette leggerlo due volte. Non pensava che avrebbe accettato l'offerta, anche se aveva sperato lo facesse.

«Pare che avremo un bel supporto a Buenos Aires» disse.

«Di chi?» chiese Fiona.

«Jayne. Si è presa qualche giorno al lavoro. Ha trascorso quattro anni a Buenos Aires con il SIS, conosce il paese, probabilmente ha ancora dei buoni contatti. Arriverà un paio d'ore prima di noi.»

Con sua sorpresa, Fiona prese positivamente la notizia.

Rispose a Jayne.

Questa sì che è una buona notizia. Per favore, chiedi a Carolina di andare a casa di Brenner e di iniziare la sorveglianza. Noi la raggiungeremo.

Le inoltrò il messaggio di Vic con l'indirizzo di Brenner. Quindi, quasi per abitudine, Johnson controllò le email.

Ben, dell'HRSP, gli aveva risposto. Un controllo incrociato del fascicolo SS di Brenner mostrava che conteneva le copie delle comunicazioni che descrivevano l'azione disciplinare, la promozione e il trasferimento a Wüstegiersdorf.

Era uno sviluppo cruciale. I documenti inviati da Ignacio erano autentici. Sarebbero stati ammissibili come prove in tribunale, di questo Johnson era certo.

47

Sabato 3 dicembre 2011
Buenos Aires

Ignacio arrivò all'aeroporto internazionale Ministro Pistarini poco prima delle sette di mattina e si diresse verso la sua casa sgangherata nel Barrio 31; il suo viaggio con lo pseudonimo di Franzes Konigen era filato via senza intoppi.

Non fu molto sorpreso quando, una volta atterrato, ricevette un messaggio dalla sua ragazza, Lucia. Lo informava che lasciava la città per trasferirsi a Rosario.

Prima di partire, mosso più dalla speranza che da altro, le aveva inviato un messaggio per dire che sarebbe tornato a casa a breve. Ma non aveva ricevuto risposta. Aveva capito che molto probabilmente se n'era andata.

La mia vita può essere riassunta più o meno così, pensò.

Ignacio andò alla credenza della cucina, infilò la mano nel cassetto in basso e tirò fuori l'amica su cui poteva davvero contare, la sua Glock.

Controllò l'arma e la mise in uno zainetto insieme a dei caricatori.

Dopo aver fatto la doccia mise altri effetti personali a cui teneva in una borsa da viaggio. Una fotografia incorniciata dei suoi due figli, che non vedeva da più di nove mesi, la sua collezione di medaglie dell'esercito, una fiaschetta d'argento, il suo computer portatile, le carte di credito, un bomber in pelle e alcuni altri vestiti.

Questo era tutto. L'insieme dei suoi averi.

Quindi diede un colpetto sulla tasca interna della giacca che indossava, solo per rassicurarsi che ciò che conteneva fosse ancora lì.

Se il suo piano fosse andato come previsto, chissà quando sarebbe tornato. O se sarebbe mai tornato.

Buenos Aires

Jayne si sentiva molto meglio di quanto non si fosse aspettata, mentre intorno alle dieci e quindici imboccava via Ombú, la strada di lusso che formava un ovale nel quartiere Recoleta, con un fuoristrada grigio Toyota Hilux noleggiato. Sei ore di sonno sul volo notturno erano più di quanto normalmente riuscisse a dormire in aereo.

Tornare a Buenos Aires era quasi come tornare a casa. Ricordò di aver partecipato a una festa di un funzionario dell'ambasciata americana in una lussuosa villetta a schiera proprio a due passi da via Ombú nell'agosto 1996, solo poche settimane dopo il suo arrivo nella capitale argentina. Aveva bevuto e flirtato troppo e la mattina dopo se ne era pentita.

Parcheggiò sotto un albero sul lato opposto della strada, a una quarantina di metri da casa di Brenner.

Si sistemò in attesa, guardando attraverso i vetri oscurati della Hilux a doppia cabina che aveva noleggiato a nome di Carolina Blanco. Il direttore della compagnia di autonoleggio, proprio come il funzionario della dogana, aveva controllato il passaporto dalla copertina graffiata e malconcia, che gli conferiva maggiore autenticità, senza soffermarcisi troppo.

Jayne rimase colpita dallo stato della casa di Brenner, con la vernice scrostata e le persiane che pendevano dai cardini. Era decisamente la più squallida della strada.

Via Ombú era silenziosa. Di tanto in tanto un'auto si fermava vicino al marciapiede. I loro occupanti, per lo più vestiti casual ma chiaramente pieni di soldi, sembravano principalmente occupati a portare i bambini da qualche parte o a rientrare dallo shopping.

Jayne inviò un messaggio di testo in spagnolo a Carlos, dicendogli dove era parcheggiata per la consegna degli articoli che aveva richiesto il giorno precedente.

Ciao Carlos. Arrivata sana e salva. La strada è via Ombú. Sono seduta in una Hilux grigia, targata GVA 076. Impossibile non vedermi, dì solo a chi lo porta di essere discreto. Sto sorvegliando una casa. Jayne

***

Mezz'ora dopo, udì un leggero tocco sul finestrino. Un uomo in completo nero estrasse dalla tasca un tesserino di riconoscimento della polizia e, dopo aver guardato Jayne con espressione incredula, le porse un pacchetto marrone e scomparve.

Lo aprì. All'interno c'erano due Beretta e sei caricatori di riserva, insieme a una scatola di plastica nera delle dimensioni di un pacchetto di sigarette, con attaccati due grossi magneti circolari e un foglio di carta con alcune istruzioni.

Jayne si sedette al posto di guida e ridacchiò. Non era cambiato nulla in Argentina. In quel paese non contava *cosa* sapevi, ma *chi* conoscevi e come potevi corromperlo.

Poco dopo le undici, una vecchia Peugeot blu scuro parcheggiò con cura in un punto sull'altro lato della strada a una trentina di metri circa, vicino casa di Brenner.

Jayne guardò, con il gomito sinistro appoggiato al finestrino, il mento appoggiato al cavo della mano. Non uscì nessuno. Invece, vide l'autista aprire il finestrino per metà e poi un bianco ricciolo di fumo di sigaretta fluttuare fuori, per poi essere rapidamente spazzato via da una folata di vento. Dopo aver finito la sigaretta, Jayne notò che l'autista gettava il mozzicone per strada, per poi accenderne immediatamente un'altra.

Interessante. Stava chiaramente osservando in attesa di qualcuno.

Il telefono emise un *bip*, era arrivato un messaggio. Era Johnson, diceva che il volo aveva subito un ritardo di oltre tre quarti d'ora, ma che ora era atterrato. L'avrebbe raggiunta il più rapidamente possibile.

Poi alle undici e dieci una vecchia Mercedes nera si fermò davanti alla casa di Brenner e un vecchio dai capelli bianchi, chino e con in mano un bastone da passeggio, uscì dal cancello.

Deve essere Brenner. Jayne si sporse in avanti, curiosa di vedere che aspetto avesse. Salì, rigido, nei sedili posteriori della Mercedes, che poi si allontanò.

Immediatamente, il guidatore della Peugeot blu accese il motore e partì, seguendo la Mercedes a una distanza sufficiente a non farsi notare.

Jayne imprecò ad alta voce. Possibile che seguisse pure lui Brenner? Anche lei accese il motore e si avviò, tenendosi a debita distanza dalla Peugeot mentre cercava di tenere d'occhio dove si dirigeva la Mercedes.

L'auto nera proseguì sul lungo rettilineo Avenida Coronel Díaz, fino a un incrocio di cinque strade. Lì parcheggiò fuori dal Café Nostalgia, all'angolo. Brenner uscì dalla macchina ed entrò nel bar. Jayne sorrise. Un altro vecchio luogo di ritrovo: aveva incontrato diverse volte uno dei suoi agenti per un drink clandestino a tarda notte al Nostalgia.

Anche l'autista della Peugeot blu si era fermato e aveva parcheggiato dall'altra parte della strada, accanto a un'auto della polizia.

Jayne guidò dietro l'angolo e parcheggiò il fuoristrada dietro a un grosso camion delle consegne che veniva scaricato davanti a un negozio di frutta. Quindi prese gli oggetti che aveva acquistato all'aeroporto: un giornale, un pacchetto di sigarette e un accendino. Fumava raramente, ma aveva scoperto che sul campo, e specialmente in Argentina, dove molte persone fumavano, le sigarette erano uno strumento molto utile per rompere il ghiaccio con i contatti e come copertura quando si effettuava un pedinamento.

Entrò nel bar appena in tempo per vedere Brenner sedersi a un tavolo nell'angolo, di fronte a un uomo di mezza età con una giacca nera che sorseggiava un caffè.

L'uomo strinse la mano di Brenner e sembrò presentarsi. Brenner annuì, e poi Jayne vide l'uomo estrarre subito una grossa busta marrone da una valigetta e porgerla a Brenner, che la mise molto rapidamente nella tasca interna della giacca.

Jayne si sedette a un tavolo dalla parte opposta della sala rispetto a Brenner, aprì il giornale, accese una sigaretta e ordinò un latte macchiato in un ottimo spagnolo.

Quindi l'uomo con la giacca nera diede a Brenner un piccolo libretto blu scuro, che il vecchio cercò di riporre nella tasca interna della giacca insieme alla busta.

Tuttavia, nella fretta, mancò la tasca; il libretto scivolò tra la giacca e la camicia sul pavimento, dove rimase per alcuni istanti finché non si chinò a raccoglierlo.

Era evidente cosa fosse. Jayne ne aveva visti molti di libretti blu con lettere ramate in rilievo e uno stemma sul davanti. Era un passaporto cileno ed era chiaramente in ottime condizioni.

Brenner si guardò rapidamente intorno, ma ormai Jayne stava fingendo di controllare il telefono.

Le implicazioni di ciò che aveva visto erano chiare. Per un breve istante Jayne pensò di intervenire proprio lì e di arrestare da sola Brenner tenendolo sotto tiro; non poteva permettergli di lasciare il Paese con una nuova identità. Ma lo escluse subito: era un luogo pubblico, fuori c'era la polizia e avrebbe causato un incidente diplomatico di proporzioni non indifferenti. Doveva aspettare l'arrivo di Johnson ed elaborare un piano.

Dopo pochi minuti, Brenner se ne andò e fu riaccompagnato a casa, con l'uomo della Peugeot ancora alle calcagna. Jayne, prudente, si tenne a una distanza adeguata per evitare di farsi notare.

Di ritorno a via Ombú, parcheggiò più lontano da casa di Brenner rispetto a prima. Poi camminò finché non vide la Mercedes nera, che era parcheggiata a circa duecento metri dalla casa, sotto un albero.

Jayne si diresse verso la Mercedes. Poi, mentre si avvicinava alla berlina nera, lasciò che l'accendino che aveva in mano cadesse a terra per poi finire nella cunetta, proprio accanto alla macchina.

Si chinò per raccoglierlo. Nel farlo mise molto rapidamente la mano sotto la Mercedes. Si udì un forte rumore sordo.

Si tirò su veloce e sembrava controllare l'accendino. Quindi si accese una sigaretta e tornò alla Toyota.

48

Sabato 3 dicembre 2011
Washington D.C.

David Kudrow si versò un altro caffè. Era il terzo nell'arco di due ore e ora la quantità di caffeina che stava consumando iniziava a diventare controproducente.

Come se non bastasse, la notte precedente aveva dormito pochissimo. Era stato fino a mezzanotte a parlare con Philip e il suo avvocato per formulare una dichiarazione stampa, nel caso in cui il sito web *Inside Track* o un altro sito di notizie decidessero di pubblicare articoli sulle finanze della sua famiglia.

Aveva lavorato così duramente e così a lungo per la nomina repubblicana che il pensiero che finisse tutto per uno scandalo familiare era impossibile da concepire. Peggio ancora, e se si fosse scoperto un legame con la morte di Nathaniel?

Ora era seduto accanto al telefono, in vivavoce, con Philip sulla sedia davanti alla scrivania, in attesa che suo padre e suo zio si unissero a lui in una teleconferenza che aveva richiesto più di un giorno di organizzazione. Il padre era impegnato a occuparsi del fratello, che era ancora in ospedale dopo l'infarto.

Dal telefono in vivavoce provenne un *bip*. «Pronto David? Ci sei? Sono papà, da Londra.»

«Sì, papà, sono qui» rispose David. «C'è anche Philip e sa tutto, quindi parla liberamente. Avevo bisogno di aiuto per gestire questa situazione.»

«Buongiorno. Ascolterò e basta, signor Kudrow» disse Philip.

«Okay, molto bene» disse Daniel. «Sono con Jacob nella sua

stanza in ospedale. Non dovrebbe parlare con nessuno, ma ha insistito, quindi cosa potevo fare? La buona notizia è che sta bene e non deve operarsi. Scusate la voce un po' metallica, stiamo usando il mio cellulare in vivavoce.»

«Che bella notizia» disse David. «Sono contento che tu stia bene, Jacob. Non dovresti davvero preoccuparti di tutto ciò e fare teleconferenze. Il medico darebbe di matto se lo sapesse.»

Si girò sulla sedia. «Sentite, ci ho pensato bene. Il punto qui è che se questa storia viene fuori, che sia per mano di questa giornalista dell'*Inside Track*, di Heppenstall o di qualcun altro, allora dovrò ritirarmi dalla corsa alla nomina. È chiaro a tutti, ovviamente.»

David sentì Jacob tossire, quindi smise di parlare.

Poi Jacob parlò con un tono di voce più basso e più lentamente del solito. «Sì, David, guarda, lo sappiamo tutti. È difficile per me, ma ora la penso in modo diverso. Questo investigatore Johnson vuole inchiodare Brenner, giusto? Lo vuole in tribunale. So che non ti piacerà, ma per come la vedo ora, mi piacerebbe che accadesse.»

Jacob tossì di nuovo, poi continuò. «Okay, nel corso degli anni lo abbiamo fregato, ci siamo vendicati, abbiamo basato il nostro stile di vita su questa vicenda. Forse è colpa della vecchiaia, forse ci vuole un infarto o qualcosa di simile per farti vedere le cose in modo diverso, ma non si tratta solo di noi, non è così? Ci sono altre persone che vogliono che sia fatta giustizia. Per come la vedo io, Johnson e Heppenstall sono l'ultima possibilità di metterlo dietro le sbarre. Avevo un piano in cui sarebbe comunque successo. Se la mia fine è vicina, allora...» La sua voce si spense e tossì di nuovo.

David sentì crescere la rabbia. Guardò Philip, la cui espressione era di totale chiusura. *Mantieni la calma, rallenta. Il vecchio è in un letto d'ospedale.*

«Calma, zio. Dico solo che questo ragionamento va bene per la tua generazione. Vi siete fatti la vostra vita, avete vissuto il vostro sogno. Mentre io? Il mio sogno è la Casa Bianca. Mi stai dicendo che me ne priverai solo per mettere in prigione un misero novantenne? Se aveste voluto farlo, avreste dovuto farlo cinquant'anni fa. La verità è che eravate troppo avidi, e ora è troppo tardi. E non è giusto che questa tardiva ricerca di giustizia mi rovini la vita.»

David girò di nuovo sulla sedia. «Non so come Johnson e la giornalista ne siano venuti a conoscenza. Come hanno saputo dell'oro? Philip crede che ci sia stata una soffiata da qualche parte. Ci stiamo lavorando. Ma voi due a Londra avete peggiorato le cose. Perché mai gli avete dato tutte quelle informazioni? Gliel'avete servita su un piatto d'argento, a lui e alla giornalista.»

David si alzò e camminò per l'ufficio, il pugno destro contratto infilato nella tasca. Ci fu silenzio.

Poi dal vivavoce si sentì gracchiare nuovamente la voce di Jacob. «Dovresti pensarci bene però, David. Se arrivassi alla Casa Bianca a novembre, cosa succederebbe se poi venisse fuori tutto? A quel punto dimettersi sarebbe molto peggio.»

David scosse la testa. Avvertiva la tensione crescere in faccia e nel collo. Si fermò e fece alcuni respiri profondi, ricordandosi del consiglio dello psichiatra.

«Che ne pensi, papà?» Finora il padre non aveva detto una parola. *Tipico.*

La voce di Daniel sembrò distante, come se si fosse allontanato dal telefono. «Non dimenticare, Johnson ha anche salvato il nostro Oliver da una bruttissima situazione. Voglio dire, se non ci fosse più, come Nathaniel, come ci sentiremmo ora? Gli ci vorrà un po' per rimettersi.» Daniel fece una pausa e David sentì il torace sollevarsi e riabbassarsi alla menzione del fratello e del cugino.

«Ma riflettendo ad alta voce» continuò Daniel «c'è qualcosa che forse potremmo fare. Voglio dire, né Johnson né Heppenstall hanno rispettato la legge, no? Sono entrati nel magazzino, hanno aperto la cassaforte e rubato documenti. Potrei andare avanti. Voglio dire, cosa penserebbero i clienti di Johnson o l'editore di Heppenstall se sapessero tutto ciò o se ci fosse un'indagine di polizia? Qualcuno potrebbe fare qualche chiamata anonima e avvisare le persone giuste, se il corso degli eventi non dovesse andare nella giusta direzione. Capite che intendo? Potrebbe essere deleterio per le prospettive di carriera di entrambi. Vale la pena pensarci.»

Per la prima volta quella mattina, l'accenno di un sorriso attraversò il viso di David. Ma non durò a lungo. Sapeva come operavano i media.

«Il problema però è che, una volta che una storia inizia a trapelare, è come cercare di rimettere il dentifricio nel tubetto» disse David. «Se non la pubblicano, probabilmente lo farà qualcun altro.»

Si sedette e guardò Philip, poi continuò. «Heppenstall probabilmente farà una soffiata a una delle sue amiche del *Washington Post* o qualcosa del genere. Sai, una tranquilla chiacchierata davanti a un bicchiere di vino, un cenno e un occhiolino. A quel punto diventa virale. Il problema è che non possiamo negare, non è così? È questo il punto.»

Philip strinse le labbra e si strofinò il mento con l'indice e il pollice. Per la prima volta dall'inizio della chiamata, parlò. «Certo che possiamo negarlo. La verità è una cosa. Dimostrarla è un'altra. Hanno delle prove? Se non ne hanno, possiamo negare. Continuo a non capire come questa storia sia uscita fuori in primo luogo.»

Buenos Aires

Ignacio guidò la Renault Megane bianca su via Ombú fino a casa del padre, superando un fuoristrada Toyota Hilux grigio che si dirigeva nella direzione opposta.

Parcheggiò accanto al marciapiede davanti alla casa, afferrò il piccolo zaino e andò alla porta principale, che aprì con la chiave.

Ignacio si fermò un istante, una strana sensazione allo stomaco. Dopo anni di sofferenza per mano del padre sapeva che era giunto il momento di ribaltare la situazione.

Attraversò il corridoio ed entro nel soggiorno, dove Brenner sedeva sulla sua poltrona di pelle nera preferita.

Ignacio si fermò vicino alla porta e lo fissò. «Sono tornato.»

Brenner lo guardò per alcuni secondi prima di rispondere. «Vedo. Sei tornato prima di quanto mi aspettassi. Pensavo che saresti tornato la prossima settimana.»

«Ho pensato di sorprenderti e di tornare prima. Perché sei seduto lì con la giacca addosso?»

Il padre non rispose.

Ignacio si guardò attorno. Poi notò una piccola valigia accanto al divano. Sul tavolino c'era un nuovissimo passaporto cileno blu, un biglietto aereo e il telefono del padre.

Ignacio raccolse i tre oggetti e sfogliò il passaporto fino a quando non arrivò alla fotografia. «E questo che diavolo è? Hai intenzione di andare da qualche parte?» Si voltò di scatto verso il padre.

Esaminò il biglietto aereo. «Santiago, eh?» Ignacio raddrizzò la schiena e incrociò le braccia. «Vai in vacanza o in viaggio d'affari? Sembra che io sia arrivato appena in tempo. A questi ci penserò io.» Si intascò il passaporto, il biglietto e il telefono.

Brenner spalancò gli occhi. Per la prima volta nella sua vita, Ignacio vide un accenno di paura sul viso di suo padre. Fece una smorfia.

«Sai,» disse Ignacio «in Polonia devo aver ripercorso i tuoi passi – quelli che hai fatto durante la Seconda guerra mondiale – nei tunnel del complesso di Riese, dove lavoravi.»

Brenner si contorse sulla sedia, tamburellando con le dita sul bracciolo. «Che cosa sai al riguardo?» chiese.

«SS *Obersturmführer* Erich Brenner, che gestì i campi di concentramento ad Auschwitz e Gross-Rosen. Non sorprende che tu abbia sempre rifiutato di discutere del tuo passato con tuo figlio, vero?»

«Non so da dove hai ottenuto queste informazioni, ma è tutto falso» disse Brenner. «Lavoravo come apprendista gioielliere, non come ufficiale delle SS.»

Ignacio scosse la testa. «Ho visto i documenti. *Hauptsturmführer* Karl Beblo non fu molto contento quando quegli ebrei fuggirono dal treno, nel '44, non è vero? Non hai fatto una buona impressione sul tuo capo, non è così? E nemmeno su tuo figlio. Non credo tu mi abbia trattato in modo particolarmente diverso rispetto ad alcuni dei tuoi prigionieri.»

Un accenno di rassegnazione attraversò il viso di Brenner. La sua voce si alzò. «Hai rubato i miei documenti dalla soffitta. Non potevi scoprirlo in altro modo. Te ne pentirai.»

Ignacio ignorò la minaccia. «Tra poco arriva un mio amico» disse. «Lo conosci. Luis Castano, il mio vecchio collega dell'esercito.»

«Ricordo Luis» disse il vecchio. «Come mai viene qua?»

Ignacio fece una pausa. «Andremo a fare un piccolo giro in auto. E tu verrai con noi.»

Vide suo padre deglutire a fatica. «Vuoi che venga con voi per un piccolo giro in macchina? Quando?» chiese il vecchio.

«Ancora non lo so» disse Ignacio. «Probabilmente domani mattina. Devo fare qualche telefonata per predisporre alcune cose prima.»

«Di che si tratta, Ignacio?»

Ignacio fece un lieve sorriso ma non disse nulla.

Brenner strinse i lati della poltrona e guardò il figlio.

«Siediti su quella sedia di legno laggiù» disse Ignacio, indicando la grossa e pesante sedia di legno vicino alla porta.

Suo padre non si mosse.

«Ti ho detto di sederti lì» ripeté Ignacio, facendo un passo minaccioso verso Brenner.

Il vecchio si alzò lentamente e andò alla sedia, poi si sedette.

«Metti le mani lungo il lato, contro quei montanti di legno» disse Ignacio.

Dopo che suo padre ebbe obbedito, Ignacio prese del nastro adesivo e assicurò i polsi e le gambe di suo padre alla sedia. «Non voglio che tu vada da nessuna parte, e non voglio che tu metta le mani su nessuna delle armi che hai senza dubbio nascosto in casa da qualche parte. Non sarebbe un bene per nessuno dei due» disse Ignacio.

Lasciò suo padre e salì le scale. Nel farlo prese il telefono e digitò il numero di un suo buon amico dell'esercito, Manuel Lopez, che gestiva la propria compagnia di sicurezza nel nord dell'Argentina, la Lopez Seguridad.

«*Hola,* Manuel. Sono Ignacio.»

«Ne è passato di tempo. Come stai, *amigo*?»

«Tutto bene. Ascolta. Mi chiedevo se potevi mettermi a disposizione due delle tue guardie armate per un giorno o due, da domani. I tuoi uomini migliori. E potrei aver bisogno di aiuto per predisporre un altro paio di cose.»

Ignacio gli spiegò esattamente ciò di cui aveva bisogno.

Jayne rientro nella Hilux soddisfatta per quei pochi minuti di lavoro e tornò dall'altra parte di via Ombú, dove parcheggiò nello stesso punto in cui si era fermata prima di seguire Brenner al caffè.

Studiò la casa di Brenner. Fuori ora c'era una vecchia Renault Megane bianca.

Poi vide del movimento alla finestra del terzo piano, l'ultimo, nel sottotetto della casa. Vide qualcuno guardare fuori: era un uomo tarchiato e dai capelli biondi. Rimase lì per appena trenta secondi, ma Jayne era brava a ricordare i volti e il tempo le bastò per riconoscerlo dalla fotografia che il collega del SIS aveva ottenuto dalla registrazione del suo passaporto argentino.

Era Ignacio Guzmann, il figlio del vecchio. Pensò che la Megane bianca fosse sua: doveva essere arrivato ed entrato nei pochi minuti in cui lei si era occupata della Mercedes nera.

Jayne imprecò. Era una brutta notizia, dato che Ignacio rappresentava la principale minaccia ai piani di Johnson.

Chiaramente non poteva entrare in casa da sola. Invece, per un attimo fu tentata di chiamare di nuovo Carlos, ma poi ci ripensò; si sarebbe cacciata in un ginepraio.

Trova una soluzione, Jayne.

Non ebbe il tempo di pensare perché l'uomo nella Peugeot blu uscì rapidamente dall'auto e camminò fino alla porta di casa di Brenner e, con il cellulare all'orecchio sinistro e una grossa borsa nella mano destra, bussò.

Jayne si tirò su di scatto; sentì capovolgersi lo stomaco.

Ci fu una pausa. Quindi la porta si aprì e apparve l'inconfondibile figura di Ignacio. Strinse la mano dell'uomo, poi scomparvero all'interno.

Ciò che aveva attirato l'attenzione di Jayne era la borsa che l'uomo della Peugeot blu aveva nella mano destra.

A prima vista sembrava la valigetta di un uomo d'affari.

Ma le iniziali sul lato, UTG, furono rivelatrici.

Jayne ne aveva una simile sotto il letto a casa.

Era una grande custodia per pistola.

49

Sabato 3 dicembre 2011
Buenos Aires

Johnson e Fiona erano in uno degli onnipresenti taxi neri e gialli di Buenos Aires, percorrevano i trentacinque chilometri che separavano l'aeroporto internazionale Ministro Pistarini dalla città quando squillò il telefono. Era Jayne.

Prima che Johnson potesse parlare, intervenne Jayne. «Joe, spero che tu sia quasi arrivato.»

«Sì, siamo in taxi in questo momento. Ci vorranno altri venti minuti, credo. Che succede?»

«Sono parcheggiata in fondo alla strada di casa del vecchio Brenner. C'è suo figlio. L'ho appena visto aprire la porta e far entrare un uomo con una pistola.»

Johnson imprecò. Le sue spalle si irrigidirono, come se qualcuno gliele avesse bloccate.

«Okay. Non va bene. Direi di rimanere lì e di seguirli in caso si muovano prima del mio arrivo.»

Johnson già si sentiva sollevato di avere l'aiuto di Jayne per quel lavoro.

«Come fai a sapere che aveva una pistola?» le chiese, abbassando la voce. «E sei riuscita a procurarmene una?»

«Aveva una custodia» rispose Jayne. «Suppongo non fosse vuota. E sì, ho due Beretta.»

Diede a Johnson il numero di targa e la descrizione della Hilux noleggiata. «Quando arrivi, meglio se parcheggi dall'altra parte di via Ombú rispetto a casa di Brenner, poi vieni a piedi fino alla mia macchina. Non voglio che un taxi ti lasci in piena vista davanti alla casa. A fra poco.»

Johnson le disse di sì e riattaccò. Il telefono vibrò di nuovo quando gli arrivò un'email. Era di Clara da Berlino. Era contenta di aiutarlo, gli aveva scritto, proprio come aveva sempre fatto 'in altri modi' quando erano stati insieme da studenti.

> Giornate lunghe e spensierate con nient'altro da fare se non bere, parlare e @*%@#%#!!! Vorrei fossimo di nuovo lì.

Johnson sorrise e tenne il telefono fuori dal campo visivo di Fiona. Ma arrivando al punto, aveva scritto Clara, era stata alla *Deutsche Dienststelle* e la cartella clinica di Brenner era lì. Era stato ferito da frammenti di proiettile al ginocchio destro mentre combatteva con la Terza divisione Panzer SS Totenkopf vicino a Charkiv nel marzo del 1943 ed era rimasto in ospedale per sei settimane.

Il che spiegherebbe perché zoppica.

Dato l'interesse di Watson per Brenner, Johnson era estremamente sensibile a qualsiasi segnale di sorveglianza. Dava per scontato che Watson avesse informato qualcuno alla stazione CIA di Buenos Aires. Nel suo ottimo spagnolo, Johnson disse al tassista, che come molti dei suoi colleghi sembrava essere un tipo navigato, di fare attenzione a qualunque segno di pedinamento.

Il taxi, una Citroën, stava percorrendo l'autostrada Pablo Ricchieri verso la città quando Johnson notò l'autista che si aggiustava lo specchietto retrovisore con la mano destra.

È la terza volta che lo fa.

«Ci segue qualcuno?» chiese.

L'autista guardò di nuovo. «Non ne sono sicuro. C'era una grande Lexus che ha copiato più o meno tutto quello che ho fatto io da quando abbiamo lasciato l'aeroporto. Ora si sta tenendo a distanza.»

Johnson resistette alla tentazione di girarsi a guardare dal lunotto. «Okay, veda se riesce a seminarlo» rispose.

Allo svincolo successivo, il tassista approfittò dell'ultimo momento utile e girò bruscamente a destra sulla rampa uscendo dall'autostrada, superando le indicazioni per il mercato centrale.

Quindi si lanciò con la Citroën a destra, poi a sinistra, lungo un paio di strade laterali in una zona dall'aspetto malfamato, con palazzi di cemento che cadevano a pezzi e rifiuti disseminati ai lati.

Poi svoltò ancora a sinistra su una strada con diverse case costruite con blocchi di cemento lasciate a metà.

Il tassista accelerò molto. Dopo un paio di svolte era tornato sull'autostrada che avevano lasciato solo pochi minuti prima.

«Dovremmo essercene liberati» disse.

Dopo altri quindici minuti si fermarono su via Ombú. Johnson socchiuse gli occhi mentre guardava attraverso il parabrezza. C'era solo una Hilux grigia in vista, a circa settanta metri di fronte a loro. Pagò il tassista e gli diede una mancia, poi lui e Fiona scesero.

Fu lei a notare che se avessero usato la copertura offerta dalla curvatura naturale della strada, sommata ad alcuni grossi camion 4x4 parcheggiati, agli alberi ad alto fusto che crescevano sul marciapiede e ai cespugli in alcuni giardini, avrebbero potuto raggiungere la Hilux senza entrare nel campo visivo di chiunque si fosse affacciato da casa di Brenner.

Con grande sollievo di Jayne, pochi minuti dopo salirono sulla Hilux senza ulteriori complicazioni, Johnson davanti e Fiona dietro.

«Grazie a Dio. Iniziavo a temere di dovermela cavare da sola» disse Jayne. Indicò un punto sulla strada. «Quella è casa di Brenner, quella bianca malandata con le persiane nere. Credo che la Renault bianca sia l'auto del figlio. Sono certa che Brenner è ancora dentro.»

Johnson aprì il pacchetto di sigarette e ne accese una, inspirando profondamente mentre affondava di nuovo nel sedile e ascoltava Jayne fornire tutti i dettagli di ciò che era accaduto fino a quel momento.

«Se Brenner si è procurato un passaporto cileno nuovo è probabile che stesse cercando di scappare» disse Johnson. «Può darsi che Ignacio sia arrivato prima e glielo abbia impedito.»

Poi Jayne si alzò di scatto sul sedile e indicò un punto. Una grande Mercedes nera spuntò dall'altro lato dell'ovale e parcheggiò fuori dalla casa di Brenner, vicino alla Renault.

«Quella è la Mercedes di Brenner» disse Jayne. «L'ha usata per andare al caffè.»

Johnson aveva appena preso un'altra sigaretta dallo zaino. Prima che potesse accenderla, la porta nera della casa di Brenner si aprì e dal cancello di metallo che dava sul marciapiede spuntarono due uomini.

Davanti a tutti, con la schiena dritta ma dall'aspetto debole, c'era un vecchio con i capelli bianchi e un bastone con la punta d'argento. Zoppicava notevolmente.

Johnson si rese conto che stava trattenendo il respiro.

«Quello è Brenner» disse Jayne inutilmente.

Dietro Brenner c'era Ignacio. Un altro uomo dai capelli scuri saltò fuori dal sedile del conducente della Mercedes e si avvicinò a loro.

Ci fu una discussione. Sembrava che il vecchio venisse spinto dal figlio. Inciampò e quasi cadde, poi mentre proseguiva, Johnson riuscì a scorgere chiaramente il metallo di una pistola nella mano di Ignacio.

L'altro uomo balzò in avanti e afferrò Brenner per il cappotto, impedendogli di cadere.

Quando recuperò l'equilibrio, Brenner si girò e disse con rabbia qualcosa al figlio, agitando il bastone in aria. Vi fu un furioso scambio di parole, troppo lontano perché nella Hilux potessero sentire.

I due uomini spinsero Brenner nei sedili posteriori della Mercedes e Ignacio gli si mise accanto. L'altro uomo tornò di corsa in casa, prese un paio di borse, le gettò nel bagagliaio e salì al posto di guida.

Un attimo dopo la Mercedes nera si allontanò di corsa lungo via Ombú con uno stridio di pneumatici.

Jayne accese rapidamente il motore della Toyota, lasciò andare la frizione e la seguì. «Il circo è in movimento» disse, accendendo il navigatore satellitare.

Ebbe difficoltà a stare dietro alla Mercedes, che aveva svoltato rapidamente su Avenida Figueroa Alcorta e bruciato una serie di semafori rossi in un incrocio vicino al planetario Galileo Galilei, per poi percorrere veloce un sottopassaggio con una serie di disordinati graffiti politici, scarabocchiati sui muri di cemento e con le lettere alte più di mezzo metro: NO AI LICENZIAMENTI, NO AI TAGLI DEL PERSONALE, SCIOPERO GENERALE SUBITO!

Jayne passò in quinta e superò una Porsche all'interno della curva mentre la Mercedes sfrecciava sulla circonvallazione a quattro corsie in direzione nordovest.

«Hai quelle Beretta di cui parlavi?» chiese Johnson.

«Sì. Sono nel vano portaoggetti.» Jayne ora fissava attenta il traffico, concentrandosi intensamente mentre la Mercedes avanzava. Senza distogliere lo sguardo dalla strada, prese una mappa tra i sedili anteriori e la diede a Johnson. «Usa questa e il navigatore satellitare e cerca di capire dove stiamo andando. Ricordo molte di queste strade, ma sono passati molti anni da quando ho vissuto qui, quindi non me le posso ricordare tutte.»

Johnson prese la mappa, aprì il vano portaoggetti e tirò fuori una delle Beretta. «Bella» disse.

Tolse il caricatore e fece scivolare indietro il carrello, assicurandosi che non ci fossero colpi in canna. Quindi controllò che il caricatore fosse pieno, lo rimise, tolse la sicura, poi la reinserì. «Servirà allo scopo. Grazie.» Fece la stessa cosa con l'altra Beretta.

«Allora, come te le sei procurate esattamente?» chiese Johnson.

Jayne gli raccontò di Carlos, infilandoci alcuni aneddoti sulle sue buffonate mentre operava come suo agente alla fine degli anni Novanta.

Sul sedile posteriore, Fiona ridacchiò per una storia su come Jayne avesse persuaso Carlos ad agire come intermediario in un'operazione con cui una mina navale era stata fatta uscire clandestinamente dalla base navale argentina a Río Gallegos, all'estremità meridionale del paese, e portata nel Regno Unito.

«Se riporterò queste storie a te ovviamente non dispiacerà» disse Fiona.

Jayne fece una smorfia. «Puoi provarci» rispose «ma ti avverto, Carlos è ammanicato.»

Dopo un po', la Mercedes prese uno svincolo e imboccò la Ruta Nacional 9, un fiume di traffico tentacolare a sei corsie, ancora diretta a nordovest. Si susseguirono chilometri e chilometri di sobborghi residenziali: Boulogne, El Talar, seguiti dagli impianti industriali di Ricardo Rojas.

Dato il traffico intenso, Johnson non era preoccupato che Ignacio potesse individuarli. C'erano troppe macchine per strada e Jayne guidava in modo impeccabile, mantenendo una distanza ragionevole tra i due veicoli.

Ma poi, quando gli edifici iniziarono a diradarsi vicino ai sobborghi più periferici e sulla destra della strada apparirono dei campi verdi, il traffico si alleggerì e il pedinamento divenne più complicato. La Mercedes accelerò di nuovo. Johnson controllò il tachimetro, che segnava 150 chilometri all'ora.

«Rilassati» disse Johnson. «Adesso lasciagli diverse centinaia di metri.» Sapeva che sarebbe stato difficile evitare di essere individuati, ma senza i vantaggi di un'operazione organizzata in stile CIA, con più veicoli in comunicazione tra loro, le possibilità di essere notati aumentavano man mano che si allontanavano dalla periferia della città.

«Hai un binocolo?» chiese Johnson.

Con sua sorpresa, Jayne gli disse di guardare sotto il sedile, dove trovò un paio di potenti ottiche Carl Zeiss 20x42. «Anche questi grazie a Carlos?» chiese. Lei annuì.

Ora che Johnson aveva il binocolo si sentirono abbastanza sicuri da aumentare ulteriormente la distanza che li separava dalla Mercedes.

Jayne si passò una mano sulla fronte. «Per fortuna ho fatto il pieno prima. Chissà dove arriveremo» disse.

Giunti all'altezza della piccola città di Campana, la Mercedes attraversò le tre corsie e prese l'uscita che conduceva alla Ruta Nacional 12. Jayne la seguì.

Presto si trovarono su un ponte sospeso, apparentemente infinito, che attraversava le vaste acque brune del Paraná. Il fiume era occupato da navi portacontainer e navi mercantili per lo più dirette a est, dove Johnson presumeva si sarebbero unite al Rio de la Plata per poi dirigersi verso l'Atlantico.

Al centro del fiume sorgevano due enormi torri, da cui partivano una serie di cavi d'acciaio delle dimensioni di un tronco d'albero che sostenevano il ponte.

Oltre le rive del fiume c'erano verdi distese pianeggianti di campi, attraversati da enormi tralicci e cavi elettrici. «Portano energia a Buenos Aires dalle centrali idroelettriche» disse Jayne.

Guardò il fiume. «Ho navigato su e giù per il fiume nel '97 con alcune persone in visita da New York. Bevvi gin e mi incazzai con loro continuando a ripetere all'infinito che era il secondo fiume più lungo del Sud America. Si irritarono da morire.»

Johnson sorrise. Ricordava bene quanto Jane amasse condividere fatti e storia quando era sbronza. In realtà l'aveva sempre trovata piuttosto accattivante come cosa.

«Non ne dubito» disse.

Jayne ridacchiò. «Credo di aver fatto loro una lezione sulla storia delle dighe e dei progetti idroelettrici che si trovano più a monte.»

Sul sedile posteriore, Fiona era al telefono con qualcuno. Sembrava che fosse il suo direttore, a giudicare dai frammenti di conversazione che Johnson riuscì a sentire nonostante il rumore del motore della macchina, del vento che fischiava fuori e della conversazione di Jayne.

Tentò di ascoltare ciò che Fiona stava dicendo senza che Jayne se ne accorgesse. Non voleva renderla ancor più consapevole della presenza della giornalista e dell'esposizione mediatica che la accompagnava più di quanto probabilmente non lo fosse già. Fiona menzionò qualcosa riguardo a prove e documenti. Le sue orecchie si drizzarono. Stava discutendo; quello riuscì a capirlo.

Johnson si aggrappò alla maniglia della portiera del passeggero mentre Jayne si immetteva nella corsia esterna per superare un camion che andava piano, ma nel farlo tagliò la strada a un motociclista.

Iniziava a preoccuparsi per Jayne. Aveva dormito? «Stai bene?» chiese. «Posso guidare io se hai bisogno di riposarti.»

«Sì buona idea. Grazie» rispose lei, frenando bruscamente perché cambiassero di posto.

Il cielo, limpido quando erano partiti, ora era coperto. Le nuvole alte color grigio chiaro lasciavano il posto a nuvole più basse, molto più scure, alcune quasi nere.

Johnson si rese conto che ci sarebbe voluto tutto il loro impegno per riuscire a stare dietro alla potente Mercedes e assicurarsi che non riuscisse a uscire dall'autostrada senza che se ne accorgessero. Ora che stava diventando buio, il binocolo sarebbe stato di poco aiuto.

Il telefono di Jayne squillò. Se lo portò all'orecchio sinistro. «È Carlos» mormorò a Johnson, che ora era concentrato sulla strada.

«Ciao Carlos!... Grazie per il tuo aiuto con tutte le, mmm, attrezzature. *Perfecto*... No, non siamo più in città ma a circa centoquaranta chilometri a nord, cerchiamo di stare dietro al tizio di cui ti ho parlato... dio solo sa dove stiamo andando... Sì, arriveremo molto a nord continuando così... Brasile? Spero di no... Che previsioni meteo? Ah, be'... non promette bene. Un'ultima cosa, se riuscissi a impedire che ci fermino ai posti di blocco della polizia sarebbe molto utile. Grazie. Mi terrò in contatto.»

Riattaccò e guardò Johnson. «Questo tizio guida come se fosse drogato; adesso sta andando a 170, almeno. Speriamo che la Toyota regga. Oh, e Carlos dice che a nord le previsioni meteo sono terribili. Pioggia, tempeste di fulmini e forti venti, arriva tutto dal Brasile. Ci sono già delle inondazioni lassù. Forse anche dei tornado.» Sospirò. «Proprio quello di cui abbiamo bisogno.»

50

Domenica 4 dicembre 2011
Posadas, Argentina

Il tempo resistette per molto più tempo di quanto Carlos non avesse previsto. In realtà non iniziò a piovere se non dopo nove ore di viaggio verso nord.

E quando iniziò fu torrenziale. Getti d'acqua sferzanti si abbattevano con forza sul parabrezza della Hilux, costringendoli ad andare a meno di quaranta chilometri l'ora.

In condizioni simili era difficile concentrarsi al volante per lunghi periodi, quindi Johnson e Jayne si diedero il cambio abbastanza spesso.

Ora, con il buio e la pioggia, decisero di avvicinarsi molto di più alla Mercedes di Brenner. Il che significava un maggiore rischio di essere individuati, quindi Johnson non poté che sperare che Ignacio non stesse esercitando una controsorveglianza adeguata. Fino a quel momento non ce n'erano stati segni evidenti. Ma persino ora che si stavano avvicinando la visibilità della Mercedes rimaneva scarsa, il che rese nervoso Johnson.

Jayne, invece, sembrava rilassata all'idea di perdere di vista la Mercedes. Quando gliene parlò, lei semplicemente scosse la testa.

«Non preoccuparti, è tutto sotto controllo» disse. «Ho un piano B... non lo perderemo.» Prese il telefono, che aveva montato sul cruscotto, aprì un'app e mostrò a Johnson una mappa sullo schermo. Al centro c'erano due punti, uno verde e uno blu, che si muovevano lentamente lungo una strada.

«Quello verde» spiegò Jayne «è la Mercedes. Un dispositivo di localizzazione GPS magnetico che misteriosamente è finito attaccato sotto al telaio. Non chiedermi come. Noi siamo il punto blu. Non lo perderemo.»

Johnson riuscì a sorridere per la prima volta dopo diverse ore. «Avresti potuto dirlo prima. Anche questo dispositivo te l'ha procurato Carlos, presumo?»

«Esatto. Si fa pagare ma il trattamento è da prima classe.»

C'erano anche altri veicoli che apparivano e riapparivano continuamente durante il lungo viaggio verso nord. Johnson e Jayne, lavorando in squadra con l'aiuto dello specchietto retrovisore e di quelli laterali, li tenevano d'occhio; Johnson continuava a ripetersi che c'era la possibilità che qualcuno li stesse pedinando per ordine di Watto o del Mossad. Ma ogni volta riusciva a capire che erano veri turisti, gente del posto o uomini d'affari. Non c'erano veicoli o volti che lo facessero preoccupare, nemmeno nelle macchine incontrate più volte, né segni di una qualche copertura, cosa che lo sorprese.

La strada iniziò ad assomigliare al percorso del fiume Paraná, che si trovava a breve distanza alla loro sinistra e che sembravano seguire verso nord.

La terra rossa carica di minerali, che formava il sottosuolo dell'intera regione, scorreva sulla strada insieme all'acqua piovana poiché le cunette non riuscivano a far fronte al deflusso della pioggia.

«Fiumi di sangue. Speriamo che il tempo non sia una metafora di quello che sta succedendo in quella Mercedes» disse Fiona dal sedile posteriore.

Potenti e fragorosi tuoni rimbombavano attraverso la campagna mentre frastagliate forchette di fulmini incandescenti solcavano il cielo scuro.

Johnson fece un altro giro al volante mentre Jayne si spostò sul sedile del passeggero. Entrambi rifiutarono l'offerta di Fiona di dare a loro il cambio. «È meglio che guidiamo noi per questo tipo di operazione di sorveglianza» disse Jayne.

Il punto era che Fiona semplicemente non aveva ricevuto l'addestramento necessario a ottenere la giusta combinazione di distanza, velocità e posizione per fondersi al meglio con lo sfondo ed evitare di essere individuati. Già così, Johnson sentiva che stava operando ai limiti delle sue arrugginite capacità, specialmente operando come una sola macchina, e Jayne, da tempo ormai dietro a una scrivania, era anche lei fuori allenamento.

Oltre al problema del rimanere sveglio, Johnson si rese presto conto che un'altra questione delicata era il rifornimento di carburante.

La Mercedes era stata la prima a entrare in una stazione di servizio quel pomeriggio, dopo circa cinquecento chilometri, e Johnson, non volendo rischiare di fermarsi nello stesso posto, disse a Jayne di continuare a guidare fino alla stazione successiva, che per fortuna era a poca distanza.

«Dobbiamo essere veloci, veloci, come i ragazzi della Formula 1» disse. «Deve essere un pit stop. Carburante, cibo, pipì, di nuovo in macchina.» Dopo aver fatto il pieno alla Toyota, Johnson andò con Fiona nel piccolo negozio a comprare qualche snack e dei sandwich. Jayne li seguì e mise nel carrello un pacco di compresse di caffeina ad alto dosaggio. «È probabile che guideremo tutta la notte. Ne avremo bisogno» disse.

Ora, poco prima delle dieci di sera, con il contachilometri parziale della Hilux che segnava novecentoventi chilometri, il carburante stava di nuovo esaurendosi. Dopo un'altra sosta vicino a Posadas, la capitale della provincia di Misiones, che si trovava sulla sponda orientale del Paraná, erano pronti a ripartire.

Prima di rimettersi in viaggio Jayne prese sia le Beretta che i caricatori di scorta dal vano portaoggetti, sollevò il sedile posteriore e mise le pistole e le munizioni in un vano portaoggetti nascosto. Si tolse la fondina, prese quella di Johnson e le mise con le pistole.

«Posti di blocco della polizia?» chiese Johnson mentre saliva sul sedile del passeggero.

«Sì» rispose lei. «A nord di qui, sono noti. A meno che le cose non siano cambiate, a ogni posto di blocco ci chiederanno duecento dollari, dato che siamo stranieri. Non voglio dare loro una scusa perché ne pretendano di più. Dovremmo avere permessi e documenti per queste armi. A molti non interessa, ma speriamo che non facciano una ricerca approfondita. Di solito sono troppo pigri e, comunque, ho chiesto a Carlos di spianarci la strada.»

Jayne ingoiò due compresse di caffeina e uscì dalla stazione di servizio.

Controllò l'applicazione di localizzazione sul telefono. «Sembra che stiano andando a Puerto Iguazú adesso» disse Jayne. «È la cosa più probabile.»

«Quanto dista?» chiese Johnson.

«Ci sono andata qualche volta negli anni Novanta» disse Jayne.

«Normalmente ci vogliono quattro ore da qui, è a circa trecento chilometri a nord. Ma con questa tempesta penso che ci vorrà molto di più. Non riusciremo a superare i quaranta o cinquanta chilometri orari su queste strade e con tutta quest'acqua.»

Johnson la guardò, la bocca aperta alla prospettiva di un viaggio notturno. «Trecento chilometri? Ma poi che posto è Puerto Iguazú?»

Ora la pioggia batteva forte sul parabrezza.

«È una piccola città vicina al confine con il Paraguay e il Brasile» rispose Jayne. «Un grande centro turistico per le cascate di Iguazú. Ma al comando c'è la malavita; non esistono veri controlli alle frontiere, parliamo di traffico di droga, traffico di esseri umani, terroristi e criminalità organizzata. E potrei andare avanti. La polizia è corrotta e non fa nulla. Feci una relazione per il SIS perché temevamo che contrabbandassero armi in Irlanda del Nord.»

«Sembra un po' il Far West» disse Johnson.

«Sì, puoi definirla così. Una delle grandi attività illegali sono i gioielli falsi, gli orologi e così via, che vengono venduti ai turisti che visitano le cascate. Le bande di stampo mafioso se la sono spartita.»

Jayne smise di parlare e si concentrò sulla strada avvolta dal buio pesto e dalla pioggia battente. Almeno era liscia e asfaltata. Ma non c'erano strisce bianche e, a volte, era difficile vedere dove stessero andando.

Come se non bastasse, un gran numero di mezzi pesanti procedevano lenti nella tempesta in entrambe le direzioni rendendo quasi impossibile il sorpasso, a parte quando giunsero su un raro pezzo di autostrada a due corsie.

«È ridicolo. Dobbiamo darci una mossa» disse Johnson. «Se anche Ignacio non dovesse uccidere il vecchio, temo che qualcuno del Mossad possa comparire e farlo fuori, o che spunti la CIA e lo faccia sparire.»

Fiona incastrò la testa tra di loro. «Se il Mossad o la CIA hanno pianificato di fare qualcosa mi sorprende che non siano ancora intervenuti.»

«Chissà che succede dietro le quinte» disse Johnson. «Quello che ho imparato con gente del loro calibro è che non siamo mai veramente in controllo. C'è sempre qualcuno più in alto che tira le fila. E non intendo Dio, mi riferisco a Watto.»

Johnson sospettava che Watson svolgesse una serie di operazioni non ufficiali, al di fuori di quelle programmate della CIA di cui era responsabile.

Diede un'occhiata dietro di sé a Fiona, che annuì. Si sentiva stanco ora, ma non riusciva a staccare e dormire. I suoi pensieri iniziarono a vagare.

Brenner era morto, disteso sul ciglio della strada? Lo avevano forse superato, gettato da qualche parte in un fosso? Il localizzatore GPS questo non poteva dirglielo.

Mentre guidavano, il punto verde sullo schermo del telefono di Jayne si allontanava sempre di più da loro.

51

Lunedì 5 dicembre 2011
Wolftrap, Virginia

Robert Watson si sedette nello studio della sua casa di mattoni grigi e, attraverso la grigia luce dell'alba, guardò in giardino in direzione del fitto bosco che costeggiava entrambi i lati del fiume Difficult Run.

Il veterano della CIA rimase fermo. Sentiva solamente il lieve gorgoglio dell'acqua calda che circolava attraverso i radiatori e i tubi del sistema di riscaldamento centralizzato. Non c'erano altri suoni in casa; in realtà, non c'era nessun altro che potesse far rumore.

Watson lanciò un'occhiata ai fogli posati a un lato della scrivania. C'era una fattura del suo giardiniere un'altra del suo addetto alle pulizie, entrambe indispensabili. Doveva ammettere che la proprietà con sei camere da letto su Wynhurst Lane, a Wolftrap, era troppo grande per chi vive solo.

Ma era riservata e non troppo lontana da Langley. In ogni caso, doveva dimostrare che stava usando lo stipendio a sei cifre della CIA per uno scopo tangibile. Watson considerava il mattone come un buon investimento a lungo termine e la casa, acquistata per oltre un milione e mezzo di dollari cinque anni prima, sarebbe stata di sua figlia un giorno.

Il rendiconto del mutuo, che aveva appena archiviato, affermava che rimanevano non pagati 171.549 dollari. Ma quello era solo per salvare le apparenze. La fortuna di Watson era perlopiù invisibile, come la parte di un iceberg nascosta sotto la linea di galleggiamento. In effetti aveva fatto di tutto per assicurarsi che la stragrande maggioranza di essa, accumulata silenziosamente grazie a una serie di operazioni secondarie in diverse parti del mondo, non sarebbe mai passata sotto la minuziosa e approfondita analisi dei suoi colleghi della CIA.

Era quasi tutta nascosta in conti numerati in vari paradisi fiscali.

E proprio in uno di quei conti, a Zurigo, Moshe Peretz aveva inviato il bonus annuale pagato ufficiosamente a Watson perché tenesse d'occhio Brenner e garantisse che nulla sovvertisse lo status quo che aveva fatto comodo a tutti – a parte forse Brenner – per così tanto tempo. Nel corso degli anni aveva accumulato quasi 2,3 milioni di dollari: una somma molto significativa per qualcuno con uno stipendio della CIA.

Di conti aperti ce n'erano anche altrove. E il loro contenuto sarebbe stato lì, pronto per essere usato in futuro quando Watson non avrebbe più lavorato per il governo degli Stati Uniti.

Ma era sempre meno chiaro quando quel giorno sarebbe arrivato; non tutto stava andando come previsto. Nello specifico, era sempre più preoccupato per come stavano andando le cose con Brenner. Sapeva che il suo intermediario a Miami, Simon, aveva dato precise istruzioni ad Agustin Torres, il funzionario della CIA che era la loro risorsa principale a Buenos Aires.

Ma Simon gli aveva appena riferito che il piano per portare Brenner dall'Argentina al Cile era fallito. Il vecchio non si era presentato al volo per Santiago la sera prima né aveva chiamato Miami come concordato.

Cosa ancora più preoccupante, secondo la tecnologia di localizzazione GPS utilizzata da Watson il telefono di Brenner era in movimento. Sembrava trovarsi in un veicolo che da Buenos Aires si spostava verso nord, in direzione del confine con il Paraguay e il Brasile. E presumibilmente anche il vecchio.

Simon, non conoscendo le circostanze in cui si trovava Brenner, riteneva troppo rischioso telefonare, e Watson concordò.

Toccò lo schermo del cellulare crittografato e compose un numero argentino, quello di Augustin, un dipendente di lunga data della CIA, della divisione latinoamericana, con cui aveva avuto a che fare più volte nel corso degli anni in operazioni che abbracciavano entrambe le loro divisioni.

«Pronto?»

«Agustin. Qui è Robert Watson.»

«Robert. Chiami per VANDAL?»

«Sì, so che Simon ti ha già informato, è solo per un controllo. Vedo che VANDAL sembra essere diretto a nord.»

«Sì. Il piano A non ha funzionato, sfortunatamente. Suppongo che il figlio lo abbia preso e presumo che farà il necessario. La società di VANDAL ha un'unità aziendale a Puerto Iguazú... ma questa è un'altra storia. Scommetto però che è lì che lo sta portando.»

Watson si grattò il mento. «Giusto. Sì, ma in teoria preferirei che il figlio non facesse il necessario, come dici tu. Vorrei che VANDAL ne uscisse intero. Ma la cosa più importante è che Johnson non arrivi a VANDAL, altrimenti i nostri amici di Tel Aviv andranno su tutte le furie. Sai quanto è delicata la situazione.»

Si fermò a pensare per un attimo. «Dovrai andare tu stesso a Puerto Iguazú, Agustin, e risolvere il problema. Abbiamo ancora un obbligo nei confronti di VANDAL, quindi voglio che trovi un modo per esfiltrarlo. Conto su di te.»

Agustin gemette. «Sono davvero impegnato, Robert. La prossima settimana dovrebbe iniziare l'operazione SNOWCAP: transfrontaliera in Cile, molto complessa, coinvolge sei agenti che devo coordinare. Voglio dire, VANDAL ha ormai novant'anni. Quanto può essere importante tutto questo?»

«Tu fallo e basta. Non intendo accettare nessuna scusa del cazzo al riguardo.»

Dall'altra parte della linea ci fu silenzio. Quindi Agustin disse: «Va bene, va bene. Nella polizia ho una talpa di alto livello, Carlos Campos, che è sul nostro libro paga. Simon lo conosce. Carlos mi ha detto che Johnson sta viaggiando insieme a due donne e che VANDAL ha un bel vantaggio su di loro. Questo ci dà un po'di tempo.»

«Due donne? Sei sicuro che abbia detto due?»

«Sì. Una è una giornalista americana, Fiona Heppenstall. Carlos dice che non ha idea di chi sia l'altra.»

«Mmm. Quanto sono lontani da VANDAL?»

«Non ne sono sicuro. Direi un paio d'ore» disse Agustin.

«Voglio che lo ritardi ulteriormente. C'è un modo per farlo?»

«C'è un posto di blocco della polizia andando in direzione di Puerto Iguazú» rispose Agustin. «Posso chiedere a Carlos di fare qualche telefonata.»

«Sì, dovrebbe bastare. Bene. E devi prendere un aereo il più velocemente possibile» disse Watson.

«C'è un volo tra un'ora e mezza. Sbrigandomi, ce la faccio» disse Agustin.

«Sì. Fai in modo di riuscire a prenderlo. E ti autorizzo a fare tutto il necessario per tenere Johnson lontano da VANDAL. Questo è un ordine. Fallo e basta... non hai bisogno di ulteriori autorizzazioni da parte mia. Tienimi aggiornato. Chiaro?»

«Va bene. Mi ci metto» rispose Agustin.

«Grazie.» Watson riattaccò.

Due donne? E l'altra chi è?

52

Lunedì 5 dicembre 2011
Puerto Iguazú, Argentina

Johnson, di nuovo al volante, sbatté frustrato le mani sul cruscotto. Rallentò e poi procedette a passo d'uomo dietro un enorme camion che trasportava tronchi d'albero su una lunga e tortuosa discesa.

Dalla direzione opposta proveniva un flusso costante di camion, rendendo impossibile a Johnson il sorpasso.

Per fortuna, iniziava ad albeggiare, ma la pioggia continuava a battere con forza.

Poi, proprio come aveva previsto Jayne, lungo la strada incontrarono due posti di blocco della polizia che costarono loro un totale di quattrocento dollari americani.

Il secondo, non lontano da Puerto Iguazú, fece perdere loro quasi un'ora. Dopo aver guidato per alcune centinaia di metri lungo la strada, Johnson pronunciò a bassa voce una sola parola, «Bastardi».

Jayne incrociò le braccia. «Non mi era mai successo. Non un'ora. Di solito sono cinque o dieci minuti, se ti trattengono, e poi un rapido scambio di denaro. È successo qualcosa. Ho specificatamente chiesto a Carlos di assicurarsi che non accadesse, visto che lo sto pagando, il bastardo. Incapace.»

Controllò il dispositivo GPS. «La Mercedes ha smesso di muoversi da un po'. È ad almeno un paio di chilometri a sudovest della città.»

A un incrocio svoltarono a sinistra verso Puerto Iguazú. La strada a destra conduceva all'aeroporto della città. Quando svoltarono a sinistra, furono quasi assordati dal rumore di un grande aereo passeggeri che ruggì basso sopra le loro teste, scendendo mentre si preparava ad atterrare.

«Deve essere il volo di mattina da Buenos Aires» disse Jayne.

Oltrepassarono l'ingresso di una base militare, contrassegnata da un grande blindato in disuso con tanto di lanciarazzi in cima. Su un palo dietro di esso c'era una bandiera argentina, immobile sotto al sole del mattino.

Ora erano ai margini della città. C'erano un paio di hotel con grezzi cartelli fatti in casa, un ristorante costruito per metà, case fatiscenti e macchine abbandonate.

Poi, via via che si spingevano verso il centro, gli edifici diventavano gradualmente più belli, le case più esclusive. Un cartello con la scritta HILTON IGUAZÚ GOLF AND RESORT indicava a destra.

Johnson, con la testa ormai annebbiata per mancanza di sonno e overdose di caffeina, si fermò fuori da un supermercato vicino al punto in cui si incontravano i fiumi Paraná e Iguazú.

Jayne controllò di nuovo l'applicazione GPS. Il pallino verde non si era mosso, era ancora a sudovest della città. Indicò un punto al di là del fiume Iguazú. «Quello dall'altra parte è il Brasile e quello è il Paraguay, lì a sinistra. Si capisce perché alla malavita piace questo posto. Possono attraversare i confini in un batter d'occhio.»

Guardò di nuovo il navigatore satellitare e cominciò a dare indicazioni a Johnson.

«Dovremo pensare a un piano» disse Johnson. «Non possiamo fare irruzione, ovunque si trovino. Probabilmente pensano di essere al sicuro, ma sanno per certo che li stiamo cercando. Potrebbero averci teso una trappola.»

Accelerò lungo la strada, dirigendosi a sudovest attraverso un articolato sistema di strade sempre più sconnesse e piene di buche, tinte di rosso dalla polvere ricca di ferro che era ovunque e le cui particelle ricoprivano le case, le macchine e i marciapiedi.

Presto la strada asfaltata lasciò il posto a una strada sterrata rossa. Si avvicinarono al punto verde, che continuava a lampeggiare sullo schermo del telefono di Jayne, immobile.

Ora le rare case che incontravano non erano altro che baracche, costruite approssimativamente con assi di legno di scarto di diversi colori e con tetti fatti di pezzi di ferro ondulato non combacianti tra loro. Vecchi pneumatici e pezzi di ferraglia giacevano sul lato della strada.

Qui il terreno era asciutto. Sembrava che il temporale che li aveva colpiti più a sud avesse completamente evitato la città.

La Hilux sobbalzò su una gobba del terreno e poi su un'altra, sollevando sbuffi di polvere nell'aria dietro di essa e facendo sballottare Jayne e Fiona sui sedili.

Secondo i calcoli di Jayne il punto verde adesso era a non più di mezzo chilometro di distanza, più avanti sulla strada.

Johnson iniziò subito a sentire le farfalle svolazzargli nello stomaco. I muscoli del petto gli si irrigidirono.

All'improvviso, sulla destra, comparve il fiume Paraná, largo e marrone. Sull'altra riva c'era il Paraguay.

Un po' più avanti, dietro alcuni alberi che fornivano una copertura naturale dalla strada, c'era una superficie coperta di ghiaia.

«Lì, parcheggerò dietro quegli alberi» disse Johnson. «Non voglio che il rumore del motore li metta in allarme. Da qui in poi cammineremo.»

«Tanto per essere sicura, lo sai che vengo con te» disse Fiona. «Non cercare di convincermi a rimanere qui. Devo esserci quando arrivi a Brenner.»

Johnson la guardò. Era convinta di ciò che diceva. Jayne lo guardava in attesa di una sua decisione. Fiona era una sua responsabilità in questo caso. Lui non disse nulla, ma si fermò e spense il motore, poi uscì dal fuoristrada e guardò più avanti sulla strada.

Jayne gli lanciò uno sguardo di disapprovazione ma scrollò le spalle, come per dire che avrebbe potuto commettere l'errore se lo avesse voluto.

C'era silenzio a parte il cinguettio di alcuni uccelli e il ronzio degli insetti. Ora l'aria era calda, umida e appiccicosa. Johnson iniziò a sudare.

Appena visibile lungo la strada, oltre un gruppetto di alberi, c'era il tetto di tegole rosse di quello che sembrava essere un grande edificio, e dietro di esso un altro tetto.

Johnson scrutò il telefono di Jayne. Il punto verde lampeggiava, proprio dove si trovavano gli edifici.

Jayne recuperò le due Beretta dal loro nascondiglio sotto il sedile posteriore e ne porse una a Johnson, insieme a un caricatore di riserva. Per fortuna la polizia, la cui intenzione era stata solo quella di far perdere loro tempo, non aveva fatto una perquisizione approfondita del veicolo.

«Grazie» disse Johnson. Si legò una fondina al fianco e vi mise dentro la pistola, e nel farlo notò che la sua mano destra tremava leggermente. «Ragioniamo un attimo. Andrò con Fiona, dato che è così insistente. Tu è meglio se rimani qui e aspetti. Puoi coprirmi le spalle, potrei averne bisogno se dovesse succedere il peggio. Tieni semplicemente le orecchie aperte. Vedi cosa succede. Presumo nemmeno sappiano che siamo qui.»

Jayne annuì. «Sì, ha senso, ti copro. Penso che se lo aspettino almeno in parte.»

Si diresse verso un folto gruppo di cespugli, a una ventina di metri dalla strada sterrata, dove ç'era molta copertura.

Sulla sinistra, attraverso gli alberi, Johnson ora vedeva meglio gli edifici. Quello più vicino alla strada era una struttura in mattoni grezzi con una grande porta da garage verde sul davanti e una piccola porta laterale.

Dietro c'era una fatiscente casa a un piano, con la vernice bianca che si staccava e le pareti macchiate di verde e grigio con muffa in alcuni punti. Una finestra della facciata frontale era sbarrata.

Una recinzione di legno alta tre metri costeggiava la casa formando quello che sembrava un perimetro chiuso. In cima al recinto c'era un anello continuo di filo spinato arrotolato stretto. I tetti di diversi edifici più piccoli erano appena visibili al di là della recinzione.

All'esterno, su un plinto, c'era un grande cartello accuratamente verniciato. Il messaggio, in grandi lettere rosse, era inconfondibile.

SOLGOLD ARGENTINA
PROPRIEDAD PRIVADA, PROHIBIDO PASAR

Sotto c'era l'onnipresente cerchio rosso sbarrato da una linea bianca orizzontale. Accesso vietato.

SolGold. Quindi fa parte dell'attività di gioielleria di Brenner, pensò Johnson. Che luogo bizzarro.

Fece un paio di passi, con Fiona dietro di lui. Poi dal grande garage sentì provenire il debole suono della musica. Sembrava un ritornello a ritmo di marcia, accompagnato da una banda di ottoni vecchio stile.

Si avvicinarono, accovacciati dietro a un muretto di mattoni che era stato demolito per metà per consentire ai veicoli di entrare in un'area di fronte alla casa.

Ora la musica che veniva dall'interno del garage era più chiara. Il canto era in una lingua straniera che Johnson riconobbe immediatamente.

È in tedesco. Una melodia nazista.

La porta verde del garage sul davanti dell'edificio era chiusa, ma una piccola porta pedonale sul lato era leggermente aperta. Johnson si chinò e fece segno a Fiona di fare altrettanto. Quindi attraversarono un breve tratto di prato e si appiattirono contro il muro del garage vicino alla porta pedonale.

Da vicino, la musica era ora molto più chiara, anche se un po' gracchiante. Una vecchia registrazione, dunque.

Johnson guardò attraverso la piccola fessura della porta socchiusa e rimase senza fiato alla vista di ciò che aveva davanti. Lì, seduto su una sedia di legno nel mezzo del garage con una grande bandiera nazista rossa avvolta intorno alle spalle, c'era un vecchio dai capelli bianchi.

Erich Brenner.

Il cerchio bianco e la svastica nera centrale sulla bandiera erano al centro del petto del vecchio. Aveva gli occhi socchiusi e i polsi legati ai braccioli della sedia di legno con qualcosa di nero.

Ma con sollievo, Johnson vide che Brenner era vivo. Il petto si alzava e si abbassava a ogni respiro.

Ma cosa diavolo stavano facendo?

La musica proveniva da un lettore cd portatile che si trovava su un vecchio tavolo di legno.

Il garage era lurido, il pavimento di cemento coperto di macchie d'olio, sporcizia e fango, mentre i ruvidi muri di mattoni erano pieni di ragnatele. L'edificio era illuminato da una lampada fluorescente attaccata alle travi di legno.

Johnson afferrò la Beretta. Nel garage non c'era la macchina e fuori non c'era neppure traccia della Mercedes nera. Eppure il segnale GPS proveniva sicuramente da lì.

Era forse un modo bizzarro di Ignacio di preparare il padre a una sorta di esecuzione solenne, o era semplicemente una trappola?

Johnson fece segno a Fiona di rimanere fuori dalla piccola porta del garage. Indietreggiò lentamente, poi camminò con cautela fino all'angolo più lontano del garage, poi sbirciò. Non c'era nessuno in vista.

Ci fu una pausa momentanea tra la fine di una traccia musicale e quella successiva. In quel breve intervallo di tempo, Johnson era sicuro di aver sentito il debole suono di voci di donna provenire da dietro la staccionata di legno sul retro del garage.

Si spostò con cautela lungo il lato del garage verso una piccola finestra sul fondo. Quindi si accovacciò sotto il davanzale della finestra e alzò gli occhi finché non riuscì a vedere all'interno.

C'era Brenner sulla sua sedia, ma ancora nessuna traccia di qualcun altro. Nessun rumore. Nessun movimento.

Johnson esitò. La sua preda era a pochi metri di distanza, lì pronta per essere catturata. Se non ci fosse stato nessun altro nel garage, avrebbe potuto intrufolarsi, afferrare il vecchio e trascinarlo lungo la strada fino alla Hilux. *Un gran bel se...*

Non poteva rischiare di lasciare lì Brenner in attesa di essere giustiziato. Doveva prendere una decisione. Sembrava esserci una sola opzione.

Johnson fece di soppiatto il giro dell'edificio fino alla porta laterale e con un cenno della testa indicò a Fiona che stavano per entrare. Sollevò la Beretta, aprì leggermente la porta e cautamente fece un passo in avanti, preparandosi a perlustrare la stanza.

53

Lunedì 5 dicembre 2011
Puerto Iguazú, Argentina

Johnson aveva appena fatto in tempo ad aprire la porta quel tanto che bastava per entrare, che questa gli si richiuse addosso, facendogli perdere l'equilibrio e mandandolo a sbattere contro la parete opposta.

Mentre ritrovava l'equilibrio, da dietro la porta provenne una voce pacata, calma e minacciosa in un inglese dal forte accento straniero.

«Gettala. Getta la pistola. Subito. E tu, donna, rimani accanto a questo *idiota* e non ti muovere.»

Ignacio era lì che puntava una Glock semiautomatica in testa a Johnson.

Johnson per un attimo tentò di calcolare le probabilità di riuscire a colpirlo. Con la coda dell'occhio vide Fiona fare un passo avanti finché non gli fu accanto.

Si rese conto di non avere scelta e lasciò cadere la pistola.

«Ah, *señor* Johnson. Piacere di conoscerti finalmente, ci siamo andati vicini un paio di volte. Devo ammettere che sei un tipo ostinato, mi hai inseguito attraverso due continenti. Ad ogni modo, sei arrivato giusto in tempo per vedere l'epilogo. *Perfecto*. Mani sulla testa e mettiti contro il muro.»

Bastardo supponente.

Johnson rimase immobile per un momento. I suoi piani attentamente studiati, cosa avrebbe detto a Brenner, come avrebbe presentato la 'prova della verità', come lo avrebbe catturato e portato all'ambasciata americana a Buenos Aires e come lo avrebbe fatto estradare: si sciolse tutto come neve al sole.

«Svelto, dai, muoviti. Contro il muro, subito! Anche tu, donna.» Il tono di voce di Ignacio si alzò.

Johnson si mosse e appoggiò la schiena al muro, le mani sul capo come un bambino disobbediente fatto mettere nell'angolo a scuola. Fiona fece la stessa cosa accanto a lui.

«Okay, Luis, controllagli le tasche. Ti copro io» ordinò Ignacio, tenendo la pistola puntata in testa a Johnson.

La figura dai capelli scuri di Luis Castano emerse dall'ombra di una rientranza sul retro del garage, raccolse la Beretta dal pavimento e la posò sul tavolo accanto a un paio di telefoni. Quindi andò da Johnson e frugò nelle tasche profonde dei pantaloni. Tolse il telefono e mise anche quello sul tavolo.

«Pulito, *jefe*» disse Luis. Quindi perquisì Fiona e le prese il telefono.

Ignacio aggrottò le ciglia. «Una volta trovato quello ho capito che saresti arrivato qui» disse.

Indicò con la testa il tavolo dove, accanto ai telefoni, giaceva una piccola scatola di plastica nera, all'incirca delle dimensioni di un pacchetto di sigarette, con due dischi circolari di metallo attaccati.

«Il tuo dispositivo di localizzazione» disse Ignacio. «Molto intelligente. Davvero sorprendente che tu sia stato abbastanza intelligente, abbastanza furbo, da metterlo sotto la macchina senza essere visto.»

Pensa che ce l'abbia messo io. Quindi non sa di Jayne.

Ignacio si spostò e si fermò vicino al padre, che sedeva impotente e silenzioso; spesse bande di velcro gli legavano i polsi ai braccioli della sedia, e le caviglie erano bloccate allo stesso modo alle zampe, impedendogli di muoversi.

«Prima di dargli il *coup de grâce*, lo si potrebbe definire così, c'è qualcosa che voglio mostrare a entrambi» disse Ignacio. «Spiegherà tutto. Venite con me. Luis, rimani qui col nazista.»

Ignacio gli fece segno con la canna della pistola di camminare verso il retro del garage, dove c'era un'altra porta pedonale semiaperta.

«Uscite» ordinò.

Una volta oltrepassata la soglia, si trovarono di fronte a un arco di legno, coperto di rose, che conduceva alla casa a un piano che Johnson aveva visto dalla strada.

Attaccato all'arco, su una tavola semicircolare scolpita, c'era un motto scritto in spagnolo.

Ignacio era in piedi dietro di lui. «Riconosci quel motto?» chiese. «Dovresti. In tedesco si dice *Arbeit Macht Frei*: 'il lavoro rende liberi'. Fu scritto dalle SS sopra gli ingressi di Dachau, Auschwitz e altri campi di concentramento durante la Seconda guerra mondiale. E forse conosci Gross-Rosen, il campo dove lavorava mio padre. Significa 'grandi rose'. Quindi eccoci a *Kleine Rosen*, 'piccole rose'. Entra, vai avanti, e preparati.»

Lo colpì alla schiena con la canna della Glock, spingendolo in avanti. Johnson nel fare un rapido passo in avanti inciampò. Fiona lo seguì.

Entrarono in casa dalla porta aperta. Un corridoio diritto con il pavimento in parquet conduceva a un cancello a battente fatto di spesse barre d'acciaio, che si trovava proprio di fronte a una porta di legno.

«Apri» gridò Ignacio.

Una guardia con lunghi baffi neri, che portava un distintivo che lo identificava come un impiegato della Lopez Seguridad, apparve da una stanza a destra e aprì prima la griglia di metallo e poi la porta di legno.

Johnson fece due passi avanti, poi si bloccò, cercando di digerire la scena che si ritrovò di fronte.

All'interno del grande complesso formato dalla recinzione in legno c'erano svariate lunghe capanne di legno.

A parte due sul retro, che erano molto più nuove, la maggior parte erano vecchie e decrepite. Tra le capanne, su delle aree di cemento, c'erano dei tavoli d'acciaio.

A lavorare ai tavoli c'erano decine di donne emaciate, tutte sudamericane dalla pelle scura. Erano vestite con vecchie magliette stracciate, jeans sfilacciati e coperti di macchie e pantaloncini bucati nei punti in cui si stavano scucendo. La maggior parte indossava infradito o semplici sandali.

Mucchi di casse per orologi da polso, cinturini, meccanismi e altri componenti erano sparsi sui tavoli; alcune donne li stavano assemblando sotto lo sguardo di uomini in piedi nelle vicinanze.

Altre donne all'estremità dei tavoli facevano scivolare i prodotti finiti in buste di plastica e piccole scatole di marca e poi li imballavano in scatole di cartone marrone più grandi.

Tutti gli uomini portavano manganelli di legno appesi a cappi legati alle cinture. Johnson notò che spesso, se una delle donne smetteva di lavorare, uno degli addetti le si avvicinava e le parlava con rabbia.

A volte tiravano fuori il manganello e le minacciavano.

Al centro del complesso, su un supporto, c'era un rubinetto per l'acqua con un paio di tazze di metallo a esso incatenate, che tintinnavano spostate dalla brezza. Di tanto in tanto una delle donne andava al rubinetto, riempiva una tazza di acqua e beveva.

Johnson fece un altro paio di passi. Poteva vedere gli orologi e le scatole con i nomi di marchi famosi: Rolex, Girard-Perregaux, Omega, Jaeger-LeCoultre e altri.

Ignacio, alle sue spalle, parlò. «Tutti falsi, la maggior parte pensati per la vendita ai turisti in questo Paese e altrove. E queste persone sono tutte vittime di traffico, vengono dai paesi qui intorno: Paraguay, Bolivia, Cile. Sono schiave, in fondo. Vengono tenute in questo posto, vivono e lavorano nelle capanne e non possono uscire. Non ricevono molto cibo e quel poco che ottengono è spazzatura, avanzi dei ristoranti e così via.»

Johnson lanciò un'occhiata a Fiona, che gli stava accanto. Guardava le donne a bocca aperta, gli occhi spalancati.

Ignacio si avvicinò a Johnson, la pistola ancora puntata verso di lui. «Ed è così che mio padre guadagna da decenni. Nel tentativo di compensare le perdite sugli acquisti di oro dei nostri amici,» disse sibilando «i fratelli Kudrow.»

Johnson cercò di elaborare ciò che stava vedendo. Quello che lo colpì davvero fu quanto magre, sporche e tormentate apparissero le donne. Non parlavano tra loro. Era innaturale: Johnson suppose che le avessero minacciate di punirle se lo avessero fatto.

Alcune ragazze erano molto giovani, forse in media o piena adolescenza, e nessuna sembrava avere più di trent'anni, ma era difficile dirlo a causa delle loro condizioni fisiche.

Questo era il genere di cose che Johnson si sarebbe aspettato di vedere in uno stato arretrato del Terzo mondo. Ma nella seconda economia del Sud America? Imprecò sottovoce.

«È scandaloso» disse Johnson rivolgendosi a Ignacio, la preoccupazione per la pistola puntata su di lui temporaneamente annullata dall'indignazione. «Questo è un campo di concentramento. Ne ha ricreato uno proprio qui.»

Ignacio continuò: «Hai ragione, è scandaloso. L'eredità di mio padre. Ho scoperto questo posto solo pochi mesi fa. Oh sì, l'Argentina ha sottoscritto i protocolli delle Nazioni Unite sulla tratta di esseri umani e tutta quella merda politica... tutto a posto, no? Ma in realtà trovi bastardi come lui che gestiscono attività come questa in tutto il Paese.»

Ignacio sputò a terra. «La polizia non fa nulla in cambio di qualche bustarella oggi, una mazzetta di pesos domani, a volte un piccolo favore o due. È così in tutto il Sud America, del resto. Ecco. Guarda tu stesso.»

Fece un gesto con la mano verso il complesso, quindi indicò una delle donne. «Semplicemente una *ragazza*, non è così? Sì, potrebbe sembrare più vecchia dei suoi quindici anni, ma l'età è proprio quella... quindici anni.»

Era arrivata dalla Bolivia, continuò Ignacio, ed era probabilmente costata solo ottanta dollari. Il direttore l'avrebbe tenuta qui per forse cinque anni, le avrebbe rovinato la vita, poi l'avrebbe lasciata andare, disse Ignacio.

«E poi dove andrà? Non lo so. Forse a fare la prostituta, se è fortunata. Il manager ne troverà un'altra. Ce ne sono molte, lì da dove viene.»

Johnson sentì Fiona imprecare sottovoce.

«Potresti pensare che io sia un ipocrita» disse Ignacio. «Bene, non hai tutti i torti. Sono tutti ipocriti in questo Paese. Ma era così che mi trattava da bambino, più o meno» disse Ignacio. «Non era molto diverso, davvero, tranne per il fatto che sono stato nutrito. Mi rinchiudeva negli armadi se mi comportavo male, mi picchiava, mi maltrattava verbalmente, mi diceva che non avrei mai fatto nulla della mia vita.»

Ignacio fece un respiro, poi continuò la sua invettiva. «Ecco perché me ne sono andato di casa e mi sono arruolato nell'esercito per combattere contro quegli arroganti degli inglesi nelle Falkland, a Port Stanley e Goose Green.

«Ad ogni modo, eccoci qui. Ora è tempo di fare giustizia. Un po' in ritardo, secondo alcuni. Ti rendi conto che è stato un colpo di fortuna riuscire a intercettarlo, vero?» Indicò col pollice nella direzione del garage dietro di loro, dove si trovava il padre. «Stava per sparire di nuovo. Quando sono arrivato a casa sua c'era un nuovo passaporto cileno sul tavolo, una nuova identità, e aveva una borsa piena, era pronto per partire. Indossava persino il cappotto. Sono arrivato appena in tempo.»

Johnson si astenne dal rispondere.

Ignacio agitò la Glock in faccia a Johnson. «La via della giustizia legale, questa è la tua strada. Per me non va bene. Non ripagherà ciò che mi ha fatto. Né ripagherà queste donne, del resto.»

Tacque.

Johnson guardò Ignacio e capì che doveva almeno provare a fargli vedere le cose da un altro punto di vista.

«Lui... quell'uomo di là, tuo padre... torturò mia madre. A Gross-Rosen. La frustò e la lasciò sotto al sole cocente per un'intera giornata senza cibo né acqua. La lasciò a un passo dalla morte. È stata fortunata a sopravvivere, estremamente fortunata. La maggior parte delle persone che stavano in quel posto non sono state così fortunate. Non ne sono uscite. Ce n'erano migliaia. La giustizia per tutti loro deve essere fatta in tribunale, in un processo equo in cui i testimoni in vita possono fornire prove concrete e può essere pronunciata una sentenza equa. Allora, e solo allora, sarà stata fatta giustizia per tutti.»

Johnson osservò le donne che lavoravano davanti a lui. «La giustizia che hai in mente, ovvero la giustizia da tribunale illegale, è esattamente la stessa che lui e quei criminali dei suoi colleghi nazisti hanno usato contro i prigionieri ebrei in tutta Europa. Mettiamo da parte il modo in cui ti ha trattato. Non percorrere la sua stessa strada. E quella finanziaria dei fratelli Kudrow non è un tipo di giustizia migliore. Non ha fatto nulla per tutte le migliaia di altre vittime e non ha fatto altro che avvantaggiarli. Non fare il loro stesso errore. Ti sto chiedendo di consegnarlo ora perché venga fatta giustizia: quella autentica, che solo un tribunale penale internazionale può fornire, sulla base di prove come quelle che tu stesso mi hai inviato per email.»

Gli occhi di Ignacio erano spalancati, ma sembrava aver ignorato la maggior parte di ciò che Johnson aveva detto.

«Tua madre? Davvero?» chiese Ignacio. «Be', questo spiega molto. Posso solo dirti che questa è la tua occasione per vendicarti, per farti giustizia. Lo farò per entrambi allora. Dai, andiamo.»

«No, non è così» disse Johnson. Fiona lo fulminò con lo sguardo, chiaramente terrorizzata al pensiero che non avrebbe fatto altro che incitare ulteriormente Ignacio, che aveva una pistola in mano.

Sforzandosi, Johnson mantenne un tono di voce calmo nel tentativo di non irritare ulteriormente l'argentino. «Questa è la tua giustizia. È solo personale. Non è giustizia per tutti quelli che ha ucciso in Polonia e per le loro famiglie. Deve comparire in tribunale dove può avere l'opportunità di riconoscere ciò che ha fatto di sbagliato e di accettare che deve pagare.»

Ignacio scosse la testa. Con la Glock fece cenno a entrambi di ripercorrere la stessa strada dalla quale erano erano venuti.

Ma Johnson rimase a guardare una ragazza, a dieci metri di distanza, dietro a un tavolo d'acciaio, i lunghi capelli arruffati e sporchi. Per prima cosa lo colpì la maglietta. Era una canotta rossa da baseball dei Portland Sea Dogs, la stessa che vedeva indossata dai fan di baseball ovunque nella sua città natale.

Ma quella era strappata di lato; era ricoperta da quelle che sembravano macchie d'olio e le mancavano tutti i bottoni tranne uno. Si rese conto che doveva essere stato un capo smesso da tempo di un negozio di beneficenza che in qualche modo era stato spedito ovunque fosse il luogo di provenienza di questa ragazza.

La seconda cosa che notò furono gli occhi della ragazza. Erano vitrei, fissi e spenti. Anche se per un istante lo guardò, Johnson capì che la sua mente era a un milione di chilometri di distanza... forse pensava alla famiglia perduta da tempo, al villaggio di origine o a una sorella lontana. Chi poteva dirlo. Le mani della ragazza si muovevano come quelle di un automa, mentre assemblava una collana e spostava inconsapevolmente il suo poco peso da un piede nudo all'altro.

«Muoviti!» sbraitò Ignacio dietro di lui, scuotendolo dalla trance.

Johnson si voltò e seguì Fiona attraverso la porta e la griglia di metallo, con Ignacio alle sue spalle. Quando la guardia baffuta della Lopez Seguridad la richiuse, la griglia sbatté rumorosamente, seguita dal suono di una chiave che girava.

Tornando nel sudicio garage, Johnson notò che Luis non era più lì, anche se in piedi vicino a Brenner c'era un'altra guardia con in mano una pistola; aveva la testa rasata ma pure questa aveva il distintivo della Lopez Seguridad.

54

Lunedì 5 dicembre 2011
Aeroporto Internazionale Cataratas del Iguazú, Argentina

Agustin Torres superò una vecchia signora in fondo alla scaletta dell'aereo, facendola quasi cadere, schivò una famiglia di quattro persone e corse nel piazzale dell'aeroporto fino al piccolo terminal di mattoni rossi a due piani.

Quando attraversò il terminal, i cui interni moderni smentivano il suo aspetto da casa anni Ottanta, la camicia a maniche lunghe bianca del funzionario trentunenne della CIA era macchiata di sudore. Rallentò mentre attraversava le porte che conducevano alla zona di carico e scarico passeggeri e si guardò intorno alla ricerca del nuovo fuoristrada nero Ford Ranger a doppia cabina che gli era stato detto sarebbe stato lì ad aspettarlo.

Dopo alcuni minuti, lo vide dirigersi verso la zona di carico e scarico, corse e saltò sul sedile del passeggero.

Non si prese la briga di salutare l'autista e invece gridò un ordine in spagnolo.

«Dobbiamo muoverci. Ci vorrà almeno mezz'ora, forse quarantacinque minuti per arrivare lì. Parti.»

L'autista era un uomo che Agustin aveva usato un paio di volte nel corso di precedenti visite a Puerto Iguazú. Tuttavia, in quelle occasioni, il programma di Agustin era stato molto più piacevole, poiché si era trattato di visite di routine a fonti che lo tenevano aggiornato sul mondo criminale della regione.

Ora avrebbe testato le abilità dell'autista. Agustin, che aveva alle spalle sette anni di servizio nella CIA, si preparò a prendere il controllo del fuoristrada se l'uomo non si fosse dimostrato all'altezza del lavoro.

«La pistola è nel vano portaoggetti. Browning come richiesto. Carica e pronto all'uso» disse l'autista, telegrafico.

Agustin aprì con un *clic* il vano portaoggetti ed estrasse la semiautomatica. Si legò addosso una fondina e vi mise dentro la pistola.

Tirò fuori il telefono e aprì un navigatore protetto che usava per tracciare la posizione dei telefoni, che erano stati triangolati dagli esperti tecnici della National Security Agency a Fort Meade nel Maryland, a nordest di Washington.

L'ultima posizione registrata per il telefono che stava inseguendo, appartenente a VANDAL, era ai margini occidentali di Puerto Iguazú, lungo una strada sterrata vicino al fiume Paraná, sebbene avesse notato che non vi era stato alcun aggiornamento nei precedenti venticinque minuti. Il veicolo che gli era stato detto di cercare era una Toyota Hilux grigia.

Descrisse nel modo migliore possibile la posizione all'autista, che annuì. «Sì, sì, conosco la strada, scende fino al fiume.»

Il motore diesel da 3,2 litri del Ranger ringhiò quando il guidatore spinse il pedale dell'acceleratore e sfrecciò fuori dall'aeroporto in direzione della città.

Agustin sapeva che il suo amico Carlos, corrotto comandante di polizia, aveva organizzato un posto di blocco vicino a Puerto Iguazú per far ritardare di un'ora la Toyota Hilux a noleggio in cui Johnson viaggiava. Ma Carlos non era stato disposto a spingersi oltre, nonostante la sua offerta di pagarlo di più. Non gli aveva spiegato il perché, ma aveva semplicemente detto che era difficile. Il che voleva dire che Agustin sarebbe stato fortunato a raggiungere per primo il luogo in cui si trovava VANDAL.

Era chiaro che c'era molto in gioco. Agustin non aveva tutte le informazioni del caso, ma se il capo della divisione per il Medio Oriente nella direzione delle Operazioni della CIA gli aveva dato carta bianca affinché impedisse all'investigatore, Joe Johnson, e alla sua collega giornalista di raggiungere VANDAL, avrebbe fatto del suo meglio. Tuttavia, la prospettiva di dover effettuare l'esfiltrazione del vecchio da solo non lo esaltava.

Agustin si sedette in silenzio mentre il conducente si infilava nel traffico, facendo svariati sorpassi rischiosi con maggiore abilità di quanto non si fosse aspettato.

Prima che il fuoristrada raggiungesse il centro abitato, l'autista, il viso teso e le labbra strette, svoltò di colpo a sinistra attraversando la corsia opposta e tagliando la strada a un grande autobus rosso, cosa che gli valse un prolungato e rabbioso colpo di clacson.

L'autista accelerò con decisione, superando i centoquaranta chilometri all'ora mentre a un bivio imboccava una strada sterrata rossa a sinistra.

Agustin afferrò il bordo del sedile mentre il Ranger si lanciava verso l'ultima posizione conosciuta di VANDAL.

Puerto Iguazú, Argentina

Johnson era fermo e fissava Ignacio, che continuava a puntargli contro la Glock, lo sguardo che si muoveva tra lui e Fiona. Stava bluffando o no? Probabilmente no. C'era indifferenza, durezza, negli occhi scuri dell'argentino.

Fu allora che a Johnson venne un sospetto, si ricordò di Daniel Kudrow che parlava della vacanza del defunto figlio in Sud America.

«Nathaniel Kudrow» disse Johnson. «Sei stato tu?»

Fiona si voltò e lo guardò sorpresa. Ignacio si inumidì le labbra. «Lo avevo avvertito.»

«Ma perché?»

«È venuto in Argentina, ha organizzato un incontro con me, mi ha detto che aveva scoperto la faccenda delle vendite di oro a mio padre» disse Ignacio. «Voleva sapere se era vero perché non ci credeva. Non poteva chiedere alla sua famiglia. Disse che stava pianificando di denunciare tutto... pensava che sarebbe stato anche nel mio interesse. L'ho avvertito ripetutamente di non farlo perché avevo altro in mente; gli ho detto di lasciar perdere e di stare zitto, altrimenti avrei preso provvedimenti. Ma sembrava determinato. L'ho pedinato per una settimana insieme a un mio amico, ex intelligence militare, a Washington, quindi sapevo che aveva parlato con lei.» Indicò Fiona.

Johnson decise di lasciare parlare Ignacio, visto che voleva parlare. Ora stava chiaramente cercando di giustificarsi, e se davvero, in qualche angolo del cervello, aveva dei dubbi su ciò che stava facendo, forse quella era una debolezza che poteva essere sfruttata. Più lo avesse lasciato fare, meglio sarebbe stato. C'era qualcosa di irrazionale, di ossessivo, in quell'uomo.

Forse è nei geni.

«Gli ho detto di tenere la bocca chiusa» affermò Ignacio «ma denunciare tutto era diventata una missione. Stupido. Non ho mai capito perché. Sfortunatamente, è probabile che io sia arrivato troppo tardi.»

Si voltò e indicò Fiona. «Tuttavia, ora che è qui, mi sarà utile. La costringerò a scrivere la storia sul perché ho intenzione di eliminare mio padre, così il mondo saprà cosa ha fatto a tutti quegli ebrei e al sottoscritto. Ha letto quei documenti che ti ho inviato?»

Fiona si schiarì la gola. «Sì, li ho visti e ho intenzione di scrivere la storia di tuo padre. Ma non devi ucciderlo, come dice Joe. Possiamo portarlo in tribunale.»

Fallo parlare, Fiona.

«E c'è un'altra cosa» continuò Fiona. «Una notizia dell'ultima ora che sta per essere divulgata. David Kudrow presto si dimetterà. Prima ho ricevuto un messaggio dal suo responsabile della campagna.»

Rivolse a Johnson uno sguardo di scuse; lui inarcò le sopracciglia, sentendosi improvvisamente irritato perché prima non gliene aveva parlato.

«In mattinata a Washington rilasceranno un comunicato stampa in cui annuncia che si ritira» proseguì Fiona. «La realtà è che si è reso conto che a un certo punto *Inside Track* pubblicherà la storia sulle sue finanze e sull'oro e che diventerà virale, quindi ha deciso di dimettersi prima che accada. Ma dirà che è per motivi personali: la campagna lo distoglie troppo dalla sua famiglia. La prospettiva della presidenza gli mette addosso troppa pressione. Ha un'attività da gestire, eccetera, eccetera, sapete come funziona.»

Johnson capì che era nervosa – ed era comprensibile, date le minacce di Ignacio – perché aveva difficoltà a esprimersi. Ma era necessario che la conversazione proseguisse.

«Quindi tutti i dettagli sui Kudrow che rivendono l'oro di Hitler? Ora verranno inseriti nella notizia del suo ritiro, suppongo?» chiese Johnson.

Lei scrollò le spalle. «Non so che intenzioni abbia il mio capo al riguardo. Il problema è che abbiamo ancora bisogno di prove fisiche reali di ciò che hanno fatto, no? Ecco perché volevo delle fotografie dei tunnel. Sì, abbiamo visto fatture di vendite fatte in Argentina vecchie di anni, ma nulla che possa dimostrare cosa è stato effettivamente venduto, figuriamoci la provenienza. 'Servizi'... sulle fatture non c'è scritto altro. David negherebbe tutto.» Guardò incerta Ignacio.

Johnson si grattò la cicatrice sull'orecchio destro. «Non dirmi che abbiamo buttato il nostro tempo. Perché Nathaniel l'ha fatto, intendo far trapelare la storia? Era solo incazzato per non aver tratto alcun beneficio dall'oro, mentre suo fratello sì? È stata una questione di gelosia...»

«Era quello che volevo sapere» lo interruppe Ignacio. «Non sono riuscito a scoprirlo.»

Johnson sentì un *bip* provenire da uno dei cellulari sul tavolo quando arrivò un messaggio di testo, seguito da un altro e poi da un altro ancora.

Fiona fece un passo verso il tavolo, ma Ignacio le puntò contro la pistola. «Lascia lì quel telefono. Abbiamo parlato abbastanza. È arrivato il momento di chiudere questa faccenda una volta per tutte, qui e ora. Ho aspettato abbastanza.»

Johnson imprecò interiormente. Gli sembrò di aver sentito un lieve tonfo e poi un gemito provenire dall'esterno, ma nessun altro sembrava essersene accorto.

Ignacio prese una sedia di legno da dietro il tavolo e la mise accanto a quella su cui era seduto il padre.

Quindi puntò la pistola contro Johnson.

«Tu, Johnson, siediti qui. Adesso. Non posso permettermi di correre altri rischi con te. Dovrai lasciarci anche tu. Tu e la tua patetica giustizia» disse quasi alzando la voce...

Ignacio allungò una mano dietro di sé, gli occhi ancora puntati su Johnson, e prese una piccola cartella di cartone dal tavolo. Caddero un paio di fogli di carta. Johnson si accorse che sembravano gli originali dei documenti SS di Brenner, di cui Ignacio gli aveva inviato per email le scansioni.

Per la prima volta da quando erano entrati nel garage il vecchio Brenner parlò. «Da dove li hai presi? Dimmi. E dove sono le mie guardie che lavorano qui?» chiese con voce debole, quasi un sussurro.

«Non importa dove ho preso i documenti. Li darò alla nostra giornalista, Fiona qui, in modo che lei possa dire al mondo intero quello che hai fatto... così sapranno perché un proiettile ti ha attraversato la testa malvagia e rugosa» rispose Ignacio. «E ora qui lavorano le mie due guardie. Le tue le ho mandate via.»

Johnson non si era ancora mosso.

Ignacio fece un passo verso di lui, il volto contorto, gli occhi socchiusi, le labbra serrate... *per cosa?* Johnson non sapeva se fosse solo per rabbia, frustrazione, o per delusione. Poi Ignacio disse in tono più basso e minaccioso: «Muoviti. Siediti.» Johnson notò che la sua mano destra, che reggeva la pistola, tremò leggermente.

Alzò le mani e si trascinò fino alla sedia, poi si sedette.

Ignacio fece un paio di passi e si fermò di fronte al padre, dando le spalle alla porta del garage più piccola. Johnson si sedette davanti a lui alla sua destra, con le mani ancora alzate.

Ignacio gli puntò la pistola contro.

Con la coda dell'occhio, Johnson vide un'ombra strisciare in avanti lungo lo stretto raggio di sole che brillava attraverso la porta parzialmente aperta. Si spostò dietro Ignacio, poi Johnson iniziò a vedere il profilo della testa e delle spalle di una persona. Quindi, da un lato, la forma di una mano sollevata.

Jayne.

Adesso Ignacio era inarrestabile, vomitava tutto il suo odio all'indirizzo del padre in spagnolo, ignaro di ciò che stava accadendo intorno a lui. «Questo è per te, per quello che hai fatto a me e a tutti quelli che hai ucciso e torturato. È per quelle donne là fuori. Questo è il momento in cui il *cane*, come mi hai chiamato, il cane torna a casa con la coda tra le zampe, poi si gira e squarcia la gola al padrone.»

Abbassò la canna della pistola finché non la puntò alla testa del padre.

In quel momento la guardia della Lopez Seguridad dalla testa rasata notò l'ombra sulla porta. «Ignacio, attento, dietro di te» urlò.

Ignacio si voltò.

Da dietro di lui arrivò uno sparo assordante, una pausa e poi un altro colpo; echeggiarono entrambi nel garage. Poi altri tre colpi spari, almeno uno dei quali colpì il soffitto intonacato facendo cadere un grosso pezzo insieme a una pioggia di detriti.

Ignacio lanciò un urlo agonizzante mentre inciampava in avanti. La pistola gli cadde di mano e finì sul pavimento di fronte a Johnson.

Del sangue schizzò dalla spalla destra di Ignacio sul pavimento, tingendo immediatamente la sua camicia di rosso. Nel tessuto c'erano due buchi neri rotondi. Il braccio destro gli ricadde sul fianco, inutilizzabile, e si strinse la spalla con la mano sinistra. Aveva la bocca spalancata e gli occhi sporgenti...

All'improvviso Fiona gridò: «Joe, la guardia. La sua pistola.»

Johnson girò la testa e vide la guardia rasata alzare la pistola. «Jayne, a terra» le gridò, gettandosi sul pavimento mentre la guardia premeva il grilletto.

In quel momento Jayne, ormai in posizione prona sul pavimento, sparò altri colpi rapidi in direzione della guardia. I primi due fecero esplodere nell'aria altro intonaco, dal soffitto e dalle pareti.

Il terzo colpo spostò all'indietro la guardia, e quando il proiettile di Jayne lo colpì vicino alla clavicola destra il sangue gli schizzò alle spalle.

Johnson rotolò sotto il tavolo. Nello stesso momento vide Fiona colpire il pavimento.

Dall'esterno provenne il suono di una forte sgasata e uno stridio di pneumatici, poi le due grandi porte di legno del garage dietro Ignacio si spalancarono quando il retro di una Jeep le sfondò entrando per un paio di metri all'interno del garage. La guardia coi baffi sedeva al volante.

Una delle porte si richiuse di colpo sui cardini, schiantandosi contro il muro del garage; l'altra si ruppe in due pezzi.

In un lampo Ignacio corse verso una delle porte posteriori della macchina, l'aprì e saltò dentro, con il sangue che zampillava dalla spalla e lasciandosi dietro una scia cremisi.

«Colpiscilo, Jayne» urlò Johnson. Ma vide Jayne che cercava disperatamente di sostituire il caricatore.

Il motore della Jeep andò su di giri, le portiere sbatterono e, con uno stridio di pneumatici che giravano sul cemento, il veicolo schizzò fuori dal garage e lungo la strada.

Johnson si voltò e, a pochi metri di distanza, vide Fiona distesa a terra su un fianco, con la schiena rivolta verso di lui. Le urlò mentre si alzava. «Fiona, stai bene?»

Ma lei non si mosse. Johnson allungò una mano e la tirò per una spalla.

Fu solo quando la fece rotolare sulla schiena che vide il sangue sgorgare da una ferita d'arma da fuoco nella parte superiore del braccio sinistro. Aveva anche un grande squarcio rosso e un livido alla tempia.

Giaceva lì a faccia in su, le braccia e le gambe divaricate, la testa inclinata di lato.

55

Lunedì 5 dicembre 2011
Puerto Iguazú, Argentina

Johnson fissò Fiona per qualche secondo, nel tentativo di digerire quello che era accaduto. Si portò le mani alla fronte, momentaneamente diviso tra l'istinto di stare al fianco di Fiona e aiutarla e il desiderio di fermare Ignacio prima che scomparisse.

Fu il ruggito del motore della Jeep che provenne dall'esterno a decidere per lui. Afferrò la Beretta, che era ancora sul tavolo, e corse fuori, subito seguito da Jayne, che aveva inserito un nuovo caricatore nella pistola. Ma a quel punto, la Jeep era già a una cinquantina di metri di distanza e stava accelerando lungo la strada sterrata rossa.

Rapidamente, Johnson fece scattare la sicura, puntò la pistola e sparò due colpi rapidi contro il veicolo. Il primo proiettile si schiantò contro la carrozzeria sul retro e il secondo frantumò il lunotto; ma la Jeep proseguì e a quel punto si era sollevata così tanta polvere che il terzo colpo, insieme ai due sparati da Jayne, la mancarono.

La Jeep scomparve dietro una curva, dietro alcuni alberi e poi giù per il pendio in direzione del fiume, lasciando dietro di sé una scia di polvere rossa che fluttuava dolcemente nella brezza.

In fondo alla collina, accanto ad alcuni scogli dove c'era una piccola insenatura del fiume, una barca era in attesa, con i due motori fuoribordo che gettavano gas di scarico.

Jayne sembrava sconvolta. «Mi dispiace, non sono riuscita a ricaricare abbastanza velocemente. È colpa mia. Sbrighiamoci, andiamogli dietro. Vado a prendere la Toyota.»

Johnson afferrò Jayne per l'avambraccio e la trattenne. Guardò in lontananza. «È impossibile riuscire a raggiungerli. Saranno su quella barca tra un minuto. Ci vuole troppo tempo per recuperare la Hilux. Non abbiamo alcuna speranza di farcela.»

Si voltò rapidamente e si diresse di nuovo verso il garage. «Fiona è ferita. Meglio andare a vedere come sta.»

Johnson entrò nel garage seguito da Jayne e andò dritto da Fiona, che gemette, aprì gli occhi e poi li richiuse.

«Okay Fiona, non muoverti» disse e le strinse il polso per alcuni secondi. «Il battito sembra a posto. Penso che starà bene, ma dobbiamo fermare il sanguinamento. Penso abbia sbattuto la testa quando è caduta. Guarda quello squarcio sulla tempia.»

Johnson afferrò un paio di cuscini da una sedia nell'angolo. Ne mise uno dietro la testa di Fiona e strappò la fodera dell'altro. Quindi tirò fuori un coltellino dalla tasca e tagliò la manica dalla camicia di Fiona. Sembrava che il proiettile avesse attraversato la carne morbida della parte superiore del braccio, ma per fortuna aveva mancato l'osso. Era una brutta ferita, lacera, e sanguinava pesantemente. Johnson esitò per un attimo e poi vi premette sopra forte il materiale. «Non credo di poter fare molto altro. Se ne occuperanno in ospedale.»

Scrutò il garage e vide un rotolo di nastro adesivo marrone su una panchina. «Ecco, prendi quel nastro» disse «la fascerò meglio che posso. Non è proprio il massimo.»

Jayne gli portò il nastro e lui lo avvolse saldamente intorno alla spalla e alla parte superiore del braccio di Fiona, in modo da tenere fermo il tessuto. «Non so fare di meglio.»

Fiona aprì di nuovo gli occhi. Era molto pallida ed era chiaro che stesse soffrendo molto, ma Johnson vide che respirava in modo regolare.

Si voltò e si diresse verso la guardia della Lopez Seguridad a cui Jayne aveva sparato, che gemeva stesa sul pavimento sul retro del garage e la cui ferita alla spalla, che Johnson ispezionò rapidamente, sanguinava copiosamente. Sembrava che il proiettile gli avesse frantumato la clavicola.

Johnson si rivolse di nuovo a Jayne. «Non sarà facile. Ecco cosa propongo di fare. Andiamocene da qui ora, prima che arrivi la polizia. Chiameremo un'ambulanza per la guardia di sicurezza e lasceremo Fiona in ospedale. Vorrei poterlo evitare, ma è chiaro che dovrà restare in ospedale. Dobbiamo riportare questo vecchio bastardo di Brenner a Buenos Aires in qualche modo. E dobbiamo sbrigarci. Il Mossad e probabilmente la CIA ci sono addosso, puoi scommetterci. Se riusciremo a portarlo negli Stati Uniti o all'ambasciata britannica, avremo una possibilità. Che ne dici se parlo con gli Stati Uniti e tu parli con il Regno Unito? Dopo chiamerò le autorità per i crimini di guerra. Dovremo elaborare un procedimento. Spero solo che l'Argentina collabori.»

Johnson cercò di controllare mentalmente cos'altro doveva fare prima di andarsene. Una delle priorità era quella di raccogliere prove. Si chinò e raccolse con cura gli originali dei documenti delle SS di Brenner, quindi li rimise nella cartella che si sistemò sotto il braccio. Si avvicinò al tavolo e guardò i quattro telefoni che c'erano sopra. Uno era suo, uno di Jayne, a cui lo restituì, e un altro di Fiona.

Johnson studiò il quarto dispositivo. Un rapido controllo della rubrica del telefono, composto principalmente dai membri dello staff della SolGold, gli disse che era di Brenner. Johnson fissò l'ex nazista, che era ancora seduto sulla sedia. Nel vederlo lo assalì l'immagine di sua madre che veniva frustata ed ebbe un leggero conato di vomito. Sentì la bile risalirgli in gola, ma subito la trattenne deglutendo a fatica.

Improvvisamente si rese conto che, nel caos, non aveva ancora parlato con Brenner. Sentì l'impulso di fargli un discorso che spiegasse esattamente perché lo avrebbe consegnato alle autorità giudiziarie e che gli facesse ricordare il modo in cui aveva torturato sua madre. Ma quel pensiero scomparve rapidamente, in parte perché sarebbe stato superfluo, in parte perché sapeva che dovevano andarsene da lì e in fretta. In ogni caso, sapeva che Brenner non se la sarebbe ricordata. Perché avrebbe dovuto?

Invece sostenne lo sguardo dell'ex ufficiale delle SS. Gli occhi azzurro pallido che Johnson immaginava una volta ardere di veleno e fervore razzista erano quasi lattiginosi e patetici.

Si voltò in modo da avere il vecchio nazista perfettamente di fronte. «Per la cronaca» disse Johnson «mi chiamo Joe Johnson, sono un investigatore di crimini di guerra. Mi assicurerò che torni da dove sei venuto, in Germania, in modo che l'Ufficio centrale possa occuparsi di te come hanno fatto con John Demjanjuk all'inizio di quest'anno. Ti porteremo all'ambasciata americana a Buenos Aires e poi da lì si vedrà.»

Si riferiva all'Ufficio centrale delle amministrazioni federali di giustizia per le indagini sui crimini nazionalsocialisti, la principale agenzia tedesca per le indagini sui crimini di guerra nazisti.

Demjanjuk, un operaio automobilistico a Cleveland, era stato espulso dagli Stati Uniti nel 2009 e, processato a Monaco nel maggio 2011, era stato dichiarato colpevole di concorso in omicidio nel campo di sterminio di Sobibór in Polonia, dove era stato una guardia durante la Seconda guerra mondiale.

Brenner continuò a fissarlo. «So chi sei.»

Johnson scosse semplicemente la testa. Rimosse la carta sim e la batteria dal telefono di Brenner e si mise tutto in tasca. Supponeva che la CIA o il Mossad stessero localizzando la carta sim.

Johnson uscì dalla porta, seguito da Jayne. In lontananza vide la Jeep con Ignacio e la guardia che si fermava in fondo alla collina, vicino alla barca.

I due uomini, minuscole e distanti figure, scesero dalla macchina e salirono a bordo della barca.

Non appena furono saliti a bordo i motori rombarono e la barca si lanciò nel fiume, risalendolo in direzione del Paraguay dalla sponda opposta e lasciando dietro di sé una grande scia bianca.

Appena fuori dal garage, Luis giaceva a terra privo di sensi, accanto a un corto palo di legno. «Cos'è successo con questo qui?» Johnson chiese a Jayne mentre gli controllava il polso.

Jayne strinse le labbra. «Be', l'ho visto mentre si guardava intorno in questa zona vicino al garage. Ho avuto la sensazione che stesse cercando eventuali rinforzi che avresti potuto avere. Quando ho sentito alzarsi le voci all'interno, ho pensato che potevate aver bisogno di me. Quindi gli sono sgattaiolata di soppiatto alle spalle e l'ho colpito con quel palo. Non mi ha visto. Chiaramente non potevo usare la pistola perché dentro l'avrebbero sentita.»

Johnson accennò un sorriso. Jayne era stata, letteralmente, la sua salvatrice in questa impresa.

«Be', è ancora vivo» disse Johnson. «Lo legheremo e anche di lui se ne occuperà l'ambulanza.»

Johnson si alzò in piedi. «Ti sono debitore, Jayne. Ignacio stava per uccidere sia il vecchio sia il sottoscritto. Ce la siamo vista brutta, là dentro.»

Diede un'occhiata al telefono di Fiona. C'erano diversi messaggi di testo che fece scorrere rapidamente verso il basso. Spalancò gli occhi. «Cosa diavolo...» disse, mentre ne digeriva il contenuto.

«Cosa c'è?» chiese Jayne.

«Questi messaggi sul telefono di Fiona. Sembra che provengano da uno dei suoi colleghi di *Inside Track*.»

Johnson andò avanti a leggere. «A quanto pare c'è un mandato d'arresto per un alto dirigente del Partito Democratico sospettato di aver effettuato un versamento multimilionario non autorizzato su un conto numerato alle Bahamas... che appartiene a Nathaniel Kudrow.»

Continuò a scorrere verso il basso, poi lesse i dettagli del messaggio successivo. «L'FBI pensa che siano cinque milioni di dollari. Il tizio è scomparso. Pensano abbia preso un aereo per il Paraguay questa mattina. Pare che l'FBI avesse messo sotto controllo la sua linea e che l'abbiano sentito parlare di qualcosa in merito ai pagamenti a Nathaniel per aver architettato il ritiro di David Kudrow come candidato repubblicano. Il primo pagamento è stato effettuato la mattina in cui Nathaniel è stato pugnalato a morte, ma prima del ritrovamento del corpo. Hanno trovato i soldi in uno dei suoi conti correnti. Hanno anche scoperto uno scambio di sms tra il dirigente e Nathaniel sui pagamenti, tra cui quello dove Nathaniel diceva che aveva svolto il lavoro e che il primo trasferimento poteva essere effettuato. Chiedono a Fiona di chiamarli con urgenza. Dicono che il suo sito web non ha ancora pubblicato un articolo in merito, ma che lo farà.»

Johnson scosse la testa. La sua mente stava facendo gli straordinari nell'elaborare le informazioni. Ecco perché Nathaniel aveva fatto trapelare la storia. Gli tornarono in mente le parole di Philip su Nathaniel alla raccolta fondi repubblicana di quasi un mese prima.

'È stato lui a suggerirmi di inserirti tra gli invitati.'

Senza dubbio aveva fatto invitare anche Fiona.

Anche Jayne era rimasta un po' a bocca aperta. «Ha tradito il fratello per cinque milioni di dollari» disse. «Sicuro di aver letto bene?»

«Pare di sì. Se riusciamo a rimettere in piedi Fiona la aspettano due esclusive mondiali.»

Sapeva che nonostante i precedenti commenti di Fiona sulla necessità di avere 'più prove', ce n'erano più che a sufficienza per soddisfare qualsiasi editore o avvocato dei media, mentre pubblicare un importante servizio su Brenner avrebbe reso molto più difficile per la CIA o il Mossad esfiltrarlo di nascosto.

«Certo» disse Jayne. «Storie grosse. L'ultimo nazista, probabilmente. Devi sentirti come se l'avessi fatto per tua madre. Ricordo ciò che mi hai raccontato, quello che ha passato.»

Johnson incrociò il suo sguardo e annuì. «Sì, grazie a te. Ma questo gioco non sarà finito finché non avremo portato Brenner fuori da qui e dall'Argentina. Serve anche che qualcuno contatti le Nazioni Unite e le organizzazioni per i diritti umani per quelle povere donne prigioniere qui dentro. Non possiamo fidarci della polizia locale, ovviamente. Forse Fiona può scrivere un pezzo anche su di loro.»

«Posso chiedere aiuto a un paio di membri dell'ambasciata che conosco» disse Jayne. «Possono iniziare a mettere in moto le cose alle Nazioni Unite in modo da liberare queste donne.»

Si incamminò per andare a prendere la Hilux mentre Johnson legava la guardia ferita, che era incosciente, usando delle corde che aveva trovato nel garage. Quindi fece lo stesso con Luis, anche lui incosciente.

Una volta tornata Jayne trasferirono Brenner sui sedili posteriori della Toyota e gli legarono braccia e gambe usando le originali fascette in velcro di Ignacio. Il vecchio ufficiale delle SS non oppose resistenza.

Quindi trasportarono Fiona con attenzione e la misero sul sedile passeggero anteriore. Appariva debole ma, nonostante la grande chiazza di sangue che si vedeva attraverso la benda di fortuna sulla spalla, il polso era buono e lo sguardo di determinazione sul suo viso rassicurò Johnson.

Fiona prevenne le preoccupazioni di Johnson riguardo al lasciarla in ospedale. «Starò bene» disse lei, facendo una smorfia di dolore. «Avrò bisogno di un intervento per sistemare la spalla. E con la polizia me la caverò. Non ti preoccupare, concentrati sul portare Brenner fuori da qui. Io starò bene.»

Johnson annuì e restituì a Fiona il telefono. «Mi preoccupi di più tu che scrivi e pubblichi quelle storie» scherzò.

Salì al posto di guida ma notò che Jayne si era allontanata in direzione di una striscia di cemento vicino alla casa. Si chinò, scrutando nella polvere come una vecchia signora in cerca di una moneta caduta.

«Dai, Jayne, dobbiamo andarcene di qui» urlò Johnson. Si sentiva sempre più agitato per i ritardi.

Jayne raccolse qualcosa e tornò alla Hilux, dove salì sul sedile posteriore accanto a Brenner. Johnson lasciò andare la frizione e la Hilux risalì la strada sterrata a corsia unica.

Più avanti, in lontananza, Johnson vide una nuvola di polvere sollevata da un veicolo che stava chiaramente correndo nella loro direzione.

Penso subito che fosse estremamente insolito che un veicolo si muovesse a tale velocità in una zona rurale lungo una strada sterrata mal tenuta come quella. In quel momento, Johnson agì d'istinto.

Sulla destra, la strada si biforcava e portava a una radura separata dalla strada da cespugli, erba e alberi. Johnson frenò di colpo e bruscamente vi entrò, fermandosi dietro a un grosso cespuglio di erba della pampa alto due metri e mezzo.

«Che diavolo stai facendo?» chiese Jayne. «Pensavo andassimo di fretta.»

Johnson indicò silenziosamente la strada. Meno di un minuto dopo, un fuoristrada Ford Ranger nero lucido sfrecciò dietro l'angolo, permettendo a Johnson di dargli una rapida occhiata prima che passasse dietro l'altro lato del cespuglio.

Superò la radura e scomparve dietro di loro. Una volta che fu certo che se ne fosse andato, Johnson inserì nuovamente la marcia e tornò sulla strada.

«Non so chi fosse, ma sicuramente non era uno del posto con un fuoristrada del genere, non di questa zona povera» disse Johnson.

Si voltò e lanciò un'occhiata a Fiona, poi a Jayne alle sue spalle, nei sedili posteriori. «Cosa hai raccolto fuori dal laboratorio della SolGold?» le chiese.

Jayne si chinò verso il sedile del conducente e tenne un oggetto di fronte a Johnson.

«Questo» disse Jayne. «Mentre Ignacio correva per salire in macchina ho visto qualcosa di metallico che gli cadeva fuori dalla tasca. È atterrato sul cemento.»

Johnson lanciò un'occhiata al pezzo rettangolare di metallo giallo che Jayne teneva in mano. Sulla parte anteriore c'erano incise una svastica e un'aquila. Sotto c'erano le parole:

Deutsche Reichsbank
1 kilo Feingold
999,9

Epilogo

Lunedì 12 dicembre 2011
Portland, Maine

Mentre Johnson apriva una busta e spargeva sulla sua scrivania i ritagli di giornale contenuti all'interno, la prima forte nevicata invernale stava ancora imperversando nell'area di Portland.

Rimase a fissarli per qualche minuto, poi ne prese uno, si sedette e cominciò a leggere.

'Dopo 67 anni in fuga, omicida di massa nazista a processo' recitava il titolo a caratteri cubitali. Il sottotitolo diceva: 'Killer delle SS, 91 anni, dirige la riproduzione di un campo di concentramento in Argentina.'

C'era una fotografia a colori di Brenner, accanto a una in bianco e nero del campo di concentramento di Wüstegiersdorf scattata nel 1944 e un'altra della sua fabbrica di gioielli a Puerto Iguazú.

L'articolo descriveva nel dettaglio come Brenner era stato rintracciato. Comprendeva citazioni di Johnson riguardo al laboratorio dei Kudrow a Londra, ai tunnel nel complesso di Riese e all'inseguimento in auto verso nord fino a Puerto Iguazú.

Alcuni degli altri ritagli includevano le scansioni dei documenti delle SS che incriminavano Brenner.

Johnson ne prese un altro, questo lo aveva stampato da *Inside Track,* che era riuscito a dare la notizia per primo nonostante le ferite di Fiona. Aveva scritto il pezzo dal suo letto d'ospedale, sopportando i forti dolori grazie all'aiuto di un'infermiera che lo aveva battuto al computer mentre lei dettava, e poi lo aveva inviato per email.

La storia di Fiona era intitolata: 'Dimissioni dell'aspirante candidato alla Casa Bianca Kudrow, travolto dallo scandalo del finanziamento nazista'. Aveva anche un sottotitolo: 'Sopravvissuti ai campi di concentramento ricattano il loro aguzzino delle SS'.

L'articolo, come gran parte degli altri, condannava il modo in cui i gemelli Kudrow avevano depredato l'oro rubato da Hitler usandolo per i propri fini, ma al contempo era solidale con la loro missione di vendicarsi del proprio torturatore nazista.

Un altro articolo del sito web di Fiona riportava: 'Giornalista dell'*Inside Track* ferita in uno scontro a fuoco durante la cattura del nazista'. Per fortuna all'ospedale di Puerto Iguazú erano riusciti a operarla alla spalla, anche se, una volta guarita, la ferita avrebbe richiesto un intenso lavoro di riabilitazione con un fisioterapista. Era tornata a Washington, da Buenos Aires, tre giorni dopo l'intervento chirurgico. Johnson si sentiva ancora in colpa per averla lasciata a Puerto Iguazú mentre si dirigeva a sud con Brenner, ma in realtà non aveva avuto altra scelta.

I commentatori e gli esperti di tutti gli organi di informazione avevano faticato a capire di cosa sarebbero stati accusati i gemelli Kudrow – sempre che ce ne fossero le basi – e quale Paese avrebbe dovuto condurre le indagini.

Johnson di una cosa era sicuro: se l'intenzione dei Kudrow era di uscirne con la credibilità intatta, avrebbero dovuto accettare di identificare Brenner: prima per farlo estradare dall'Argentina e poi di nuovo in tribunale in Germania.

Una procedura di identificazione attuabile avrebbe probabilmente richiesto agli anziani gemelli di riconoscere Brenner tra una serie di fotografie non contrassegnate di ufficiali nazisti, usando delle immagini risalenti agli anni Quaranta, tratte dai documenti personali di Brenner e di altre SS in modo che fossero tutte di dimensioni e stili simili.

Un altro articolo si intitolava 'I documenti del capo delle SS sono prove schiaccianti'. Be', sì, e le copie di quei documenti erano nelle cartelle personali delle SS di Brenner conservate a Berlino e Washington.

Ma i Kudrow avrebbero dovuto essere pronti a entrare nel dettaglio, sia nelle dichiarazioni che in tribunale, sulle circostanze che portarono al crollo del tunnel, sulla loro fuga dal treno vicino a Gluszyca e sugli spari che avevano sentito quando i loro compagni prigionieri erano stati assassinati. Tutte informazioni che avrebbero corroborato l'avviso disciplinare delle SS notificato a Brenner.

I due anziani gemelli sarebbero riusciti a fare tutto questo? E il cuore malato di Jacob avrebbe retto la tensione del processo e della comparizione in tribunale? Johnson era sicuro che i Kudrow lo avrebbero fatto sulla base della conversazione telefonica di cinque minuti che aveva avuto il giorno precedente con Daniel Kudrow, che era ancora a Londra e aveva promesso che con Jacob avrebbero fatto la cosa giusta.

Daniel era piombato in un silenzio attonito quando aveva saputo del campo di concentramento creato da Brenner a Puerto Iguazú e dell'idea di Ignacio, secondo cui Brenner lo aveva fatto nel tentativo di compensare le ingenti perdite derivanti dall'annoso ricatto dei Kudrow. Ma aveva terminato la conversazione con un commento che Johnson difficilmente avrebbe potuto non condividere: «Quell'uomo è la malvagità fatta persona; lo avrebbe fatto comunque.»

C'erano molti altri importanti articoli che riguardavano il versamento di cinque milioni di dollari sul conto corrente di Nathaniel da parte del funzionario del Partito Democratico, che ora era sotto indagine dell'FBI per aver tentato di influenzare il corso delle elezioni e che non era stato ancora trovato. Si credeva si nascondesse in Paraguay o forse in Cile.

La maggior parte degli articoli descriveva come Ignacio fosse oggetto di una caccia all'uomo internazionale: ricercato in relazione agli omicidi di Nathaniel Kudrow e Keith Bartelski e al tentato omicidio di suo padre. La polizia aveva già interrogato diverse volte Luis, che si era ripreso dalla commozione cerebrale.

Ma nessuno dei media aveva menzionato Jayne. Aveva insistito su questo punto ed era tornata nel Regno Unito senza che nessuno del SIS sembrasse aver capito cosa avesse combinato Carolina Blanco. I media non avevano fatto riferimento nemmeno alla CIA o al Mossad: Johnson aveva deciso di tenerli fuori dai colloqui tenuti con vari giornalisti e, come si aspettava, nessuna delle due agenzie di intelligence aveva successivamente deciso di esporsi.

Senza prove concrete di illeciti da parte di Watson, Johnson aveva ritenuto che accusarlo di qualunque cosa in questa fase fosse una strategia ad alto rischio. Ma aveva la netta sensazione che attendere il momento opportuno avrebbe dato i suoi frutti. Watson, ne era certo, aveva le mani in pasta in svariate attività illecite. Ci sarebbe stata un'altra opportunità.

Uno dei servizi riportava che Johnson aveva fatto per due volte uno scambio di veicoli, mentre lui e Jayne portavano Brenner a milletrecento chilometri a sud, all'ambasciata degli Stati Uniti a Buenos Aires. Johnson sorrise leggermente leggendolo. Il servizio diceva il vero. Dopo aver lasciato Fiona all'ospedale aveva pagato in contanti per un fuoristrada Mitsubishi nero a Puerto Iguazú, dove avevano lasciato la Hilux grigia noleggiata da Jayne. Più avanti, avevano fatto un altro cambio, questa volta avevano scambiato la Mitsubishi con un fuoristrada Ford rosso a Concordia.

Aveva funzionato. Non erano stati fermati dalla polizia locale, né erano stati catturati dalla CIA o dal Mossad. Johnson stava ancora aspettando che Vic gli facesse sapere quale fosse stata la reazione di Watson nello scoprire com'erano andate le cose.

Alle sue spalle si aprì la porta. Si voltò e vide Carrie entrare nella stanza, seguita da vicino da Cocoa, che agitava vigorosamente la coda.

Johnson controllò lo schermo del computer e si toccò la cicatrice sull'orecchio destro. Erano solo le dieci e venti e quella mattina erano già arrivate sei email che gli chiedevano la disponibilità per incarichi di lavoro negli Stati Uniti e all'estero. Nei giorni successivi all'arresto di Brenner e al polverone mediatico sollevato dall'iniziale servizio esclusivo di Fiona ne erano arrivate molte altre.

Lanciò un'occhiata a sua figlia, poi si alzò e le si avvicinò, abbracciandola in silenzio.

Dopo un minuto, fece un passo indietro e le mise le mani sulle spalle.

«Hai fatto un ottimo lavoro, papà. Guarda tutti quei titoli. La nonna sarebbe stata orgogliosa di te» disse Carrie. «È stato rischioso, però. Più di quanto io o Peter avessimo immaginato.»

Rischioso?

«Sì, be', non mi aspettavo che sarebbe andata com'è andata, tesoro, questo è certo» rispose lui. Sorrise al proprio tentativo di minimizzare i fatti.

E ne era valsa la pena, si chiese, per catturare finalmente Brenner? Era una bella domanda.

«Mi è appena venuta in mente una cosa che ha scritto tua nonna» disse Johnson. «Aver rintracciato Brenner significa giustizia per lei e per le migliaia di altre persone che hanno sofferto e che sono morte intorno a lei.»

«Pensi che accadrà? Ci sono abbastanza prove?» chiese Carrie.

«Oh sì, ci sono prove a sufficienza. Documenti e testimoni oculari. Non sarà un problema» le rispose. «Ecco perché ne è valsa la pena. Forse se questo scoraggerà l'equivalente odierno di Brenner, qualcun altro che sta per commettere un crimine di guerra, forse in Africa o in Siria o da qualche altra parte, il mondo diventerà un posto un pochino migliore. Come disse tua nonna, queste persone non possono fuggire e nascondersi per sempre. Lei ha sofferto, noi abbiamo perseverato e ora c'è speranza.»

Tornò al computer, selezionò la prima delle email del giorno e premette 'Rispondi'.

Nota dell'autore

La maggior parte del contesto storico di *L'ultimo nazista* è attinente a fatti reali, compresi i dettagli del progetto Riese di Hitler nella Bassa Slesia e dell'esteso complesso di tunnel che venne costruito nell'area di Walbrzych, tra cui rientrano anche i tunnel al di sotto del castello di Książ e nei Monti Gufo.

Il gruppo di tunnel di Sokolec era una delle sette strutture di questo genere all'interno del complesso Riese, che comprende il Castello di Ksi ąż.

Tuttavia, nel descrivere la struttura di questi tunnel, inclusa l'esistenza di quelli d'emergenza, mi sono preso una licenza poetica.

Il campo di concentramento di Gross-Rosen, compreso il sottocampo di Wüstegiersdorf, fu costruito per fornire la forza lavoro che scavò i tunnel di Riese. La maggior parte dei prigionieri tenuti lì erano ebrei.

Sono state fatte molte ipotesi riguardo ai luoghi in cui era stato immagazzinato l'oro e agli altri tesori saccheggiati dai nazisti in tutta Europa durante la Seconda guerra mondiale, compresi i lingotti presi da diverse riserve governative e oggetti d'oro più piccoli rubati ai deportati ebrei al momento del loro arrivo nei campi di concentramento, tra cui anche otturazioni dentarie d'oro che vennero estratte con la forza. Ad esempio, nel 1945, una grande quantità d'oro e gioielli fu trovata dai soldati americani in una miniera a Merkers, in Germania.

Molti credono che i tunnel del progetto Riese, alcuni dei quali non ancora esplorati o rimasti bloccati da frane, fossero un luogo di immagazzinamento per una parte dell'oro dei nazisti, ma finora non è stato trovato nulla. Per questo sono stato creativo nel descrivere come venivano immagazzinati i lingotti nei tunnel di Sokolec.

Poiché il protagonista, Joe Johnson, viene dagli Stati Uniti e la maggior parte delle scene sono raccontate dal suo punto di vista, laddove è stato possibile mi è sembrato più sensato utilizzare una terminologia e un'ortografia americane invece del mio inglese britannico.

Letture di approfondimento

Facendo le ricerche per questo mio libro – un lavoro che prevedibilmente, nonostante sia durato diversi mesi, non sembrava mai completo – mi sono imbattuto in molti libri, articoli, filmati e documenti interessanti e di grande valore.

Per coloro che si dilettano ad approfondire le vicende storiche, e che fossero interessati al mondo delle organizzazioni come la CIA o l'Ufficio investigazioni Speciali (OSI), più avanti elenco qualche esempio delle diverse fonti che ho utilizzato.

Ho trovato di particolare ispirazione il lavoro svolto dall'OSI del dipartimento di Giustizia Statunitense, nel rintracciare e processare i criminali di guerra anche molti decenni dopo che furono commesse le prime atrocità. Questa organizzazione, che nel 2010 è stata rinominata Sezione diritti umani e processi speciali del dipartimento di Giustizia, è stata tenace e incisiva nella sua ricerca, diretta da una équipe di storici che si sono immersi in schedari nascosti negli angoli più oscuri di archivi sparsi in tutta Europa per rinvenire le prove di cui avevano bisogno.

Un rapporto sulla storia interna dell'OSI di 617 pagine, intitolata *The Office of Special Investigations: Striving for Accountability in the Aftermath of the Holocaust,* è stato scritto per il dipartimento di Giustizia da Judy Feigin. Una copia è disponibile all'indirizzo: justice.gov/sites/default/files/criminal/legacy/2011/03/14/12-2008osu-accountability.pdf

Questo documento fornisce un'ampia visione generale sulle operazioni dell'OSI e su alcuni processi di alto profilo intentati contro ex nazisti nel periodo successivo alla sua fondazione nel 1979. Da quel giorno, l'OSI ha vinto cause contro 107 persone residenti negli Stati Uniti che presero parte ai reati nazisti di persecuzione. Il documento illustra inoltre come gli Stati Uniti abbiano fornito un rifugio sicuro per centinaia, verosimilmente migliaia, di nazisti fuggiti dopo la Seconda guerra mondiale, alcuni dei quali aiutati dalla CIA in cambio di informazioni riguardo l'Unione Sovietica poiché la Guerra fredda si stava inasprendo.

Nel 2010 l'autore e giornalista Eric Lichtblau scrisse un articolo per il *New*

York Times in cui riassumeva il rapporto di Judy Feigin, disponibile all'indirizzo: nytimes.com/2010/11/14/us/14nazis.html?partner=rss&emc=rss.

Il suo libro, *I nazisti della porta accanto*, sui criminali di guerra che si rifugiarono negli Stati Uniti dopo la Seconda guerra mondiale e sul lavoro svolto dall'OSI e altre organizzazioni simili per rintracciarli, è una lettura affascinante. In particolare, il capitolo che descrive l'indagine svolta negli archivi di Vilnius da Mike MacQueen, storico dell'OSI, alla ricerca di prove dei crimini commessi da Aleksandras Lileikis, un capo della polizia di sicurezza lituana che collaborò con i nazisti e poi andò a vivere in Massachusetts per trentacinque anni, è una lettura coinvolgente.

Un articolo sul sito web della CIA che approfondisce ulteriormente l'argomento si trova all'indirizzo: cia.gov/library/center-for-the-study-of-intelligence/csi-publications/csi-studies/studies/97unclass/naziwar.html.

Un approfondito profilo di Eli Rosenbaum, direttore dell'OSI fino al 2010, può essere trovato nell'*Harvard Law Bulletin*, all'indirizzo: today.law.harvard.edu/feature/never-forget/.

Il *Rapporto annuale sullo stato delle indagini e delle azioni giudiziarie contro i criminali di guerra nazisti* del Centro Simon Wiesenthal, pubblicato per la prima volta nel 2001, ha costituito un'immancabile e interessante lettura di contestualizzazione. Il report del 2016 e quelli precedenti si possono trovare sul sito web dell'Operazione Ultima possibilità, all'indirizzo: http://www.operationlastchance.org/.

L'autore del rapporto, il Dottor Efraim Zuroff, nell'edizione del 2015 scrisse:

> Nonostante l'assunto alquanto diffuso che sia troppo tardi per consegnare gli assassini nazisti alla giustizia, i dati dimostrano chiaramente l'opposto, e noi stiamo lavorando per far sì che nei prossimi anni molti di questi criminali siamo portati a processo. Mentre di solito è dato per scontato che il più grande ostacolo al processo sia l'età dei sospettati, in molti casi è stata la mancanza di volontà politica, più di ogni altra cosa, ad aver intralciato i tentativi di consegnare gli esecutori della Shoah alla giustizia, oltre all'idea errata che si fosse arrivati a un punto in cui era ormai impossibile localizzare, identificare e condannare questi criminali. Il successo ottenuto da magistrati zelanti, specialmente in Italia, Germania, e Stati Uniti, dovrebbe incoraggiare i governi di tutto il mondo a impegnarsi seriamente per massimizzare la giustizia quando è ancora possibile ottenerla.

Per informazioni dettagliate sulla vita nel sistema di campi di concentramento di Gross-Rosen tra il 1940 e il 1945, raccomanderei il libro *A Narrow bridge to life* di Bella Gutterman, una lettura straziante ma che apre una finestra sulle battaglie quotidiane che i prigionieri dovevano affrontare per rimanere semplicemente in vita a dispetto dell'incessante brutalità delle guardie delle SS.

Un altro racconto realistico della vita nei campi è *Se questo è un uomo*, dello scrittore italiano ebreo Primo Levi, che descrive l'anno che ha trascorso rinchiuso ad Auschwitz.

Ulteriori informazioni sul Progetto Riese e sul complesso di campi di concentramento di Gross-Rosen, che ha fornito la forza lavoro per realizzarlo, è disponibile su numerosi siti web, inclusi il sito di Gross-Rosen (https://en.gross-rosen.eu/) e quello del Progetto Riese (http://www.riese.krzyzowa.org.pl/?lang=en).

Dal 2015 al 2016 sono stati fatti grandi sforzi per individuare ed estrarre un treno che si diceva fosse pieno di oro e gioielli e che presumibilmente fu abbandonato e sepolto dai nazisti alla fine della guerra in un tunnel ferroviario segreto subito fuori Walbrzych. I tentativi di localizzare questo treno finora si sono dimostrati vani. Nell'ottobre 2016 è stato trasmesso dalla BBC un affascinante documentario dello storico e presentatore televisivo Dan Snow, *Hunting the nazi gold train*, che mi ha fornito preziose informazioni su questo argomento. È ancora disponibile su Youtube all'indirizzo: youtube.com/watch?v=sQasnhDKxPU.

La fuga di centinaia, o più verosimilmente, migliaia di nazisti verso il Sud America dopo la Seconda guerra mondiale è ben documentata, sebbene ci sia disaccordo tra alcuni storici riguardo i numeri e i metodi utilizzati per progettare le loro vie di fuga. In particolare il libro di Uki Goni, *Operazione Odessa. La fuga dei gerarchi nazisti verso l'Argentina di Perón*, fornisce un quadro approfondito delle modalità con cui le relazioni tra la Germania di Hitler e l'Argentina di Juan Perón ne abbiano agevolato la fuga.

Un altro libro, simile per l'accuratezza della ricerca alla base, è *Hunting Evil* di Guy Walters.

Ci sono molti altri romanzi che mi hanno fornito, oltre all'ispirazione, anche dell'utile materiale informativo. Uno dei più conosciuti tra questi è *Dossier Odessa* di Frederick Forsyth, in cui descrive Odessa, un sistema di fuga creato da alcuni ufficiali delle SS alla fine della Seconda guerra mondiale. Alcuni storici, come Guy Walters, hanno sminuito o addirittura negato l'esistenza di un sistema chiamato così.

La tratta di esseri umani e il lavoro forzato continuano a rappresentare un problema significativo in Argentina, anche nella provincia di Misiones dove si trova la città di frontiera Puerto Iguazú. Il rapporto del dipartimento di Stato americano del 2016 sulla tratta di esseri umani (disponibile all'indirizzo: 2009-2017.state.gov/j/tip/rls/tiprpt/countries/2016/), dice chiaramente che l'Argentina ha ancora molta strada da fare per contrastare questa problematica.

The Protection Project, un'organizzazione per i diritti umani, ha pubblicato un rapporto sull'Argentina che descrive anche l'entità della tratta di esseri umani e può essere consultato all'indirizzo: protectionproject.org/wp-content/uploads/2010/09/Argentina.pdf. Un servizio del quotidiano *The Guardian*, sebbene risalga ad alcuni anni fa, incentrato su queste problematiche proprio a Puerto Iguazú, può essere consultato all'indirizzo: theguardian.com/world/2006/dec/20/argentina.brazil.

Ringraziamenti

Innanzitutto vorrei ringraziare tutti coloro che hanno letto *L'ultimo nazista,* il mio romanzo d'esordio, e che leggeranno i miei prossimi libri. Voi siete la ragione per la quale ho iniziato a scrivere e spero di potervi offrire svago e appassionarvi ancora per molto tempo.

Vorrei anche ringraziare coloro che mi hanno aiutato nel lungo processo di ricerca, scrittura e revisione e chi mi ha incoraggiato ad andare avanti anche quando il cammino sembrava incerto.

Un ringraziamento speciale a mio fratello Adrian Turpin che ha pazientemente letto e riletto le interminabili – e, va detto, anche molto grezze – bozze di questo libro, e che mi ha dato idee, pareri e incoraggiamenti molto preziosi mentre io avanzavo lentamente verso il traguardo, molto spesso dubitando di riuscire a raggiungerlo. Gli altri, come David Cole, Martin Scales e Colleen Jacobs, hanno fatto lo stesso, in fasi leggermente più avanzate.

I miei genitori, Jean e Gerald Turpin, hanno dimostrato una grande tenacia nel mettersi alle prese per la prima volta con i Kindle, rispettivamente all'età di novantadue e ottantasette anni, per poter leggere le prime bozze e offrirmi graditissimi incoraggiamenti. Sono stati loro a infondere in me l'amore per il racconto, la lettura e la scrittura, senza cui non avrei nemmeno iniziato.

Adrian ha contribuito moltissimo anche alla creazione del mio sito web, in particolare per la fotografia e le grafiche. Ha una propria ditta di fotografia professionale, progettazione illuminotecnica e cinematografia con sede a Kendal, Cumbria, The Light Direction.

Per quanto riguarda la revisione, Katrina Diaz Arnold mi ha dato, in maniera costante e appassionata, ottimi consigli per il perfezionamento del libro sia a livello di struttura che di particolari, mentre la fantastica cura per i dettagli di John Ford e le sue idee per migliorare l'autenticità del progetto lo hanno sensibilmente innalzato, e quindi sono stato in grado di correggere molti errori. Voglio ringraziarli entrambi. La responsabilità di qualunque altro eventuale errore rimasto è esclusivamente mia.

Ho avuto un prezioso contributo anche da David Rich, ricercatore storico al dipartimento di Giustizia americano che mi ha consentito di migliorare la caratterizzazione del protagonista, Joe Johnson, e di offrire un'idea più precisa delle fonti e dei metodi a cui uno studioso di crimini di guerra può fare ricorso.

Vorrei anche ringraziare il team di Damonza per quello che ritengo essere uno splendido disegno di copertina.

Infine un ringraziamento va ai miei figli, Alexa e Ross, per essere stati entrambi molto pazienti durante la stesura e la revisione di questo libro.

Per consultare il nostro catalogo
visita il sito www.fanucci.it
e iscriviti alla newsletter
per essere continuamente aggiornato
sulle nostre pubblicazioni.
Seguici su:

e sul blog Timecrime, www.fanucci.it

Finito di stampare nell'ottobre 2019 presso
Grafica Veneta Spa, Trebaseleghe (PD)
Printed in Italy